Carl-Auer-Systeme

Inhaltsverzeichnis

Dank

„Weil das Wesen der Krankheit ein biographisches ist, darum kann auch die Erkenntnis der Krankheit immer nur eine biographische sein.“ Diese Worte Viktor von Weizsäckers (1967, S. 259) haben sich mir als Leitsatz tief eingeprägt. Weizsäcker ist – durch Vermittlung meines Doktorvaters Wolfgang Jacob – mein Lehrer geworden, ohne dass ich ihn je persönlich erlebt hätte, denn er starb bereits, als ich zur Schule ging und mich noch gar nicht entschieden hatte, Arzt zu werden. Ihm verdanke ich die Richtung meines Fragens.

Um dieses Buch zu schreiben, habe ich lernen müssen, meinen eigenen Sinnen zu vertrauen, wo die gängigen Kategorien der Heilkunde sich als Worthülsen erweisen. Vielleicht ist aus so wenigen Worten schon zu verstehen, dass ich damit meinen Eltern Dank sage. Mein Dank gilt darüber hinaus all den anderen, die mich – direkt und indirekt – dazu ermutigt und darin unterstützt haben.

Meine Frau Monika hat mich mit ihren biographischen Untersuchungen über den Zusammenhang von Leiblichkeit und Bindungsgeschehen dazu veranlasst, jene Schriften Viktor von Weizsäckers erneut zu lesen, mit denen ich während des Medizinstudiums am wenigsten hatte anfangen können, und deren Reichtum überhaupt erst selbst zu entdecken. Nicht zuletzt hat sie durch ebenso entschiedene wie geduldige Kritik und eigene Ideen sowohl die jetzige Form als auch den Inhalt des Textes stark beeinflusst.

Meine PatientInnen forderten mich heraus, indem sie sich mir anvertrauten. Die Fallbeispiele sind – das sei an dieser Stelle erwähnt – von mir so bearbeitet, dass etwaige Übereinstimmungen mit der Wirklichkeit in der Natur der dargestellten Gesetzmäßigkeiten liegen, bezüglich der Personen aber vermieden werden. KollegInnen haben mir mit Zustimmung ihrer PatientInnen im Rahmen gemeinsamer Fallsupervisionen Ausschnitte aus Familienbiographien überlassen und so eine weitere Überprüfung der Zuverlässigkeit des hier dargestellten Ansatzes ermöglicht.

Eveline Goodman-Thau hat mich mit ihrem unkonventionellen Denken insbesondere in den Anfängen meiner Entdeckungen persönlich begleitet, als sie 1993 im Rahmen der „Karl-Jaspers-Vorlesungen zu Fragen der Zeit" in Oldenburg als Gastprofessorin lehrte. Sie hat mir seither Einblick in Zusammenhänge des Geistigen vermittelt, die mir zuvor verschlossen waren, und mir Mut gemacht, auf jenen unbefangenen Ernst im Umgang mit dem Religiösen zu vertrauen, der meine Art der Würdigung hat reifen lassen.

Großen Anteil an der Entwicklung dieses Ansatzes hatte meine Auseinandersetzung mit den wegweisenden Beobachtungen und Gedanken Bert Hellingers, dessen hohe Sensibilität für das, was dem Frieden zwischen den Lebenden und den Toten dient, und dessen Scharfsichtigkeit in der Kritik intellektueller Holzwege die große Fruchtbarkeit des phänomenologischen Ansatzes auf dem Gebiet der Heilkunde aufzeigen – wie mir scheint: seit Viktor von Weizsäcker erstmals wieder. Als ich besonders auf Ermutigung angewiesen war, hat er mir diese in seiner unnachahmlichen Art zukommen lassen.

Oldenburg, im Januar 2001 — Rainer Adamaszek

Zur zweiten Auflage

Einer weiteren Dankespflicht möchte ich anlässlich der Neuauflage nachkommen und nachträglich hervorheben, welche Offenbarung für mich das Denken von Emmanuel Lévinas gewesen ist. Mit seinen Schriften machte ich mich gerade rechtzeitig vertraut, als ich um die Begriffe zu ringen begann, in denen sich meine Erfahrungen als Arzt und Therapeut fassen ließen. Wenn ich ihn heute lese, wird mir klar, dass mein Buch ohne diese Schule des Denkens nicht hätte entstehen können.

Auch den Leserinnen und Lesern danke ich, die durch ihre Empfehlungen die Verbreitung des Buches ermöglicht haben und mir bestätigen, dass der Ansatz der biographischen Methode auch in der sehr gestrafft vorliegenden Darstellungsform bereits nachvollziehbar und fruchtbar ist. Das finde ich umso bemerkenswerter, als die zum gründlicheren Verständnis unverzichtbaren Ausführungen über die transpersonale Dynamik von Ohnmachtserfahrungen erheblich hatten gestutzt werden müssen. Ich arbeite an den notwendigen Ergänzungen, die einen gesonderten Rahmen fordern.

Oldenburg, im April 2003 Rainer Adamaszek

Teil I

1 Spuren des Leibhaftigen

„Wenn demnach die Einteilung der Krankheiten ein zwar unvermeidliches, aber nicht besonders wichtiges Geschäft ist, so gibt es doch eine Art des Einteilens, welche der Krankheitsidee, die wir vertreten, entspricht. Das ist die, welche sich aus der Lebensordnung eines Menschen in seinem Zusammenleben mit anderen Menschen (vor, mit oder nach ihm lebend) ergibt."
(Viktor von Weizsäcker)

1.1 Kindliche Liebe, leibliche Haftung und vertragliche Bürgschaft

Seit einigen Jahren häuft sich die Zahl von Untersuchungen, die auf die Entwicklung schicksalhafter familialer Verstrickungen und ihre Verwobenheit mit Krankheiten hinweisen. Nach meinen Beobachtungen ist die genaue Beachtung des *Zeitpunkts,* zu dem die Symptomatik sich bemerkbar macht, sowie des *Ortes,* an dem eine Erkrankung auftritt (Person, Organ, Organsystem), wegweisend für das Verständnis des krankhaften Geschehens. Anders gesagt: Häufig erscheinen Zeit und Raum geradezu als die wichtigsten Ordnungsmächte unseres Leibes.

Der Leibbegriff hat eine vielschichtige Tradition. Den „Leib" vom „Körper" zu unterscheiden, dient dazu, den lebendigen Organismus vor Verwechslungen mit einem Leichnam zu bewahren. Der Leib ist grundsätzlich der *lebende* Organismus: der „beseelte Körper", die „bekörperte Seele", der „Körper", der der Seele seine Form schenkt, zugleich die „Seele", die den Körper mit Inhalt füllt. Sobald es nämlich nicht mehr um physikalische „Körper" geht, sondern um lebendige „Leiber", verändert sich zwangsläufig die Bedeutung der Rede von

Raum und Zeit. In einer belebten Welt zeigt sich, dass Raum und Zeit eben nicht, wie Kant (1787, 69 ff.) meinte, bloße „Formen der Anschauung“ sind, sondern in der Tat *Ordnungsmächte*. Lebensraum und Lebenszeit stellen keine bloßen Einteilungsschemata für eine beliebige Anordnung von Körpern dar. Vielmehr wirken sie als Kräfte, die den historischen und biographischen Prozessen des Lebens die Bedeutung vorgeben und einer erkennbaren leiblichen Ordnung Geltung verschaffen.

Leib und Leben, die wir von unseren Eltern erhalten haben, sind kein Blankoscheck, sondern eine Mischung aus Guthaben und Hypothek. Dass das so ist, lässt sich prüfen. Es hängt damit zusammen, dass unsere Eltern mit ihren Eltern in einem Austausch stehen oder gestanden haben, der spätestens durch ihre Partnerschaft miteinander mehr oder weniger drastisch unterbrochen worden ist. Es hängt außerdem damit zusammen, dass die Eltern als Partner zueinander in einem Austausch stehen oder gestanden haben, der allerspätestens durch unsere Geburt ebenfalls unterbrochen bzw. modifiziert worden ist: Was die Eltern dann mit ihren Eltern (und Geschwistern) noch nicht ins Reine gebracht haben und was sie untereinander nicht ins Reine bringen, das wird unbewusst auf einem imaginären oder virtuellen Konto verbucht und wirkt im Leben ihres Kindes entweder als Soll oder als Haben. Und es zeigt sich, dass es keineswegs gleichgültig ist, ob dieses Kind das erste, zweite oder dritte Kind der Eltern ist. Für diese unbewusste Buchführung (Boszormenyi-Nagy u. Spark 1983) ist auch nicht gleichgültig, ob es sich dabei um den ersten, zweiten usw. Sohn bzw. um die erste, zweite usw. Tochter handelt. Ja, häufig ist es sogar von großer Bedeutung, ob das erste Kind ein Mädchen oder ein Junge wird, ob danach ein Kind des anderen Geschlechts kommt usw. Das alles wird von dem betreffenden Neugeborenen spontan erfahren, ohne dass es sich darüber Rechenschaft ablegen könnte. Und im weiteren Leben kommen weitere Erfahrungen derselben Art hinzu, wenn nahe Angehörige der Eltern sterben oder auf andere Weise dem lebendigen Austausch verloren gehen.

Der Austausch selbst steht unter dem impliziten, unbewussten, also gleichsam „objektiven“ Thema, inwiefern es den Beteiligten gelingt, die Güte des Lebens zur Geltung zu bringen. In jedem Kind, das entsteht, lebt die Hoffnung darauf, dass die Liebe, der es sein Leben verdankt, sich erfüllt und dazu führt, die Welt reicher zu machen und den Reichtum der Welt zur Entfaltung zu bringen. Zuweilen gewinnt man freilich auch den Eindruck, dass die Hoffnung der Eltern in dem Augenblick, in dem das Kind entstanden ist, bereits verloren sei. Das aber bedeutet nicht, dass das Kind frei wäre von dieser Hoffnung – im Gegenteil: Es trägt dann die ganze Last, die ihm die Eltern in ihrer Hoffnungslosigkeit übertragen haben. Ein solches Kind ist im Allgemeinen völlig überfordert und hält sich mit einem Hauptteil seiner Kraft an andere Menschenkinder, um die Hoffnung, die ihm übertragen worden ist, angesichts der eigenen Schwäche dennoch zur Geltung bringen zu können.

Das ist der Kern eines blinden historischen Prozesses, dem wir auf die Spur kommen, wenn wir die Stellvertretungsfunktionen untersuchen, die Menschen zunächst innerhalb von Familien, dann aber auch außerhalb von Familien füreinander erfüllen. Man kann diese Funktion als Buchungs- und Umbuchungsvorgänge beschreiben, wenn man beachtet, dass es dabei nicht um Geld, sondern um die Erfüllung der Liebe zur Welt, zu den Eltern und zum Leben geht. Diese Art der Betrachtung liefert den Schlüssel zur Erkenntnis jenes blinden Treibens emotionaler Beziehungen, das von Sigmund Freud als „Triebgeschehen" bezeichnet worden ist und das im Untertitel meines Buches „Schicksalsbindung" genannt wird.

Freud hat das Triebgeschehen theoretisch auf unser physisches Erbe zurückzuführen versucht. Damit hat er angedeutet, dass es keine Kleinigkeit sei, daran etwas zu ändern. Modernere, darum nicht unbedingt weitsichtigere Theoretiker haben diesen materialistischen Grundgedanken aufgegriffen und auf die Erfolge der Genforschung bezogen – in der Hoffnung, dass es vielleicht möglich sein werde, einen besseren Typ Mensch zu züchten als den, der es seit Jahrtausenden nicht verstanden hat, Frieden mit der Welt, den Anderen sowie dem eigenen Leben und Sterben zu schließen. Ich halte diese Denkrichtung für eine Illusion und meine stattdessen, dass es sich um Grundfragen der Kultur, nicht der Natur des Menschen handelt, dass es hier also nicht um offene Fragen der Naturwissenschaften geht, sondern um offene Fragen des Wissens um das Wesen der menschlichen Kultur.

Diese Auffassung habe ich durch meine Tätigkeit als Arzt und Therapeut gewonnen. Die entscheidende Erfahrung ist die Entdeckung gewesen, dass zeitliche Rhythmen im Leben der Menschen eine schicksalhafte Bedeutung haben und dass diese zeitlichen Rhythmen, die sich quasi naturwissenschaftlich berechnen und bestimmen lassen, insofern einen historischen Charakter haben, als sie den Verlauf des Lebens unserer Vorfahren abbilden. Man kann die Beschäftigung mit solchen Rhythmen durchaus mit der Betrachtung der Jahresringe von Baumstämmen vergleichen: In ihnen findet sich die Erinnerung an die wechselvollen klimatischen Verläufe vieler Jahre. Etwas Ähnliches findet sich bei der Betrachtung des Leibgeschehens: In unseren Leibern sind die Biographien unserer Familien enthalten, als bildeten die Lebensläufe unserer Vorfahren darin virtuelle Jahresringe.

Derartige Zusammenhänge zwischen den Biographien der Mitglieder von Familien werden verständlich, wenn man sie auf ebenjene Buchungen und Umbuchungen, Kredite und Hypotheken bezieht, die in den Ordnungen und Unordnungen der Liebe zwischen den Menschen heimlich zur Geltung gelangen. Das Heimliche ist das Gesetzmäßige. Das Verschlossene zu enthüllen, das Chiffrierte zu entschlüsseln heißt: das Gesetz, das darin wirkt, zu erkennen. Erkennen und berechnen lassen sich die Zeitpunkte und die Orte, wann bzw. wo ein Kredit fällig ist oder ein Guthaben für die Auszahlung bereitliegt. Die Metaphern des Geldverkehrs sind stimmig, insofern das Geld als materialisierte Gestalt von Liebe angesehen werden darf: In ihm ist die Verpflichtung eines im Tausch systematisch ausgeschlossenen, vorerst beliebigen, unbekannten *Dritten* symbolisiert, dem schon vorweg und blindlings die Aufgabe auferlegt wird, die Schuld des Geldgebers gegenüber dem Geldnehmer zu einem späteren Zeitpunkt zu begleichen. Der Begriff der Liebe konkretisiert sich im Zweck des Tausches. Er bedeutet die wechselseitige Verleihung von Lebensrecht. Und die Funktion des Geldes ist die Vermittlung dieses Zwecks im Sinne eines Aufschubs seiner Realisierung bis zu dem Zeitpunkt und bis an jenen Ort, wo die Hoffnung des Geldnehmers auf Gewährung von Lebensrecht durch den Nächsten, d. h. durch den nunmehr nahen Dritten erfüllbar wird. Diese Hoffnung, aber auch diese Sicherheit sinnfällig zu machen, sinnlich darzustellen, zum festen Besitz eines Anteils am Sinn des gesellschaftlichen Lebens zu deklarieren, ist die im Geldverkehr symbolisch gewahrte Funktion des Geldes. Insofern ist Geld an sich Kredit. Und Kredit ist sozial garantiertes Vertrauen, institutionalisierte Vertrauenswürdigkeit. Um diese zu verkörpern, ist ein politisch hochentwickelter Stand der Arbeitsorganisation Voraussetzung.

Was gesellschaftlich geschieht, ist auf politischer Ebene eine bewusste Umsetzung und Formverwandlung dessen, was auf leiblicher Ebene immer schon unbewusst, spontan geschieht. So betrachtet, stellt politische Ökonomie den Versuch dar, leibliche Gebundenheit wo möglich durch politisch-moralische Verpflichtung zu ersetzen und dieser den Charakter juristisch sanktionierter vertraglicher Bindung zuzuweisen. Auf dem Weg des Humanismus soll eine unwillkürliche *leibliche Haftung* durch willensabhängige *vertragliche Bürgschaft* übertroffen werden. Das ist eine Utopie. Um deren Berechtigung, aber auch deren Grenzen zu verstehen und die gesetzhaften Bedingungen politisch-ökonomischer, juristischer und pädagogischer Rationalität zu erkennen, ist es erforderlich, die grundlegenden *Gesetze leiblicher Haftung* biographisch zu untersuchen.

Ob nun aber die Erkenntnis biographischer Gesetzmäßigkeiten eine bewusste Wandlung unter bewusster Wahrung des Gesetzes ermöglicht, ist eine praktische Frage. Sofern sich in der therapeutischen Praxis Antworten darauf ergeben, so bestätigt sich auch dort, dass unsere leibliche Haftung keinen regional abgezirkelten Bereich darstellt, den man von außen betrachten könnte, sondern unser Leib der Gesichtspunkt aller Gesichtspunkte ist. Unsere Leiblichkeit wirkt zurück auf alle Phänomene sozialer Entwicklung und reicht bis in alle Sprachen und jedes Sprechen hinein.

Die leibliche Grundproblematik ist vergleichbar mit der Frage, wie es möglich sei, trotz Gravitation aufrecht gehen zu lernen. Und dort zeigt sich: Die Wirkung der Gravitation kann den aufrechten Gang nicht verhindern, aber auch nicht erzeugen. Um Gehen zu lernen, muss das Kind zu allererst auf seine Fähigkeiten vertrauen. Und diese Fähigkeiten wohnen ihm inne. Sie können ihm von nirgends her eingepflanzt werden, wenn nicht durch Zeugung und Geburt. Sie stammen von den Eltern. Es ist die Macht der Liebe, die sich in der Hoffnung auf die Güte des eigenen Lebens offenbart und die auf den Zweck der Erfüllung der elterlichen Liebe hin orientiert ist. Im Zusammenleben, in der gegenseitigen Abhängigkeit und Unabhängigkeit der Menschen, wirkt unweigerlich ein Vertrauen auf das Gelingen des Lebens. Das wird insbesondere dann deutlich, wenn man sich den Zeitpunkt und den Ort von Erkrankungen unter familiendynamischen und systemischen Gesichtspunkten anschaut. Dann nämlich erscheint eine Erkrankung oder die Krise einer Paarbeziehung wie eine Zwangsvollstreckung, bei der die Einlösung eines fremden Wechsels ansteht.

Die Gesetzmäßigkeit derartiger Komplikationen leiblicher Haftungen vorausgesetzt, lässt sich das Prinzip der leiblich verfassten Grundordnung folgendermaßen ausdrücken: Der Lebensinhalt eines Kindes liegt in seinem Ursprung begründet, das heißt in der Liebe der

Eltern, der es seine Entstehung verdankt. Er besteht in der Aufgabe des Kindes, sein Leben in Achtung der elterlichen Liebe zu führen, damit offenbar wird, dass es ein Recht, etwas Gutes sei, dieses Leben empfangen zu haben. Aus dem Zweck, für die Liebe der Eltern zu haften, ergeben sich die Lebensthemen eines jeden Menschenkindes als gewissermaßen angeborene *Stellvertretungsaufgaben*: Ein Kind haftet seinen Eltern gegenüber *stellvertretend für die anderen Personen*, mit denen die Eltern in ihrem Leben nicht ins Reine gekommen sind. Durch diesen Zweck wird es in seinem Leben spontan geleitet und bewegt. Diesen Zweck in seiner Tiefe zu verstehen ist aber oftmals so schwer, dass ein Kind daran scheitert. Die Quellen und den Lauf des Gelingens und Scheiterns beispielhaft darzustellen und aufzuzeigen, inwiefern das Prinzip gilt, wonach jedes Kind für die Erfüllung der in ihm wohnenden Liebe mit seinem ganzen Leib, mit Haut und Haaren haftet, ist mit den Mitteln der von mir entwickelten Art von Biographik möglich. Darum habe ich mein Buch „Familien-Biographik" genannt.

Solange die Heilkunde sich nicht vornehmlich auf *Biographik* sondern auf *Energetik* zu stützen versucht, ähneln ihre Bemühungen denen eines Vogelpärchens, dem der Kuckuck sein Ei ins Nest gelegt hat: So sehr die beiden sich auch verausgaben, um angesichts der maßlosen Gier des seltsamen Nestbewohners ihren Brutpflichten nachzukommen – es will ihnen einfach nicht gelingen, ihre wahren Jungen aufzuziehen. Diese liegen längst entseelt unter dem Baum und können sich nicht mehr bemerkbar machen.

Dieses Bild drängt sich auf, wenn man von außen betrachtet, wie eine mit den technizistischen Scheuklappen der Naturwissenschaften versehene Medizin über sich hinaus wächst in dem Bemühen, Heilwirkungen zu entfalten. Ihm gegenüber verhält sich der Leib eines Menschen wie ein Kuckucksei, entwickelt sich völlig anders, als die ratlosen Eltern es sich wünschen. „Weiß der Kuckuck, was noch alles nötig ist, damit er endlich Frieden gibt und es gut sein lässt!" So etwa könnte der Ausruf der entnervten, von Erschöpfung bedrohten Mediziner vor dem Moloch der mit jedem neuen Heilmittel weiter ausufernden Krankheitsunbilden lauten.

Aus dem Blickwinkel biographischer Heuristik freilich verwandeln sich die Metaphern der Leiblichkeit und erhalten eine versöhnlichere Bedeutung. Meine Behauptung lautet nämlich: Der menschliche Leib verhält sich nicht wie ein *Kuckucksei* sondern wie eine *Kuckucksuhr*. Und auf Krankheit bezogen lässt sich präzisieren: Das Symptom ist wie der Kuckuck, der zu bestimmten Zeiten aus seinem Verschlag im Innern der Uhr herauskommt und ruft: „Guck, guck!“ Dieser seltsame Vogel, dem der Volksmund einigen Raum für irrsinnige Geschichten zugebilligt hat, ist offenbar gemeint, wenn es heißt, jemand habe einen Vogel. Er fordert auf seine Weise dazu auf, genau hinzuschauen, was die Stunde geschlagen hat. Das wiederum, so werde ich zeigen, ist ohne profunde Kenntnis des Vergangenen nicht möglich. Es ist aber ebenso wenig möglich ohne die grundlegenden Gesetze anzuerkennen, nach denen das Leibgeschehen verläuft. Vor allem nämlich ist das, was da betrachtet werden muss, an sich unsichtbar – nicht etwa nur, weil es schon längst der Vergangenheit angehört, sondern vor allem darum, weil es *gefehlt* hat, weil es *nicht geschehen, nicht Fakt geworden* ist. Das eben ist das Irrende und Irreführende an der Aufforderung des Kuckucks: dass es um Schuld geht, um eine Schuld nämlich, die zunächst in gar nichts anderem besteht als darin, dass eine Verantwortung *nicht wahrgenommen* bzw. einer Verpflichtung nicht entsprochen worden ist. (Allein in diesem weiteren, auch primären Sinne, den ich auf Seite 273 eingehender erläutere, wird der Schuldbegriff im folgenden von mir verwendet, wenn er im Text unkommentiert in Anführungszeichen auftaucht.) Um meinen Patienten zu veranschaulichen, was ich mit der Problematik des Leibhaftigen meine, bediene ich mich zuweilen der Bilder, die ihnen aus ihrer Kindheit vertraut sind. Der Kuckuck steht ja als Fabeltier für ein Schulderbe oder für eine Erbschuld: Er legt seine Eier in fremde Nester und wenn das Kuckucksjunge ausgeschlüpft ist, wirft es die rechtmäßigen Jungen aus dem Nest und gebärdet sich unersättlich, bis es flügge wird und zur Plage einer nächsten Generation fremder Eltern. Das Verhalten des Kuckucks ist im Volksmund nicht nur zum Synonym für jede Art von Verrücktheit geworden, sondern auch für das Unheimliche, Verhexte und Vertrackte des Zusammenhangs von Geburt, Tod und „Schuld“. In dem Kinderlied „War einmal ein Kuckuck ...“ wird eine seltsame Geschichte erzählt: Es kam ein Jäger, der „schoss den Kuckuck tot“. Aber „im nächsten Jahr war der Kuckuck wieder da“. Die gesungene Fabel, in der der Kuckuck nicht tot zu kriegen ist, spielt in kindgerechter Weise auf einen subtilen Zusammenhang an, der ein wesentliches Thema meiner biographischen Untersuchung ist: der Zusammenhang zwischen Unsterblichkeit und Schulderbe einerseits und Schulderbe, Sünde und Krankheit andererseits.

Um den Geschichten vom Kuckuck noch ein Stück zu folgen: Woran wir uns erinnern sollen, wenn wir den Schall der Kuckucksuhr – von

Stunde zu Stunde nachdrücklicher, am nachdrücklichsten zur Mittagszeit und um Mitternacht – hören, das ist die vergangene Schuld, die uns ins Nest unseres Lebens gelegt ist, die wir auszubrüten uns anschicken und die immer gefräßiger wird, je mehr wir uns um sie bemühen, und die uns unserer Nächsten und Liebsten beraubt. Ein solches Verständnis für die Zusammenhänge verlangt auch der „Kuckuck", den der Gerichtsvollzieher anheftet im Falle von Zahlungsunfähigkeit und fortbestehender Schulden. Er macht einen potenziellen neuen Eigentümer der betreffenden Gegenstände darauf aufmerksam, dass ihnen eine unabgelöste Verpflichtung anhaftet, die vom jeweiligen Besitzer zu zahlen sei.

Eine weitere Beziehung zwischen Kuckuck und Kuckucksuhr wird durch den Kinderspruch deutlich: „Lieber Kuckuck, sag' mir doch: Wieviel' Jahre leb' ich noch?" Diese Frage richtet sich, halb ernst gemeint, an den sich verbergenden Kuckuck, der in der Ferne zu hören ist. Gezählt wird dann die zufällige Häufigkeit seiner Rufe. Dieser spielerisch gehütete Aberglauben rührt an die von Aristoteles hervorgehobene geheimnisvolle Beziehung zwischen Seele und Zahl. In der Beziehung zwischen Tod, „Schuld", Symptom und Zeitstruktur des Lebens wirkt, wie ich zeigen werde, tatsächlich ein Gesetz von Zahlenverhältnissen, das sich aufklären läßt. Das heimlich-intuitive Verständnis geht mit dem Gefühl des Unheimlichen, Tabuisierten einher. Und das ist es vor allem, was das erwähnte Kinderlied mit seinem „Sim salabim bam basaladu saladim!" andeutet: dass hier vom Magischen, von Hexerei die Rede ist – d. h. von einer als überwältigend erfahrenen, unbegreiflich erscheinenden, unendlichen Verwandlungsmacht des Leiblichen. Hier wird eine Macht sichtbar, die im Ruf und Leumund des Kuckucks vom Volk intuitiv erfaßt, wenngleich nicht klar verstanden, nicht begrifflich, sondern nur bildhaft treffend ausgedrückt wird.

Das früher beliebte Lied „Der Kuckuck und der Esel" hebt, ganz nach dem Geschmack der Kinder, den Zusammenhang von Hören, Sehen und Erkennen, aber auch warnend den Zusammenhang von Kulturlosigkeit und Streitsucht hervor. Es parodiert die Ähnlichkeit von „Kuckuck" und „Esel", wenn diese einen komischen Streit darüber austragen, „wer wohl am besten singe". Dieses Lied bringt die Kleinen, die noch ganz in ihrer Leiblichkeit befangen sind, auf mitreißende Weise zum genauen Hinsehen („Guck, guck!") und zum genauen Hinhören („I-aah"). „Dummheit" ist ja ursprünglich Taubheit. In die weit weniger faszinierenden Worte von Erwachsenen übersetzt, lautet die

Moral des Liedes: Streit entsteht zwischen denen, die nicht bereit sind, jenes Unsichtbare wahrzunehmen, das sich allein in der Sprache offen dartun lässt. Missklang entsteht, wenn man die Worte der Wissenden mit den Lauten von Tieren gleichsetzt. Wer das Sprechen auswendig zu lernen versucht, als gälte es, Tierlaute nachzuahmen, dem werden auch die Gesänge eines Orpheus wie bloßer Lärm vorkommen, und der wird, statt sich am Gespräch der Menschen sinnreich zu beteiligen, nur Kumpanen im Chaos finden und gegen deren Getöse allein die größere Lautstärke setzen, um nicht ruhig zuhören zu müssen.

1.2 Das Leibhaftige als Erkenntnisproblem

Das verwirrend Chaotische, aller Logik Spottende des Leiblichen wahrzunehmen, führt zu einer ganz anderen Art von Wissen als die Erforschung der Bewegungsgesetze von Körpern: Die Naturwissenschaften befinden sich auf der Suche nach den Gesetzen einer utopischen *Energetik*, die es dem Menschen erlauben soll, die dem Kosmos innewohnenden Kräfte zu verwenden, um beliebige Bewegungen der Körper innerhalb des Weltgetriebes zu vollziehen oder zu veranlassen. In den Gesetzen, nach denen die Naturwissenschaften suchen, bleibt der Unterschied zwischen Gut und Böse von der Art ihrer Begrifflichkeit her undefinierbar. Darum sind diese Gesetze zum Verständnis dessen, worum es im Leben geht, in letzter Instanz untauglich. Sie zu erkennen, hilft nicht, Verantwortung wahrzunehmen, sondern erhöht lediglich den Grad an wahrnehmbarer Verantwortlichkeit. Die medizinische Technik zum Beispiel ist eine heilkundliche Anwendung der Naturwissenschaften. Die für die Entwicklung der Heilkunst entscheidende Frage aber, ob automatisch durch machtsteigernde Medizintechnik Glück und Würde der Menschen vermehrt und Gerechtigkeit im Zusammenleben verbessert werden, weckt nicht nur Skepsis, sondern ist rundweg zu verneinen. Was für die Beziehung zwischen Naturwissenschaften und Medizin gilt, das gilt ebenfalls für jene zwischen Naturwissenschaften und allen anderen Kulturwissenschaften, die man ja zu Recht auch als „politische Wissenschaften" bezeichnen kann: für Philosophie, Jura, Ökonomie, Pädagogik usw.

Es zeigt sich aber insbesondere im Umgang mit Kranken und mit Krankheit, dass in Bezug auf unser Wohlbefinden erforschbare Gesetze wirken, die unser Leben unter nachprüfbare Bedingungen stellen und die von uns die Anerkennung von realer, wenn auch in Maßen veränderlicher Ohnmacht fordern. Es liegt nahe, diese Gesetze unter dem Begriff „Biographik" zusammenzufassen, weil sie sich aus der Erforschung von Lebensläufen erschließen. In diesem Buch beschreibe ich den Weg, auf dem diese – anthropologisch zu nennende – Forschung fruchtbar gewesen ist und weiter furchtbar sein wird, und ich möchte darin die Grundsätze darlegen, die ich hierfür als wegweisend erachte. Für die spezifischen Verhältnisse der menschlichen Lebenswelt, in der die Unverfügbarkeit der Toten und die Hierarchie der Ursprungsordnung unveräußerbar sind, gilt:

- Die Gesetze der Biographik sind den Gesetzen der Energetik übergeordnet, nicht etwa umgekehrt, wie insbesondere in der wissenschaftlichen Medizin seit dem 19. Jahrhundert vorauszusetzen üblich geworden ist.
- Indem die Heilkunde sich biographisch orientiert, wird sie primär zu einer Kulturwissenschaft und gelangt in eine Position, vor der aus es überhaupt erst möglich wird, die Bedeutung der Naturwissenschaft angemessen zu würdigen.

Die in der kindlichen Liebe begründete leibliche Haftung aller Kinder ist das Mysterium, das sämtlichen Phänomenen des so genannten „Leibhaftigen" zugrunde liegt. Und um den Zusammenhang dieser Phänomene aufzuspüren, muss man sozusagen zum Fährtenleser werden und die *Spuren des Leibhaftigen* erkunden.

Dieses Buch ist konzipiert als eine Einladung, sich auf eine ungewohnte Perspektive und Denkweise einzulassen, die in erster Linie aus dem Umgang mit Kranken stammt und jedenfalls auf Erfahrungen im Umgang mit Kranken gegründet wird. Die einzelnen Kapitel entfalten alle für sich ein eigenes Grundprinzip und sind insofern unabhängig voneinander. Dennoch gibt es eine logische Reihenfolge des Aufbaus. Der Gesamttext gliedert sich in drei Teile. Der erste Teil, der mit diesem ersten Kapitel bereits begonnen hat und ein weiteres Kapitel umfasst, ist eine Einführung in die Thematik der Leiblichkeit und leiblichen Gebundenheit. Im zweiten Kapitel stelle ich anhand einiger Krankengeschichten die überraschenden Phänomene dar, auf die ich als Arzt gestoßen bin und deren Zusammenhänge aus ganz praktisch-therapeutischen Gründen beschrieben und verstanden werden müssen.

Der zweite Teil, der aus vier Kapiteln besteht, ist nach den drei großen Fragen einer heilkundlich orientierten Biographik gegliedert: „Warum gerade jetzt?", „Warum gerade hier?" und „Warum gerade so?" (vgl. Weizsäcker 1987e, S. 366 ff.). Die vier Kapitel, die hier zusammengefügt sind, schreiten vom Abstrakten zum Konkreten fort. In ihnen werden diejenigen unter den LeserInnen, die der praktischen Überprüfbarkeit und dem therapeutischen Wert meiner Beobachtungen und Erfahrungen das größte Interesse entgegenbringen, die Kernaussagen des Buches finden.

Im dritten Kapitel beginne ich mit jenem sozusagen Übersinnlichen, jedenfalls mit dem Abstraktesten, ohne dessen Beachtung meine Untersuchungsergebnisse bodenlos erscheinen müssten. Und zwar behandle ich hier die Fragen, die uns die Zeit – wie es eine Dichterin wunderbar treffend gesagt hat – als „blinde Führerin" stellt (Michaels 1997, S. 13). Ich werde nachweisen, dass in den Brüchen des Lebensprozesses Bewährungsproben der Liebe zu erkennen sind, dass in unerfüllter Liebe das stärkste Band zwischen den Generationen besteht, dass ein ausbleibender Vollzug der Liebe den Kern jeder Symptomatik bildet und dass die zeitlichen Rhythmen des Lebens den Schlüssel zum biographischen Verständnis sowie zur biographischen Erforschung symptomatischen Geschehens liefern. Dieses Kapitel gipfelt in einer mathematischen Überprüfung der Präzision, mit der Altersrelationen als diachrone Mächte des Augenblicks wirken. Der *zeitliche Aspekt* hat bei meinem biographischen Ansatz eindeutig Vorrang. Insofern spielt dieses Kapitel eine zentrale Rolle. Zur Illustration therapeutischer Erfahrungen werden Ausschnitte aus Krankengeschichten aufgezeigt.

Im vierten Kapitel stelle ich in zunächst systematischer Form die *Früchte* vor, die sich als praktisch-therapeutisch anwendbare Erkenntnisse aus einer konsequent biographisch-phänomenologischen Methode ergeben. Es geht dabei – parallel zum zeitlichen Leitfaden – um den Bezug auf wichtige andere, der uns in eine Fremdheit uns selbst gegenüber versetzt. Dieses Kapitel gibt Antworten auf die Frage nach den Gesetzmäßigkeiten der Übertragung von Stellvertretungsfunktionen, die zu bestimmten Zeiten in Familien stattfindet: Wo ist der Ort, an dem ein Mangel aus der Vergangenheit einer Familie zur Geltung gelangt, wenn er sowohl intrafamilial als auch transfamilial als übertragene Verantwortlichkeit nachwirkt? Wie findet man diesen Ort, und mit welcher Methode kann man von der Wirkung eines Schulderbes auf den Ort der Schuldentstehung zurück schließen? Thema ist hier eine Rangordnung des leiblichen Bindungsgeschehens, die ich als *Stellvertretungsordnung* bezeichne.

Das fünfte Kapitel überschreitet den scheinbaren Formalismus des vierten und bietet Ansätze, um sich der besonderen Tragik und Dramatik jener typischen Lebensthemen anzunehmen, die sich als die aus speziellen kindlichen Stellvertretungsfunktionen resultierenden *Kernkonflikte* der Persönlichkeiten darstellen. Gegenstand sind hier die in ihren Ursprüngen schwierig zu diagnostizierenden und in ihren zähen Symptomatiken schwierig zu behandelnden Komplikationen des leiblichen Stellvertretertums. Diese ergeben sich dadurch, dass die primär spielerische Zuordnung von transgenerational übertragenen Verantwortlichkeiten infolge des Fehlens von primären Stellvertretern allzu früh in einen bitteren Ernst des Lebens umschlägt. Das hat eine Überlastung der ursprünglich liebevollen Beziehung zwischen Eltern und Kindern zur Folge und führt zu nachhaltigen, zuweilen lebensbedrohlichen, häufig lebenslangen situationsabhängigen Beschwerdebildern.

Das sechste Kapitel vermittelt einen konkreten Einblick in die spontane Ausprägung und Zuordnung von Stellvertretungsfunktionen. Thema ist deren konstitutive Vergeblichkeit samt den daraus resultierenden symptomatischen Komplikationen der Ohnmacht. Hier wird die *räumliche Dimension* der Lebensordnungen zum Schwerpunkt der Untersuchung, wobei der zeitliche Aspekt nicht verloren geht. In diesem Kapitel wird gleichsam sinnlich nachvollziehbar, wie das gesetzmäßige Scheitern von Stellvertretungsfunktionen sich anfühlt und wie es erlebt wird. Das sechste Kapitel zeigt auch auf, wie die primären transgenerationalen Gebundenheiten sekundär in transfamiliale Bindungen umschlagen und wie auch die letzteren nach phänomenologischen Methoden aufgeklärt werden können. Dieses Kapitel illustriert die Ursprünge der Vorstellung, dass die Welt der Leiber eine Welt des Theaters und das Leben ein bloße Bühne sei. Aber doch bleibt es das Ziel meiner Untersuchungen, Wege aus einer Welt des verwirrenden Scheins zu finden. Es soll sich darin zeigen, dass es in ernsten Situationen nicht nur nötig sondern auch möglich ist, innerhalb des Reichs der Lebenden von der Bühne abzutreten.

Der dritte Teil des Buches stellt das geheimnisvoll Andersartige der biographischen Betrachtungsweise im Zusammenhang dar und arbeitet den Unterschied der dabei ins Auge fallenden Gesetzmäßigkeiten im Vergleich zu physikalischen Gesetzen heraus. Er wird im siebten

Kapitel mit einer kursorischen Rückbesinnung eingeleitet, um zu erkunden, welche Bedeutung dem Tod und den Toten in verschiedenen Entwicklungsstufen bisheriger biographischer Forschung eingeräumt wurde.

Das achte und letzte Kapitel ist eine kritische Bestandsaufnahme jenes biographischen Wissens, das sich unter Beachtung familialer, transgenerationaler Gebundenheiten ergibt. Die Leitfrage lautet: Wodurch erheben sich Krankengeschichten über jede mögliche naturwissenschaftliche Darstellung von Wirkzusammenhängen? Sigmund Freud hat zwar eine heiße Spur des Leibhaftigen verfolgt, als er mythischen Gestalten, wie Narziß und Ödipus, eine zentrale Bedeutung verlieh. Er hat jedoch mit der psychoanalytischen Triebtheorie die leibliche Haftung in einer Weise ausgeschaltet, als wollte er das theologische Dogma endgültiger Getilgtheit der menschlichen Erbschuld allzu umstandslos bestätigen, indem er es durch materialistische Heuristik ersetzte. Demgegenüber entfalte ich einige Schlussfolgerungen, die sich aus dem biographischen Forschungsansatz für das Schuldproblem ergeben. Würde man das letzte Kapitel des Buches schlicht philosophisch nennen, so wäre ich nicht einverstanden, denn ich teile die Kritik Viktor von Weizsäckers an der philosophischen Tradition: Diese wolle allzu oft ewige Weisheit erlangen, ohne sich dem Leiden am konkreten historischen Prozess der Menschheit zu stellen, und das eben sei nicht möglich.

Alle acht Kapitel kreisen um die Frage nach dem Gesetz, das dem Leben der Menschen vorgibt, was in dieser Welt und in diesem Zusammenleben eines Menschen mit dem anderen als Ordnung (Kosmos) oder was als Unordnung (Chaos) zu verstehen ist. Die Ordnungsprinzipien von Raum und Zeit lassen sich nicht auf anatomische und physiologische, d. h. auf Kategorien materieller, an sich bedeutungsloser Veränderungen reduzieren, ohne dass die Würde des Lebens, die Schönheit der Welt, die Wahrheit der Geschichte und die Güte des Menschen verloren ginge. Das zu erkennen, ist der Kern der notwendigen Kritik an der Vorläufigkeit bisheriger therapeutischer Terminologien, wie sie aus der Psychoanalyse Freuds direkt und indirekt erwachsen sind. Und die Überwindung dieser falschen Denkrichtung ergibt sich erst dann, wenn die leibliche Teilhaftigkeit des Lebens unter den Gesichtspunkten leiblicher Ordnungsprinzipien erkannt wird. Diese Prinzipien erschließen sich in ihrer symbolischen Tiefe, d. h. gewissermaßen „tiefenpsychologisch“, wenn man sie anhand geschichtlicher

Bezüge zwischen den großen Verbindungen und den großen Trennungen im Leben eines jeden einzelnen Menschen wahrnimmt.

Die Fragen, die diesem wissenschaftlichen Programm einer ärztlich orientierten Biographik entsprechen, sind von Viktor von Weizsäcker erstmals mit allem Nachdruck gestellt worden. Er fragte angesichts existenzieller Lebensereignisse, vor allem angesichts von Erkrankungen: „Warum gerade jetzt?", „Warum gerade hier?" und „Warum gerade so?" (Weizsäcker, 1953/1987, S. 366 ff.). Es geht dabei um die Klärung zeitlicher, räumlicher und formaler Ordnungen, die dem inneren und äußeren Frieden dienen. Dieser Frieden nämlich zeigt sich bereits in der Gestalt von Erkrankungen gestört. Und es erweist sich als hilfreich, Erkrankungen überhaupt als Erscheinungen unserer Leibhaftigkeit, der Haftung und der Verbundenheit unserer Leiber aufzufassen. Darin liegt kein Ansatz zum Bruch mit den naturwissenschaftlichen Gesetzen, sondern ein Ansatz zur Vertiefung unseres Verständnisses für die Gesetzmäßigkeit des Lebensstroms, in dem wir uns bewegen, in dem wir zwar treiben und getrieben werden, in dem wir aber auch zu schwimmen lernen, ja sogar zuweilen Grund unter die Füße bekommen.

Die drei großen Fragen Weizsäckers betreffen sowohl die beiden formalen Kriterien als auch das inhaltliche Kriterium, um die familienbiographischen Zusammenhänge von schicksalhafter Verstrickung und Krankheit aufzuklären:

- Die Frage „Warum gerade jetzt?" ist zu konkretisieren, indem man sie auf die *Relationalität* der am Krankheitsgeschehen Beteiligten bezieht und deren Altersrelationen errechnet.
- Die Frage „Warum gerade hier?" ist zu konkretisieren, indem man sie auf die als Stellvertretungsfunktion der am Krankheitsgeschehen Beteiligten bezieht und deren virtuelle Positionen innerhalb der *Stellvertretungsordnung* ihrer Familien bestimmt.
- Die Frage „Warum gerade so?" ist zu konkretisieren, indem man sie auf die *Komplementarität* bezieht, die den am Krankheitsgeschehen Beteiligten auferlegt ist, und den nachwirkenden Mangel aufspürt, dessen frustranem Ausgleich die Symptomatik gewidmet ist.

Es ist nicht völlig zu vermeiden gewesen, dass manche Gedanken und Betrachtungen aus den ersten Kapiteln dieses Buches erst nach Lesen des letzten Kapitels in ihrem ganzen Zusammenhang und Wert verstanden werden können. Wäre ich umgekehrt vorgegangen, dann hätte ich schon von Beginn an einen Erfahrungsreichtum voraussetzen müssen, wie er aus meiner Darstellung erst von Kapitel zu Kapitel wachsen soll. Wer jedoch weniger Geduld mit Einzelheiten aufbringt und es vorzieht, vorab logisch zu erkunden, ob die von mir entwickelte Begrifflichkeit genügend Tragfähigkeit aufweist, um überhaupt Erfahrenes in sich zu fassen, der soll sich nicht davon abhalten lassen, mit dem letzten Kapitel zu beginnen. Ein solches Vorgehen birgt eigene Vorteile für das Verständnis in sich. Und vielleicht dient es einer kreativen Auseinandersetzung, wenn ich das Ergebnis meiner Spurensuche in aller Kürze den folgenden Ausführungen über das „Leib-Haftige" bereits hier vorausschicke:

Wenn es aus der Perspektive der menschlichen *Kreatur* so etwas wie *das* Grundunrecht unseres Lebens, *das* Kernproblem der Sünde, gar *das* Grundübel der Schöpfung, *die* Wurzel alles Bösen geben sollte, so handelt es sich um die Tatsache, dass ein jeder Mensch zunächst zum Ersatz für andere Menschen geboren zu sein scheint und dann doch darunter zu leiden hat, dass er ebendieser Ersatzfunktion nicht gerecht zu werden vermag. Darin liegt zweifellos eine grundlegende Paradoxie, auf die sich die unschuldige Schuld oder die schuldige Unschuld des menschlichen Lebens gründet. Wie wir damit umgehen, ist ein existenzielles Problem, das wir nicht mehr abschütteln können, nachdem wir erst einmal ungefragt gezeugt und geboren sind. Statt uns aber wie Kaninchen zu verhalten und darauf zu starren, als seien wir jenseits von Eden auf die Schlange gestoßen, also statt die Infragestellung unseres Seins als ein *Übel* zu betrachten, ist es auch möglich, dass wir einander beistehen, um sie gemeinsam als die *Ironie unseres Schicksals* verstehen zu lernen. Das verlangt freilich Einigkeit im *Humor*, ist also mit harter Arbeit verbunden.

Wie immer aber diese Arbeit jedem Einzelnen von uns gelingt – in jedem Fall ist unser Leben einer unvollendbaren musikalischen Improvisation vergleichbar: Ihre Themen ergeben sich aus dem ungelebten Leben unserer Vorfahren; die *Rhythmik* ergibt sich aus der zeitlichen *Relation* unseres jeweiligen Lebensalters zur Lebenssituation der Vorfahren, die *Instrumentalisierung* aus der Zuordnung zu unseren *Stellvertretungsaufgaben*; die *Komposition* folgt dem Prinzip der *Komplementarität*. Und alles zusammen hat, wie es nun einmal der *Improvisation* beim Musizieren eigen ist, etwas traumartig Schlafwandlerisches.

2 Kindheit und Kindschaft

2.1 Vier Kinderszenen

Eine Patientin kam mit einem Säugling, der ein halbes Jahr alt war, zur Therapiesitzung. Das Gespräch kam auf den Vater des Kindes. Sobald sie sich über diesen Mann beklagte, fing das Kind an zu schreien. Das wiederholte sich mehrmals. Ich wies die Patientin darauf hin. Anfangs glaubte sie mir nicht, sondern hielt den zeitlichen Zusammenhang für „zufällig". Schließlich akzeptierte sie die Übereinstimmung unter großer Überraschung und war auch bereit, meine Deutung anzunehmen. Ich sagte ihr, das Kind ergreife in diesem Raum Partei für den Vater und tue, was er hier nicht tun könne, weil er abwesend sei: Es äußere Protest gegen dessen Abwertung.

Eine andere Patientin kam mit ihrem Sohn im Alter von eineinhalb Jahren. Auch in ihrer Ehe gab es Spannungen, und sie erwog die Trennung. Als sie darauf zu sprechen kam, erhob sich das Kind, das zunächst friedlich am Boden gespielt hatte, ging zur Tür des Therapieraums und versuchte, sie zu öffnen und das Zimmer zu verlassen. Ich teilte ihr meine Beobachtung mit und erläuterte sie mit der Bemerkung, anscheinend drücke das Kind auf seine Weise aus: „Bevor der Vater gehen muss, gehe lieber ich." Die Patientin war zwar erschrocken, wehrte sich aber nicht gegen diese Deutung, die ihr einleuchtete.

Eine weitere Patientin war mit ihrem ersten Sohn, der schon fast drei Jahre zählte, zur Therapie gekommen. Ich kannte ihn gut und hatte in früheren Sitzungen sein Vertrauen gewonnen. Da ich während der Arbeit, die den Problemen der Mutter galt, zuweilen mit ihm Ball gespielt hatte, kam er zur Sitzung gern mit, wenn sie ihn nicht anderweitig unterbringen konnte. Diesmal war die Situation zum ersten Mal anders. Er quengelte von Anfang an und ließ seiner Mutter keine Ruhe, sondern wiederholte immer von neuem den Wunsch, zum Auto zu gehen und nach Hause zu fahren. Erst nach gut einer halben Stunde änderte sich sein Verhalten von einem Augenblick zum anderen. Zu diesem Zeitpunkt hatte sich die Patientin entschlossen, ein Problem anzusprechen, das ihr schon lange quälend auf der Seele lag und das sie bislang ausgespart hatte. Kaum war das Problem ausgesprochen, wurde der Sohn so friedlich wie gewohnt. Meine Deutung, dass er die Angst der Patientin vor der Eröffnung des Problems ausgedrückt habe, fand die Patientin plausibel.

Die nächste Szene will ich ausführlicher schildern: Ein Paar kam wegen erheblicher psychischer Probleme des Mannes zur zweiten Sitzung. Der Anlass einer kürzlichen Eskalation des Konflikts ihrer Partnerschaft war zuvor noch nicht angesprochen worden. Das Paar hatte die beiden Kinder im Alter von sechs und acht Jahren mitgebracht. Als die Sitzung beginnen sollte, erklärten die Eltern den Kindern, dass sie im Wartezimmer weiterspielen sollten, aber doch jederzeit nachkommen könnten. Im Sitzungsraum äußerte ich die Vermutung, dass sie die Kinder beruhigen wollten für den Fall, dass die Kinder angesichts der neuen Umgebung im Wartezimmer Angst bekämen, was sie bestätigten. Daraufhin eröffnete ich ihnen, dass nach all meiner Erfahrung nicht die Angst der Kinder der Grund sein werde, wenn sie kämen, sondern die Angst der Eltern: Die Kinder kommen immer, sobald es Anlass gibt, die Eltern zu schützen. Das Paar nahm meine Bemerkung als Scherz auf, und beide reklamierten einhellig, dass das Wartezimmer ja außer Hörweite liege. Im weiteren Verlauf geschah aber etwas, was sie eines Besseren belehrte:

Ungefähr zwanzig Minuten nach Beginn der Sitzung gab sich der Ehemann plötzlich einen sichtlichen Ruck und kündigte an, er werde jetzt endlich sein Schweigen brechen und über die jüngsten Ereignisse in seiner Ehe reden. Bevor er jedoch beginnen konnte, kamen die Kinder in den Therapieraum und wandten sich ihrer Mutter zu. Ich schaute den Mann an, und er schaute verblüfft zurück. Nachdem die Kinder das Zimmer verlassen hatten, berichtete er, dass seine Frau ihn mit einem gemeinsamen Freund betrogen habe. Die Tochter hatte unmittelbar zuvor eine in Symbole gekleidete Anspielung darauf gemacht. Im weiteren Gespräch wurde immer deutlicher, dass der Mann Augen und Ohren verschlossen hatte gegen die Vorboten des Ehebruchs, ja dass er selbst ein Arrangement getroffen hatte, das wie eine geheime Erlaubnis erschien. Er wehrte sich heftig gegen dieses Eingeständnis und war einem empörten Ausbruch nahe, der zum Abbruch der Sitzung hätte führen können, als die Kinder erneut erschienen und sich jetzt ihm zuwandten. Diesmal waren beide Eheleute darin einig, dass es sich weder um blinden Zufall noch um eine im Wartezimmer selbst ausgelöste Angst der Kinder handeln konnte. Tatsächlich waren sie ja beide Male gekommen, als es Anlass zur Sorge um die Eltern gegeben hatte. Danach erschienen die Kinder übrigens nicht mehr, sondern zeigten sich sehr ruhig und waren gewissenhaft darum bemüht, das Wartezimmer in einwandfreiem Zustand zu hinterlassen. So etwas geschieht erfahrungsgemäß nur dann, wenn Kinder mit dem Verlauf einer Sitzung zufrieden sind. Es ist ihre Art, einem Therapeuten ein Kompliment zu machen.

Auch diese Schilderung gibt nur eine von ungezählten anderen Erfahrungen wieder, die jeder Therapeut machen kann, wenn er Eltern und Kinder gemeinsam sieht, und die allesamt den Gedanken nahelegen, dass Kinder sich ganz ähnlich verhalten wie Haustiere: Sie bemühen sich nach Kräften, ihren Eltern zu helfen und etwas Bedeutsames für diese zu tun. Es scheint, als wollten sie im Dienst der Eltern nichts anderes als gut sein und als nähmen sie dabei keine Rücksicht auf ihr eigenes Wohl. Wenn zum Beispiel ein Vater sich mit starken Schuldgefühlen trägt, weil er seinen eigenen Vater verletzt und im Stich gelassen hat, dann kann sich sein halbwüchsiger erster Sohn als ein Ausbund an Frechheit und als schamloser Provokateur erweisen. Schaut man sich die Situation des Mannes an, der in diesem Fall als letzter von sechs Söhnen den eigenen Vater verlassen hat, um ins Ausland zu gehen, dann scheint sogar hier eine verborgene „Güte" im Verhalten des Sohnes auf: Was dieser tut, geschieht vielleicht, um seinem Vater zu geben, was dieser im tiefsten Innern von seinem Vater erwartet, aber nicht bekommen hat. Das wäre ein fünftes Beispiel, das ich aber nicht miterlebt, sondern nur einem betroffenen Klienten gegenüber gedeutet habe – mit dem Erfolg, dass dieser Mann eine von seinem Sohn erzeugte unerträgliche häusliche Situation rasch zur Zufriedenheit aller Beteiligten ändern konnte, ohne dafür mehr und anderes zu tun, als liebevoll an seinen eigenen Vater zu denken.

Insbesondere das letzte Beispiel legt einen weiteren Gedanken nahe, der aber für die anderen Beispiele ebenfalls zutreffend ist: dass Kinder im Dienst ihrer Eltern spontan die Stellvertretung Dritter übernehmen und dass sie Prioritäten setzen, die mit Eigennutz nichts zu tun haben. Der Junge, dessen Frechheit ich seinem Vater als paradoxen Ausdruck von Fürsorge gedeutet hatte, und von dem sein Vater in der darauf folgenden Sitzung berichtete, dass er ohne jeden erkennbaren Übergang „wie ausgetauscht" und ein Muster an Bravheit geworden sei, dieser Junge hatte sein gutes Verhältnis zum Vater geopfert, um sich an dessen Schuldgefühlen zu orientieren: Der Enkel hatte mit seiner zur Schau gestellten Bosheit und Unverschämtheit das verborgene Gefühl des Vaters, nicht in Ordnung zu sein und vor dem Großvater nicht bestehen zu können, in einer Weise auf sich genommen – nicht nur, als wäre er anstelle des Großvaters für dieses Gefühl verantwortlich, sondern vor allem auch, als wäre er anstelle des Vaters daran schuld.

Unter diesem Gesichtspunkt betrachtet, wird die obige Szene zum Ausgangspunkt eines dritten Gedankens, der ein wenig tiefer einsteigt und eine gründlichere Prüfung fordert: Dass sich im Verhältnis zwischen Eltern und Kindern das Problem der Verantwortlichkeit auf eine Weise konzentriert, die man vielleicht als Umkehrung, Verwechslung und Infragestellung der Vergangenheit durch die Gegenwart und als paradoxe Hierarchie zu begreifen lernen kann. Daraus würde auch verständlich, was in den Szenen zuvor unmittelbar als kindliche Fürsorge ins Auge gefallen ist.

Im Folgenden werde ich zunächst einige Beispiele aus meiner therapeutischen Praxis anführen, anhand derer meine Auffassung noch deutlicher wird und die gewissermaßen darauf drängen, zu prüfen, ob es sich hierbei um eine verläßliche Regel handelt oder doch nur um höchst unwahrscheinlich anmutende Seltsamkeiten. Ich beginne mit der biographischen Analyse der Trennungsproblematik eines Paares sowie mit der biographischen Analyse einer Depression, setze aber danach diese Art der Untersuchung mit anderen Beispielen fort.

2.2 Eine Entdeckung und zwei biographische Skizzen

Trennungsproblematik eines Paares

Dieses Beispiel skizziert, wie ich selbst auf obige Zusammenhänge aufmerksam geworden bin: Anfang 1993 kam ein Paar in meine Praxis, weil die Frau das Gefühl hatte, sich vom Ehemann trennen zu müssen, aber nicht sicher genug war, um den Entschluss dazu zu fassen. Sie hatte Skrupel. Bei der Betrachtung des Genogramms (Bowen 1976), d. h. des therapeutisch aufbereiteten Familienstammbaums beider Partner (s. Abb. 2.1, S. 36), stieß ich auf die merkwürdige Tatsache, dass sich die Großmutter (mütterlicherseits) meiner Patientin zu dem Zeitpunkt, als der Großvater starb, in demselben Alter befunden hatte wie die Frau jetzt. Nicht genug damit: Auch die Großmutter (mütterlicherseits) ihres Mannes hatte sich in dem jetzigen Alter der Patientin befunden, als ihr Mann verschied. In Erinnerung an die Theorie des Fließgleichgewichts, der Homöostase, der transgenerationalen Schuldübertragung und des systemischen Ausgleichs fiel mir ein, dass es sich hier – rein hypothetisch und völlig spekulativ gedacht – um eine Ausgleichsbewegung handeln könnte, welche das Paar zu vollziehen sich gedrängt fühlte, ohne eigentlich recht zu wissen, wie ihm geschah. Wenn dies der Fall war, dann hatte ich es mit einer systemisch zu deutenden Dynamik zu tun, die dem entsprach, was nach dem Urteil tiefenpsychologisch ausgerichteter Therapeuten als „das Unbewusste" zu bezeichnen ist. Das wird unterstrichen durch die Tatsache, dass die Daten der Stammbäume den beiden gar nicht bekannt gewesen waren, als sie diese für die therapeutische Arbeit zusammentrugen. Sie hatten sich diese Daten extra für die Erstellung des Genogramms besorgt.

Ich wagte kaum, das Paar auf diese Zusammenhänge aufmerksam zu machen, weil ich nicht wusste, womit ich ihm gegenüber meine Vermutung begründen sollte. Die Deutung lautete, wenn man sie auf den Boden einer spekulativen Idee stellte, folgendermaßen:

- Die Enkelin vollzieht, indem sie sich vom Ehemann trennt, im Dienst ihrer Mutter eine rächende Ausgleichsbewegung für das, was die Großmutter aus Sicht der Mutter durch den Tod des Großvaters hatte erleiden müssen. Und der Enkel erleidet, indem er von der Ehefrau verlassen wird, im Dienst seiner Mutter eine büßende Ausgleichsbewegung für das, was sein Großvater der Großmutter angetan hat, als er verstarb. Der Enkel ist in dieser – nach dem Talionsgesetz, d. h. nach dem Prinzip der Rache und der Buße verlaufenden – Umkehr von Geben und Nehmen Stellvertreter beider Großväter mütterlicherseits, wie die Enkelin Stellvertreterin beider Großmütter mütterlicherseits ist.

Schlagartig wird klar, dass es sich hier um keine Kleinigkeit handelt, sondern um zweierlei: erstens um eine Beobachtung von möglicherweise grundsätzlicher und weitreichender Bedeutung, zweitens um ein Problem. Zuerst stellt sich die Frage, ob sich entsprechende Beobachtungen wiederholen lassen und, wenn ja, ob es sich dann um mehr oder weniger seltene Einzelfälle handelt, um besondere Ausnahmefälle also, die darum keiner besonderen Erklärung bedürfen, weil es dafür schon bekannte Erklärungen gibt.

Seit Anfang 1993 achtete ich systematisch auf die Biographien meiner Patienten, auch auf meine eigene und die der mir nahe stehenden Menschen, und ich stieß dabei immer wieder auf genau dieselben Phänomene berechenbarer zeitlicher Bezüge, die auf den ersten Blick völlig unerklärlich waren. Und da ich schließlich bei dieser Sichtweise überhaupt keine Ausnahme von der genannten Regelhaftigkeit biographischer Zusammenhänge mehr fand, hieß das: Ich hatte mit einem Problem zu tun, das mich in der Tat in ganz erhebliche, geradezu existenzielle Erklärungsnot brachte. Denn einerseits handelte es sich bei diesen Phänomenen um gesetzmäßige Wirkungen, aber andererseits konnte es sich nicht um die Wirkung bekannter Kräfte handeln. Das war für mich höchst beunruhigend, zumal es nicht um irgendwelche Äußerlichkeiten ging, sondern um das, was uns Menschen im Innersten bewegt.

Was mich allerdings beruhigte, war die Beobachtung der günstigen Wirkung, die mein spontaner Erklärungsversuch auf das Paar gehabt hatte. Es war die in ursprünglicher Frische auftauchende, belebende Erfahrung, dass in einer guten Erklärung ein therapeutisches Prinzip wirksam werden kann. Aber *war* meine Erklärung denn wirklich gut? Oder *erschien* sie lediglich einem gutgläubigen Paar gut? – Immerhin hatte ich nicht behauptet, dass es keine andere Erklärung als die meinige geben könne, sondern hatte die meinige lediglich als eine vorläufig denkbare, dabei mit aller Vorsicht zu betrachtende Erklärung angeboten.

Konkret: Ich hatte damals im Gespräch mit dem Paar gesagt, dass man bei der Betrachtung ihrer Familienbiographie den Eindruck gewinnen könne, als seien Mann und Frau nicht von dem bewegt, was sie *selbst* als gut anerkennen, sondern von Impulsen getrieben, die sich auf ihnen *fremde*, längst vergangene Mangelzustände beziehen. Die Dinge so zu sehen, erwecke den Eindruck, als seien sie in dem blinden Bestreben, eine Umkehrung des Vergangenen und einen Ausgleich für Unausgeglichenes zu erwirken, nicht ganz bei sich selbst, sondern sozusagen in die Vergangenheit *entrückt* und *außer sich*. Aus diesem Grunde zöge ich es vor, die beiden einmal ganz direkt zu fragen, was sie denn tun würden, wenn ein jeder von ihnen sich erlaubte, wirklich bei sich zu sein und nach eigenem Urteil zu handeln bzw. nicht zu handeln.

Diese Frage wurde von dem Paar nicht im Gespräch beantwortet, sondern praktisch gelöst: Sie blieben zusammen. Der Mann klärte einige berufliche Probleme, die er vor sich her geschoben und seiner Frau angelastet hatte. Und die Frau klärte einige Probleme im Umgang mit den Kindern, die sie zuvor ihrem Mann angelastet hatte. Ich bekannte dem Paar gegenüber selbstverständlich, dass ich ganz unsicher sei, ob sich das Leben wirklich so abspiele, wie es mir in diesem Zusammenhang erscheine. Beide griffen meinen Erklärungsversuch aber wider Erwarten zustimmend auf und fanden im Zuge der weiteren Arbeit eine Lösung für ihr Paarproblem, nachdem sie davon entlastet worden waren, einander wechselseitig für jene Gefühle verantwortlich zu machen, die ihnen aus der Vergangenheit ihrer Familien nachhingen.

Ich selbst aber folgerte in den Wochen danach aus den Erfahrungen, die ich in anderen therapeutischen Sitzungen machte: Wenn man beobachtet, dass sich Lebensereignisse immer in dieser oder ähnlicher Weise abspielen, als seien sie – in offenkundigem Gegensatz zu den Lebensinteressen der Beteiligten und blindlings – auf einen virtuellen Ausgleich des längst Vergangenen bezogen, dann muss man die Art und Weise, wie dieser Bezug in Erscheinung tritt, möglichst präzise beschreiben. Nur dann nämlich hat man die Chance, zu einer Erklärung zu gelangen, durch die unser Anspruch auf Vernünftigkeit des menschlichen Gesprächs nicht beleidigt sondern gewürdigt wird.

Ich erinnerte mich in diesem Zusammenhang daran, dass ja kein Mensch weiß, was es mit der Schwerkraft, der wir alle unterliegen, auf sich hat, wie nämlich die Schwerkraft es eigentlich macht, dass wir fallen. Ebensowenig weiß irgendjemand, wie es eigentlich kommt, dass sich Energie von einer Form in die andere verwandelt. Schließlich weiß auch niemand, warum Masse und Energie ineinander umwandelbar sind. Was wir wissen, hat sich einzig aus genauen Beschreibungen dessen, was wirklich geschieht, ergeben. Und alle Gesetze, die wir aus den Naturwissenschaften kennen, sind lediglich begriffliche Zusammenfassungen unserer Erfahrungen. Das Wunder, dass solche begrifflichen Zusammenfassungen möglich und hilfreich sind, ist selbst nur hinzunehmen, nicht aber in seiner Tiefe zu ergreifen. Vielmehr sind wir in unserem gesellschaftlichen Leben von der Möglichkeit dieses Wunders abhängig und werden von dem Wunder dieser Möglichkeit selbst ergriffen.

Man darf also zu Recht sagen, dass wo immer von wirksamen *Kräften* die Rede ist, im Grunde nur das *Gesetz* gemeint ist, dessen unumschränkte Geltung wir durch gezieltes Anstellen und Analysieren unserer Beobachtungen zum Bewusstsein gebracht haben. Darum sollte mich auch nichts daran hindern, denselben Weg im Zusammenhang mit biographischen Phänomenen zu beschreiten. Was mich ebenfalls unterstützte, war die Gewissheit, dass keines der durch Beschreibung des wirklichen Geschehens erforschten Naturgesetze am Fortbestand unserer Verantwortung als Menschen etwas geändert hat. Die Entdeckung der Fallgesetze beispielsweise hat bislang noch niemanden gezwungen, fortan beständig auf die Nase zu fallen, sondern nur die Freiheitsgrade unserer Fortbewegungsarten beflügelt. Ganz ähnlich war es ja bei dem Paar gewesen, dem ich meine Deutung ihres Verhaltens angeboten hatte: Es hatte sich fortan die Freiheit genommen, auf einen ohnehin verspäteten, nur neues Scheitern hervorrufenden Ausgleichsversuch zu verzichten und sich stattdessen auf das ihnen Mögliche, vor allem auf das für sie selbst, füreinander und ihre Kinder Gute zu beschränken.

Meine Erfahrungen mit jenem Paar ermutigten mich zur ausdrücklichen Formulierung der Gesetzesannahme, die in jener vorläufigen, hypothetischen Beschreibung des Bindungsgeschehens zum Ausdruck gekommen war. In wenige Worte gefasst, lautet das Gesetz, das ich damals implizit meiner Deutung zugrunde gelegt habe:

- Das Paar ist gleichsam mit seiner Bindung unter dem Eindruck einer Unrechtserfahrung der beiden Mütter in die Pflicht genommen, eine Ausgleichsbewegung zu vollziehen, welche dem Unglück in der Beziehung zwischen den beiden Großelternpaaren durch eine Umkehrung, d. h. eigenes Unglück, auf fatale Weise die Waage hält. Der Zwang zum rächenden Ausgleich hat seinen tieferen Grund in einem vergangenen Mangel. Die resultierende Ausgleichsbewegung erfolgt blindlings. Und sie wird getragen von bewussten Begründungen, gerechtfertigt von vorgeblichen Motiven, mit Anlässen verknüpft, welche selbst die Gesetzmäßigkeit des Vollzugs jedoch nicht wirklich erklären können, sondern nur zu verschleiern vermögen.

Hypothetisch handelte es sich demnach also um ein biographisches Gesetz, das eine dem spontanen Bewusstsein übergeordnete Stellvertretungsfunktion der Nachfahren für ihre Vorfahren regelt und das – wie bei einer Waage – ein Gewicht auf der Seite des Vergangenen durch ein Gegengewicht auf der Seite des Gegenwärtigen schicksalhaft auswiegt. Aus diesem Gesetz der aufwiegenden bzw. aufwiegelnden Stellvertretung folgt ein zeitlich exakt determinierter Druck bzw. Sog, wodurch ein Kind in eine merkwürdige Position verrückt wird: Die damit ausgelöste Bewegung entspricht der Bedeutung, welche dem Kind von seinen Eltern zugewiesen wird. Die Zuweisung erfolgt offenbar unwillentlich, allein durch ein (wiederum nur blindes, aber doch exakt erspürtes) Mangel- bzw. Unrechtsgefühl der Eltern.

Genau genommen, darf man hier gar nicht von einem *Gefühl* sprechen, sondern nur von einer *Gesetzmäßigkeit*, die sich unter anderem auch im Wandel der Gefühle, im Auftauchen und Untertauchen von Gefühlen der systemisch Beteiligten offenbart und verbirgt. Die Bedürftigkeit der Eltern nach Ausgleich – in dem Beispiel: die Unrechtserfahrung der Mütter in Bezug auf die Ehe der Großeltern – wirkt als Programm des Lebenslaufs der Kinder, von einigen Autoren als „Skript" bezeichnet (Steiner 1989). Die Bezeichnung „Skript" ist zwar nicht anschaulicher als die üblichere Bezeichnung „Rolle", aber auch nicht weniger treffend. Im Grunde besagt sie dasselbe. Denn in der Schriftrolle, die ein Schauspieler in früheren Zeiten vom Autor bzw. Regisseur erhielt, ist seine Funktion im zu spielenden Stück, sind Worte, Taten und Gefühle vorgeschrieben. Bevor aber das Stück aufgeführt wird, bleiben die Charakteristika der vom Schauspieler zu verkörpernden Person verborgen – wie die Schrift in dem zusammengerollten Pergament.

Die Abbildung 2.1 stellt die Sogrichtung der Bedürftigkeit der jeweiligen Mütter nach ausgleichender Stellvertretung oder nach stellvertretendem Ausgleich durch die beiden Kinder als Pfeile dar. Der Sog, das soll die Abbildung hauptsächlich verdeutlichen, wird auf die Ehepartner durch eine Bedürftigkeit ausgeübt, die hier jeweils von einem Vakuum im Leben der betreffenden Mütter ausgeht: vom „ungelebten Leben" der Großeltern. Mit dieser Formulierung knüpfe ich bewusst an den Weizsäcker'schen Satz an, wonach das „ungelebte Leben das Wirksame" sei (Weizsäcker 1967, S. 249 ff.).

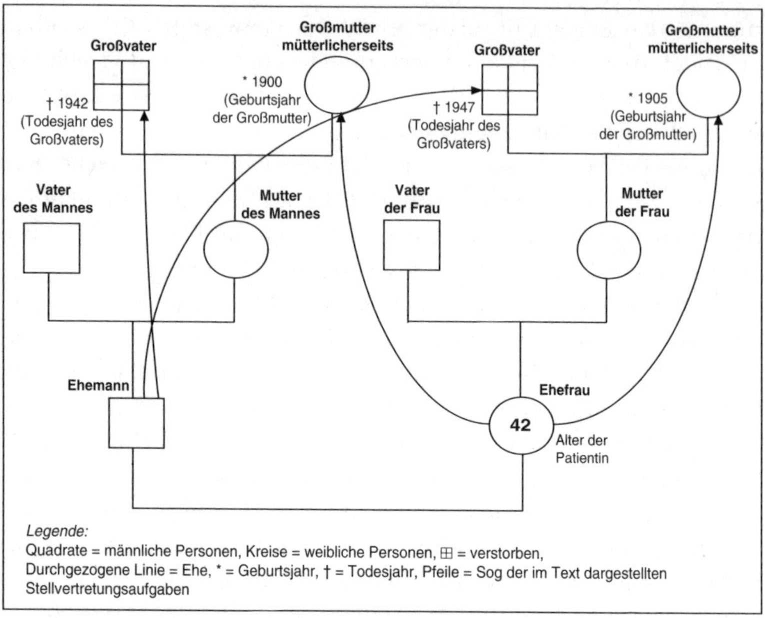

Abb. 2.1: Genogramm des Paares mit Trennungsproblematik

Eine so genannte endogene Depression

Einmal gefasst, ließ mich die Idee einer an der Bedürftigkeit der Eltern orientierten Ausgleichsbewegung im Lebensschicksal der Kinder nicht mehr los. Kurz darauf kam ein Patient zu mir wegen einer seit zwei Jahren anhaltenden und in jüngster Zeit stark zunehmenden depressiven Symptomatik: Schlafstörungen, Fühllosigkeit, Initiativlosigkeit, Verstummen, Gefühl der Verlorenheit, Grübeln, Freudlosigkeit, Angst. Seit Jahren leide er unter arteriellem Hochdruck bei Fettleibigkeit. Beruflich fühle er sich seit etwa fünf Jahren überfordert durch eigentlich unerfüllbare Aufgaben im Außendienst einer Versicherung und durch Schikanen seines Vorgesetzten. Vor einigen Monaten sei der ältere Bruder seiner Mutter gestorben.

Der Mann, dessen Stammbaum ich ausschnittsweise in Abb. 2.2 wiedergebe, war zu jenem Zeitpunkt 47 Jahre alt, verheiratet, hatte eine 18-jährige Tochter und eine 25-jährige Stieftochter aus der ersten Ehe seiner Frau. Er war das einzige Kind seiner Eltern, die 1944 heirateten. Sein Vater (Jahrgang 1900) war 20 Jahre älter gewesen als die Mutter und kurz vor Geburt des Sohnes (1945) aus der Wohnung in Oberschlesien zur Zwangsarbeit nach Russland verschleppt worden. Wie ein heimkehrender Mitgefangener später berichtete, sei er dort 1947 an Typhus verstorben.

Von seiner Mutter hat der Mann erfahren, dass sie selbst bei der Flucht nach dem Westen so entkräftet gewesen sei, dass sie ihren neugeborenen Jungen nicht mehr tragen konnte und auf den Eisenbahnschienen habe liegen lassen. Eine andere Frau habe ihn aufgenommen und dafür gesorgt, dass die Mutter ihn letztlich doch behielt. Die entscheidende, auf der Theorie der Stellvertretung beruhende Deutung der Symptome dieses Falles ist die folgende:

Der Patient verkörpert in seiner Beziehung zur Mutter von Geburt an seinen Vater, deren Ehemann. Diese Stellvertreterfunktion wird durch die kleine Szene, die er – wie beiläufig – in der ersten Therapiesitzung erzählt, bereits deutlich:

Nachdem sie den *Ehemann* verloren *hat*, weil er von den russischen Soldaten verschleppt wurde, *gibt* sie im Gegenzug auf der Flucht ihren *Jungen* verloren. Dieser wird durch eine andere Frau gerettet, was die Mutter als gnädigen Wink des Schicksals auffasst und als Zeichen, dass sie doch nicht auf alles verzichten muss, was sie mit ihrem Mann verbindet. Sie lebt anschließend mit ihren Eltern zusammen und heiratet nicht mehr. Der Patient lebt während der ersten 47 Jahre seines Lebens das ungelebte Leben seines Vaters. Er tut dies für seine Mutter und anstelle seines Vaters, also in gewissem Sinne auch für den Vater. In einem Alter, in dem der Vater verschleppt wurde, beginnt plötzlich seine Depression, für die er keine Erklärung findet und für die es auch keine Erklärung aus den Lebensumständen des Patienten gibt. Was er selbst als Grund betrachtet, zeigt sich bei näherem Hinsehen als unspezifisch, denn seine berufliche Unzufriedenheit ist wesentlich älter als die Symptomatik. Ein Psychiater alter Schule wäre also schon zu diesem frühen Zeitpunkt gezwungen gewesen, eine so genannte „endogene" Depression zu diagnostizieren und eine „Therapie" mit Antidepressiva zu beginnen. Das befürchtete dieser Mann jedenfalls und überspielte seine Beschwerden mit großer Energie und Beharrlichkeit.

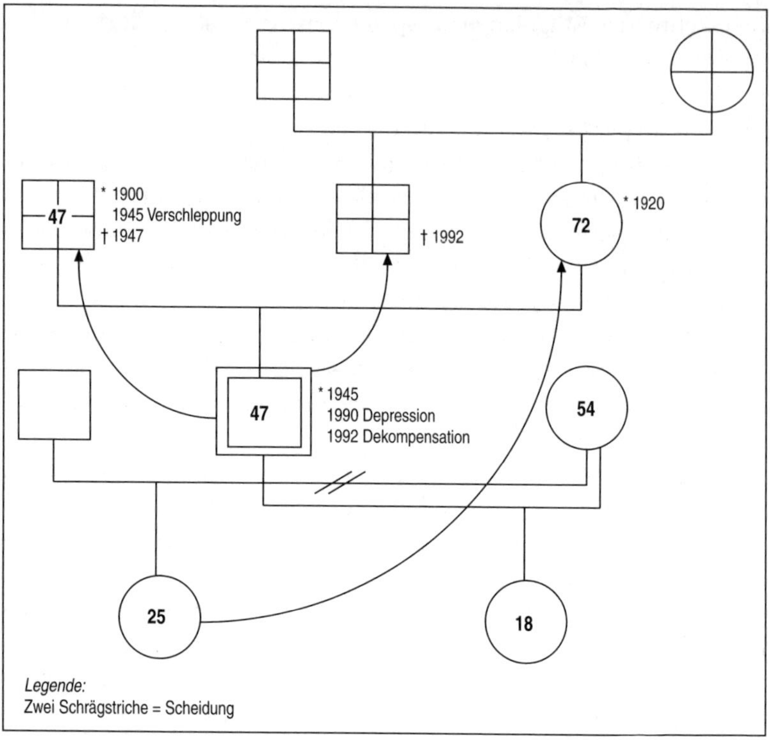

Abb. 2.2: Genogramm des Patienten mit „endogener Depression" (1992)

Zwei Jahre später jedoch, in einem Alter, in welchem der Vater starb, nimmt seine Depression einen Schweregrad an, den der Patient mit den Worten kennzeichnet, er fühle sich „wie tot", und vor dem er seine Waffen strecken muss. Die äußeren Lebensumstände sind nicht geeignet, diese Depression zu erklären; keineswegs erklären sie nämlich deren Verschlimmerung zu ebendiesem Zeitpunkt.

Was ich seinerzeit infolge mangelnder Übung in der Krankengeschichte noch gar nicht gesehen, bei der nachträglichen Betrachtung aber sogleich entdeckt habe, ist der folgende Zusammenhang: Fünf Jahre zuvor, als die übermäßige Belastung des Patienten begann und als er erstmals Anlass zu Klagen hatte, war seine Stieftochter so alt wie sein Vater bei der Geburt seiner Mutter. Und bei Ausbruch der schweren Depression war die Stieftochter so alt wie seine Mutter bei seiner eigenen Geburt bzw. bei der Verschleppung des Vaters. Hier liegen tiefere Verstrickungen, die auf eine besondere Dynamik des im Patienten wirksamen Verhältnisses zwischen den Eltern verweisen, Verstrickungen, denen ich – im Unterschied zu damals – inzwischen nachspüren würde. Auf den ersten Blick aber ist erkennbar, dass der Bruder der Mutter gestorben ist, als der Sohn mit 47 Jahren genau so alt war wie der Vater (also der Ehemann der Mutter) bei dessen Tod. Die Depression ist aus dieser Sicht auch als seine „Unfähigkeit" zur Unterscheidung zwischen dem Vater und dem Onkel zu deuten. Immerhin diente der Onkel seiner Mutter als ein anderer, nämlich erwachsener Stellvertreter des Vaters.

Der Patient betonte ausdrücklich, dass er seine Frau und seine Tochter liebe, und dass er auch seine Stieftochter sehr gern möge. Und es fiel ihm selbst auf, dass die beruflichen Schwierigkeiten schon ein Stück älter waren als seine Beschwerden. Diese ließen jedoch schlagartig binnen Tagen nach, als er sich von dem Schock der Konfrontation mit meiner Deutung, d. h. mit der bewussten Erinnerung an den Tod seines Vaters sowie an den Schmerz und Verlust, der das Schicksal seiner Mutter bestimmt hat, erholte. Es war freilich noch einige therapeutische Arbeit erforderlich, um ihm zu einem stabilen inneren Gleichgewicht zu verhelfen.

2.3 „Semantische Felder" als „Kraftfelder" leiblicher Bindung

Rupert Sheldrake (1999) berichtete, er habe experimentell gefunden, dass ein Baby exakt nachweisbar immer dann schrie, wenn die Milch aus den Brüsten seiner abwesenden Mutter überquoll. Nach meinen eigenen Erfahrungen, von denen ich zu Beginn dieses Kapitels vier charakteristische Kinderszenen geschildert habe, hege ich keinen Zweifel, dass hier ein Zusammenhang besteht. Wie dieser jedoch zu verstehen sei, ist eine zunächst völlig offene Frage.

Angesichts der wirklichen Hierarchie zwischen Eltern und Kindern bliebe es unbefriedigend, sich mit der Bemerkung zu begnügen, dass im Ablauf der Beziehungen zwischen Eltern und Kind eine gegenseitige Abhängigkeit bestehe. Immerhin stammt das Kind von den Eltern, ist deren Spross. Insofern sind die Eltern primär gegenüber dem Kind. Und da das Kind eindeutig auf seine Eltern folgt, ist es nur konsequent anzunehmen, dass auch die Bedürftigkeit des Kindes primär der Bedürftigkeit seiner Eltern folgt. Dieser Gedanke wird von der Beobachtung gestützt, dass sich, wenn Eltern auf die Symptomatik ihrer

Kinder verzweifelt reagieren, in der Therapie am Ende zeigt: Solche Eltern leiden gewöhnlich in erster Linie darunter, dass sie die wirkliche Hierarchie der offenbar werdenden Problematik nicht verstehen können, weil sie in ihrem Denkansatz die Rangordnung der Verantwortlichkeiten verkehren. Diese Beobachtung zunächst einmal als Basis für eine weitere Hypothesenbildungen festzuhalten, bedeutet zweifellos eine radikale Abkehr vom heute vielfach üblich gewordenen Denken. Dessen bin ich mir durchaus bewusst. Aus meiner Sicht schlage ich dennoch vor, die alternative Ausgangsbasis, die insbesondere durch die Arbeiten Bert Hellingers (1993, 1994) bereits an Zustimmung gewonnen hat, praktisch zu prüfen. Sie ist meines Erachtens einfach besser geeignet, die – häufig komplizierten oder sogar zunächst unverständlich erscheinenden – Beziehungen zwischen Eltern und Kindern zu begreifen.

Allgemein lässt sich also, wenn man diese Wendung im Denken über Verantwortlichkeiten einmal probeweise vollzieht, formulieren: Sobald ein Kind ins Leben gerufen wird, bewegt es sich in der Welt zunächst als ein abgespaltenes Organ seiner Eltern. Die Dienstbarkeit des Kindes beginnt mit der Zeugung und wirkt unmittelbar gegenwärtig: Sie ist mit der Bedürftigkeit seiner Eltern synchronisiert.

Die dem Leibe eines jeden Kindes inhärente Wirkung seiner Dienstbarkeit wird zwar jederzeit erkennbar, d. h. in aller zeitlichen Gegenwart ablesbar. Dennoch ist sie – was vielleicht paradox erscheinen mag – relativ unabhängig von der räumlichen Gegenwärtigkeit der Eltern. Wo der Dienst vom Kind nicht erfüllt wird, da bleibt er nur darum unerfüllt, weil er – aus welchen Gründen auch immer – gegenwärtig unerfüllbar ist.

Die Versagenszustände und Ohnmachtsgefühle eines Menschen werden vielleicht nur verständlich, wenn man sie als Ausdruck der Unerfüllbarkeit von Aufgaben im Dienst an (aus Liebe zu) den Eltern auffasst. Genau das ist mit der Feststellung gemeint, dass die Versagenszustände eines Menschen vor allem Ausdruck einer fortbestehenden Priorität von ebenso unbewussten wie unerfüllbaren Diensten gegenüber den jeweiligen Eltern seien. Im Vergleich zu den bewussten und erfüllbaren Aufgaben dieses Menschen genießen die ersteren einen auf den ersten Blick unbegreiflichen, aber in jeder Symptomatik möglicherweise sichtbar werdenden Vorrang.

Es ist klar, dass die Hierarchie der Verantwortlichkeiten, die sich auf Seiten der Eltern damit radikalisiert, zunächst nicht jedermann unbedingt einleuchtend, manchem sogar unsinnig erscheint. Die Schlussfolgerungen, die sich daraus ergeben, wären auch nicht treffsicher, solange man sich bei der Betrachtung symptomatisch gewordener Beziehungen allein im Gegenwärtigen aufhält. Hier liegt dann auch das ganze Problem des Umdenkens begründet: Dass man jenes „Unsichtbare" aus dem Sinn verliert, das, wie der „Kleine Prinz" von Antoine de Saint Exupéry betont, das Wesentliche ist. Wenn ich die in den zuletzt wiedergegebenen Krankengeschichten aufscheinenden Zusammenhänge berücksichtige und die obigen Hypothesen durch eine weitere ergänze, so avanciert diese weitere freilich zum Herzstück dieser ganzen Auffassung:

- Was für ein Kind gegenüber seinen Eltern einmal unerfüllbar gewesen ist, das prägt sich ihm als verbleibende Schuldigkeit ein. Eine nicht erfüllte Verpflichtung, die sich aus der Bedürftigkeit seiner Eltern ergibt, wird von dem Kind nicht nur unter den jeweiligen Umständen, die eine Erfüllung aktuell unmöglich machen, als seine eigene Schuld wahrgenommen, und sie wird nicht nur synchron an einem *fremden Ort*, dem die Eltern fernbleiben, mit den Gefühlen der Machtlosigkeit empfunden, sondern darüber hinaus zu einem *späteren Zeitpunkt* mit Ohnmachtsgefühlen bezeugt, wenn das Bedürfnis der Eltern nicht mehr fortbesteht und diese sich längst anderweitig haben behelfen müssen, ohne auf Abhilfe durch das Kind rechnen zu können. Das ist besonders tiefgreifend und endgültig der Fall, wenn die Eltern nicht mehr leben.

In dieser Form werden meine Behauptungen über die Gesetzmäßigkeit, Entschüsselbarkeit und Wandelbarkeit von Schicksalsbindungen überhaupt erst für Überprüfungen zugänglich. Und tatsächlich findet sich bei gezielten Untersuchungen eine merkwürdige *Rhythmik* des Lebenslaufs, in der die Themen ehemaliger Schuldigkeit wiederkehren (Schützenberger 1993) und nach irgendeiner Lösung verlangen, gleichsam damit „die liebe Seele Ruh'" haben möge. Ich sehe mich aber aufgrund meiner Erfahrungen mit Kranken veranlasst, noch weiterzugehen und zu behaupten:

- In den Beziehungen zwischen den Menschen geht von dieser Rhythmik der frustranen kindlichen Dienstbarkeit die Kraft der spontanen Gebundenheiten aus. Die Kraft der Gebundenheiten wirkt bei einem Kind so innig, dass sie sich über den realen Unterschied hinwegsetzt, der zwischen den Eltern und den jeweils anderen Anwesenden besteht. Vielmehr setzt sich die Dynamik des Stellvertretertums, die bereits das Verhältnis zwischen Eltern und Kindern beherrscht, in den Beziehungen zu Dritten fort. Die jeweilige Veranlassung zur Dienstbarkeit wird gesetzmäßig geschaffen und erlitten. Und das unentrinnbare Gesetz dieser Dienstbarkeit führt die Kinder dazu, dass sie – als spontan Unterworfene – die Qualität ihrer Gebundenheiten in Abhängigkeit von zeitlich näher zu bestimmenden Relationen auf (an-)geeignete weitere Personen übertragen und mit deren Hilfe – symptomatisch oder asymptomatisch – gleichnishaft zur Darstellung bringen.

Anders gesagt: Die Unsterblichkeit jener Sehnsüchte, die im Verhältnis zwischen Eltern und Kindern unerfüllt bleiben, prägt den Lebensläufen der Menschen die wechselseitigen Zeitgestaltungen und die Bedeutungen ein und macht eine grundlegende biographische Gesetzmäßigkeit aus: Aus ihr resultiert der *Symbolismus* der Lebensläufe. Dass einem Ereignis *Bedeutung* zukommt, heißt nichts anderes, als dass dieses Ereignis im Leben eines Menschen sich funktionell auf ein anderes Ereignis im Leben anderer Menschen hin *ausrichtet* oder in der Art seiner Funktionalität auf das andere Ereignis *hinweist* und insofern mit diesem anderen in einer *dynamischen Beziehung* steht. Aber jede dynamische Beziehung gibt sich in Resultaten eines Wirkens zu erkennen. Inwiefern also mit Bezug auf das Bedeuten von einem Wirken gesprochen werden darf, ist zunächst noch nicht klar. Falls es sich um das *Zuweisen* einer Richtung handelt, bleibt ja gerade unbestimmt, auf wessen Handeln hin die Ausrichtung erfolgt sein sollte, da diese doch ohne sichtbaren Akteur erfolgt. Das wäre ja eine seltsame Art von „Entdeckung", wenn es nach dem Fortziehen der Decke gar nichts zu sehen gäbe. Zu sagen, dass das eine Ereignis dem anderen Ereignis Bedeutung übermittle, hieße, dass das ursprüngliche Ereignis aktiv gegenüber dem letzteren sei. Aber die Art dieser Aktivität des Bedeutung gebenden Ereignisses ist zunächst so rätselhaft, dass auch beim Versuch zu verstehen, was da stattfindet, die Art der Passivität des Bedeutung empfangenden Ereignisses ebenso rätselhaft ist.

In dieser Lage tut man offenbar gut daran, sich zu erinnern, um was es bei der Zuweisung von Bedeutung geht: Das Bedeutsame im vorangegangenen Ereignis ist ja das, was darin gefehlt hat. Aus dem Ausbleiben des im ursprünglichen Ereignis Fehlenden oder Ausgebliebenen keimt die orientierende Kraft, von der das nachfolgende Ereignis seine Bedeutung empfängt. So klingt es zwar paradox, ist aber zutreffend, wenn gesagt wird, die Entdeckung des Ursprungs von Bedeutung macht nur derjenige, der von einem Unsichtbaren die Verhüllung entfernt. Er bekommt nur den Mangel zu Gesicht, nicht aber das, was fehlt. Eine Kriegsverletzung zeigt auf, dass der Frieden fehlt. In Anbetracht des Ausmaßes der Verwundung wird deutlich, wie heftig der Frieden vermisst worden ist.

Damit ist ausgesprochen, dass jene richtende „Kraft", die aller Bedeutungsübermittlung *zugrunde* liegt, nichts anderes ist als das Leiden des Nächsten: Aus dem Mangel an Glück, aus der Fülle des Leidens leiten sich Gewicht, Richtung und Ziel einer durch Übertragung wirksamen Bedeutung ab; Bedeutung tritt überhaupt nur in Gestalt des Fortwirkens von Leiden in *Erscheinung*. Bedeutung als das Aufscheinen eines Gesetzes zu erkennen, in der sich eine richtende „Kraft" zur Geltung bringt, kommt darum einer *Würdigung* des vergangenen Leidens gleich. Aber diese Würdigung ist nur demjenigen möglich, der von der Nachwirkung und Fernwirkung des Leidens in Mitleidenschaft gezogen wird und der darin stattfindenden Verurteilung standhält. Die Erfahrung, von vergangenem Leiden ereilt zu werden und in dessen Bann zu stehen, die Erfahrung, für bloße Ohnmacht gegenüber dem Unmöglichen verurteilt zu sein, ist der einzige Weg, um Bedeutung verstehen zu lernen. Und Verständigung zwischen Menschen beinhaltet die gegenseitige Bereitschaft, die Konsequenzen der Übermittlung vergangenen Leidens zu tragen. Deutung allein genügt nicht zum Verstehen und zur Verständigung. Im Unterschied zum Verstehen ist die Deutung nur die gesehene, nicht die erlebte Bedeutung. Denn Deutung ist nur ein bloßer Fingerzeig für den anderen. Die nackte Deutung eines Symptoms wirkt als Appell, der Kranke möge das ihm übertragene Leid allein tragen. Wer aber versteht, ist gleichsam in der Position eines Wundarztes, der sich kraft seiner Einsicht in die tieferen Ursachen einer schweren Verletzung für Frieden einsetzt.

Bedeutung wird also verständlich als eine wandelbare Erscheinungsform jener richtenden „Kraft", die sich durch die spezifischen Wirkungen des Leidens zu erkennen gibt. Bildhaft gesprochen: Bedeutung ist für die Erkenntnis wie der unsichtbare Inhalt, der sich im körperlichen Geschehen verbirgt und offenbart. Das Körperliche ist dessen

Form: Die Wunde ist die Form des Schmerzes. Und der Schmerz gleicht dem Wein, der in unterschiedlichen Fässern und Schläuchen enthalten sein, transportiert werden und reifen oder versauern kann. Wenn also in Bezug auf Übertragung und Verwandlung von Bedeutungen eine Erkenntnis entstehen soll, wenn das Feld der Bedeutungen überhaupt als Wissensgebiet aufgefasst werden darf, dann muss es gelingen, die Gesetzmäßigkeiten der Formwandlungen angemessen zu beschreiben, die bei Umfüllung, Lagerung und Genuss eines zumindest begrifflich identifizierbaren Gehaltes stattfinden. Diese Beschreibung aus Erfahrung zu leisten, wäre Voraussetzung, um die besondere „Dynamik", die besondere Art von „Kraft" zu begreifen, die in den Ereignissen des Lebens als Bedeutung wirkt.

Meines Erachtens lässt sich sehr einfach benennen, was im Leid Geltung erlangt: Es ist die *versäumte Trauer*, die *noch nicht getrauerte Trauer*. Sie ist es, die als *Widerstand* gegen das freie Fließen der *Liebe* zwischen den Generationen und zwischen den Geschlechtern in Erscheinung tritt. Mit dem abstrakten Wort „Kraft" kann man die Ursache dieser hintergründigen Art des Wirkens nur belegen, solange weder die aufgestaute, in einen Stausee verwandelte Liebe zum Vorschein gekommen noch das Hindernis der Liebe entdeckt ist. Und solange ihr Geheimnis im konkreten Fall nicht gelüftet ist, bietet sich für jene richtende „Kraft", deren Wirkung so sehr derjenigen der Gravitation gleicht, auch der Name „semantisches Feld" an. Was unter diesem Namen zusammengefasst werden könnte, zeigt sich also anhand der Vielfalt und der Wandlungsfähigkeit aller Krankheiten, Syndrome und Symptomatiken. Der Zusammenhang alles Krankhaften mit allem Gesunden wiederum findet sich im Bild des Lebensstroms. Das Symbol des Stroms aber bietet sowohl Analogien zur Physiologie des Oxidationsprozesses, der die Lebensvorgänge aufrecht erhält, als auch zur Physik der Energieumwandlungen, die auf Entropiezunahme und Wärmetod des Universums hinauslaufen.

Der Name „Feld" scheint zwar eine in der modernen Physik geläufige Terminologie aufzugreifen, wie sie etwa der „Eichfeldtheorie" oder der „Super-String-Theorie" zugrunde liegt. Aber es bleibt sehr fraglich, ob eine solche Analogie für die zu gewinnende neue Begrifflichkeit überhaupt angebracht sein kann. Denn eines scheint von vornherein klar: Die Physik hat zwar infolge der Quantenmechanik auf die Newton'sche Eindeutigkeit und Vorhersagbarkeit mechanischer Kausalverknüpfungen verzichten müssen, deswegen jedoch nicht die

Vorstellung unmittelbarer Verknüpfungen zwischen physischen Ereignissen aufgegeben. Den Charakter physikalisch definierter Kausalität im der modernen Physik weiterhin geläufigen Sinne kann einem „semantischen Feld" schon deshalb nicht zuerkannt werden, weil die zeitlichen und räumlichen Bedingungen für die Wirkungen hier gänzlich andere sind: Weder gilt für jenes „semantische Feld" des menschlichen Umgangs, das ich meine, das Prinzip der unmittelbaren zeitlichen Folge erkennbarer Wirkungen, noch gilt das Prinzip der unmittelbaren örtlichen Nähe dieser Wirkungen. Und schließlich gilt für das „semantische Feld" im Gegensatz zur physikalischen Energie das Prinzip, dass das Fehlende, nicht aber das Vorhandene wirkt. Falls es hierzu in der modernen Physik eine Analogie geben sollte, dann wäre diese sicher nicht im geläufigen Begriff des Vakuums – entsprechend dem „Horror Vacui" der Alchemisten –, allenfalls im hypothetischen Higgs-Feld zu suchen (Genz 1999, S. 29).

Wenn man einmal von den neuesten und komplizierteren Entwicklungen innerhalb von Physiologie und Physik absieht und sich erlaubt, einfach die drei unterschiedlichen Wirkungen zu betrachten, die von der Bedürftigkeit der Eltern auf die Art und Weise ausgeht, in der ein Kind seine Eltern zu lieben vermag, dann wird der unermessliche Unterschied zwischen dem ernsthaft-physikalischen Feldbegriff und dem spielerisch-biographischen Namen „semantisches Feld" deutlich: Plötzlich eröffnet sich der Blick auf den Zauber der Liebe, die sich über die Beschränkungen der Physik hinwegsetzt, ohne indessen völlig gesetzlos zu wirken:

1. Ein „semantisches Feld" *erster* Ordnung, in dem zum Beispiel das Kind dem Blick seiner Mutter ausgesetzt ist, wirkt zwischen Eltern und Kind *synchron* in der *Nähe* , also zeitgleich an demselben Ort. Seine Wirkung ist die direkte, quasi kausale Gestaltung einer gegebenen *Hierarchie der Bedürftigkeiten*.
2. Ein „semantisches Feld" zweiter Ordnung wirkt bereits ganz anders, nämlich *synchron* in der *Ferne* (zeitgleich am anderen Ort) und ist mit kausalen Erklärungen nicht vereinbar.
3. Ein „semantisches Feld" dritter Ordnung aber, um das es nach den hier beschriebenen Erfahrungen bei *symptomatischen* Ereignissen eigentlich immer zu gehen scheint, wirkt rhythmisch *diachron* in der *Ferne.* Das heißt: Es wirkt sowohl *später* als auch *anderswo*, sowohl zeitlich versetzt als auch örtlich entrückt.

In der distanzierten und distanzierenden Terminologie des „semantischen Feldes" wäre jetzt festzustellen: Ich habe anhand der beiden obigen kurzen Fallstudien gezeigt, dass für die *diachrone* (zeitlich aufgeschobene) Wirkung des „semantischen Feldes" dritter Ordnung tatsächlich überprüfbare Gesetzmäßigkeiten gelten. Im Folgenden aber werde ich darüber hinaus zeigen, dass diese Gesetzmäßigkeiten nicht nur *zeitlich* bestimmbare sondern noch *weitere* Besonderheiten aufweisen, wie sie insbesondere auch von jenen Psychoanalytikern beschrieben werden, die sich mit den mehrgenerationalen Aspekten der Traumaforschung, insbesondere mit den Folgen der Shoah, befassen (Wardi 1997; Kogan 2000). Meine eigenen Beobachtungen dazu werden im weiteren Text nachzuliefern sein. Darin wird sich dann Folgendes zeigen:

a) Die diachrone Wirkung des „semantischen Feldes" vollzieht sich im unmittelbaren Umgang zwischen Menschen als *synchronisierte* und *symbolhafte Inszenierung*.
b) Sie vollzieht sich nicht nur in der *Nähe* eines *anderen*, sondern dieser andere ist primär ein *anderer als die Eltern* ; seine Nähe ist die Nähe eines – im Vergleich zu den Eltern – nächsten *anderen*, eines *anderen Nächsten*: die Nähe eines *Dritten*. Das heißt: Die Wirkung des „semantischen Feldes" dritter Ordnung findet statt als unbewusst vereinbarte, wechselseitige Bedeutungszuweisung an einem gemeinsamen Ort und in einer gemeinsamen Zeitspanne.
c) Aber diese zeitliche und räumliche Verbundenheit der an dem unbewussten, wechselseitigen Arrangement Beteiligten darf nicht darüber hinwegtäuschen, dass sich die Bedeutung dieses Umgangs von anderswoher speist: Das Arrangement zielt auf szenische Darstellung eines vergangenen Mangels ab und wird verständlich als eine verspätete in Symbolik überführte Erfüllung des (im Vergangenen bzw. von Vergangenen) Unerfüllten.
d) Das Gesetzmäßige des „semantischen Feldes" dritter Ordnung, dem symptomatische szenische Darstellungen ihren Verlauf verdanken, besteht also wesentlich darin, dass sich zu berechenbaren Zeiten Dritte, nächste andere bzw. sekundär Nächste finden, die einander als Stellvertreter von vermissten primär Nächsten auf der Bühne des Lebens dienen, um unbewusst eine vergangene mangelnde Wirkung in Gestalt eines wirksamen Mangels zur Geltung zu bringen.

Ich widerstehe dem Bedürfnis, hierzu bereits eine ausführlichere Erläuterung zu geben und verweise an dieser Stelle nur darauf, dass ich mich in diesem Zusammenhang nicht nur mit den Erfahrungen vieler Therapeuten, nicht zuletzt auch psychoanalytischer Therapeuten, im Einklang sehe, sondern insbesondere mit zwei philosophischen Autoren phänomenologischer Provenienz: mit *Emmanuel Lévinas* und *Bernhard Waldenfels.*

Für Lévinas steht die Thematik jenes „Dritten“ oder „anderen Nächsten“ unter dem Namen „der Andere“ im Zentrum seines gesamten Werkes (1992a, 1992b; 1987). Lévinas untersucht auf begrifflicher Ebene die Unentrinnbarkeit der existenziellen Situation, in der ein jeder Mensch unmittelbar durch die Bedürftigkeit des „Anderen“ angeklagt ist und in der jedes Ich ebendarum prinzipiell im Akkusativ steht und nur als „Sich“ erkennbar wird.

Bernhard Waldenfels untersucht das Spektrum der für die „Lebenswelt“ charakteristischen Phänomene unter dem Aspekt des Wirkens dramatischer Kraftfelder zwischen den Menschen. Dabei versteht er den Begriff „Feld“ in gestalttheoretischer Tradition folgendermaßen: Es sei „ein innerlich gegliederter, flexibel nach außen abgegrenzter Erfahrungsbereich, dessen Grenz- und Kraftlinien auf wechselnde Standorte innerhalb des Bereichs zulaufen“. Verwandt damit seien „Konzepte wie Szene, Bühne oder Schauplatz (Pollitzer in Anlehnung an Freud), Rahmen (Gofman) oder sozialer Raum (Bourdieu)“. Die Rede von Szenen oder Szenerien, so Waldenfels weiter, habe „den glücklichen Effekt, dass hier das gesamte Umfeld des Geschehens, die Plätze von Spielern..., das Zubehör, die Kulisse und auch die Begrenzung des Schauplatzes mitbezeichnet werden“. Das Entscheidende einer dramaturgischen Handlung, die sich an solchen Plätzen abspielt, sei „nicht die Darstellung, in der man sich selber in Szene setzt, sondern die Aufführung des Dramas selber, das nicht geradewegs auf Zuschauer angewiesen ist (Pollitzer)“ (Waldenfels 1987, S. 54 ff).

Was ich versuchsweise als „semantisches Feld“ erster Ordnung bezeichnet habe, ist nichts anderes als eine auf die Beziehung zwischen Eltern und Kind verschobene Chance zur realitätsgerechten Wahrnehmung jener Verantwortlichkeit, die in der Beziehung zwischen den Eltern und den Großeltern nicht wahrgenommen worden ist, das heißt die im Leben von Nachfahren gewahrte Chance auf Wiedereröffnung eines Weges zum freien Strömen der Liebe. Und das „semantische Feld“ zweiter Ordnung, das sich aus dem „semantischen Feld“ erster

Ordnung abzuleiten scheint, ist ebenfalls als bloße Verschiebung von bereits Aufgeschobenem zu verstehen. Letztlich muss demnach das „semantische Feld" dritter Ordnung, das bereits dem synchronen Wirken der Nähe zwischen Eltern und Kind zugrunde liegt, als weitere Bestätigung des im Grunde wirksamen Prinzips angenommen werden.

Die obige Einteilung der Felder nach drei Stufen gäbe also lediglich eine heuristisch interessante Hierarchisierung von Erkenntnisebenen für die Beobachtung und Analyse von Zusammenhängen wieder, nicht unbedingt die wirkliche Hierarchie gestaltender Kräfte, vor allem nicht die Hierarchie der wirksamen Bedürftigkeiten in Gruppen von Menschen. Anders gesagt: Die *Kraft*, die die Wirkungen erster und zweiter Ordnung zustande bringt, beruht auf dem *Ausschluss eines Dritten*. Sie entspricht der Wahrung des *Gesetzes*, das die Folgen dieses Ausschlusses vorsieht bzw. als Folge diesen Ausschluss unmittelbar herbeiführt. Erst unter Beachtung dieses zugrunde liegenden bzw. den Grund legenden Gesetzes allerdings kann der *Ausgeschlossene* in den Phänomenen des Geschehens überhaupt in den Blick geraten. Was *nicht* Fakt geworden bzw. in seinem Gewicht für die Faktizität zu *bemerken* ist, ist das Problem, um das es mir geht. Dieses Problem zu lösen, ist meines Erachtens für die Zukunft der Heilkunde wegweisend. Es setzt allerdings eine Perspektive voraus, aus der die „semantischen Felder" insgesamt in all ihren drei möglichen Ordnungen überblickt werden können. Meines Erachtens ist allein die Phänomenologie methodisch imstande, diese Perspektive einzunehmen, aus der Verantwortlichkeit und Verantwortung unterschieden werden können.

Wenn Rupert Sheldrake (1988, S. 158) im Zusammenhang mit seiner Theorie der „morphischen Felder" von „Wahrscheinlichkeitsstrukturen" spricht, dann verzichtet er auf den Blick für das im menschlichen Leben Wesentliche. Es tauchen bei ihm zwar Analogien zur Problematik der Verantwortlichkeit auf, aber es handelt sich dabei eben nur um Analogien, nicht um Analysen. Darum wäre zu ergänzen: Wenn das von mir so genannte „semantische Feld" in seiner ersten und zweiten Ordnung zunächst ja nur *beobachtet* wird, dann scheint die *Wahrheit* der Verantwortung durch die Phänomene bloß hindurch und bleibt noch weitgehend unkonturiert. Wirklich erfasst werden kann das, was die Wahrheit dieser „Felder" ausmacht, erst dann, wenn sie ihrer dritten Ordnung gemäß *untersucht* werden. Dazu ist die genaue Betrachtung der zeitlichen und räumlichen Verhältnisse zwischen den beteiligten Personen erforderlich, und zwar nicht nur das Verhältnis zwischen den Anwesenden, sondern vor allem das Verhältnis der jeweils Anwesenden zu den Abwesenden. Um dies in ersten Ansätzen zu demonstrieren, habe ich zunächst die drei folgenden Fallbeispiele gewählt.

2.4 Drei schicksalhafte Einbrüche im Leben

Beinbruch

Das folgende Beispiel steht für die Erfahrung, dass es bei Schicksalsschlägen nicht allein um endogen hervorgebrachte Symptome und Erkrankungen geht, sondern um eine das Innere sowie das Äußere umfassende Dynamik, an deren aktuellem Zustandekommen auch andere Personen beteiligt sind. Infrage kommen dabei vor allem Personen aus derselben Familie, aber durchaus auch Fremde:

Ein junger Mann, der mich in einer Entwicklungskrise aufsuchte und über dessen Geschichte ich, abgesehen von seinen psychischen Beschwerden, noch nichts erfahren hatte, kam zur zweiten Sitzung. Er hatte sich, meinem Wunsch entsprechend, mit den Eckdaten der Familiengeschichte präpariert. Diesmal fiel mir bei seinem Eintreten auf, dass er nicht gleichmäßig ging. Mir war sein Gangbild beim ersten Besuch nicht ungewöhnlich vorgekommen. Jetzt fragte ich nach dem Grund. Er berichtete, dass er vor über acht Wochen eine Schienbeinfraktur erlitten habe, die ihm manchmal noch Schmerzen bereite. Ich teilte ihm mit, dass der Bruch nach meiner Erfahrung eine Bedeutung habe, die sich aufklären würde, wenn wir unsere Arbeit fortsetzten. Zuvor wollte ich ihm aber schon in allgemeiner Form ankündigen, was wir herausfinden würden: Da es das *rechte* Bein sei, das er sich gebrochen habe, sähe ich mich zu der Annahme veranlasst, dass seine Standfestigkeit durch einen schweren Einbruch in der *väterlichen* Linie seiner Familie Schaden gelitten habe.

Als ich meinen Patienten dann ohne Umschweife nach den Lebensdaten seines Großvaters väterlicherseits fragte, erfuhr ich, dass dieser mit 29 Jahren im Zweiten Weltkrieg gefallen sei. Der Vater des Patienten war damals zwei Jahre alt. Der Patient war zum Zeitpunkt des Schienbeinbruchs 29 Jahre alt. Und nun war er verblüfft, als er erkannte, dass ich ihm im Grunde genau einen derartigen Zusammenhang als wirksamen angekündigt hatte.

Bei genauer Betrachtung des Genogramms (vgl. Abb. 2.3) zeigt sich, dass die Ehe des Vaters nach fünf Jahren zerbrach, also genauso lang währte wie die Ehe des Großvaters, dass aber diesmal die Frau die Trennung nicht erlitten, sondern aktiv vollzogen hat. Und die Trennung erfolgte nicht, weil der Mann *starb*, sondern weil er sein Leben in einer außerehelichen Tochter *verdoppelt* hat, indem er diese zeugte. Als er aber diese *Tochter* zeugte, verwirklichte er damit einen unerfüllten Wunsch seiner Mutter. Diese, so erfuhr ich von dem Patienten, hätte gern mit ihrem Mann neben dem *Sohn* noch eine Tochter gehabt, was aber infolge des Krieges nicht möglich war. Ihr Sohn also vollbrachte dieses unvollendete Werk mit seiner zweiten Partnerin: einer Stellvertreterin seiner Mutter und seiner Ehefrau (vgl. Kapitel 4: Stellvertretungsordnungen in Familien). Es gibt also mehrfach Anlass, in diesem Fall von – unbewussten – Umkehrungen und Ausgleichsbewegungen durch verschiedene Stellvertreter zu sprechen. Eine derartig konkretisierte Betrachtung kommt der Wahrheit einer Erkrankung ein ganzes Stück näher. Grundsätzlich vertrete ich aber die Auffassung, dass bei der Erfassung sämtlicher wirksamen Zusammenhänge Vollständigkeit praktisch nicht zu erlangen ist, sondern eine – therapeutisch unbedingt zu respektierende – Utopie bleibt.

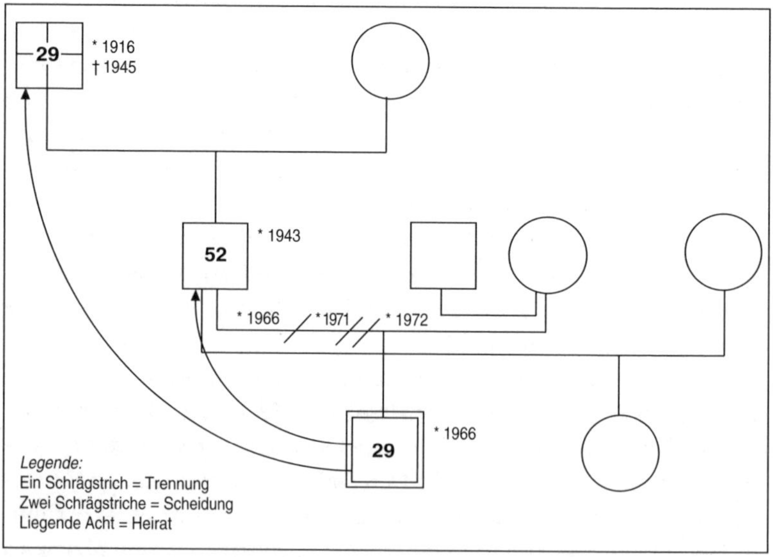

Abb. 2.3: Beinbruch (1995)

Mir kommt es hier nur darauf an, einen ersten Eindruck von den Gesetzen, die ich unter dem Begriff *Biographik*, sowie der Gesetzmäßigkeiten, die ich unter dem Begriff der *Leibhaftigkeit* zusammenfassen möchte, zu vermitteln: Ich schaue nach dem, was in der Generationenfolge einer Familie gefehlt hat. Das ist immer eine verantwortliche Person bzw. eine Person, die Verantwortung hätte wahrnehmen müssen, um einem Kind Schutz zu geben. Es spielt für die Analyse nur am Rande eine Rolle, ob das Fehlen als Verlust oder als Verfehlung zustande gekommen, ob das Fehlende eine Handlung oder eine Unterlassung gewesen ist. Primär sind die systemischen Folgen zu bedenken, die darin bestehen, dass ein Kind das Fehlende als eigene Schuldigkeit, wie automatisch, unbewusst übernimmt und sein Lebensrecht davon abhängig macht, inwiefern es ihm gelingt, dafür zu sorgen, dass die „Schuld" beglichen werde. Die *körperlichen* Folgen dieses Prozesses sind mit den *emotionalen* Folgen ebenso verschränkt, wie Wahrnehmen und Bewegen miteinander verschränkt sind. Das ist das wesentliche Argument, warum ich es vorziehe, vor jeglicher Einzelbeobachtung zunächst grundsätzlich von „leiblichen" Folgen zu sprechen. Denn die Leiblichkeit ist die widersprüchliche Einheit des (im Verhältnis von Wahrnehmen und Bewegen bereits auf geheimnisvolle Weise zwiespältig erscheinenden) Körperlichen und Seelischen (Weizsäcker 1950).

Praktisch wirkt sich die primär unabweisbare Stellvertreterfunktion des Kindes wiederum so aus, dass das Kind unter seiner Unfähigkeit leidet, die Vergangenheit zu korrigieren, oder dass es andere Menschen darunter leiden läßt. Charakteristisch ist das Aufbrechen von Ohnmachtsgefühlen im Leben dieses Kindes. Manchmal tritt Schmerz auf, in anderen Situationen wiederum Angst oder Scham, in jedem Fall aber ein elementares (seltener auch ein abgeleitetes) Unwohlsein, das (unabhängig von jeglichem Bewusstsein über die zugehörige unerfüllbare Aufgabe) jene unbewusste Machtlosigkeit symptomhaft anzeigt, die bei den Eltern des Kindes durch das Fehlen bzw. durch die Verfehlung(en) von Vergangenen erfahren worden ist. Diese Folgen lassen sich aus den Symptomen und Erkrankungen eines Menschen mit einem – für den Ungeübten kaum glaublich – hohen Maß an Treffsicherheit erschließen, und zwar auch dort, wo man sie nicht, wie in dem angeführten Beispiel, schon unmittelbar voraussagen kann.

In Bezug auf das Beispiel mit dem Beinbruch lässt sich also die Weizsäcker'sche Frage „Warum ausgerechnet jetzt?" sofort beantworten, wenn man sich auf die Kenntnis der Gesetze des Lebenslaufs von

Nachfahren stützt, mit Blick auf das Genogramm des jungen Mannes. Die Antwort lautet aber nicht etwa: „Weil der Großvater väterlicherseits in demselben Alter gestorben ist." Sie lautet vielmehr: „Weil der Tod des Großvaters vom Vater bis heute nicht verschmerzt worden ist und weil dieser Tod in der weiteren Geschichte der Familie tragische Folgen nach sich gezogen hat."

Auch die Frage „Warum gerade hier?" lässt sich nun leichter beantworten, als dies ohne genographische Analyse möglich wäre: „Weil der Großvater im Krieg gefallen ist und darum seinen Sohn, den Vater des Patienten, nicht instand gesetzt hat, einem Sohn gegenüber Verantwortung wahrzunehmen." Diese Frage werde ich im weiteren Verlauf der Darstellung noch näher erläutern. Sicherlich sind in Bezug auf die Frage nach Ort und Art der Erkrankung weitere Kenntnisse erforderlich, die sich sowohl auf die Stellvertretungsordnung in Familien als auch auf die Symbolik und Stellvertretungsordnung des Körpergeschehens beziehen.

Die Erkenntnis, dass der erste und einzige Sohn unter anderem Stellvertreter jenes Großvaters ist, bildet eine erste Grundlage zur Deutung des Krankheitsgeschehens (vgl. Kapitel 4). Es gibt aber darüber hinaus, wenn ich meine Erfahrungen verallgemeinern darf, auch eine – für die Theorie der Medizin höchst interessante – Stellvertretungsordnung der verschiedenen Organe innerhalb eines Leibes, auf die ich im später noch kurz eingehen werde (vgl. Kapitel 5.10). Das rechte Bein eines Kindes entspricht nämlich der Standfestigkeit, die ein Kind ganz leibhaftig vom Vater erhält – wie das linke Bein die Funktion der Mutter übernimmt, wenn es gilt, selbstständig durch das Leben zu gehen. Ein Mensch braucht die Fürsorge von Mutter und Vater, um seine volle Selbstständigkeit ohne ungewöhnliche Einbrüche zu erlangen. Dass ein Vater zu einem bestimmten Zeitpunkt seinen Vater verloren hat, kann bei seinem Sohn zur Überlastung des rechten Beines führen, sobald dieser ein Alter erreicht, in dem er das Gewicht seines Vaters stellvertretend für den Großvater zu tragen hat. Die Dysfunktion der Stellvertretung des Kindes für die Eltern scheint sich symptomatisch in einer symbolisch zu verstehenden Störung in der Stellvertretungsfunktion der Organe zu verraten: Es ist, als würden sich die Eltern in einer universellen Sprache der Organe bei dem Kind beklagen, „weil" dieses Kind ihnen nicht dazu verhilft, ihren Schmerz zu lindern, ihre Wunden zu heilen und ihnen die Arbeit der Trauer zu ersparen.

Der sprachlich hergestellte, etymologische Bezug zwischen der zeitlichen „Weile" und dem begründenden „weil" ist offensichtlich. Die Zeitverhältnisse werden in der Umgangssprache wie selbstverständlich für den Grund eines Geschehens genommen.

Die dritte Frage „Warum gerade so?" ist nicht mehr allzu schwer zu beantworten, wenn man die Symbolik des Leibgeschehens und die Problematik des Stellvertretertums über den Rahmen des Familienlebens hinaus weiterverfolgt, ohne unsere leibliche Verbundenheit mit unseren Vorfahren aus den Augen zu verlieren. Dann zeigt sich: Der Bruch erfolgte beim Fußballspiel, und zwar dadurch, dass ein gegnerischer Spieler unfair nachtrat. Im damaligen Geschehen fand also ein stellvertretender und symbolischer Ausgleich insofern statt, als einerseits der Stellvertreter des Großvaters trotz des „Fallens" am Leben geblieben ist und erfolgreiche ärztliche Hilfe erhielt, andererseits der Gegner vom Platz gestellt und einige Monate lang für jedes weitere Spiel gesperrt wurde. Das ist ein – nicht nur in Friedenszeiten – annehmbarer Ersatz für die Todesstrafe, die die Familie des Patienten dem Kriegsgegner des Großvaters als Strafe vermutlich hätte abverlangen mögen.

Mit anderen Worten: Wir haben es bei dem Beinbruch meines Patienten mit einer Inszenierung zu tun, die zwischen zwei Menschen unbewusst vonstatten gegangen ist und die als solche nicht aufklärbar wäre, wenn die „Perspektive dritter Ordnung", wie ich sie oben bezeichnet habe, nicht zur Verfügung stünde. Aus Erfahrungen mit anderen Personen wage ich die Behauptung, dass eine genographische Analyse des Platzverweises auf Seiten des zweiten Beteiligten ein korrespondierendes Ergebnis erbracht hätte.

Versagensängste

Eine weitere Krankengeschichte mag beispielhaft jene frühe Phase der Forschung beleuchten, in der sich herauskristallisierte, dass ich es bei meinen biographischen Funden nicht etwa mit einer – freilich immer noch erklärungsbedürftig auffälligen – *Häufung ähnlicher Ereignisse*, sondern mit einem wirklichen *Gesetz* zu tun hätte, das *keine Ausnahmen* duldet: Das folgende Beispiel zeigt, dass ich mich entgegen dem ersten Augenschein am Ende doch darauf verlassen konnte, eine Betätigung meiner ersten hypothetischen Grundvoraussetzungen für die familienbiographischen Zusammenhänge zu finden.

Ein 35-jähriger Patient kam zur Therapie, weil er sich isoliert und nutzlos fühlte, nachdem er gerade erst erneut seinen Arbeitsplatz verloren hatte. Er leide unter „Kommunikationsproblemen", und es sei ihm aufgefallen, dass er in seinem Leben niemals das gemacht habe, was er selbst wollte, sondern sich in unangenehme Rollen, lästige Aufgaben und berufliche Fehlentscheidungen habe hineinzwängen lassen, aus denen er nur entweder krankheitsbedingt oder mit tiefer Empörung ausgestiegen sei.

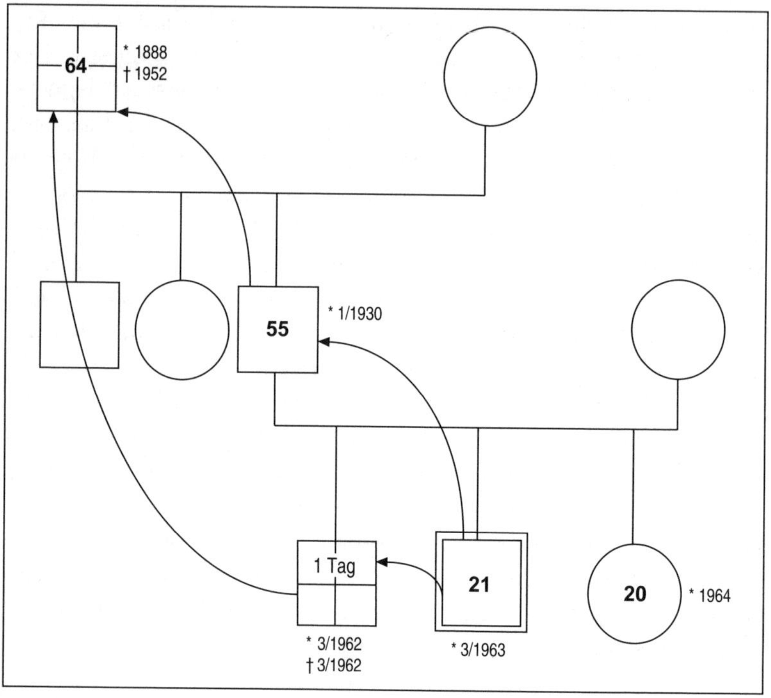

Abb. 2.4: Genogramm des Patienten mit Versagensängsten (1984)

Aus seinem Familienstammbaum ging hervor, dass der Großvater väterlicherseits starb, als der Vater 22 Jahre alt war. Auf meine Frage, was sich in seinem Leben Besonderes ereignet habe, als er selbst 22 Jahre alt war, fiel ihm auch bei verstärktem Nachdenken nichts ein: Er erinnere sich gut an jene Zeit, weil sie gerade relativ gleichmäßig, nämlich sehr langweilig verlaufen sei. Da er nach dem frühen Tod des ersten Bruders geboren wurde, war der Patient der einzige lebende Sohn seiner Eltern. Insofern verwirrte mich seine Antwort. Ich hätte aufgrund meiner bereits jahrelangen Erfahrungen mit der genographischen Analyse meine Hand dafür ins Feuer legen mögen, dass dieses Lebensalter von außerordentlicher Dramatik hätte sein müssen – auch wenn ich nicht zu sagen wagte, ob es sich bei dem von mir Erwarteten um ein erfreuliches oder unerfreuliches Ereignis handeln würde.

Ich wollte dieses – ohnehin für die Therapie nicht vordringlich scheinende – Thema schon wechseln und hatte mir vorgenommen, meine Analyse am Abend für mich allein im Stillen fortzusetzen, um meinen Irrtum zu ergründen. Während ich ihm jedoch erklärte, dass ich selbstverständlich an seinem Wohlbefinden in höherem Maße interessiert sei als an meiner Theorie und mich durch Tatsachen sehr wohl bewegen lasse, von vorgefassten Meinungen abzugehen – da änderte ich meinen Entschluss und fragte ihn, was denn in seinem Leben geschehen sei, als er 21 Jahre alt war. Seine Antwort kam ohne jedes Zögern: Genau damals habe sein Problem begonnen. Er habe auf eigenen Entschluss die Fachoberschule verlassen, die er – mit innerem Widerstreben – nur zwei Monate lang besucht hatte. Er habe gegen den dort herrschenden Leistungsdruck rebelliert und sich auf das konzentrieren wollen, was ihm Spaß machte. Das aber sei ihm fortan nicht mehr gelungen.

Mit dieser Bestätigung der Korrektur meines Ansatzes, die ich gerade erst hypothetisch eingeführt hatte, kamen wir unverhofft auf das Kernproblem der Therapie: Das erste Kind seiner Eltern, sein älterer Bruder, war fast genau ein Jahr vor ihm geboren worden und nach einem Tag gestorben. Dieser erste Sohn war, sofern ich meine Erfahrungen aus anderen Familienbiographien zugrunde legen durfte (vgl. Kapitel 4), zugleich der ursprüngliche Stellvertreter des Großvaters väterlicherseits und wäre zu der Zeit 22 Jahre alt gewesen, als der Patient erst 21 Jahre alt war. Damit wurde anscheinend die schwere Aufgabe der Stellvertretung für den Patienten schicksalhaft um ein Jahr vorverlegt. Nicht genug also, dass der Patient den Großvater zu repräsentieren hatte – er hatte dies auch noch stellvertretend und ein Jahr zu früh zu tun. So wurden meine grundlegenden Hypothesen in erweitertem Maße sinnträchtig. Erst anschließend erfuhr ich, dass in der Familie ein Jahr darauf doch noch etwas Wichtiges passiert war: Der Vater des Patienten war genau zu der Zeit als Frührentner aus dem Berufsleben ausgeschieden, als der Patient 22 Jahre alt war.

Ich greife hier wiederum den Ausführungen über die Stellvertretungsordnungen in Familien (vgl. Kapitel 4) vor, wenn ich bemerke, dass der zweite Sohn Stellvertreter seines eigenen Vaters ist, was im

Ergebnis oft dazu führt, dass der Vater schicksalhaft eine Ausgleichsbewegung vollzieht, die er damit dem Sohn erspart. Es scheint dann unter den Gesichtspunkten der Stellvertretungsordnung, als wäre der Vater Stellvertreter des Sohnes. In Wirklichkeit erinnert hier das Alter des Sohnes den Vater unbewusst an dessen eigene Stellvertretungsaufgabe im Dienst der Großeltern, auf die dann das Geschehen symbolisch eingeht.

Lebensbedrohliche Schilddrüsenüberfunktion

Bei den obigen Beispielen habe ich Wert darauf gelegt, dass es sich um Probleme handelt, die scheinbar völlig verschiedenen Bereichen des Lebens entnommen sind. Die Beziehungskrise eines Paares wurde neben den Ausbruch der schweren seelischen Krise eines Mannes gestellt, und es folgten die biographisch orientierten Betrachtungen eines Unfallhergangs sowie einer chronifizierten Versagensangst. Die familienbiographischen Bemerkungen über die letzteren Beispiele, in denen sowohl systemische als auch psychoanalytische Gesichtspunkte schon sehr viel konkreter berücksichtigt und neu vermittelt worden sind, sollen mir als Vorbereitung für die – diesmal ungleich ausführlichere – Demonstration der Untersuchung einer weiteren, wiederum ganz anderen Erkrankung dienen.

Eine 32-jährige ledige Patientin geriet in ein durch Schilddrüsenüberfunktion (Basedow'sche Erkrankung; Thyreotoxikose) ausgelöstes Koma und musste intensiv behandelt werden, um nicht daran zu sterben. Mir wurde sie vorgestellt, weil sie – offenkundig wegen seelischer Probleme – mit den Konsequenzen ihrer Erkrankung nicht zurechtkam und nach anfänglich erfolgreicher Intensivbehandlung kaum mehr medikamentös einstellbar war, sobald ihre eigene Mitarbeit erforderlich wurde.

Aus der Familiengeschichte, die im Genogramm (vgl. Abb. 2.5) schematisch zur Darstellung kommt, geht hervor,

- dass ihr Vater im Alter von 53 Jahren an Pneumonie verstorben ist;
- dass der Großvater mütterlicherseits mit 29 Jahren gefallen ist;
- dass der Vater eine jüngere Schwester hatte, die nur 10 Tage alt geworden ist.

Alle diese früh Gestorbenen hatten aber nicht an Schilddrüsenüberfunktion gelitten. Überhaupt war in der Familie die Schilddrüsenerkrankung bislang nicht in Erscheinung getreten. Wenn ich hier die frühen Todesfälle erwähne, so möchte ich die Aufmerksamkeit wiederum auf eine Dynamik lenken, die allerdings hier erst auf Umwegen deutlicher werden kann.

Die Zahlen, die als Altersangaben, Geburts- und Sterbedaten im Stammbaum auftauchen, erscheinen zunächst ganz unauffällig. Setzen wir sie allerdings zueinander in Beziehung und nehmen dabei Bezug auf die schmerzlichsten Verluste, die es in den beiden Zweigen der Familie gegeben hat, so finden sich einige Merkwürdigkeiten. Es zeigt sich:

Der Großvater väterlicherseits war 29 Jahre alt, als seine zweite Tochter starb. 29 Jahre war auch das Alter des Großvaters mütterlicherseits, als dieser starb. Das mag bereits seltsam erscheinen, lässt sich aber vielleicht noch als „zufälliges" Zusammentreffen abtun.

Anders wird die Situation allerdings, wenn man erkennt, dass der Bruder der Patientin ebenfalls 29 Jahre alt war, als der Vater starb. Und nun scheint es vollkommen verrückt: Fragt man sich, was denn geschah, als die Patientin 29 Jahre alt war, so findet man, dass damals ihr Neffe, der Sohn des Bruders, geboren wurde. Und wenn man einen Schritt weiter geht und fragt, was denn geschehen ist, als sie so alt war wie ihre Großmutter mütterlicherseits bei der Geburt ihres unehelichen Kindes, das den Tod des Großvaters durch die Anonymität seines eigenen Vaters schmerzlich zur Geltung brachte, dann gelangt man schließlich zu dem Punkt, weswegen ich überhaupt so weit ausgeholt habe: Das ist genau die Zeit, in der die Patientin ins Koma fiel und ohne ärztliche Hilfe gestorben wäre.

Als die Patientin so alt war wie die schwangere Großmutter mütterlicherseits beim Tod des Großvaters, trennte sich übrigens die schwangere Freundin vom Bruder: zwei Monate vor der Geburt des Neffen, d. h. es handelt sich um eine ähnliche Situation, nur merkwürdig umgekehrt im Vergleich zu der Situation der mit der Mutter schwangeren Großmutter. Und das Kind des Bruders wurde geboren, als dieser so alt war, wie der Großvater mütterlicherseits bei der Geburt des unehelichen Kindes der Großmutter gewesen wäre, wenn er nicht hätte sterben müssen.

Derartige Berechnungen von Altersrelationen und Stellvertretungen lassen sich beliebig in allen Familien anstellen. Immer findet man

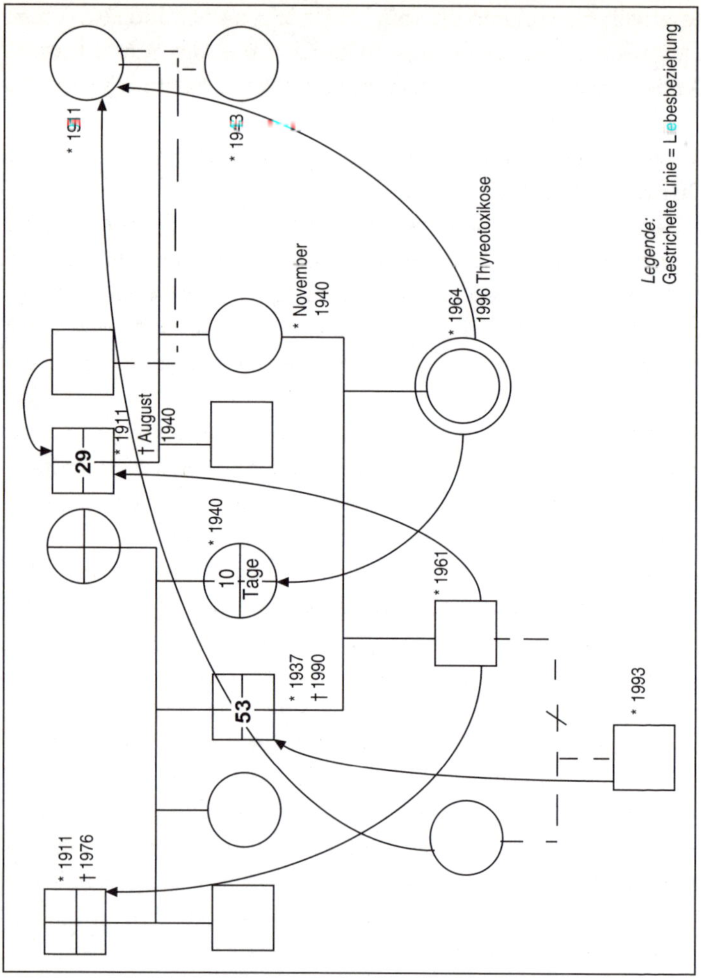

Abb. 2.5: Genogramm der Patientin mit Schilddrüsenüberfunktion (1996)

gleichermaßen erstaunliche biographische Zusammenhänge zwischen den Generationen, die sämtlich zum Verständnis unbewusst wirkender Lebensbezüge herangezogen werden können. Auf den ersten Blick wirken sie allerdings schockierend. Denn sie erscheinen über weite Strecken wie eine monströse Aneinanderreihung von Bösem, von Übeln, Verlusten und Unheil. Man kann sich des Eindrucks kaum erwehren, den Schiller in die Worte kleidete: „Das ist der Fluch der bösen Tat, dass sie, fortzeugend, nur immer Böses muss gebären." Oder man wird an Shakespeares Worte erinnert, die er Hamlet in den Mund legt: „Ist es auch Wahnsinn, so hat es doch Methode!“

Ich jedenfalls bin versucht, an die Erfahrungen Hiobs mit dem Unrecht und dem Bösen zu denken. Denn es drängt sich die Vermutung auf, dass die Patientin an Thyreotoxikose erkrankt, „weil“ ihr Vater gestorben ist, als ihr Bruder 29 Jahre alt war, und dass dies geschehen ist, „weil“ der Großvater väterlicherseits mit 29 Jahren eine Tochter verloren hat oder „weil“ die Großmutter mütterlicherseits als schwangere Frau mit 29 Jahren ihren Ehemann verloren hat. Unter dieser Vorstellung möchte man vielleicht, diesmal gewissermaßen als ein besserer Mensch im Vergleich zu den falschen Freunden Hiobs, mit der Patientin in eine nicht-enden-wollende Anklage gegen die Ungerechtigkeit des Schicksals ausbrechen. Das aber ist gerade nicht die Absicht meiner Ausführungen. Ich verfolge vielmehr einen entgegengesetzten Zweck: Ich will den grundlegenden Unterschied zwischen der blinden Verantwortlichkeit des Kindes einerseits und der wahrhaften Verantwortung des Erwachsenen in aller Schärfe herausarbeiten, um die Aufgaben von uns Erwachsenen und die Aufgaben einer humanen Medizin zu verdeutlichen.

2.5 Thesen zu einer phänomenologischen Familienbiographik

Meine Untersuchungen betreffen Familienbiographien nicht nur kranker, sondern auch gesunder Personen, unter den Kranken allerdings sowohl körperlich als auch seelisch Beeinträchtigte. Es ist für mich anfangs eine große Erschütterung gewesen, feststellen zu müssen, dass die auf den ersten Blick so grundsätzlich erscheinende Trennung zwischen körperlichen und seelischen Erkrankungen aus biographischer Sicht von untergeordneter Bedeutung ist. Die Problematiken waren sämtlich in ähnlicher Weise aufzuklären, auch wenn hier bereits Unterschiede zu erkennen sind, auf die ich aber an dieser Stelle nicht eingehen möchte. Dass sich auch bei der Behandlung gravierende Unterschiede ergeben, ist in diesem Zusammenhang nicht erwähnenswert.

Aus all diesen Erfahrungen ergeben sich allgemeingültige Einsichten in die Gesetzmäßigkeit der Bindungen zwischen Eltern und Kindern. Da es sich dabei um lehrbares Wissen handelt und da sich dieses Wissen auf die Gesetzmäßigkeiten von Lebensläufen bezieht, da es also ein Wissen um Lebensgesetze ist, erscheint es angebracht, dafür einen eigenen Begriff zu entwickeln. Ich sehe mich hier in Einklang mit den Ideen Viktor von Weizsäckers, der in seinem „Entwurf einer speziellen Krankheitslehre" mit programmatischer Absicht den Begriff „Biographik" prägte (1967, S. 241ff). Da die Methode, mit deren Hilfe sich die biographischen Gesetze erkennen lassen, phänomenologisch ist, und da sie ohne Betrachtung der die Generationengrenzen überschreitenden Bindungen nicht auskommt, ziehe ich es vor, von „phänomenologischer Familienbiographik" zu sprechen. Diese ist mir nicht nur aus therapeutischer Arbeit erwachsen, sondern ich habe auch den Eindruck, dass sie die für therapeutische Zielsetzungen einzig geeignete ist. Jedenfalls hat mein Buch den Zweck, die therapeutische Bedeutung dieser phänomenologischen Familienbiographik darzulegen. Ich werde sie nunmehr thesenhaft formulieren.

1. Für das Verständnis dessen, was im Leben eines Menschen an auf den ersten Blick Unverständlichem geschieht, ist nicht die Betrachtung seiner *Kindheit* entscheidend, sondern die Betrachtung seiner *Kindschaft*. Unter „Kindheit" wird ja üblicherweise eine bestimmte, vorübergehende Lebensphase verstanden, in der ein Mensch noch nicht auf eigenen Füßen stehen kann, sondern die Voraussetzungen seiner Selbstständigkeit noch erwerben muss und darum von seinen Eltern oder anderen Erwachsenen mehr oder weniger vollständig abhängig ist. Unter „Kindschaft" aber ist die unabänderliche Tatsache zu verstehen, dass ein jeder Mensch, ob klein oder groß, das leibliche Kind seiner Eltern ist. Denn jeder Mensch entstammt der Verbindung seiner Eltern und verkörpert allein darum die Ziele der Liebe seiner Eltern. Das bedeutet: Das Kind steht unmittelbar mit Leib und Leben ein für die Erfüllung der in der Paarbeziehung seiner Eltern leibhaftig eingegangenen Verbindlichkeiten. Es hat den Eltern zu bieten, was die Eltern durch ihre *Paarbindung* anstreben, wozu sie einander unwissentlich benutzen bzw. durch Ehevertrag unwillentlich verpflichten. Der allgemeinste Zweck des Kindes besteht darin, dass es das Leben, das die Eltern von den Großeltern erhalten haben, fortsetzt. Bei dieser Fortsetzung handelt es sich aber nicht etwa um die Einlösung eines Blankoschecks auf das Leben schlechthin, sondern um die Einlösung von nicht ausgehandelten, primär wirksamen Bedingungen, die

allesamt als Ausgleichsbewegungen im Dienst der Eltern bezeichnet werden können.

2. Das der Kindschaft eines Menschen innewohnende leibhaftige Debet, die mit der Tatsache seines Entstehens aus der innigsten Verbundenheit der Eltern gegebene, unverhandelbare Verpflichtung, ist der Hauptaspekt seiner lebenslangen Abhängigkeit. Sie macht es ihm nämlich letztlich unmöglich, sich durch Leistung aus dem Bann der elterlichen *Leibeigenschaft* zu befreien. Es bleibt immer ein uneinlösbarer Rest seiner kindlichen „Schuld“ – darum uneinlösbar und unabgeltbar, weil er in der Vergangenheit hätte erfüllt werden müssen. Das Kind kommt jedoch als Funktionsträger des seinen Eltern Entgangenen, als Stellvertreter der Vergangenen seiner Eltern immer „zu spät“, um nach den Kriterien seiner Leiblichkeit unschuldig bleiben zu können. Diese Ausgangsposition erlegt einem jeden Menschen jene lästige Befindlichkeit auf, die ihm insbesondere das Erwachsenwerden zum Risiko macht. Denn der Befreiung zur Selbstständigkeit des Erwachsenseins fällt der Charakter des Ungehorsams gegenüber den Eltern, des Aufstands gegen sie zu. Dennoch ist das Erwachsenwerden ein Anspruch, der sich seinerseits aus der ebenfalls unabweisbar wirksamen – gleichsam geschwisterlichen – Bindung eines Menschen an die Bedürftigkeit seiner Mitmenschen ableitet (Lévinas 1992a, S. 50 ff). In dem Widerspruch zwischen der tiefen Bindung durch die „Schuld“ der Vergangenen auf der einen Seite und durch die aktuelle Schuldigkeit in der Gegenwart auf der anderen Seite liegt das Problem der Entwicklung eines Menschen (Boszormenyi-Nagy u. Spark 1983; Franke 1997, S. 69). Wo dieses Problem unlösbar erscheint, zeigt sich ein Symptom, das auf das Fehlen der Lösung ebenso hinweist, wie es die ungelöste Aufgabe selbst symbolisiert. Alle Symptomatik ist darum Erinnerung an die Verpflichtung zur Wahrnehmung des Unterschieds zwischen der illusionären, vergangenen, fremden Verantwortlichkeit einerseits und der wahrhaften, aktuellen, eigenen Verantwortung andererseits.

3. Das Leben der Nachfahren vollzieht sich also der Form und dem Inhalt nach als eine – zuweilen nur symptomatische – stellvertretende *Ausgleichsbewegung* in Bezug auf das ungelebte Leben der Vorfahren. Diese – nach dem Prinzip lebendiger Komplementarität – stattfindende Bewegung entspricht der einem jeden

Kind angeborenen oder später übertragenen Aufgabe, seinen Eltern zu ersetzen, was diesen in ihrem Leben fehlt. Es geht dabei in erster Linie um das verlorene oder gefährdete Leben anderer Familienmitglieder, in zweiter Linie um die vermisste oder erschöpfliche Verantwortlichkeit dieser Familienmitglieder. Darum sind die wesentlichen Ereignisse, an denen sich das Leben eines Kindes orientiert, zuerst die Zeugung, die Geburt und der Tod jener Personen, sodann aber auch die Zeitpunkte des Zustandekommens oder des Scheiterns der Liebesbindungen zwischen den betreffenden Männern und Frauen in der Familie.

4. Der Leib eines Menschen fungiert wie ein Uhrwerk, das – innerhalb gewisser Grenzen – zeitgenau die unerlöste Thematik seiner Vorfahren anzeigt. Er tut dies in der Form einer Bezugnahme auf die vergangenen Relationen zwischen seinen Eltern und den Personen, in deren Stellvertretung dieser Mensch selbst den Eltern unmittelbar zu dienen hat. Die leibliche Befindlichkeit orientiert sich in genau bestimmbaren zeitlichen Rhythmen an der unerfüllten Liebe zwischen den Vorgängern des Kindes und seinen Eltern. Im Leben eines Menschen werden also die Themen der Beziehung zwischen den Eltern einerseits und den Vorfahren andererseits, deren unerfüllte Aufgaben dem Kind durch Zeugung und Geburt übertragen werden, nach dem Prinzip der *Relationalität* wirksam. Das heißt, sie treten – jeweils als lösbar oder unlösbar – in Erscheinung, sobald dieser Mensch so alt ist wie die Eltern waren, als die Erfüllung der Aufgaben versäumt wurde, und wenn er so alt ist wie jene Vorfahren, als sie die Erfüllung der ihnen zufallenden Aufgaben vermissen ließen. Es ist dann, als würde der betreffende Mensch zurückgetragen (lat. „relatus“) in jene Zeit, da sich die bis dato unerfüllte Aufgabe stellte.

Die Frage nach dem Befinden erweist sich unter den genannten Gesichtspunkten biographischer Analyse als die Frage nach dem Eigentumsrecht am Leibe. Alle Symptomatik bringt zur Geltung, dass die Eigentümlichkeiten des Leibes aus der Kindschaft, also aus der Zugehörigkeit zu den ursprünglich Nächsten dieses Menschen erwachsen. Sie entstammen dem ebenso dunklen wie unauslöschlichen primären Zweck jeder Zeugung: als verlängertes Organ im Dienst der Zeugenden zu fungieren. Daran erinnert schon der etymologische Bezug: Aus „Zeugung“

entsteht in erster Linie „Zeug". Und „Zeug" heißt ursprünglich „Hilfsmittel". Diese Tatsache wird zwar gewöhnlich weder unter „Kindheit" noch unter „Kindschaft" verstanden, ist aber deren Wesen und Wirklichkeit.

5. Die „Freiheit" des Kindes ist das Spiel. Spielerisch kann das Kind alle Rollen annehmen, die ihm von den Eltern übertragen werden, ohne darunter ernstlich zu leiden. Der Ernst des Lebens erinnert dann aber daran, dass seine wahre Position nicht die Position derer ist, die es vertritt. Der Ernst des Lebens bestimmt sich sowohl zeitlich und örtlich als auch funktionell durch den Unterschied, der das Kind als Vertreter von den Vertretenen trennt. Dieser Unterschied entspricht zunächst nicht dem zwischen Original und Kopie, sondern er entspricht dem Unterschied zwischen dem ursprünglich *Verantwortlichen* und dem nachträglich *Verurteilten*. Die Frage nach dem Leibe bleibt also oberflächlich und unhistorisch, wenn sie nicht darauf gerichtet ist, den Ort und die Zeit der eigentümlichen *Verrücktheit* eines Kranken zu erkunden, die sich in der Art seiner Funktionsstörungen als Ausdruck einer Ungerechtigkeit des leiblichen Befindens darstellt und die nach der Gerechtigkeit geistiger Zuordnung verlangt.
6. Kinder sind zwar der Trost ihrer Eltern, aber sie sind allzu oft nur ein kleiner Trost im Vergleich zu dem großen Unglück auf der anderen Seite der Waage. Kranke leiden an der Unerfüllbarkeit von Aufgaben, die ihnen als den Kindern ihrer Eltern unbewusst auferlegt werden. Das Wesen von Kindheit liegt überhaupt in der Kindschaft, d.h. in einer unentrinnbaren *Dienstbarkeit* gegenüber den trostbedürftigen Eltern, in dem Drang (oder „Trieb"), für die Eltern „gut" zu sein, der Liebe zwischen den Eltern, der sie ihre Entstehung verdankt, gerecht zu werden, d. h. den Eltern ersetzen zu müssen, was diesen fehlt. Diese Grundregel aus der Beziehung des Kindes zu seinen Eltern lässt sich auch so formulieren: Ein jedes Kind muss, einer ursprünglichen Abhängigkeit folgend, den Eltern als *Stellvertreter* für diejenigen Personen dienen, die die Eltern verloren haben, und ausgleichen, was im Verhältnis zwischen den Eltern und diesen Vergangenen unausgeglichen geblieben ist. Dort, wo eine Ausgleichsbewegung symbolisch versucht oder real vollzogen wird, spreche ich vom leiblichen Prinzip der *Komplementarität*. Die schicksalhaften Aus-

gleichsbewegungen beschreiben indirekt, d. h. nach Art einer Negativkopie, die Vorgeschichte der Familie und umfassen vor allem den – immer unwillentlichen – Versuch eines Ausgleichs von Fehlendem über Generationen.

7. Wenn man sich also die Familiengeschichte eines Patienten über Generationen in dieser Weise anschaut, dann sieht man, dass es in allen Familien so etwas gibt wie „unerledigte Geschäfte" früherer Generationen und dass diese als fortgetragene Verantwortlichkeiten in den nachfolgenden Generationen unbewusst zur Geltung gebracht werden. Von den unerfüllten Aufgaben der Vergangenheit geht gleichsam ein Sog aus, der die Nachfolgenden leibhaftig, gewissermaßen mit Haut und Haaren, in den Bann zieht und ihnen eine ihnen eingeborene Schuldigkeit auferlegt. Dieses Schulderbe erweist sich als ganz unabhängig von Bewusstsein und Kenntnissen der betroffenen Nachfolger. In ihm ist mit wissenschaftlicher Präzision aufzufinden, was in der christlichen Dogmatik als „Erbsünde" oder was im Hinduismus als „Karma" bezeichnet wird.
8. Im Leben von Kranken ebenso wie im Leben von Gesunden lässt sich eine Regelhaftigkeit von Stellvertretertum innerhalb von Familien beobachten: Zum Beispiel steht eine erste Tochter immer für ihre beiden Großmütter und setzt ihr Leben für das ein, was die Großmütter den Eltern dieser ersten Tochter nach deren Gefühl schuldig geblieben sind. Und eine zweite Tochter steht für die verlorenen Schwestern der Eltern und für die Partnerin(nen) des Vaters, vor allem für die eigene Mutter. Sie lebt also vor allem das „ungelebte Leben" ihrer Mutter in Bezug auf den Vater. Für einen ersten Sohn gilt sinngemäß dasselbe wie für die erste Tochter. Und einem zweiten (bzw. dritten) Sohn werden ebenso vornehmlich jene Aufgaben übertragen, die auf der Ebene der Elterngeneration unerfüllt geblieben sind. Ohne hier schon auf die Einzelheiten der empirisch prüfbaren Stellvertretungsordnung eingehen zu können (vgl. Kapitel 4), stelle ich fest: Neben einer Grundordnung des Stellvertretertums gibt es zwar präzise begründbare Sonderfälle, diese ändern aber an dem allgemeinen Gesetz der Stellvertretung nichts, sondern spezifizieren es nur.
9. Die Frage „Warum gerade jetzt?" ist die wichtigste, um das Symptomatische von leidvollen Stellvertretungen zu verstehen.

Gänzlich ohne die Frage „Warum gerade hier?" bliebe der Versuch einer Orientierung an der Ordnung der Zeit aber noch vergeblich. Die Ergänzung durch die Frage nach dem Ort ist eine doppelte. Erstens: Warum tritt die Erkrankung gerade an diesem Kranken in Erscheinung? Und zweitens: Warum zeigt sie sich gerade an diesen Organen dieses Kranken? Damit wird sowohl auf die Position des Kranken unter den Geschwistern als auch auf sein spezifisches Verhältnis zu den Eltern verwiesen. Und damit wird die Frage „Warum gerade so?" schließlich darauf ausgerichtet, im krankhaften Leibgeschehen die Symbolik eines spezifischen Scheiterns als *Komplementarität* zu erfassen.

10. Die biographisch-phänomenologisch ausgerichtete Therapie ermöglicht das Verständnis unseres leiblichen Befindens. Sie verlangt ein eingehendes Betrachten lebenswichtiger Ereignisse in der Generationenfolge und setzt ein – die Grenzen der außerordentlichen Dienstbarkeit und Funktionalität der Kindheit überschreitendes – Verstehen leibhaftiger Verrücktheit voraus. Sie ist keine einfache Reflexion, kein Abbilden oder Spiegeln, das auf bloßer Rückwendung oder Umkehrung eines Strahlengangs beruht. Vielmehr ist sie, um in der Metapher zu bleiben, ein *Brechen* der Strahlen des (als bloßes Aufscheinen gegebenen) Phänomens, ein *Aufspalten*, um die Art und Weise des Erscheinens in der Tiefe zu differenzieren. Die Brechung lässt das Einfache als Vielfalt, etwa in Form von Spektralfarben, erscheinen, die den Ansatz zu neuem Ordnen bietet.
11. Praktischer ausgedrückt: Eine jede Lebensäußerung und eine jede leibliche Befindlichkeit *hat* an sich immer schon *Bedeutung* (bzw. ist bedeutsam), und zwar insofern, als die Befindlichkeit unseres Leibes auf unsere Stellvertreterfunktion im leibhaftigen Dienst an den Eltern zurückgeht und Bezug nimmt auf das, was im Leben unserer Vorfahren verfehlt worden ist. Die Kontinuität, die zwischen den Generationen und Geschlechtern durch das Band der zeitlichen Relationalität erzeugt wird und die in der Komplementarität der Funktionen und Verantwortlichkeiten wirksam wird, ist (unter günstigen Bedingungen erst an der Schwelle des Erwachsenwerdens, aber unter ungünstigen Bedingungen auch schon im Kindesalter) pathogen insofern, als sie Unmögliches um den Preis der leiblichen Gebrechlichkeit erzwingt. Die Bedeutung jeglicher Erkrankung liegt in der *Ver-*

wirklichung des Unmöglichen (Weizsäcker 1967, S. 249 ff.), das sich in der Erkrankung zeigt: Das Symptom zeigt die Gebrechlichkeit unseres Leibes als Grenze unserer Macht, indem es offen die Unmöglichkeit unseres leibhaftigen Strebens ausdrückt und zum heimlichen Symbol vergangener „Schuld" und zukünftiger Schuldigkeit wird.

12. Was in Krankengeschichten als Ausgleichsbewegungen vergangener „Schuld" symptomatisch in Erscheinung tritt, ist als unbewusstes Bemühen um die nachträgliche Lösung ererbter Aufgaben immer frustran und damit von virtueller Natur. Aus diesem Grund sind solche Lösungsversuche ebenso maßlos wie aussichts- und besinnungslos. Sie folgen einem inneren Drang der szenisch Beteiligten, auch wenn – oder: gerade weil – sie lediglich Ausdruck von deren Missverständnissen sind: Es wird nicht verstanden, wer oder was es ist, den oder das man da aneinander missen muss. Und so sucht man dann auch das Verständnis vergeblich. Die daraus resultierenden Symptome treten als blindlings vollzogene Äußerungen der die Generationen- und Geschlechtergrenzen überschreitenden Dynamik in Erscheinung, wenn in einer Familie die Toten aus dem Blick geraten sind, wenn die Augen der Lebenden für die Welt der Toten trüb geworden sind, wenn sie nicht vom Licht der Geistigkeit erfüllt werden und wenn sich daraufhin das Verhältnis dieser Lebenden zu ihren Toten ganz aus ihrer unmittelbar leiblichen Dienstbarkeit heraus gestaltet – gewissermaßen als unbewusster Götzendienst. Durch die dargestellte, auf die geheime Komplementarität und Relationalität der Leiber eingehende Form der Untersuchung wird die wirkliche, nämlich leibliche Genese, d. h. der körperlich-seelische Erbgang der „aetia" (der „Ursache" und der „Schuld"), erkennbar, auf der sich einem Kranken die Erkrankung überträgt.

Teil II

3 Genographische Analyse der Zeitlichkeit gegebener Lebensordnungen

3.1 Bruchlinien der Liebe und Überlieferung der Lebensrhythmen

Die Krankengeschichten aus dem ersten Teil waren Beispiele für die Fruchtbarkeit der biographischen Betrachtung des zeitlichen Aspekts der Lebensordnungen. Also nicht auf der minutiösen Schilderung der Probleme der Patienten, auch nicht auf dem teilnehmenden Verständnis für das Leiden lag das Gewicht der Darstellung, sondern die ganze Konzentration galt den Altersrelationen. Anders als bei der üblichen psychotherapeutischen Diagnostik, in der die Gefühle eines Patienten primäre Leitlinien der Diagnostik anzeigen, sind bei der genographischen Analyse die Rechenoperationen des Therapeuten wegweisend. Allein durch die Frage: „Warum gerade jetzt?", durch Untersuchung der Relationalität der Ereignisse also, tritt deren historische Komplementarität zutage.

Dann nämlich findet sich die Merkwürdigkeit, dass es messbare Entsprechungen zwischen den Lebensrhythmen der Menschen zu geben scheint. Diese Entsprechungen verhalten sich ähnlich wie die Wellentäler und Wellenberge der großen Verbindungen und großen Trennungen und sie werden sichtbar, wenn man die existenziellen Ereignisse im Leben der Nachfahren mit denen vergleicht, die im Leben der Vorfahren stattgefunden haben.

Es entsteht ein Eindruck, den ich in den obigen „Thesen zu einer phänomenologischen Familienbiographik" als spezifischen *Zusammenhang von Relationalität und Komplementarität* bezeichnet habe. Es handelt sich um eine biographisch erkennbare Äquivalenz der Ereignisse in einem gewaltigen Geschehen. Denn die unzähligen Äquivalente wirken darin, als seien ihre fortwährenden Umkehr- und Ausgleichsbewegungen die Wellenberge und Wellentäler eines Ozeans und als obliege es diesen, in ihrer Gesamtsumme immer von neuem und immer vergeblich eine einzige glatte, spiegelnde Wasserfläche von konstantem Niveau zustande zu bringen.

Dieses *Konstanzprinzip* der komplementären Äquivalente erinnert an die Hypothese Freuds, das Triebgeschehen entspreche der Aufgabe der „Reizbewältigung". In „Triebe und Triebschicksale" schrieb er: „Das Nervensystem ist ein Apparat, dem die Funktion erteilt ist, die anlangenden Reize wieder zu beseitigen, auf möglichst niedriges Niveau herabzusetzen, oder der, wenn dies nur möglich wäre, sich überhaupt reizlos erhalten wollte" (Freud 1915/1948, S. 213). In dem bei Fechner anknüpfenden Versuch (Freud 1923/1948, S. 275), die Triebe aus der Physiologie einzelner lebender Organismen zu erklären, erwachsen der Triebtheorie allerdings die begrifflichen Probleme des psychophysischen Dualismus. Anders wird die Situation, sobald wir die rhythmische Abfolge der biographischen Äquivalente im Leben der einzelnen Menschen unter dem Gesichtspunkt transgenerationaler Ausgleichsbewegungen betrachten und sagen: Die Formen, in denen die Relationalität auf nachfolgende Generationen wirkt, sind ozeanischen Wellenbewegungen vergleichbar, die, beispielsweise durch einen Sturm oder durch ein Seebeben ausgelöst, an einem fernen Ort ihren Ausgang nehmen und sich über weite Strecken fortpflanzen, bis sie sich an dem Ort bemerkbar machen, wo sich gerade ein Schiff aufhält. Die großen Zäsuren des Lebens, von denen im Zusammenhang mit den transgenerationalen Wellenbewegungen biographischer Äquivalente im Wesentlichen die Rede ist, gehören zusammen, weil sie bereits in sich Äquivalente darstellen.

Wir können dann weiter sagen: Es handelt sich bei den Zäsuren des Lebens um die großen Verbindungen und die großen Trennungen. Und diese gehören insofern zusammen, als eine jede Verbindung zugleich mit einer Trennung und eine jede Trennung zugleich mit einer Verbindung einhergeht: Die Zeugung ist die durch gemeinschaftliche Verschmelzung erfolgende Verselbstständigung von Samen- und Eizelle gegenüber Mann und Frau. Die Geburt entspricht zwar einer Trennung des Kindes vom Mutterleib, ist aber eine neue Verbindung mit der Mutter, mit der die Mutter umgebenden übrigen Welt, vor allem aber mit dem Vater. Eine Eheschließung beinhaltet die Verpflichtung zur verantwortlichen Ausrichtung von Mann und Frau auf eine ebenbürtige Partnerschaft und zugleich die gemeinschaftliche Bereitschaft zum Verzicht auf die verantwortliche Fürsorge der Eltern. Der Tod ist für den

Sterbenden ein Verlassen des Reichs der Lebenden, für die Hinterbliebenen aber auch eine Einkehr in das Reich der Toten.

Das Wesentliche an den großen Zäsuren, wodurch sie einander gleichen, ist aber nicht das Formale von Verbindung und Trennung, sondern das Inhaltliche, das sich in den Formen verbirgt: Es ist die darin sich vollziehende Krise des Lebens, die als Infragestellung und Bewährungsprobe der Liebe wirkt. Liebe ist Verleihung des Rechts auf Lebendigkeit. Und immer dort, wo sich die Frage stellt, ob das Leben selbst ein Recht oder eine Pflicht, ein Geschenk oder eine Bürde sei, findet sich ein Einschnitt im Lebenslauf, der sich als Hindernis für das freie Fließen der Liebe zu erkennen gibt. Die biographischen Äquivalente lassen sich allgemein als die Formen definieren, in denen Rückversicherungen der Liebe stattfinden. Eine jede nachfolgende Generation wird in bestimmbaren zeitlichen Rhythmen auf die Frage verwiesen, ob das Maß der an sie weitergeleiteten Liebe schon genügt, um das jeweilige Hindernis zu überwinden.

In Würdigung der Relationen zwischen den Generationen und Geschlechtern verwandelt sich das Bild des Lebens. Statt des Ozeans bietet sich als Metapher für die Lebendigkeit der Leiber der Wasserlauf eines Stromes an: Wo ein Hindernis besteht, findet eine Verzögerung seines Fließens statt, und es kommt zum Stau. Dieser Vorgang ist vergleichbar mit einem Fluss, der sich seinen Weg durch ein Tal suchen muss: Bevor er weiterfließen kann, muss er mit seinen Wassern das Tal füllen. Im Leben ist das häufig ein Tal von Tränen. Und die Trauer erweist sich als die beharrliche Arbeit, durch die sich die Kraft der Liebe instand setzt, die Hindernisse der Lebendigkeit zu überwinden.

Dasselbe lässt sich anders sagen: Ein jedes Hindernis der Lebendigkeit ist eine Bewährungsprobe der Liebe. Aber alle normalen Unterbrechungen der Kontinuität des Lebens, wie sie durch die großen biographischen Zäsuren gegeben sind, wirken als solche Hindernisse, an denen sich die Kraft der Liebe bewähren muss. Das zeigt sich bei der genographischen Analyse der Zusammenhänge zwischen Zeugung, Geburt und Tod einerseits, Krankheit, Unfall und Verbrechen andererseits: Krankheit, Unfall und Verbrechen erweisen sich im Leben nachfolgender Generationen als biographische Indikatoren für Täler, die sich familiengeschichtlich gebildet haben, als die vorangegangenen Generationen dem freien, gar überschäumenden Strom der Liebe der nachfolgenden Generationen den Grund und Boden bereiteten.

Wo die beständige Rückversicherung der Nachfolgenden bei den Vorangegangenen misslingt, weil sich durch Verwerfungen der grundgebenden Bodenschichten die Spaltlinien vergangener Liebe schluchtartig ausgeweitet haben, da scheint das Leben der Nachfolgenden bei aller Geschäftigkeit als seltsamer Stillstand, und alle Mühen wirken, als ginge es darum, die Zeit vor einem seinerzeit unüberbrückbar spaltenden Ereignis anzuhalten und das traumatisierende Ereignis selbst durch Gegenbewegungen auszulöschen. Der Lebenslauf erscheint unwirklich, die Lebendigkeit wie eingefroren oder von fruchtloser Unruhe in Anspruch genommen. Gelingt dann die Trauer, dann scheint es, als sei bis dahin die Zeit stehen geblieben. Tatsächlich aber hat unterdessen eine Arbeit stattgefunden, durch die das Niveau der Lebendigkeit angehoben worden ist. Das benötigt oftmals mehrere Generationen. Und allzu oft wird – wie angesichts des Lebenslaufs eines Kranken und seiner Angehörigen – die geleistete Arbeit der Liebe selbst verkannt, weil der bis dahin erreichte Zustand noch allzu weit vom angestrebten Ziel entfernt scheint. Das Ziel ist erreicht, wenn die Schwelle überschritten und das Leben auf das freie Fortwirken der Liebe hin orientiert ist.

Wenn ich also von der Relationalität der Leiber spreche, dann meine ich die *Zeitgestalt des Grundverhältnisses*, in dem die Lebenden zu ihren Toten stehen. Es geht mir dabei um die zeitlich und thematisch gesetzmäßige Determiniertheit des mit dem Leben selbst sich vollziehenden Rückbezugs, durch den die nachfolgenden Generationen mit den vorangegangenen Generationen in einer unverbrüchlichen Verbindung stehen. Und ich habe es mir zur Aufgabe gesetzt, unter dem Begriff der Relationalität die unausweichliche Chronologie der Haftung für den Zustand darzustellen, in dem den Gegenwärtigen das Flussbett ihrer Liebe als Bodenformation von den Vergangenen hinterlassen worden ist.

Ohne die Erkenntnis der Messbarkeit von Zeit wäre es unmöglich, schicksalhafte Bindungen zu verstehen. Darum ist die Erforschung der Verbindung zwischen der Rhythmizität der Überschwemmungen durch den Nil und der Rhythmizität der Konstellation der Himmelskörper durch die alten Ägypter eine bahnbrechende kulturelle Leistung. Erst die Gesetzeskunde der Astronomie hat den Weg gebahnt, um einer menschlichen Rechtsordnung den Boden zu bereiten, wie sie in einer humanen Unterscheidung zwischen Recht und Unrecht, Gut und Böse anzustreben ist. Die astronomische Bedeutung der Sphinx von

Gizeh, wie sie zur Zeit diskutiert wird (Bauval u. Gilbert 1994), bezeichnet, wie mir scheint, eine Übergangsphase in der Geschichte der Menschheit, deren Spuren wir heute in der fortgesetzten Unverbundenheit zwischen Physik und Psychologie finden und die sich zeichenhaft im einseitigen Esoterikverständnis der Astrologen einerseits und im einseitigen Wissenschaftsverständnis der Physiker andererseits kundtut.

3.2 Zeitliche Determinierung von Zeugungen und Geburten

Den Ausgangspunkt für die folgenden Darlegungen soll der Rhythmus von Zeugung und Geburt in den Zyklen des familialen Lebens bilden. Thema ist zuallererst – wie in der Genesis – die Weitergabe des Lebens. Das heißt: Der Tod der Toten und sein Stachel im Leben der Lebenden sollen, auch wenn dies nur unvollkommen gelingt, zunächst ausgespart werden. Denn die Dramaturgie des Todes ist zwar durchaus auch im Zusammenhang von Zeugung und Geburt aufzufinden, klarer konturiert und drängender jedoch im Zusammenhang mit Krankheit, Kränkung und Verletzung. Freilich gibt es zwischen beiden Komplexen Überschneidungen, wie sie sich bereits in der Verbindung von Sexualität und Sterblichkeit aufdrängen. Der Fokus der Aufmerksamkeit ist hier in jedem Fall mit den Gesichtspunkten gesetzmäßiger transgenerationaler Gebundenheit gegeben.

Ich berichte nun von heuristisch formulierten Forschungsergebnissen, die sich aus der Betrachtung vieler hunderter Familienbiographien während der vergangenen fast zehn Jahre ergeben haben und die sich wie folgt zusammenfassen lassen:

Einem Kind wird mit der Geburt zunächst die Aufgabe übertragen, das Leben, das es von seinen Eltern bekommen hat, an seine Kinder weiterzugeben. Die erste, ebenso unmittelbare wie dauerhafte Aufgabe jedes Menschen ist die den Eltern geschuldete Stellvertretung des gleichgeschlechtlichen Großelternteils sowie des gleichgeschlechtlichen Elternteils. Hat er keine gegengeschlechtlichen Geschwister, so unterliegt er auch der anderen Aufgabe, den gegengeschlechtlichen Elternteil und die gegengeschlechtlichen Großeltern zu vertreten (vgl. Kapitel 4).

Der Impuls dazu wirkt nun, so lautet die Behauptung, prinzipiell in demselben Alter, in dem die Großeltern bei der Zeugung bzw. Geburt der Eltern gewesen sind. Betrachtet man also Familienbiographien unter diesem Gesichtspunkt, dann ergibt sich, dass diese Regel in sehr vielen Fällen eingehalten wird. Interessant sind die Ausnahmen, denn sie entscheiden darüber, ob man es hier mit einer bloß regelhaften, statistisch signifikanten Häufung oder aber mit einem allgemeingültigen Gesetz zu tun hat.

Die statistische Signifikanz lässt sich ja leicht anhand einer beliebigen, zufällig ausgewählten Gruppe von Menschen nachweisen. Wenn ich nur die Patienten nehme, die innerhalb einer bestimmten Woche zu mir gekommen sind, dann findet sich unter den erstgeborenen Männern und Frauen zwar eine hohe, aber keine hundertprozentige Trefferquote. Von einem Gesetz erwartet man mehr als nur eine statistische Häufung der Fälle. Ein Gesetz gilt in jedem Fall. Tatsächlich finden sich verblüffende Hinweise auf die Richtigkeit der Gesetzesannahme, wenn man die Formulierung des Gesetzes modifiziert. Um verständlich zu machen, worauf ich mit dieser – nur scheinbar einschränkenden – Bemerkung hinaus will, muss ich ein wenig ausholen. Mir sind die möglichen Einwände aus meinem eigenen Denken und aus meiner therapeutischen Praxis vertraut. Aufgrund meiner Erfahrungen bin ich dennoch überzeugt, dass sie sich auf empirischem Wege bei kritischer Würdigung der Fakten erledigen.

Tatsächlich ist es ja so, dass kein Kind seinen Eltern das Leben, das es von ihnen empfangen hat, zurückgeben kann, sobald sie es erneut bräuchten, weil sie es zu verlieren scheinen oder bereits verloren haben. Nur Kinder sind imstande, etwas *Ähnliches* zu tun wie ihre Großeltern oder ihre Eltern: Sie können das Leben an andere, an Dritte weitergeben. Grundsätzlich kann es sich also bei der Fortsetzung des Lebens nur um die Übergabe von *Äquivalenten* handeln, die zu betrachten sind. Ähnlichkeit besteht – das sagt bereits die Etymologie des Wortes selbst – in einer Zuordnung zu den Ahnen. Die Frage ist also lediglich, auf welche Weise eine solche Zuordnung zustande kommt, worin sie sich verrät. An dieser Stelle lautet die Frage, präziser, so: Was passiert, wenn die Ähnlichkeit dessen, was ein Enkel tut, nicht unter der Kategorie „Weitergabe des Lebens an ein Kind" zu fassen ist?

Die Antwort wird leichter, wenn man sich Folgendes vergegenwärtigt: Bei dem Naturgesetz, das beispielsweise die Bedingungen der Umwandlung von einer Energieform in eine andere beherrscht, geht es ebenfalls nicht primär um die Wiederholung desselben – das ist lediglich bei den Experimenten der Fall, in denen die zugehörigen Gesetzmäßigkeiten erforscht werden –, sondern es geht allein um das Auftauchen von *Äquivalenten*, sodass zum Beispiel ein Quantum von potenzieller Energie in kinetische oder von mechanischer Energie in elektrische Energie bzw. Wärme verwandelt wird. Obgleich die verschiedenen Energieformen wenig äußerliche Ähnlichkeit miteinander haben, sind sie doch insofern verwandt, als sie gewissermaßen über eine Ahnenreihe der Abstammung, über eine Knotenlinie der Entwicklung gesetzgemäß miteinander verbunden sind.

Die Frage nach einem biographischen Gesetz konkretisiert sich unter den Gesichtspunkten, dass es sowohl den Anforderungen der Relationalität als auch denen der Komplementarität gerecht zu werden habe, folgendermaßen: Das Gesetz müsste für den Fall, dass zu bestimmten Zeiten im Leben eines Menschen die Weitergabe des Lebens zwar Thema ist, aber nicht zustande kommt, für ebendiesen Zeitpunkt das Auftauchen eines Äquivalents für die Weitergabe des Lebens vorauszusagen erlauben. Damit aber wäre zunächst nur die Frage nach der Relationalität des Geschehens berührt. Unter dem Gesichtspunkt der Komplementarität stellt sich die Frage klarer: Das fragliche zukünftige Geschehen wäre nur dann als ein Äquivalent anzusehen, wenn es das Fehlende in irgendeiner Weise zur Geltung brächte. Als Vergleich für ein Äquivalent bietet sich das Farbnegativ einer Fotografie an: Die Komplementärfarben stehen stellvertretend für die Farben des Originals, und die Konturen der Figuren bleiben im Negativbild analog erhalten. Die Unmöglichkeit, das Abgebildete durch das Abbild zu ersetzen, entspricht dem Ungenügen, in dem alle Ausgleichsbewegungen des Kindes in der Naivität seiner Liebe zu den Eltern befangen bleiben.

Was können wir als ein solches Äquivalent für die Weitergabe des Lebens eines jeweiligen Elternteils beobachten? – Im wirklichen Leben der Menschen gibt es eine Fülle davon:

a) Die erste Beobachtung in diesem Zusammenhang betrifft das Geschlecht eines Kindes, das zum „richtigen" Zeitpunkt geboren wird, um als Repräsentant eines Großelternteils gelten zu dürfen. Geschwisterpaare stehen – in Abhängigkeit von der Reihenfolge der Geburt – erfahrungsgemäß für Großelternpaare bzw. Elternpaare (vgl. Kapitel 4). Es kommt vor, dass ein Junge geboren wird, wenn es um die Repräsentation der Großmutter, oder ein Mädchen, wenn es um die Repräsentation des Großvaters geht. In solchen Fällen zeigt sich, dass eben das Geschlecht der Großeltern in deren Herkunftsfamilien insofern ein Problem gewesen ist, als den Urgroßeltern seinerzeit ein Repräsentant des Gegengeschlechts gefehlt hat. Beispielsweise gab es bereits drei Jungen und noch kein Mädchen, als der Großvater geboren wurde; als Sohn empfand er sich dann nicht mehr „in Ordnung". Die Abweichung des tatsächlichen vom zu erwartenden Geschlecht entspricht (in der – ab den Urgroßeltern gerechneten – „vierten Generation") einer zusätzlichen Ausgleichsbewegung auf der Ebene der Enkel genau in dem Sinne, dass hier etwas *Unmögliches verwirklicht* wird: die nachträgliche „Korrektur" des Geschlechts an einem Stellvertreter.

b) Eine wichtige Möglichkeit ist die, dass statt einer Geburt eine Zeugung stattfindet oder dass eine Schwangerschaft festgestellt wird. In solchen Fällen hat es zu dem Zeitpunkt, als die Zeugung als Thema biographisch auf der Tagesordnung gestanden hat, elementare andere Ereignisse gegeben: beispielsweise eine Hochzeit, eine Verlobung oder die Überwältigung durch eine erste Verliebtheit. Wenn man bedenkt, dass das Leben eines Kindes die Liebe seiner Eltern repräsentiert, dann kann es nicht verwundern, ein Kind auch einmal, umgekehrt, durch die Liebe eines Paares ersetzt zu sehen. Als Äquivalente dürfen diese Ereignisse also zwanglos gelten.

c) Die obige Deutung wird noch plastischer, wenn sich in der Familiengeschichte zeigt, dass ein Großelternteil, dessen Leben nicht durch eine neue Schwangerschaft repräsentiert wird, seinerzeit darunter gelitten hat, eine *unerfüllte* Liebe der Urgroßeltern durch die Fackel seines eigenen Lebens am Brennen gehalten haben zu müssen. Umso krasser ist die auf solche Weise ausgelöste symbolhafte Gegenbewegung gegen seine Zeugung in Fällen, in denen unter den Nachfahren die Geburt eines Vorfahren durch die *Beendigung einer Liebesbeziehung* dargestellt wird.

d) Beispiele für einen derartigen negativen Symbolismus, für eine gegenwärtig unterdrückte und (in verzweifelter Nachträglichkeit) symbolisch rückgängig gemachte Zeugung, sind aber vor allem Totgeburt, Fehlgeburt oder Abtreibung. Derartige Formen unbesonnener Preisgaben von Lebendigkeit bringen zum Ausdruck, dass mit der Zeugung eines Vergangenen ein tiefer Zweifel an der Güte des Lebens verbunden gewesen und als leibhaftige Verzweiflung am Leben überliefert worden ist. Es handelt sich bei dieser Art „Äquivalenz“ im Leben einer Enkelgeneration um gleichsam geheime, auf leiblicher Ebene sich abspielende Dramen zur Darstellung eines Eindrucks, den die Eltern solcher nicht lebender bzw. nicht lebensfähiger Kinder von der Liebesbeziehung der Großeltern gewonnen haben und, mit Zeitverzögerung, zu einem bedeutungsvollen Termin absichtslos zum Ausdruck bringen: Im Wortsinne handelt es sich um ein „vernichtendes“ Urteil, in dem häufig so viel Verzweiflung steckt, dass solchen Eltern eine angemessene Trauer über den erfahrenen Verlust allzu oft misslingt. Dafür kommen vielerlei Gründe in Betracht: Die Geburt des Vaters mag unehelich gewesen sein; oder der Großvater mag kurz nach der Geburt des Vaters gestorben sein; oder die Großmutter mag früh verstorben oder fremdgegangen sein, sodass die Ehe der Großeltern keinen Bestand hatte. Das wirkliche Leben ist in dieser Hinsicht vielfältiger als alle Phantasie. Wenn ich von „Absichtslosigkeit“ gesprochen habe, dann bezog sich das lediglich auf die leibhaftig übermittelte, jeglicher willkürlichen Beeinflussung entzogenen Bedeutung der betreffenden Schwangerschaft. Selbstverständlich haben solche Eltern bewusste Absichten, aber diese sind nur ein Teil der Dramaturgie, gehören also zur Symptomatik. Wir können aus solchen Ereignissen viel über Symptomatologie lernen, vor allem, dass es keine einzige Schwangerschaft gibt, die nicht eine geheime Bedeutung von besonderem Rang im Lebenszusammenhang einer Familie hat, und dass jede unvollendete Schwangerschaft symptomatisch zu verstehen ist: als ein leiblicher Ausdruck einer übertragenen Verzweiflung am ungelebten Leben eines vom Feten repräsentierten Vergangenen. Das Opfer, das den Eltern des ungeborenen Kindes abverlangt wird, steht im Zusammenhang mit einer uneinlösbaren Verpflichtung zur nachträglichen Korrektur der Familiengeschichte.

e) Ein weiteres, merkwürdiges Beispiel, das verdeutlicht, wie wichtig gerade der Hinweis auf die Polarität der Geschlechter ist, mag für viele andere stehen: Ein homosexueller Patient, den ich fragte, was in seinem Leben Besonderes passiert sei, als er in das Alter kam, in dem sein Großvater den Vater gezeugt hat, erzählte mir, dass er ein einziges Mal in seinem Leben auf die Idee gekommen sei, eine Samenspende an die Samenbank zu geben: genau zu jenem Zeitpunkt. Er hatte dies getan, ohne zu wissen, was den betreffenden Zeitpunkt auszeichnete. Die Idee dazu war ihm ohne erfindlichen Grund, „ganz spontan" gekommen; er hatte sich selbst darüber verwundert.

f) In diesen Zusammenhang gehört auch die Verschiebung der Zeugung und Geburt von Nachfolgern ihrer Großeltern auf einen – gemessen am Maßstab unmittelbarer Relationalität – scheinbar unzeitgemäßen Termin. In solchen Fällen, die durchaus häufig sind, lässt sich als Grund für die scheinbare Verschiebung der Relationalität eine Ausgleichsbewegung aufdecken, die, unter Wahrung der vorgegebenen zeitlichen Rhythmen, virtuelle „Alternativen" zur bloßen Reproduktion des Lebens hervorbringt (gemeinsame Projekte, wie Hausbau, Betriebsgründung usw.). Das Thema von Zeugung und Geburt findet sich dann verschoben auf Themen der Partnerschaft von Mann und Frau. Außerdem kommt es zur modifizierten Übertragung von komplementären Stellvertretungsfunktionen auf Kinder, die zu abweichenden anderen Zeitpunkten in die Welt gesetzt werden. Die veränderte Zeitgestalt der Reproduktion weist auf Veränderungen der Stellvertretungsaufgaben hin. Zu den Gründen für Verschiebungen von Geburtsrhythmen zählt nach meinen Beobachtungen vor allem die nachwirkende Sehnsucht von Großeltern, die unter der ihnen auferlegten Aufgabe, ein anderes Geschwisterkind zu ersetzen, gelitten haben. Hier handelt es sich um ein unbewusst bewerkstelligtes nachträgliches „corriger la fortune" durch nachfolgende Generationen. Ein Beispiel wäre, dass die Geburt einer Großmutter auf eine weibliche Totgeburt gefolgt ist. Ihre gesunde Enkelin wurde geboren, als deren Mutter so alt war wie die Urgroßmutter bei der Totgeburt. Das ist leicht als eine Ausgleichsbewegung zu erkennen.

In jeder Familienbiographie gibt es eine Vielzahl anderer Beispiele. Diese vollständig aufzuzählen, scheint mir unmöglich, weil der Erfindungsreichtum des Lebens jedes gesetzte Maß sprengt. Eines aber wird in all den „Abweichungen" von der „Regel" einfacher Wiederholungen des ehemals schon Geschehenen, gar des „Wiederholungszwangs" offenkundig: Die wirklichen Gesetzmäßigkeiten sind gerade dann *nicht* zu erfassen, wenn man darin nur einfache Regelhaftigkeiten bestätigt sehen will. Vielmehr muss man schauen, was denn im Leben der beteiligten Stellvertreter wirklich geschieht, sobald ein existenzielles Thema auf die Tagesordnung der Familien gerät. Und was ein Außenstehender als „Äquivalente", „Komplementarität" oder „Ausgleichsbewegung" sich auszudenken vermag, ist nicht unbedingt auch das, was komplementär tatsächlich zutage tritt.

In den angeführten Beispielen für Äquivalente von Zeugung und Geburt ist sowohl die Relationalität als auch die Komplementarität biographisch festzustellen. Manchmal scheint es zunächst, als sei die Komplementarität der Relationalität übergeordnet. In anderen Fällen scheint es, als sei die Relationalität der Komplementarität übergeordnet. Bei eingehender Betrachtung der komplexen biographischen Gesamtsituation zeigt sich aber doch, dass die Gesetzmäßigkeiten der Relationalität durchaus nicht außer Kraft gesetzt werden, sondern unvermindert gelten, wenn diejenigen der Komplementarität den Vorrang zu haben scheinen. Und dasselbe ist umgekehrt festzustellen. Genau gesagt: Das biographische Prinzip der Relationalität wirkt überhaupt nur vermittels des Prinzips der Komplementarität, und das biographische Prinzip der Komplementarität wirkt nur vermittels der Relationalität. Und ihr Zusammenwirken erfolgt im Vollzug von Stellvertretungsfunktionen.

Das Äquivalenzprinzip, wonach Stellvertretern relational ausgelöste Ausgleichsbewegungen auferlegt sind, ist ja nur ein anderes Wort für die komplementäre Funktion eines jeden biographischen Äquivalents. Sigmund Freud hat die Theorie des Zusammenhangs von Äquivalenz und Komplementarität bereits vorweg genommen, als er bei der Beschreibung der „Triebschicksale" die „Verkehrung ins Gegenteil" zum Wesensmerkmal solcher Schicksale erklärte (Freud 1915/1948, S. 219). Viktor von Weizsäcker ist weiter gegangen, als er mit seinem Buch „Der Gestaltkreis" den Versuch unternahm, den psychophysischen Dualismus durch das Äquivalenz- bzw. Stellvertretungsprinzip zu ersetzen (1950, S. 157 ff.). Statt vergeblich zu fragen, wie denn ein physikalischer Mechanismus oder ein Chemismus im Organismus eine Bewegung und/oder eine Wahrnehmung hervorrufe, was voraussetzt, dass der Mensch einer Maschine gleich sei, schlug er vor, davon auszugehen, dass eine Wahrnehmungsweise eine Bewegungsweise ersetze und umgekehrt. Der nächste Schritt auf diesem Weg bestand darin, dass er ein vergleichbares Äquivalenzprinzip im Verhältnis zwischen Seelischem und Körperlichem (Weizsäcker 1947/1987, S. 405), ebenfalls zwischen psychischer und körperlicher Erkrankung als wirksam beschrieb (1939/1987, S. 381). Vor allem erläuterte er in seinen Untersuchungen zur Krankheitsentstehung die „Idee des psychophysischen Ausgleichs und seiner Störkrisen" (1935/1987, S. 272), indem er darlegte, unter welchen Bedingungen er eine Erkrankung anstelle einer existenziellen Entscheidung auftreten sah. Der Begriff, den er vor allem prägte, war der des *Funktionswandels:* In einer biographischen Konfliktsituation kommt eine erforderliche *Leistung* nicht zustande, sondern an ihrer Stelle erscheint ein *Leiden*. Der Bezug zu Freuds Begriff der „Fehlleistung" ist zwar unübersehbar, aber es handelt sich hier um Neuerungen von grundsätzlichem Wert.

Alle diese tastenden Bemühungen um Klarheit über die Gesetzmäßigkeiten des Krankheitsgeschehens scheiterten allerdings daran, dass gewissermaßen die biographische Waage fehlte, um abzuwiegen, das heißt: zu verstehen, in welcher Hinsicht und zu welchem Zweck die Äquivalente zueinander im Gleichgewicht ständen. Mit der Einführung des Begriffs der Relationalität steht diese Waage zur Verfügung.

Die Relationalität erzwingt den Zeitpunkt, zu dem eine Ausgleichsbewegung zur Fortsetzung des Lebensprozesses erfolgt, und die Komplementarität erzwingt die Thematik, nach der sich diese Ausgleichsbewegung richtet. So haben wir es bei der Untersuchung von Biographien immer mit beidem zu tun: mit dem Zeitpunkt, zu dem die Komplementarität in Kraft tritt, und mit der Art der Leere, die zu diesem Zeitpunkt unbedingte Erfüllung fordert. So verstanden, trifft für den Lebenszusammenhang der Generationen sowohl die Formel von der Wirksamkeit des ungelebten Lebens als auch die Weizsäcker'sche Formel von der Verwirklichung des Unmöglichen zu. Nach meinen Beobachtungen findet man keine Ausnahme von der Geltung des biographischen Gesetzes komplementärer und relationaler Stellvertretung. Voraussetzung aber, um dies zu erkennen, ist die Bereitschaft, sich auf die Würdigung von symbolischer Äquivalenz einzulassen.

Was hier jeweils als Äquivalenz bezeichnet wird, ist indirekt gewonnen aus der Auslegung der Defizienz, des Unvollendeten, Unbefriedeten, Unerledigten der Vorfahren und daher primär auf sie hin orientiert. Der biographische Begriff der Äquivalenz folgt letztlich aus der hypothetischen Feststellung, dass jenes vergangene Unerfüllte für die Nachfolgenden die Bedeutung habe, deren Leben thematisch auf ein komplementäres Geschehen hin zu komponieren. So liegt meines Erachtens insbesondere eine geheime Offenbarung der besonderen Bedeutung der Geschlechterpolarität darin, wenn man in Familiengeschichten immer wieder findet, dass die erste Begegnung mit dem Lebenspartner, die Verlobung und die Eheschließung zu Zeiten stattfinden, in denen retrospektiv ein Äquivalent für die Zeugung oder Geburt eines Kindes zu erwarten gewesen wäre. Jedes einzelne Leben ist bunter und erfindungsreicher und verfügt über eine größere Fülle an realisierten Äquivalenten, als sich durch Aufstellung von wissenschaftlichen Tabellen wiedergeben lässt.

Der entscheidende Punkt scheint dabei der zu sein, dass ein Kind als Stellvertreter zwar eine besondere Funktion für seine Eltern hat, dass es aber in einem unmittelbaren Sinne seiner Stellvertretungsfunktion niemals gerecht zu werden vermag, weil es eben die Vergangenheit der Eltern nicht nachträglich korrigieren und, solange es für sie nur als Stellvertreter fungiert, in der Welt nicht als Original genommen werden kann. Wenn eine quälende Diskrepanz zwischen dem übertragenen Auftrag – nach Stierlin (1978): der Delegation – einerseits und der Möglichkeit, diesen Auftrag zu erfüllen, andererseits besteht, dann ist die Weitergabe des eigenen Lebens an ein Kind wie ein unbewusster Entlastungsversuch: eine Selbstverdopplung, als brauche dieser Mensch die doppelte Menge an Leben (an Organen, an Lebenszeit usw.), um mit dem ihm Übertragenen fertig zu werden. (Eine den Schrecken einer solchen Situation darstellende mythische Figur ist die Hydra, der zwei Köpfe an der Stelle wachsen, wo einer abgeschlagen worden ist.) Die Weitergabe des eigenen Lebens an ein Kind erfolgt selbstverständlich immer in Stellvertretung der eigenen Eltern: Ein Mensch, der sein eigenes Leben in einem Kind fortpflanzt, nimmt damit die Position eines eigenen Elternteils ein. Das ist prinzipiell der Fall ab dem zweiten Sohn bzw. ab der zweiten Tochter. Beim dritten Sohn bzw. bei der dritten Tochter liegen die Verhältnisse, wie ich in Kapitel 4 ausführen werde, komplizierter, ebenso beim vierten Sohn und bei der vierten Tochter usw.

Ein typisches Beispiel, das die virtuelle Erfüllung einer an sich unerfüllbaren Aufgabe darstellt, ist die Geburt eines Sohnes, wenn eine Frau, die als zweite Tochter ohne Bruder aufgewachsen ist, so alt ist wie ihre Mutter zum Zeitpunkt ihrer eigenen Geburt. Die stellvertretende Ausgleichsbewegung, die hier vollzogen wird, scheint die zu sein, dass die Frau selbst ihrer Mutter kein männliches Familienmitglied hat ersetzen können und dass diese Aufgabe nun dem neugeborenen Sohn übertragen wird. Dasselbe gilt umgekehrt für einen Mann, der, als zweiter Sohn geboren, ohne Schwester aufgewachsen ist und in dem

Alter, in dem sein Vater ihn bekommen hat, eine Tochter in die Welt setzt. Das Leben dieser Tochter wird durch ihre Indienstnahme für sein weibliches Pendant geprägt. Dies geschieht gleichsam in Fortsetzung und Verspätung jenes Dienstes, den er selbst seinen eigenen Eltern schuldig geblieben ist. Im Leben der Tochter offenbart sich dann seine, über die Phase der Kindheit hinaus fortgesetzte Abhängigkeit von seinen Eltern.

Wenn es in der letzten oder vorletzten Generation früh verstorbene Kinder gegeben hat, dann erlangen diese im Leben der Nachfahren zumeist eine größere Bedeutung als die Lebenden. Freilich ist dieses Gewicht, das ihnen im Leben der folgenden Generationen zukommt, unbewusst über ihre Stellvertretungsaufgaben vorgegeben und lässt sich präzise nur anhand der Gesetzmäßigkeiten der Relationalität und der Komplementarität erfassen. So fällt beispielsweise auf, dass eine Frau, deren Großmutter von acht Kindern drei weibliche verloren hat, lediglich drei Mädchen bekommt, die dann eben dasselbe Geschlecht haben wie ihre verstorbenen drei Großtanten.

Häufiger noch habe ich gefunden, dass früh verstorbene Kinder der Großmutter sich im Leben der Enkelin durch Fehlgeburten bemerkbar machen, die dann exakt in dem Alter stattfinden, in dem die Großmutter mit dem früh verstorbenen Kind schwanger gewesen ist. Eine Dramatisierung dieser Verhältnisse ist es, wenn die Enkelin nicht etwa eine Fehlgeburt erleidet, sondern eine Abtreibung durchführen lässt. Es wird in solchen Fällen, die alles andere als selten sind, besonders deutlich, was aus biographischer Sicht unter Komplementarität zu verstehen ist: Indem sich die Enkelin zur Abtreibung entschließt, nimmt sie die Verantwortung für den Tod des Kindes auf sich, während die Großmutter den Tod ihres Kindes „nur“ erlitten hat.

Aus transgenerationaler Sicht haben damit Abtreibungen häufig eine große Bedeutung für erlittene Totgeburten oder (nach dem Eindruck der betreffenden Vorfahren) *verfrühte, unverschmerzte* Todesfälle unter Kindern in der Familiengeschichte. Auf Grundlage relationaler Untersuchungen kann deren aufmerksame Würdigung ein Hauptinhalt bei der immer erforderlichen Trauer um ein abgetriebenes Kind werden. Die Abtreibung eines Kindes erweist sich dann als ein Opfer, das die tiefe Verbundenheit seiner Eltern mit den Vorfahren intuitiv darstellt. Diese Bedeutung zu erkennen, führt, wie insbesondere bei Bert Hellingers Aufstellungsarbeit spürbar, zu einem wahrhaftigen und heilsamen Umgang mit der eigenen Geschichte.

3.3 Die Rhythmizität von Symptomen

Eine „unverständliche" Angststörung

Wie so oft, werden auch bei der Betrachtung der Zeitlichkeit der Lebensordnungen die normalen Verhältnisse klarer, wenn man sich den krankhaften Phänomenen zuwendet. Die biographische Hypothese lautet: Der Einbruch des Krankhaften hat immer mit dem Einbruch zu tun, durch den sich die Erinnerung an den Tod gewaltsam Geltung im Leben eines Menschen verschafft, weil der Fluß des Lebens infolge relativer Schwäche der Liebe ins Stocken gekommen ist. Ein vergleichsweise einfaches Beispiel, das für viele andere stehen kann, ist die erstmalige Panikattacke einer unverheirateten jungen Frau: Sie wurde an ihrer Arbeitsstelle, völlig ohne äußerlich erkennbaren Anlass, von Angstgefühlen überwältigt, als man ihr aufgetragen hatte, einer Auszubildenden den Betrieb zu zeigen. Sie hatte sich innerlich dagegen gewehrt, weil sie es nicht in Ordnung fand, innerhalb kurzer Zeit mehrmals mit einer solchen Aufgabe betraut zu werden.

Die genographische Analyse zeigte, dass sie sich als zweite Tochter mit 37 Jahren in demselben Alter befand, in dem ihre Mutter mit dem letzten ihrer Geschwister schwanger geworden war. Sie selbst hatte beschlossen, kinderlos zu bleiben und stattdessen eine berufliche Karriere zu machen. Sie war überzeugt, dass sie voll und ganz zu diesem Entschluss stehen könne. Allerdings hatte sie vor, ihre Versetzung in eine andere Abteilung zu betreiben.

Nach meiner Erfahrung ist dieser zeitliche Zusammenhang charakteristisch. An dieser Stelle greife ich mit der Behauptung, dass die zweite Tochter auf der Ebene ihrer eigenen Mutter identifiziert ist, meinen im nächsten Kapitel folgenden Ausführungen über die familialen Stellvertretungsordnungen vor. Der Befund, dass ein Mensch (Mann oder Frau) in einem bestimmten Alter entweder ein Kind bekommt oder aber ein Symptom, ist jedenfalls ubiquitär. Unter Gynäkologen ist weithin bekannt, dass man einem kinderlosen Ehepaar darum helfen muss, Kinder zu bekommen, wenn dies gewünscht ist, weil sich andernfalls psychische Symptome, wie Angst, Depression u. a., einstellen. Interessant ist in diesem Zusammenhang, dass sich der mit mathematischer Präzision bestimmbare bzw. nachvollziehbare Zeitpunkt des Auftretens von solchen Symptomen diagnostisch nutzen lässt. Allerdings sind es mehrere verschiedene Zeitpunkte, die in Betracht kommen: Zwei Zeitpunkte sind bestimmt durch das Alter der Großeltern bei der Geburt der Eltern (der beiden Großväter eines Mannes bzw. der beiden Großmütter einer Frau). Die jeweiligen Daten sind innerhalb einer Partnerschaft auf Mann und Frau bezogen. Ein Zeitpunkt ist bestimmt durch das Alter der Eltern (der Mutter einer Frau, des Vaters eines Mannes) bei der Geburt des betreffenden Kindes selbst, das (mit oder ohne Partner) nun in dasselbe Alter gerät. Weitere Daten sind allerdings noch – sozusagen ultimativ – gesetzt durch die letzte Schwangerschaft der Mutter bzw. der Großmütter der betreffenden Frau bzw. durch das jeweils zugehörige Lebensalter des Vaters und der Großväter des betreffenden Mannes.

Die Angststörung meiner Patientin ist also nur eines von vielen Beispielen, die zeigen, dass es einem Menschen nicht möglich ist, ohne Einbuße an Wohlbefinden oder an Selbstverständlichkeit des Lebenslaufs auf die Weitergabe des Lebens zu verzichten, das er von seinen Eltern zu treuen Händen übergeben bekommen hat. Beim Zusammenleben mit Dritten tritt das durch Kinderlosigkeit existenziell geforderte Opfer symptomatisch dadurch zutage, dass der Umgang miteinander eine dramatische Wende erfährt, weil die Beteiligten einander Eltern- und Kinderrollen auf unglückliche, unbefriedigende, konflikthafte Weise übertragen und kindisch zurückweisen, sobald der Zeitpunkt einer virtuell anstehenden Schwangerschaft bzw. Geburt erreicht ist.

Die „lindernde Wirkung" einer Verliebtheit

Ich werde zur Illustration an dieser Stelle eine ausführlichere Krankengeschichte wiedergeben, die weitgehend auf die Darstellung äußerer, formaler Zusammenhänge reduziert ist. Die Spärlichkeit der Informationen hat nicht etwa den Zweck, die Anonymität der Personen zu wahren – das ist ohnehin selbstverständlich und durch die Kostümierung der Qualität der Ereignisse bereits gewährleistet. Vielmehr möchte ich den Fokus ganz auf die Konturen relationaler familialer Bezüge legen, um den Aspekt des rein Quantitativen, nämlich der Berechenbarkeit des Zusammenhangs zwischen verschiedenen Ereignissen in Familienbiographien, hervorzuheben:

Eine kinderlose, aber verheiratete Frau, die mit 32 Jahren an einer erheblichen Störung ihres Wohlbefindens erkrankte, suchte mit 34 Jahren eine mir kollegial verbundene Therapeutin auf, nachdem die fachärztliche Behandlung ihrer zunächst als körperlich bedingt eingeschätzten Erkrankung ohne Erfolg geblieben war. Diese Patientin hatte sich während eines stationären Behandlungsversuchs in einen wesentlich jüngeren Mitpatienten verliebt. Die Pein ihrer Beschwerden, die bereits viele Monate angehalten hatte, ließ bei der ersten Begegnung mit ihm schlagartig nach, ohne dass sich an ihrer übrigen Verfassung irgendetwas verändert hätte. Nicht einmal die Symptomatik selbst hatte aufgehört: Diese erschien ihr lediglich plötzlich erträglich und nicht mehr so wichtig. An die Stelle des vorherigen *Leidens* trat aber im Verlauf der folgenden Wochen und Monate ein *Problem*: Sie fühlte sich geradezu suchtartig zu dem jungen Mann hingezogen und besuchte ihn nach dem Klinikaufenthalt in etwa 14-tägigen Abständen, wobei sie jeweils große Entfernungen zurücklegen musste. Sie stürzte sich sogar in Schulden, weil sie die Fahrt- und Telefonkosten nicht tragen konnte.

Ihr Ehemann blieb infolge auswärtiger Pflichten dem gemeinsamen Wohnort wochenlang fern, sodass sich ihre Liebschaft eine Weile verheimlichen ließ. Die Therapeutin legte ihr dringend ans Herz, sich von dem Freund zu trennen. Der Rat blieb erfolglos. Der einzige Effekt der Intervention war der, dass eine innere Spannung und Unruhe der Patientin zunahm. Sie schilderte die Lage so, als müsse sie davon ausgehen, nur die Wahl zwischen zwei Übeln zu haben: Entweder müsse sie wieder unter den alten Beschwerden leiden oder aber ohne Unterlass an den Geliebten denken; in jedem Fall vernachlässige sie sich und ihre Lebensinteressen.

Vor den Sitzungen, in denen die Familiengeschichte Thema wurde, waren der Patientin die meisten der Lebensdaten unbekannt. Vor allem nahm sie an, dass der früh verstorbene Bruder ihrer Mutter, von dem sie gehört hatte, das jüngste Kind der Großeltern gewesen sei. Aufgrund meiner Kenntnis genographischer Bezüge vermutete ich im Supervisionsgespräch, dass die Symptomatik der Patientin und deren plötzliche Gefühlsbindung an den jungen Mann mit dem frühen Tod dieses Jungen zusammenhinge. Ein solcher transgenerationaler Bezug lässt sich aber erfahrungsgemäß nur verstehen, wenn das Alter der Patientin (und/oder ihres Mannes) beim Ausbruch ihrer Erkrankung bzw. bei der schlagartigen Änderung der Symptomatik mit dem Alter der Großeltern zum Zeitpunkt von Geburt oder Tod des Jungen in Beziehung stand – konkret: dass ihr Alter beim Ausbruch der Erkrankung mit dem Alter der Großmutter bei Zeugung, Geburt und Tod des Jungen korrelieren müsse. Da aber die Großmutter bei der Geburt ihrer dritten Tochter bereits 41 Jahre (der Großvater sogar schon 49 Jahre), die Patientin bei dem Einsetzen ihrer Symptomatik aber erst 32 Jahre alt war, schloss ich theoretisch aus, dass der Junge – wie die Patientin annahm – als jüngstes Kind der Großeltern geboren worden ist.

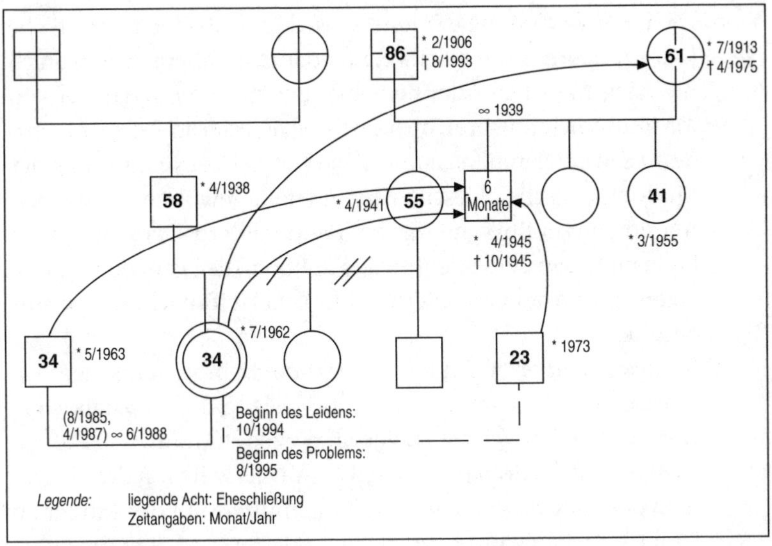

Abb. 3.1: Genogramm der Patientin, die ihr Leiden durch ein Problem eintauschte (1996)

Diese Hypothese bestätigte sich zur Überraschung meiner Kollegin sehr schnell. Zur nächsten Sitzung brachte die Patientin die im Genogramm fehlenden Daten mit (Abb. 3.1): Das Leiden hatte genau zu dem Zeitpunkt eingesetzt, als sie so alt war wie die Großmutter beim Tod des Jungen: 32 Jahre und drei Monate. Mehr noch: Den Freund, dessen Eintritt in ihr Leben sie gleichsam von dieser Qual erlöste, lernte sie zehn Monate später kennen. Das wiederum war genau der Zeitpunkt, zu dem ihr zehn Monate jüngerer Mann dasselbe Alter erreichte.

Daraus ergeben sich die folgenden Deutungen ihrer Befindlichkeitsstörung:

a) Von ihren quälenden Beschwerden wurde die Patientin heimgesucht, als sich aufgrund ihres Lebensalters die Aufgabe ergab, etwas zum Ausgleich des Leids zu tun, das der Verlust des einzigen Sohnes der Großmutter mütterlicherseits damals in der Familie der Mutter hervorgerufen hat. In der Symptomatik trat zutage, dass der Mutter der Patientin und in der Folge der Patientin selbst eine seinerzeit untragbar erschienene Last übertragen worden ist und dass die Kranke für den damals entstandenen Schaden leiblich haftbar ist.

b) Die Liebesbeziehung der kinderlosen Frau zu einem um etliche Jahre jüngeren, seinerseits leidenden Mitpatienten entsprach der nachträglichen Adoption eines elternlosen Jungen, der von ihr mütterlich umsorgt, aber auch „schwesterlich" geliebt wurde. Die in den Familien zumeist wirksame Desexualisierung der Bindung zwischen Geschwistern entfällt gewöhnlich bei Übertragung dieser Rolle auf Kinder fremder Eltern. Der junge Mann hatte im Leben der Patientin die Funktion, die Leerstelle des einzigen Sohnes der Großeltern mütterlicherseits nachträglich auszufüllen.

c) In diesen beiden Aspekten erweckt die Symptomatik den Anschein, dass die Familie der Mutter bislang nicht imstande gewesen ist, jenen Verlust zu verschmerzen und durch Trauer zu akzeptieren. Es drängt sich ein Bild auf, als wäre mit dem Leichnam des Jungen eine Liebe der Großmutter und der Mutter zu Grabe getragen worden, um in veränderter Gestalt in der Enkelin und Tochter erneut lebendig zu werden.

3.4 Wie genau geht das Uhrwerk des Leibes?

Im bisherigen Verlauf der Darstellung ist als Grundlage phänomenologischer Biographik eine auf die zeitlichen Relationen bezogene Betrachtungsweise eingeführt worden, die zwar auf Anhieb wenig plausibel erscheinen mag, deren Relevanz aber beim Vergleich gewichtiger Lebensereignisse ins Auge fällt, sobald dem Lebensalter der Familienmitglieder aus verschiedenen Generationen im Zusammenhang mit existenziellen Ereignissen eine gezielte Aufmerksamkeit zuteil wird. Das jeweils erreichte Lebensalter bestimmt offenbar, welcher Preis für den Abtrag der den Vorfahren geschuldeten Hypotheken des Lebens zu zahlen ist. Denn – so die Hypothese, die der spontanen Ordnung des biographischen Geschehens entspricht – im Lebensalter liegt beschlossen, welcher Mangel den Eltern einmal zugemutet worden ist und in welchem Maße die Eltern damals imstande gewesen sind zu verzichten. Aus dem Lebensalter ergeben sich die Arbeiten und Mühen, auch der Aufwand an Geduld, die eine Familie ihrem Mitglied im Voraus auferlegt. Genauer: Die schicksalhaften Bindungen sind *Relationen* im ursprünglichen Sinne des Wortes. Wohin jemand „zurückgetragen" wird, der als Stellvertreter im Dienst seiner Eltern fungiert, das lässt sich direkt sagen: in die präsent werdende, gegenwärtig einbrechende, wie in einem virtuellen Stillstand verharrende Vergangenheit seiner Eltern.

Wenn man nun insbesondere das Lebensalter, in dem eine Erkrankung bzw. ein Symptom auftritt, als wegweisend für das Verständnis des krankhaften Geschehens zu erachten beginnt, dann drängt sich die Frage nach der Ganggenauigkeit jenes „Uhrwerks" auf, das der Leib einer derartigen Auffassung gemäß darstellt. Das Genogramm, das ich bisher zur Offenlegung der zeitlichen Relationen zwischen Familienmitgliedern verwendet habe, ist insbesondere dort nur mit Einschränkungen als Darstellungsmittel geeignet, wo es darum geht, die Krisenhaftigkeit des Lebens transparent zu machen. Wer sich dennoch des Genogramms zu diesem Zweck bedienen will, benötigt einige Rechenkünste. Diese lassen sich in keinem Einzelfall vermeiden, aber sie lassen sich doch automatisieren, programmieren und in eine angemessene grafische Form bringen. Die betreffenden Computerprogramme habe ich mir erstellen lassen und setze sie zur Unterstützung meiner therapeutischen Arbeit sowie als Forschungsinstrumente ein.

Synchronizität und Diachronizität von Schicksalsbindungen

Ich werde darum zu jener anderen Darstellungsweise überleiten, die sich erfahrungsgemäß besser eignet, um die Bedeutung zeitlich zu bemessender und thematisch geordneter Schicksalsbindungen zwischen Vertretenem und Vertretendem besser hervorzuheben. Es genügt ja nicht, anhand von einzelnen Ereignissen immer neu darauf hinzuweisen, dass es sich wieder einmal so verhalten hat. Vielmehr muss es dann möglich sein, in der Biographie eines Menschen auf die existenziell bedeutsamen Zeitpunkte einzugehen und die Wirksamkeit gesetzmäßiger Zusammenhänge in einer Familie als die *Macht des Augenblicks* aufzuzeigen. Das gelingt in der Tat gemäß dem folgenden Schema (Abb. 3.2).

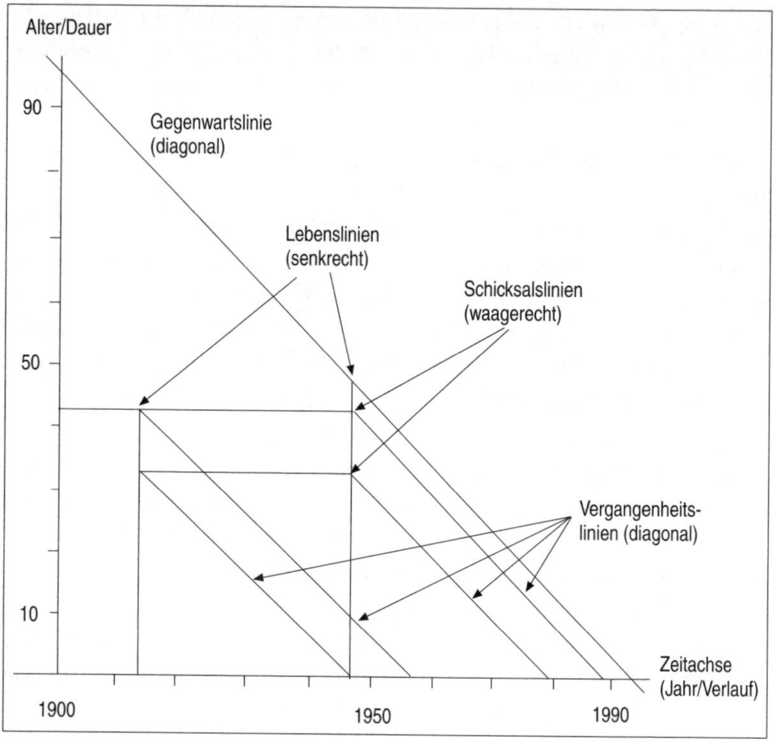

Abb. 3.2: Grafische Darstellung von Altersrelationen (1995)

Zum Verständnis der Grafik im Einzelnen:

Die senkrechte „Lebenslinie" bezeichnet die Dauer eines Lebenslaufes und gibt das gegenwärtige bzw. das bis zum Tod erreichte Alter einer Person an (hier: mit 43 Jahren verstorben). Deren Ausgangspunkt auf der waagerechten (historischen) Zeitachse entspricht dem Zeitpunkt einer Geburt (hier: 1913).

Die große Diagonale ganz rechts bezeichnet die Gegenwart zu einem bestimmten Zeitpunkt (hier: 1995). Sie verbindet die Lebenslinien aller Lebenden an deren Spitzen miteinander und kennzeichnet dadurch deren Präsenz zu diesem Zeitpunkt. Die Lebenslinien der bis dahin bereits Verstorbenen reichen nicht mehr bis an die Gegenwartslinie heran. (Das ist bei der eingezeichneten Person der Fall: Sie starb 1956, also im Alter von 43 Jahren.)

Alle zur Gegenwartslinie parallel verlaufenden Diagonalen (Vergangenheitslinien) bezeichnen bestimmte vergangene Zeitpunkte (frühere Gegenwarten = Vergangenheiten). Sie stehen für die jeweilige (damalige) Synchronizität mit anderen lebenden Personen. Beispielhaft sind in Abbildung 3.2 zwei Zeitpunkte eingetragen, der erste 1946 (damals war die betreffende Person 33 Jahre alt), der zweite 1956 (als diese Person mit 43 Jahren starb).

Mit Hilfe von Senkrechten, Waagerechten und Diagonalen sind Synchronie und Diachronie gleichermaßen darstellbar: Die Diagonalen kennzeichnen mit ihren Schnittpunkten auf den Senkrechten die Synchronie (Gleichzeitigkeit) eines Ereignisses im Leben der dargestellten Personen, während die Abstände zwischen den Senkrechten die Diachronie (zeitliche Folge) ihrer Geburten und die Abstände zwischen den Diagonalen die Diachronie verschiedener Ereignisse darstellen.

Die Diagonalen können zu beliebig festlegbaren historischen Zeitpunkten auf der basalen Zeitachse ihren Ausgang nehmen, um anlässlich besonderer Ereignisse von dort die Lebenslinien der damals Lebenden zu kreuzen und deren jeweilige Altersrelationen zu bestimmen. In obigem Beispiel beginnt an einer solchen Stelle die Lebenslinie eines anderen Menschen, was der Geburt eines Kindes entspricht, und das bedeutet, dass die dargestellte Person mit 33 Jahren ein Kind bekommen hat, das zum Zeitpunkt der Erstellung der Grafik 49 Jahre alt ist.

Wenn es zu einem bestimmten Zeitpunkt ein einschneidendes Ereignis gegeben hat, wenn also eine Bruchlinie der Liebe konstatiert werden muss, dann findet zu diesem Zeitpunkt die Übertragung einer Schicksalsbindung statt. Diese kommt mit der Hilfe von Waagerechten zur Darstellung. Man kann die (waagerechten) Parallelen zur Zeitachse verkürzt als *Schicksalslinien* bezeichnen: Sie zeigen auf, wann eine bestimmte Person genau so alt ist wie eine andere Person zu einem bestimmten kritischen Zeitpunkt. Denn die Waagerechten schneiden irgendwann einmal die Lebenslinie eines Stellvertreters, dann nämlich, wenn dieser Stellvertreter dasselbe Alter erreicht hat, das der zu Vertretende zum Zeitpunkt des einschneidenden Ereignisses hatte. Derartige Schnittpunkte machen die *Diachronie äquivalenter Ereignisse* grafisch sichtbar. Eingezeichnet ist in Abbildung 3.2 im Jahre 1989 eine Diagonale, die besagt, dass damals das Kind so alt war wie der betreffende Elternteil bei dessen Tod.

Eine krisenhaft wirkende Stellvertretungsaufgabe ist durch waagerechte Schicksalslinien sichtbar zu machen, die von den Lebenslinien der zu vertretenden Vorfahren von dem Zeitpunkt ausgehen, an dem diese in der Vergangenheit ihrer Verantwortung gegenüber den Eltern des Stellvertreters nicht gerecht geworden sind. An dieser Stelle schneiden sie die Lebenslinie des Stellvertreters.

Konkret: Das gesuchte Alter des Stellvertreters ergibt sich aus der Höhe von dessen Lebenslinie dort, wo diese von der Waagerechten geschnitten wird. Die Schicksalslinie auf der Höhe von 33 Jahren schneidet im obigen Beispiel die Lebenslinie des Kindes, das 1946 geboren ist. Die betreffende Vergangenheitslinie, die als Diagonale hier ihren Ausgangspunkt nimmt, trifft die Zeitachse 1979. Das bedeutet, dass das Kind im Jahr 1979 mit der Tatsache konfrontiert wird, in demselben Alter zu sein, in dem sich ein bereits verstorbener Elternteil bei seiner Geburt befunden hat. Es ist zu dieser Zeit ein biographisches Äquivalent zu seiner Geburt zu erwarten (und neun Monate zuvor ein Äquivalent zu seiner Zeugung). Die „Macht des Augenblicks" gelangt in der Grafik durch den Ort zur Darstellung, an dem die den jeweiligen Moment symbolisierende Vergangenheitslinie die Zeitachse schneidet: So wird der Augenblick grafisch lokalisierbar, an dem die übertragene Verantwortung des zu vertretenen Vorfahren im Leben seines Stellvertreters eine Krise heraufbeschwört.

Die Zeitangaben in Jahren sind grob. Die Präzision der Darstellung, ihre Auflösungsfähigkeit und Aussagekraft lässt sich aber grafisch wie mittels eines Mikroskops beliebig steigern und ist, wie ich anhand vielfältiger Untersuchungen bestätigt gefunden habe, als Forschungsinstrument geeignet.

Zusammenfassend ist zu sagen: Mittels einfacher Linien lässt sich also die schicksalhafte Macht, die die Vorfahren leibhaftig über die Nachkommen ausüben, sowohl untersuchen als auch verdeutlichen. Die Wirkung transgenerationaler Bindungen wird anhand konkreter biographischer Themen grafisch fokussierbar. Die Bedeutung der *Relationalität* ist in dem grafischen Verfahren systematisch abzulesen, wenn man gezielt fragt, welches existenzielles Ereignis bei einem Stellvertreter zu diesem Zeitpunkt stattgefunden hat, an dem seine Lebenslinie von der Schicksalslinie seines Vorgängers geschnitten wird. Man muss dabei schrittweise vorgehen, wenn man mit diesem aussagekräftigen Mittel der Biographik die zeitlich geordneten Zusammenhänge in Familien untersuchen will, um bei dem jeweils aktuellen Problem besser helfen zu können.

Die Ganggenauigkeit, die das Uhrwerk unserer Leiber auszeichnet, werde ich anhand der folgenden Ausschnitte aus einer Krankengeschichte demonstrieren, um damit zugleich anzudeuten, von welcher praktischen Relevanz die vorgestellte Untersuchungsmethode ist.

Die Relationalität des Suizidversuchs und der Depression eines Mannes

Ein 48-jähriger Patient erlebte im Rahmen einer Urlaubsreise eine schwere Depression im Sinne tief empfundener Kraftlosigkeit, fast Leblosigkeit, für die er keine äußere Ursache fand. Er hatte etwa zwei Jahre vorher einen durchaus ernst gemeinten Suizidversuch mit Tabletten unternommen und war nur durch einen glücklichen Zufall gerettet worden.

Dieser Patient war zum zweiten Mal geschieden. Er hatte aus beiden Ehen Kinder. Die wichtigste Information, die er mir bald nach Beginn der Therapie gegeben hatte, schien aber die zu sein, dass seine erste große Liebe durch den plötzlichen Tod seiner damaligen Freundin beendet wurde. Ohne diesen Zusammenhang anfänglich genau überprüfen zu können, trug ich mich spontan mit dem Gedanken, dass sowohl der frühere Suizidversuch als auch die jetzige stark depressive Verstimmung im Urlaub primär auf den unbetrauerten Tod der damaligen Freundin zurückzuführen sei. Vor seiner Reise, die bald nach Therapiebeginn stattfand, hatte er mir die entsprechenden Daten nicht beschaffen können. Er tat dies erst anschließend, indem er in alten Unterlagen und Aufzeichnungen suchte. Meine Vermutung bestätigte sich, als er in der übernächsten Sitzung nach der Reise die Lebensdaten seiner ersten Freundin beibrachte: Sie war im Alter von 19 Jahren und 101 Tagen an den Folgen eines Verkehrsunfalls gestorben. Sie hatte eine Fettembolie infolge Oberschenkelhalsfraktur erlitten. Damals war der Patient 21 Jahre und 206 Tage alt gewesen.

Die zweite Tochter des Patienten, die seiner ersten Ehe entstammt, war 19 Jahre und 101 Tage alt gewesen, als der Patient nach seinem Suizidversuch aus dem Krankenhaus entlassen wurde. Und diese Tochter war genau 21 Jahre und 206 Tage alt, als der Patient mit einer einen Tag anhaltenden schweren Depression aus dem Schlaf erwachte. (Die Schaltjahre sind bei dieser Rechnung berücksichtigt.)

Im Grunde kann man die Frage der Relationalität und der Komplementarität ja nicht gesondert untersuchen. Man muss sie aber in der Darstellung der Untersuchungsergebnisse doch häufig voneinander trennen. Nach meinen Erfahrungen verkörpert die zweite Tochter immer die erste Partnerin eines Mannes. In der Rangordnung steht die zweite Tochter also hinter der ersten, die ihm die erste wichtige weibliche Person, die Mutter, in ihrer Eigenschaft als Lebensspenderin verkörpert. An ihren Lebensdaten orientiert sich das Verständnis der emotionalen Nachwirkungen dieser Bindung. Das Beispiel zeigt die Wirkung der Altersrelation auf den ersten Blick in einer erstaunlichen, kaum glaublichen Exaktheit. Es offenbart, auf welchen Grad an Ganggenauigkeit man gefasst sein muss, wenn man sich auf das Uhrwerk des Leibes zu verlassen bereit ist. Beide Ergebnisse der Berechnung erinnern auf verschiedene Weise an die Rückkehr des Orpheus aus der Unterwelt, nachdem dieser versucht hatte, Eurydike von dort ins Leben zurückzuholen.

Ich beschränke mich hier zunächst auf Untersuchungsergebnisse, deren Verlässlichkeit sich ohne spezielle Kenntnisse der familienbiographischen Untersuchungstechnik nachvollziehen lässt, und gebe zunächst die Daten an, auf denen meine Schlussfolgerungen beruhen (Tab. 3.1):

Ereignisse	**Geburt**	**Entl. nach Suizidversuch**	**Depression**	**Tod**
Personen:				
Patient (P)	18.2.1949	14.4.1995	29.7.1997	
Freundin (F)	3.6.1951			7.9.1970
2. Tochter (T2)	10.1.1976			

Tab. 3.1: Daten zur Berechnung von Altersrelationen

Das erste Bild zeigt, dass der Zusammenhang zwischen dem Tod der ersten Freundin des Mannes und seinem – glücklicherweise nicht gelungenen Suizidversuch – biographisch durch das Lebensalter seiner zweiten Tochter hergestellt wird (Abb. 3.3):

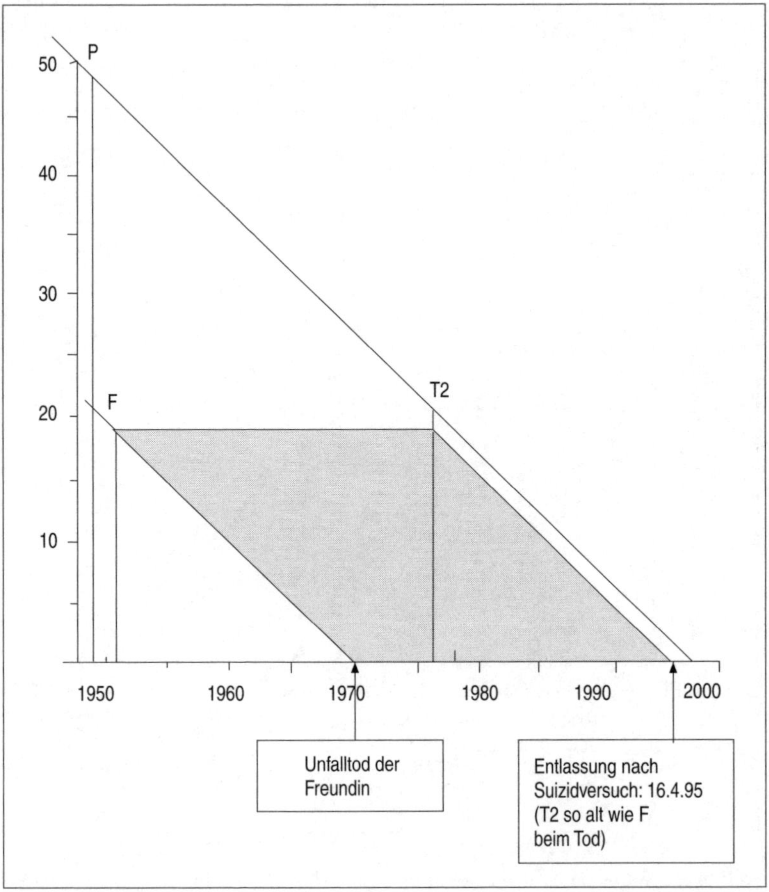

Abb. 3.3: Zusammenhang zwischen dem Unfalltod der Freundin und dem Suizidversuch des Patienten (1995)

Die Entlassung aus dem Krankenhaus nach dem Suizidversuch fand am 16.4.1995 statt, als die zweite Tochter exakt so alt war wie die Freundin des Mannes bei deren Tod.

Das zweite Bild zeigt einen ähnlichen Zusammenhang: Der plötzliche Einbruch einer tief depressiven Stimmung, die der Mann – jetzt bereits in Therapie – während seines Urlaubs mit den Söhnen, aus dem Schlaf erwachend, am 29.7.97 erlebte, geschah, als seine zweite Tochter exakt so alt war wie er selbst bei dem für ihn unfasslichen Tod der Freundin (Abb. 3.4).

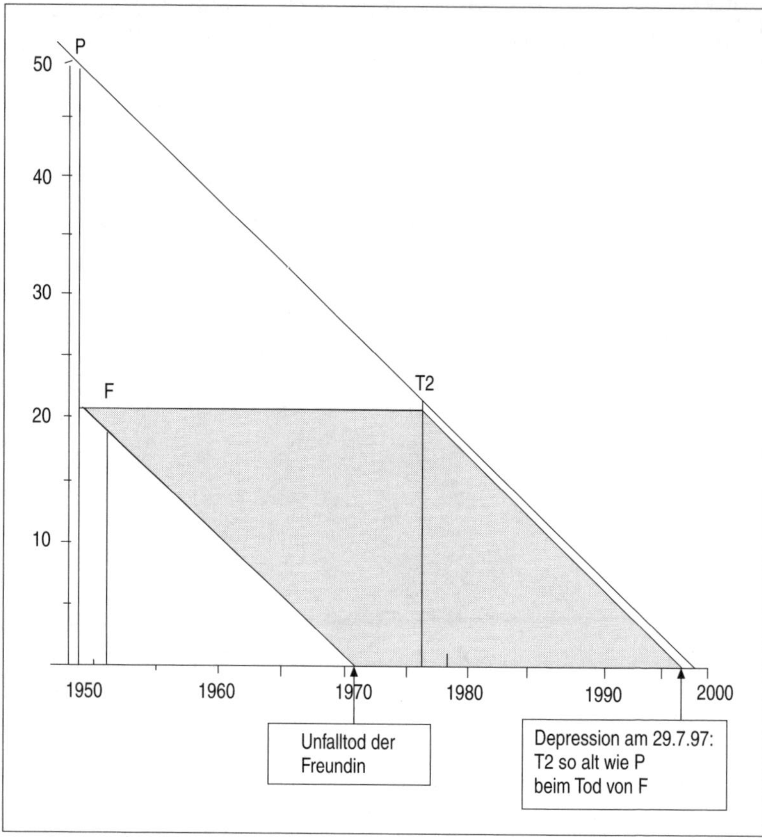

Abb. 3.4: Zusammenhang zwischen dem Unfalltod der Freundin und der Depression des Patienten (1997)

Aus der überwältigenden Fülle gleichartiger Beobachtungen ergibt sich, dass im Leben der Menschen nicht nur ein an zeitliche Determinanten gebundenes Übertragungs- und Ausgleichsprinzip wirkt, sondern auch, dass sich in keinem einzigen Fall der konkrete Ausgang der transgenerationalen Ausgleichsbewegungen sicher voraussagen lässt. Lediglich eines scheint zu gelten: *dass* ein symbolisch zu verstehender Ausgleich stattfindet. Niemals aber lässt sich im Voraus bestimmen, in welcher *symbolischen Form* dies geschehen wird. Das Sprichwort: „Erstens kommt es anders und zweitens, als man denkt", ist sehr viel treffender, als man annehmen möchte, wenn man es nur als scherzhaftes Wortspiel auffasst. Denn die Relationalität eines Menschen, der in der leiblichen Bezogenheit auf andere Menschen lebt, offenbart sich in Gestalt immer nur überraschender Ereignisse: Tatsächlich kommt es einerseits für die Nachkommen *anders* – anders als für die Vorfahren nämlich – und andererseits kommt es bei den Nachkommen anders, als sie *denken*, dass es wohl kommen werde, wenn sie das Schicksal ihrer Vorfahren im Blick haben. Darin liegt kein Mangel der Erkenntnis, sondern eine Bestätigung für die Unveräußerlichkeit menschlicher Verantwortung. Diese ist eben immer nur in der *Gegenwart* gefordert. Aber da *ist* sie auch gefordert.

Es ist eine große Herausforderung für die Therapieforschung herauszufinden, was insbesondere die aufmerksame Würdigung der Verstorbenen beitragen kann, um prophylaktische Hilfe zu gewähren. In bemerkenswerter Weise ist Anne Ancelin Schützenberger dieser Frage bereits praktisch nachgegangen, als sie untersuchen ließ, was es für Konsequenzen hat, wenn man – aus biographischer Sicht – ungünstige Operationstermine verschiebt. Die Ergebnisse seien, wie sie berichtet, ermutigend (Schützenberger 1993).

Die Zuordnung von familienbiographischen Äquivalenten

An dieser Stelle ist eine Warnung angebracht: Jemand, der bei der Anwendung meiner Untersuchungsmethode ungeübt ist, mag zuweilen den Eindruck gewinnen, als sei es erforderlich, bei der Feststellung bzw. Zuordnung einer zeitlich bemessenen biographischen Äquivalenz zwischen komplementären Ereignissen innerhalb gewisser Grenzen eine „Ungenauigkeit" der Ergebnisse einzuräumen. Ich beanspruche nicht, zu dieser Frage abschließend Stellung nehmen zu können, sondern ziehe es vor, hier nur einige Überlegungen dazu anzuführen:

Betrachtet man beispielsweise die Familiengeschichte des oben genannten Patienten in breiterer Perspektive, so verliert sich die grafisch herausgearbeitete Exaktheit anscheinend rasch wieder um einige Grade. Es ist dann nämlich festzustellen:

a) Der Großvater mütterlicherseits verstarb, als die Mutter als zweite, quasi partnerschaftlich an ihn gebundene Tochter genau 21 Jahre, acht Monate und einen Tag alt war. Er starb an einem Darmkrebs, und es ist nach den überlieferten Daten ungewiss, ob er ins Koma fiel und wann er von den Ärzten und der Familie aufgegeben wurde. Insofern kann man nachträglich nicht mehr sagen, in welchem Alter sich die Mutter des Patienten befunden hat, als ihr Vater für sie in seiner Funktion als Familienoberhaupt und als Schutz gewährender Ehemann ihrer Mutter bereits „gestorben" war. Es mag also durchaus etwa zwei Monate vor seinem Tod gewesen sein, dass sie sich mit seinem Tod abzufinden hatte.

b) Der Vater des Patienten verlor seinen älteren Bruder im Zweiten Weltkrieg, als er 19 Jahre und 15 Tage alt war. In diesem Zusammenhang ist unklar, wann die Nachricht von seinem Tod die Familie erreicht hat. Dass dies drei Monate später gewesen sein kann, ist zwar prinzipiell möglich, aber nicht sehr wahrscheinlich.

Aus dieser Perspektive gewinnt dann zum Beispiel der Tod der ersten Freundin des Patienten bereits die Bedeutung einer doppelten Erinnerung an die beiden frühesten Verluste seiner Eltern: Der Vater wurde im Alter von 19 Jahren mit dem Tod des älteren Bruders konfrontiert, und die Mutter wurde im Alter von 21 Jahren mit dem Tod ihres Vaters konfrontiert. Diese beiden Altersstufen waren ja vertreten, als der Patient mit 21 Jahren seine 19-jährige Freundin durch deren Tod verlor.

Die Aufgabe einer schicksalhaften Ausgleichsbewegung innerhalb einer Paarbeziehung scheint vor diesem Hintergrund so gestellt, dass ein bedeutsames Ereignis aus der Perspektive der Mutter des Mannes (weil sie im Alter von 21 Jahren den Tod ihres Vaters hinnehmen musste) auftreten muss, wenn ihr Sohn 21 Jahre alt ist, während es aus der Perspektive des Vaters (weil dieser mit 19 Jahren unter dem Tod des eigenen Bruders zu leiden hatte) auftreten muss, wenn derselbe Sohn 19 Jahre alt ist. Darum, so scheint es, hat sich der Sohn mit 19 Jahren in seine Freundin verliebt und damit ein ungelebtes Leben gelebt, das dem Andenken des verlorenen Bruders des Vaters geschuldet ist; und er hat demgemäß diese Freundin mit 21 Jahren verloren und das *ungelebte Leben* gelebt, das *komplementär* an das *gelebte Leben* des Großvater mütterlicherseits erinnert.

In der Familie seiner Freundin starb der Großvater väterlicherseits, als ihr Vater 21 Jahre alt war, und ein 16-jähriger Bruder ihrer Mutter fiel im Krieg, als ihre Mutter 19 Jahre alt war. Darum hat sich die Freundin mit 16 Jahren in einen Mann verliebt, der gerade 19 Jahre alt war, und hat ihn mit 19 Jahren verlassen, als er das Alter von 21 Jahren erreicht hatte. Im Leben dieses Liebespaares gab es demnach auch aus dem Blickwinkel ihrer Familiengeschichte eine kurze Zeitspanne, in der diese Bedingungen tatsächlich sämtlich als Synchronisation ihres Lebensrhythmus erfüllt waren.

Die obige Differenzierung in der Aufgabenstellung vorausgesetzt, lässt sich verstehen, dass bei der bestehenden Konstellation das symptomatische Ereignis – die abrupte, für den Mann äußerst schmerzhafte Trennung durch den Tod der Freundin – auf den betreffenden Zeitpunkt gefallen ist, obwohl das Lebensalter beider Beteiligten nicht exakt dem kritischen Lebensalter ihrer Vorfahren entspricht. Die zeitlichen Relationen erscheinen jedoch nun nicht mehr exakt.

Eine Untersuchung, bei der sämtliche erforderlichen Daten zur Verfügung stehen, um eine rundherum befriedigende Analyse der zeitlichen Verhältnisse leisten zu können, ist nur selten möglich. In unserm Beispiel war sie nur möglich insofern, als sich der Zusammenhang zwischen der Symptomatik des Patienten und dem Tod seiner ersten Freundin exakt klären ließ. Als ich allerdings in diesem Fall eine *transfamiliale Bindung* vermutete und nach einem schicksalhaften Bezug zwischen dem Tod seiner Freundin einerseits und dem Tod des Vaters seiner Mutter bzw. des Bruders seines Vaters andererseits suchte, wurde ich enttäuscht. Die Lebensdaten der Angehörigen seiner Freundin waren jedoch auch nur ungenau vorhanden.

Es wäre nun nahe liegend eine „Unschärferelation" einzuführen, wie ich sie in den Anfängen meiner Untersuchungen von Relationalitäten für nötig hielt. Ich ging damals so weit, als Regel anzunehmen, dass manchmal „ein Jahr wie ein Tag" gerechnet werden müsse. Meine früheren Überlegungen, welche Art von Abweichungen von den zu erwartenden Übereinstimmungen in den Altersrelationen der beteiligten Personen denn gegebenenfalls zulässig sei, um nicht einen „Bruch des Gesetzes" und damit eigentlich eine Ungültigkeit der darauf gestützten Hypothesen konstatieren zu müssen, halte ich jedoch inzwischen für irreführend. Für angemessen halte ich die beharrliche Besinnung darauf, dass die wirklichen familienbiographischen Zusammenhänge in ihrer Gesetzmäßigkeit oftmals ganz anders sind, als wir spontan zu denken vermögen. In der Tat ist es nicht immer so leicht wie bei dem oben grafisch dargestellten Beispiel, den zutreffenden biographischen Zusammenhang zu entdecken.

Um einige Beispiele für die Problematik einer relationalen Zuordnung zu geben: Manchmal ist eben der Zeitpunkt der vorehelichen *Zeugung* eines Kindes in der Vergangenheit eines Paares wichtiger als die *nachfolgende Hochzeit* des Paares oder gar die *Geburt* des Kindes selbst. Oder der *Einbruch der tödlichen Erkrankung* eines Familienmitgliedes ist für seine Angehörigen bedeutender als der letztendliche *Eintritt des Todes*. Der Zeitpunkt des Eintritts eines Todes kann zwar familienbiographisch von größerer Bedeutung sein als der Zeitpunkt der Benachrichtigung darüber, aber der Zeitpunkt, zu dem jemand für tot erklärt worden ist, kann auch schwerer wiegen als der Zeitpunkt, seit dem er zum Beispiel im Krieg vermisst wird. Die Dauer einer Schwangerschaft oder einer Erkrankung, eines Gefängnisaufenthaltes oder einer Auslandsreise u. s. w. wäre aus analogen Gründen anamnestisch von größerer Relevanz, als die Daten, die über das Leben des betreffenden Menschen chronologisch gespeichert sind.

Sofern ich bei unklarer Datenlage vorläufig eine „Äquivalenz" bestimmter schicksalhafter Ereignisse angenommen habe und dann, sobald die Daten exakt vorliegen, auf Abweichungen im Rahmen von neun Monaten (Dauer einer Schwangerschaft), einem Monat (Dauer eines weiblichen Zyklus) oder einer Woche (Fertilitätsrhythmen) stoße, dann ist eine solche so genannte Abweichung selbst noch mit der Annahme von Gesetzmäßigkeiten rhythmischer Lebensvorgänge erklärlich. Zumeist handelt es sich aber bei solchen „Abweichungen" bloß um Artefakte ungenauer Untersuchungen: Entweder sind in solchen Fällen bestimmte Ereignisse nicht erfragt bzw. nicht als biographische Äqivalente erkannt worden. Eine sachgerechte Überprüfung führt dann erfahrungsgemäß zur Klärung. Oder aber – und das ist der wohl schwierigste Bestandteil der Untersuchung – die wirksame *Stellvertretungsordnung* in der Familie ist nicht klar erkannt worden, sodass falsche Schlüsse über die Dynamik der Komplementarität und Relationalität gezogen wurden. Dem Thema der Stellvertretungsordnungen sind die beiden folgenden Kapitel gewidmet.

4 Stellvertretungsordnungen in Familien

4.1 Voraussetzungen der Methode

Eine konkrete Beobachtung, die ich zur Erläuterung meiner Methode aufgreifen will, betrifft noch einmal speziell die Bedeutung von Partnern und ehemaligen Partnern bei der genographischen Analyse von Symptomen. Es geht dabei um die Übertragung der Wirkung von Altersrelationen auf andere Personen. Dasselbe hochinteressante Thema habe ich schon berührt: zuerst, als ich die Chronologie in der Symptomatik eines Mannes beschrieb, dessen Bruder ein Jahr vor ihm geboren und sogleich gestorben war (vgl. Kapitel 2.4., „Versagensängste"), und zuletzt im Zusammenhang mit dem Ehemann der Patientin, die ihr Leiden durch ein Problem eintauschte, indem sie sich außerehelich in einen wesentlichen jüngeren Mann verliebte (vgl. Kapitel 3.3, „Die ‚lindernde Wirkung' einer Verliebtheit"). Die Rede ist nunmehr von einer jungen Frau mit Essstörung.

Zur Vorgeschichte der Erkrankten ist zu erwähnen, dass sie sich von ihrem Jugendfreund nach fünf Jahren leidenschaftlicher Liebe trennte, weil sie sich von ihm nicht entschieden unterstützt fühlte. Kurz darauf verliebte sie sich – wie im Trotz – in einen anderen Mann, den sie ebenfalls verließ. Mit diesem zweiten Freund suchte sie nach einem Intervall von über zwei Jahren wieder Kontakt, kurz darauf wurde die Heirat beschlossen. Bereits während der darauf folgenden Schwangerschaft der Frau und endgültig nach der Geburt des einzigen Kindes geriet die Ehe zur Katastrophe, und es kam zur Scheidung. Ihre bulimische Symptomatik begann einen Monat vor der Scheidung, und zwar mit erstmaligem, heftigem Migräneanfall und Erbrechen.

Bemerkenswert sind nun die folgenden Feststellungen:

a) Die Essstörung der Patientin begann, als sie das Alter von 31 Jahren und einen Monat erreichte. Das war dasselbe Alter, das der Ehemann dieser Frau erreicht hatte, als sie zum zweiten Mal Kontakt zu ihm suchte (um ihn später zu heiraten).
b) Der Ehemann der Patientin war zum Zeitpunkt der ersten Begegnung 25 Jahre und acht Monate alt. Das war dasselbe Alter, das der Jugendfreund erreicht hatte, als die Liebesbeziehung zum späteren Ehemann zum zweiten Mal aufgenommen wurde.
c) Der Jugendfreund war bei der Hochzeit des Paares 29 Jahre und vier Monate alt. Das war das Alter des Vaters der Patientin beim Tod ihres Großvaters väterlicherseits;
d) Die Tochter des Paares wurde gezeugt, als der Jugendfreund so alt war wie ihr Vater bei ihrer eigenen Geburt: 29 Jahre und acht Monate .

Die Patientin ist das einzige Kind ihrer Eltern, und sie wurde geboren, als der Großvater väterlicherseits seit drei Monaten tot war. Ihn wiederum hatte der Vater der Patientin (wegen der Trennung seiner Eltern) bereits im Kindesalter aus den Augen verloren. Sein Kind erhielt insofern die Aufgabe, ihn über den frühen Verlust des eigenen Vaters hinwegzutrösten. Dazu hätte die Patientin aber als Junge zur Welt kommen müssen. Das männliche Geschlecht bot ihr erst später ihr erster Freund. Sie behandelte ihn wie einen Besitz, über den sie eifersüchtig wachte. Der Gedanke drängt sich auf, dass sie ihn sich nach der Trennung in der Phantasie einverleibte und sich mit dem virtuellen Eigentum fühlte, als hielte sie ihn fest: zum Ersatz für den Bruder bzw. den Sohn, der ihren Eltern fehlte. Tatsächlich strebte sie an, mit dem Freund gemeinsam bei einem anderen Elternpaar zur Untermiete zu wohnen, was ja der Phantasie von gemeinsamen Eltern entspräche. Wegen seiner Ablehnung dieses Plans zerbrach die „große Liebe" ihrer Jugend. Für diesen Zusammenhang scheinen mir die in ihrer Krankengeschichte aufzeigbaren Altersrelationen charakteristisch zu sein.

Es handelt sich hier offenbar um eine Bestätigung und mathematische Präzisierung der späten Theorie von Sigmund Freud, wonach sich die Persönlichkeitsbildung eines Menschen durch „Identifikationen" vollzieht und zur Errichtung so genannter „psychischer Instanzen" führt. Gemeint ist damit eine virtuelle, seelisch wirksame Einverleibung („Introjektion" gemäß einem „Mechanismus der oralen Phase") jener Personen, zu denen dieser Mensch eine Liebesbeziehung eingegangen ist und von denen er sich dann doch hat trennen müssen. In Freuds eigenen Worten lautet diese Einsicht: „...der Charakter des Ichs (sei) ein Niederschlag der aufgegebenen Objektbesetzungen" und enthalte „die Geschichte dieser Objektwahlen" (Freud 1923/1948, S. 257).

Die theoretische Korrektur, die erforderlich ist, um sich nicht in den Modellen der Psychoanalyse zu verfangen, betrifft den wesentlichen Punkt: dass nämlich ein jedes Menschenkind all seine so genannten Identifizierungen durchweg im Dienst der Eltern vornimmt, dass also auch alle Liebesbeziehungen, die jemand eingeht, in denen er wachsen und an denen er zugrunde gehen kann, durchweg primär an der Bedürftigkeit der betreffenden Eltern orientiert sind und von dort ihren illusionären Charakter beziehen. Aus dieser Korrektur folgt, dass nicht nur, wie Freud meinte, das „Ich" und das „Überich" aus „Identifikationen" mit Dritten entstehen – durch Ablösung einer „Objektbesetzung durch Identifizierung" (Freud 1923/1948, S. 256), sondern auch das gesamte „Es" selbst, jene Instanz also, die Freud als die innere Quelle aller Triebregungen eines Kindes, als den endgültig unbewussten Ausgangspunkt oder die letztlich unerklärliche Basis aller Identifizierungen betrachtet hat.

Die Auffassung, die ich aufgrund meiner eigenen therapeutischen Erfahrungen vertrete, dass nämlich die kindliche Liebe zu den Eltern und die aus ihr resultierenden Stellvertretungsfunktionen die eigentliche Basis, den Kern allen unbewussten „Triebgeschehens" bilden, steht also in bewusstem Gegensatz zu den Grundannahmen der psychoanalytischen Lehre.

Der therapeutische Umgang mit den in Krankheiten umgeschlagenden Problemen der kindlichen Dienstbarkeit zeigt jedenfalls, dass die Menschen in ihrem Lebenslauf allgemeinen Ordnungen des Stellvertretertums folgen. Bei der Systematisierung der Stellvertretungsordnungen, die ich in diesem Kapitel vornehme, geht es um die Klärung der primären Gesetzmäßigkeiten, nach denen sich innerhalb von Familien die spontane Zuteilung von Stellvertretungsaufgaben richtet. Vor allem ist es die Position eines jeden Kindes innerhalb der Geschwisterfolge, auf die zu achten ist, wenn man diese Gesetzmäßigkeiten erkennen will. Grundsätzlich handelt es sich um heuristische Prinzipien, die ich hier vorstelle. Denn anders als durch Beobachten und probeweises theoretisches Zuordnen übernommener Verantwortlichkeiten bin ich auch nicht zu meinen Ergebnissen gelangt. Es ist allein die erdrückende Fülle der praktischen Bestätigungen, die mich veranlasst, für verbindlich zu halten, was ich hier wiedergebe.

Um verständlich zu machen, was gemeint ist, wenn ich von „Beobachtung" und probeweiser „Zuordnung", gar von „Bestätigung" heuristischer Annahmen spreche, habe ich die relativ einfach gelagerten Krankengeschichten des vorigen Kapitels als Beispiele gewählt (vgl. Kapitel 3.3 und 3.4). Dort sollte deutlich werden, dass ich mich nach zwei Gesichtspunkten richte, die ich als *Komplementarität* und als *Relationalität* des biographischen Geschehens bezeichnet habe. Die zugehörigen Fragen lauten ausdrücklich: Welche Ausgleichsbewegung erfolgt bei welcher Person in welchem Alter? Als Bestätigung einer Vermutung nehme ich die Erfahrung, dass ein Familienmitglied in dem Alter, in dem ein naher Angehöriger der Eltern einen vitalen Verlust erlitten hat bzw. in dem die Eltern sich befunden haben, als dieser Verlust eintrat, einen vitalen Einschnitt in seinem Leben erleidet oder vollzieht, und zwar einen Einschnitt, der als symbolische Ausgleichsbewegung zu dem damaligen Verlust betrachtet werden kann.

Als eine „Ausgleichsbewegung" ist nach meinen Kriterien eine – „reale" oder „symbolhafte" – Umkehrung des damaligen Geschehens zu bewerten. Selbstverständlich stellt sich die Frage nach Realität und Symbolismus in diesem Zusammenhang häufig verschärft. Entschieden häufiger aber liegen die Verhältnisse offen zutage, sofern man nur nach ihnen schaut: Wenn beispielsweise ein Großvater im Alter von 30 Jahren im Zweiten Weltkrieg gefallen ist, dann erwarte ich für dessen Stellvertreter unter den Enkeln ein Ereignis, das jenem vergangenen entgegengesetzt ist. Dabei kommen erfahrungsgemäß viele Möglichkeiten in Betracht. Die drei Wichtigsten sind:

a) Der Enkel heiratet mit 30 Jahren. Das heißt: Er nimmt eine Frau, statt sie, wie der Großvater, zu verlassen.
b) Der Enkel bekommt ein Kind mit seiner Partnerin. Das heißt: Er bringt in diesem seinem Kind neues Leben hervor, statt dass ihm, wie dem Großvater, das Leben genommen wird.
c) Der Enkel wird von seiner Partnerin verlassen. Das heißt: Er erleidet die Trennung, statt dass, wie beim Großvater, die Partnerin die Trennung erleiden muss.

Ich habe die Erfahrung gemacht, dass sich in Therapien anhand der Generationenfolge gerade im Anschluss an die Schrecken des Ersten und Zweiten Weltkriegs vielfältigste Gelegenheiten bieten, derartige unbewusst inszenierten Dynamiken zu untersuchen. Wenn ich auch nur wenige Ausnahmen von meiner Gesetzesannahme gefunden hätte, dann hätte ich darauf verzichtet, sie aufrechtzuerhalten. Ich habe aber solche Ausnahmen nicht gefunden. Anders gesagt: Ich habe meine Gesetzesannahmen so modifiziert, dass ich schließlich keine Ausnahmen von der Regel mehr zu finden vermochte. Allein auf diesem methodischen Weg ist die schematische Einteilung entstanden, die ich diesem Kapitel zugrunde lege. Wo für mich dennoch kurzfristig der Anschein entstanden ist, als wäre ich auf dem Holzweg, indem ich mich getraute, ein Gesetz zu formulieren, da ergab sich rasch eine Gelegenheit zur Korrektur. Ein Beispiel dafür, wie ich meine Daten korrekt zu interpretieren lernen musste, habe ich in Kapitel 2.4 „Versagensängste" angeführt.

Anders gelagerte Beispiele, bei denen ich an der Theorie zweifeln musste, sofern die mir vorgelegten Daten stimmten, gibt es ebenfalls. So habe ich mehrfach mit Patienten Gespräche in der Weise geführt, dass ich zugab, ihre Angaben passten nicht zu meinen Erfahrungen: Für mich würde sich die Sache in gewohnter Weise aufklären, wenn das betreffende Ereignis exakt ein Jahr früher oder zwei Jahre später eingetreten wäre. Ich bat dann, die Lebensdaten der Familienmitglieder noch einmal durch Nachfragen bei den Eltern oder älteren Geschwistern zu überprüfen. In solchen Fällen geschah es immer wieder, dass sich meine Patienten beim nächsten Termin korrigierten und bestätigten, was ich vermutet hatte. Erst derartige „Doppelblindversuche" haben mich im Verlauf von einigen Jahren in meinen Auffassungen sicher gemacht.

Um nun den Aufbau dieses Kapitels über die Stellvertretungsordnungen in Familien zu erläutern, leite ich den systematischen Teil mit einigen Thesen zum Verhältnis zwischen Elternschaft und Kindschaft ein:

a) Jeder Mensch ist Kind von leiblichen Eltern. Zugleich kann er Pflegekind oder Adoptivkind anderer Paare sein. Aus allen Abhängigkeitsbeziehungen erwachsen ihm Aufgaben unbewusster Art, die man als Hypothek auf das Leben, das ihm verliehen wurde, bezeichnen kann. In die Welt gesetzt zu werden – zunächst durch Zeugung, dann durch Geburt –, ist für das Kind grundlegend und ermöglicht alles, was folgt. Als Eltern das Leben durch „Leihgabe", beschränkt auf die Dauer der Lebenszeit, zu vergeben, durch Zeugung und Geburt dem Kind den Besitz des Lebens zu übertragen, bleibt – auch wenn Bert Hellinger in seinen neuesten Äußerungen von dieser seiner Erkenntnis tendenziell wieder abrückt (vgl. Hellinger u. Linz 2000, S. 17) – etwas gänzlich anderes, etwas unvergleichlich Größeres und Gewichtigeres, als in der Funktion von Stellvertretern der Eltern dieses Leben später zu wahren und diesen Besitz dann zu sichern oder zu retten. Denn die Verleihung des Lebens schließt die Übertragung der Aufgabe des Sterbens mit ein.

b) Ein Paar kann ein Kind oder mehrere Kinder haben. Das Kind eines Paares darf entweder das Vorrecht seines Lebens vor dem Nichtleben, das Vorrecht, von diesem einen Paar ins Leben gerufen worden zu sein, mit anderen Kindern teilen oder nicht. Im letzteren Fall trägt es alle Lasten allein, die mit diesem Vorrecht verbunden sind. Im ersteren Fall trägt es die Lasten gemeinschaftlich mit seinen Geschwistern. Die Lasten, die in die Liebe der Eltern eingegangen sind und die von ihr ausgehen, verteilen sich auf die Schultern verschiedener Kinder, oder sie bleiben auf den Schultern des einzigen Kindes ruhen.
c) Im Genogramm lassen sich anhand der eingezeichneten Lebensdaten die möglichen Lasten aus den vorangehenden Generationen und die unerledigten Verantwortlichkeiten und Leerstellen ablesen. Es zeigt den Verlauf, den der Strom des Lebens nimmt, indem er die Bildung von Familien aus verschiedenen Quellen speist und sich nach Art des Mündungsdeltas aufteilt und in neue Flussarme einmündet.
d) Die Ordnung der Stellvertretungen ergibt sich aus der Funktion der Familie: die Liebe zum Leben fortzusetzen und die Güte des Lebens zu bezeugen. Zwischen den Eltern und den Kindern wirken Differenzen und Unterschiede, die sich aus den Verantwortlichkeiten der Eltern und ihren Toten (und verloren Gegangenen) ableiten. Die hierarchische Ordnung ergibt sich aus der historischen Folge und dem Ausmaß der Verantwortung für die Übertragung bzw. Durchführung von lebenserhaltenden bzw. lebenserfüllenden Aufgaben.

Stellvertretung in Familien ist an sich schon nichts Harmloses. Zusätzlich ist die Stellvertretungsordnung in Familien von hoher Brisanz. Wer dies berücksichtigt, ist imstande, der emotionalen Dynamik in einer Familie mit Achtung zu begegnen. Es tatsächlich zu berücksichtigen, setzt nicht nur die Kenntnis der Gesetzmäßigkeiten familienbiographischer Beziehungen voraus sondern auch die Übung in der bewussten Anwendung dieser Gesetze. In den folgenden Abschnitten dieses Kapitels stelle ich die wichtigsten Gesetze zur allgemeinen Orientierung und Problematisierung dar. Die darin enthaltenen Überlegungen und Einteilungen bieten also einen Leitfaden, an den therapeutisch angeknüpft werden kann, wenn es um die Aufklärung leibhaftiger Bindungen geht. Das anschließende Kapitel über Lebensthemen (Kapitel 5) beschreibt einige Nahtstellen, die zu kennen unser Sensorium für eine leibhaftige Zugehörigkeit verfeinern helfen kann. Später, wenn die räumlichen und zeitlichen Prinzipien der Lebensordnungen eingehender dargestellt werden (Kapitel 6), entfaltet sich die geradezu symphonische Komplexität biographischer Kompositionen, die ich in der Einleitung erwähnt habe. Und es ist vielleicht hilfreich, sich im Zuge der fortschreitenden Darstellung immer wieder vor Augen zu halten, dass das ungelebte Leben der Vorfahren sozusagen den „Basso ostinato" bildet, über den, gemäß dem Rhythmus der Altersrelationen, eine immer neue Improvisation zur komplementären Erfüllung lebendiger Liebe zwischen den Generationen und Geschlechtern versucht wird.

4.2 Die Grundphänomene

Das erste Kind

Das erste (und auch das einzige) Kind besiegelt und bezeugt die Liebe eines Paares, es verleiht ihr eine vom Leben dieses Paares unabhängige Gestalt. Es verkörpert die Tatsache, dass dieses Paar in Liebe innig verbunden gewesen ist. Und dies zu verkörpern heißt: die Liebe der Eltern an Orten und zu Zeiten vergegenwärtigen, wo und wenn die Liebe der Eltern nicht (mehr) direkt, sondern nur vermittels des Kindes zu wirken vermag. Dort und dann ist das Kind zunächst unweigerlich Symbol für die Liebe seiner Eltern. Als Symbol bezeugt es vor allem die Endlichkeit und Einmaligkeit dieser Liebe, gleichwohl aber deren Transzendenz. Indem das Kind die Liebe seiner Eltern nicht an ihrem Ort, zu ihrer Zeit enden lässt, eröffnet es ihr die Möglichkeit der faktischen, wenn auch nur vermittelten Mehrmaligkeit und des Nichtendens, des Nicht-dabei-bewenden-Lassens, des Erneuerns. Das aber heißt auch: Dem Unvollendeten, Unversöhnten dieser Verbindung wird im Leben des Kindes eine neue Chance eröffnet: Das Kind ist in seinem Wirken nicht nur Symbol der Liebe seiner Eltern, sondern auch Ausdruck der verbliebenen, unerfüllt gebliebenen Sehnsüchte des Paares, der unverwirklichten Aufgaben, durch die das Paar zusammengebracht worden ist – sei es, um diese Aufgaben zu verwirklichen, oder sei es, um sie in andere Hände, in die Hände eines anderen zu legen. Im letzteren Fall war es immer der Partner (die Partnerin), in dessen (deren) Hände die Aufgabe gelegt werden sollte. Aber dort bleibt sie nicht, sondern sie gelangt zum Kind.

Jedes Kind ist Symbol der Liebe seiner Eltern und wirkt als deren Transzendenz. In beiden grundlegenden Eigenschaften ist es einzigartig. Es gibt aber Besonderheiten, wodurch verschiedene Kinder eines Paares sich in ihrer relativen Bedeutung auf einer allgemeinen Ebene unterscheiden. Diese Besonderheiten betreffen die Arbeitsteilung der verschiedenen Kinder. Denn die Aufgaben, die ihnen zugeteilt werden, unterliegen einer vorgegebenen Ordnung von primärem, sekundärem, tertiärem, quartärem und weiter nachgeordnetem Gewicht. Es gibt nun aber Bedingungen, unter denen auf der Ebene der Erscheinungen die Gesetzmäßigkeit der Stellvertretungsordnung durchbrochen wird, nach der der erste Sohn seine Großväter bzw. die erste Tochter ihre Großmütter zu repräsentieren hat und nach der der zweite oder dritte Sohn seinen Vater, die zweite oder dritte Tochter ihre Mutter vertritt. Solche Bedingungen führen zu Komplikationen im Leben der Beteiligten. Es ist darum erforderlich, sie zu kennen. Ich beginne nachfolgend mit der in formaler Hinsicht komplikationslosen Ordnung.

Der erste Sohn und die erste Tochter

Da die Geschlechtlichkeit der Eltern Voraussetzung ist für die Fortsetzung und Weitergabe des Lebens an die Kinder, kommt dem Geschlecht des Kindes auch im Zusammenhang mit der Übertragung von Hypotheken Priorität zu. Ganz allgemein ist zu sagen: Zwar verkörpert das Kind die Einheit der Geschlechter seiner Eltern, es offenbart diese Einheit aber in der reduzierten Form der ihm zugewiesenen Einseitigkeit und Polarität des Geschlechts. Insofern ist es, verglichen mit der Doppelgeschlechtlichkeit der miteinander im Liebesakt verbundenen Eltern, nicht vollkommen oder vollständig, sondern unvollständig, unvollkommen und nur halb. Seine Geschlechtlichkeit ist eine Bescheidung und Schlichtheit, verglichen mit der Macht des elterlichen Doppelpols unendlich ohnmächtig. Mit Blick auf die Tatsache, dass die Schlichtheit und Ohnmacht der sexuellen Einseitigkeit gewissermaßen als wertlos oder als böses Omen erfahren werden, ist es nahe liegend, die sexuelle Halbheit eines jeden Kindes als dessen angeborene Schlechtigkeit zu betrachten. Ebendiese Sicht kommt in der Bezeichnung „Ge-schlecht“ zum Ausdruck. So liegt in dem Geschlecht eines Kindes die erste Zuordnung der Macht, die es als abgespaltenes Organ seiner Eltern in deren Dienst ausübt, aber auch die erste Begrenzung dieser Macht, die es in der ohnmächtigen Verantwortlichkeit seiner Indienstnahme erleidet. Und so ist das erste Kriterium für das Gelingen und Misslingen der Dienstbarkeit eines Kindes durch die Frage gegeben, ob es Junge oder Mädchen, Sohn oder Tochter ist.

Dem ersten Sohn, wenn er nicht einziger Sohn oder gar einziges Kind ist – dann nämlich bleibt auf seinen Schultern die Last aller dem männlichen Geschlecht anhaftenden Aufgaben oder überhaupt aller mit Kindschaft verbundenen Erblasten seiner Eltern liegen –, obliegt es, mit seinen Eltern auszutragen, was diese mit ihren Vätern nicht haben austragen können. Insbesondere muss er ihnen geben, was sie von ihren Vätern nicht bekommen haben. In jedem Fall vertritt er seine beiden Großväter. Interessanterweise hat bereits 1913 Ernest Jones auf die Problematik der Stellvertretung hin gewiesen, als er die „Bedeutung des Großvaters für das Schicksal des einzelnen“ untersuchte (Jones 1978; vgl. auch Massing, Reich u. Sperling 1992, S. 30).

Für die erste Tochter gilt sinngemäß dasselbe wie für den ersten Sohn: Sie ist zuallererst Repräsentantin der Mütter ihrer Eltern. In ihr haben die Eltern das Leben fortgesetzt, das sie von ihren Müttern bekommen haben. In Zeugung und Geburt des ersten Kindes eines Geschlechts findet sich das ganze Gewicht des Lebens, das den Eltern durch den betreffenden eigenen Elternteil zuteil geworden ist. Das erste Kind repräsentiert die Priorität, die den Großeltern für die Eltern zukommt.

Sowohl dem ersten Sohn als auch der ersten Tochter kommt eine Elternfunktion gegenüber ihren jüngeren Geschwistern zu. Das liegt daran, dass sie primär auf einer höheren hierarchischen Ebene identifiziert sind als die ihnen folgenden gleichgeschlechtlichen Brüder und Schwestern, wie im Folgenden ausgeführt werden wird.

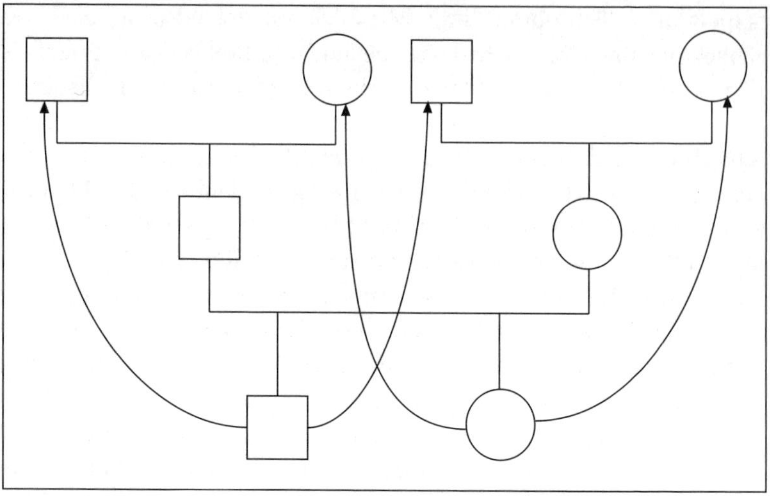

Abb. 4.1: Der erste Sohn und die erste Tochter

Der zweite Sohn und die zweite Tochter

Es kann zwischen den Eltern ein Streit um den ersten Sohn insofern entstehen, als beide Elternteile Besitzansprüche auf ihn anmelden. Ein solcher Kampf dreht sich dann darum, ob dieser Sohn mehr für die Aufgaben des Großvaters väterlicherseits oder des Großvaters mütterlicherseits zuständig ist. Das Resultat ist ein relativ einfacher Loyalitätskonflikt in der Seele dieses Kindes. Demgegenüber erhalten Konflikte zwischen den Eltern im Leben des zweiten Sohnes eine kompliziertere Bestimmung.

Im zweiten *Sohn* bringt eine Frau zum Ausdruck, was ihr (erster) Partner ihr bedeutet, insofern er ihr dazu gedient hat, ihrer primären Pflicht als Tochter nachzukommen und das Leben ihres Vaters im ersten Sohn fortzusetzen. Der zweite Sohn hat für sie in der Prioritätenfolge den nächsthöheren Rang. Er ist für sie vor allem Repräsentant des Vaters ihres ersten Sohnes. Ihm gibt sie, was sie ihrem Gatten nicht zu geben vermag: das Leben, das er einem Repräsentanten ihres Vaters geschenkt hat.

Unabhängig davon, ob er mit dem ersten Sohn den Vater gemeinsam hat oder nicht, dient er seiner Mutter als Ergänzung jenes ersten (bzw. einzigen) Partners der Frau. Ihm obliegt es, mit seiner Mutter auszutragen, was diese mit dem (ersten) Partner nicht ausgetragen hat. Was er im Dienst seiner Mutter tut, das verringert die „Schuld", die zwischen der Mutter und ihrem ersten Partner nachwirkt. Insofern steht er auch im Dienst jenes Mannes, den er verkörpert.

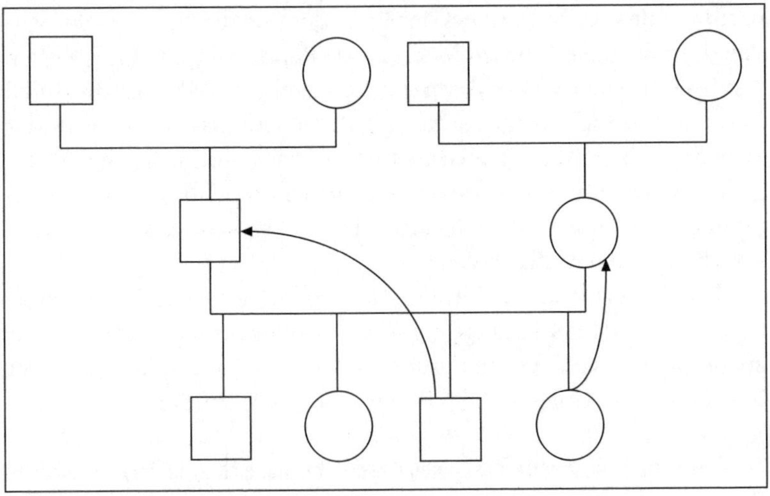

Abb. 4.2: Zweiter Sohn und zweite Tochter

Dem Vater dient der zweite Sohn zur zweiten Entlastung in seinem Verhältnis zur Ehefrau: Die erste Entlastung erfolgte durch den ersten Sohn. Dieser nahm ihm die Aufgabe ab, nach der Lösung aus der elterlichen Fürsorge seiner Frau deren Vater zu repräsentieren. Die zweite Entlastung betrifft seine Fehlbarkeit hinsichtlich partnerschaftlicher Aufgaben. Die Existenz des ersten Sohnes entlastet den Vater also in Hinblick auf dessen Sohnespflicht gegenüber dem eigenen Vater (d. h. dem Großvater des Sohnes). Diese Entlastung, die nur mithilfe seiner Frau durch die Geburt des ersten Sohnes möglich wurde, kann vom Vater als so gewaltig erfahren werden, dass er seiner Frau – gewissermaßen als Gegengabe – dafür seinen zweiten Sohn überlässt.

Erwähnenswert ist noch ein weiterer Aspekt: Der zweite Sohn kann für seinen Vater die Bedeutung erhalten, dass dieser ihm zu geben vermag, was er als Sohn seines eigenen Vaters diesem nicht zu geben vermochte. Hier handelt es sich aber nur um eine besondere Gewichtung seiner Beziehung zu beiden Söhnen. Denn auch der erste Sohn bekommt ja, was der Vater seinem Vater nicht zurückgeben konnte: vor allem das Leben selbst, darüber hinaus die Liebe und Fürsorge, die zum Erhalt des Lebens nötig ist.

Auch für die zweite *Tochter* gilt sinngemäß dasselbe, was über den zweiten Sohn gesagt worden ist. Hier kehren sich die Geschlechterbeziehungen entsprechend um: Die zweite Tochter fungiert als Ersatzpartnerin des ersten Partners der Frau, dem sie die erste Tochter verdankt. In Bezug auf diesen Mann ist sie Repräsentantin ihrer Mutter. Das heißt beispielsweise: Wenn die Frau dem ersten Partner die durch ihn erfahrene Liebe nicht zurückgibt, dann wird dies zur Aufgabe der zweiten Tochter. Aber wenn die Mutter es versäumt, sich gegen Übergriffe und Demütigungen des ersten Partners zu schützen, dann übernimmt die zweite Tochter die Aufgabe, das Versäumte zu verwirklichen bzw. später nachzuholen.

Und in Bezug auf die Mutter selbst erhält die zweite Tochter insofern entlastende Funktionen, als sie der Mutter Gelegenheit bietet, ihr zu geben, was sie der Großmutter im Austausch an Äquivalenten für Gegebenes – im Guten und im Bösen – nicht hat zurückgeben können.

Das erste bzw. zweite Kind eines Geschlechts bei mehreren Partnerschaften

Die Verhältnisse werden komplizierter, wenn die zweite Tochter bzw. der zweite Sohn nicht aus derselben Partnerschaft stammt, aus der die erste Tochter bzw. der erste Sohn erwachsen ist. Die Komplizierung entsteht durch die Probleme, die zwischenzeitlich in den Trennungen und neuen Bindungen der Mutter bzw. des Vaters aufgetaucht und unerledigt geblieben sind. Von besonderem Gewicht sind beispielsweise zwei mögliche Fälle:

- Der erste Sohn der Mutter (des Vaters) ist nicht der erste Sohn des Vaters (oder der Mutter).
- Die erste Tochter des Vaters (der Mutter) ist nicht die erste Tochter der Mutter (oder des Vaters).

Als erste Bedingung soll hier zunächst nur der einfache Fall angesprochen werden, dass ein Sohn zwar der erste Sohn seiner Mutter, aber bereits der zweite oder dritte Sohn seines Vaters ist. Oder umgekehrt: Er kann der erste Sohn des Vaters, aber schon der zweite oder dritte Sohn der Mutter sein. In diesem Fall hat der erste Sohn für seine Eltern unterschiedliche Bedeutungen, die verschiedenen hierarchischen Stufen in Bezug auf die Herkunftsfamilien der Eltern entsprechen. Grundsätzlich aber entsteht daraus kein Gegensatz zu all dem, was über die Grundordnung der Stellvertretungen zu sagen ist. In Bezug auf beide

Eltern gilt die Grundordnung weiterhin, und diese Tatsache ist es dann, die zu den Unterschieden führt.

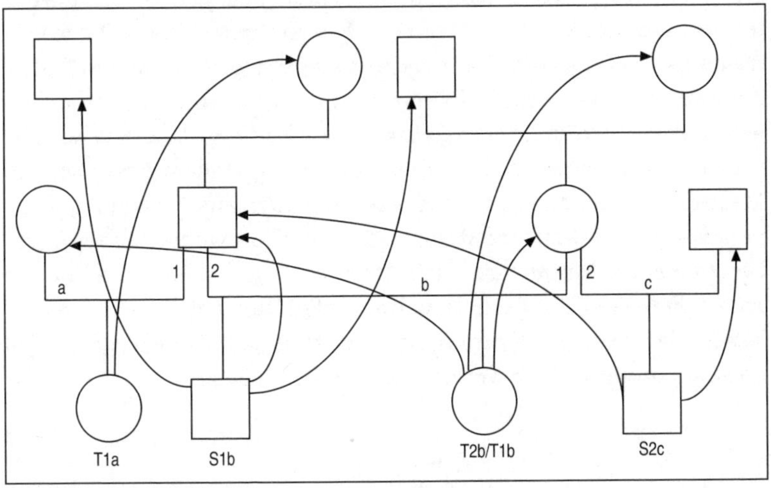

Abb. 4.3: Zweiter Sohn bzw. zweite Tochter bei mehreren Partnerschaften der Eltern

Zur Orientierung: Dargestellt sind in der Grafik drei Ehen mit insgesamt vier Kindern. (Die Eltern der ersten Frau des Mannes und des zweiten Mannes der zweiten Frau fehlen der Übersichtlichkeit halber in der Darstellung, sie müssten aber bei der therapeutischen Arbeit praktisch berücksichtigt werden.)

Aus der ersten Ehe (a) stammt nur eine Tochter (T1a); diese ist mit der Großmutter väterlicherseits identifiziert.

Aus der zweiten Ehe (b) stammen ein Sohn (S1b) und eine Tochter, die zweite Tochter (T2b) des Mannes und zugleich die erste Tochter (T1b) der zweiten Frau des Mannes. Der Sohn ist mit den Großvätern seiner Eltern identifiziert. Da er der einzige Sohn seines Vaters ist, ist er auch mit seinem Vater identifiziert, woraus ein innerer Bezug zu dessen erster Partnerin resultiert. Die Tochter aus zweiter Ehe ist als zweite Tochter des Mannes mit dessen erster Partnerin sowie mit ihrer eigenen Mutter identifiziert. Als erste und einzige Tochter der zweiten Frau des Mannes ist sie aber auch mit ihrer Großmutter mütterlicherseits identifiziert.

Aus der dritten Ehe (c) stammt ein Sohn (S2c). Dieser ist als zweiter Sohn seiner Mutter mit ihrem ersten und zweiten Partner identifiziert.

Eine sehr gewichtige, weitere mögliche Komplikation beruht nicht auf dem, was der Zeugung und Geburt des ersten Sohnes bzw. der ersten Tochter gefolgt, sondern was ihr vorangegangen ist: Ein Großvater bzw. eine Großmutter väterlicher- bzw. mütterlicherseits ist möglicherweise mehr als eine Partnerschaft eingegangen. In diesem Fall ist die zweite Tochter Repräsentantin der zweiten Partnerin des Großvaters oder der Großmutter in deren zweiter Partnerschaft. Solche Fälle müssen noch insofern differenziert werden, als ja Vater und Mutter des Mannes bzw. der Frau aus der ersten oder auch aus der zweiten Partnerschaft ihrer Eltern hervorgegangen sind. Die erste Tochter repräsentiert immer die Mutter ihrer Eltern, während die zweite Tochter immer andere Frau des Großvaters bzw. die Großmutter in ihrer anderen (früheren oder späteren) Bindung repräsentiert. (Beim zweiten Sohn gilt dasselbe sinngemäß für die betreffenden Großväter.)

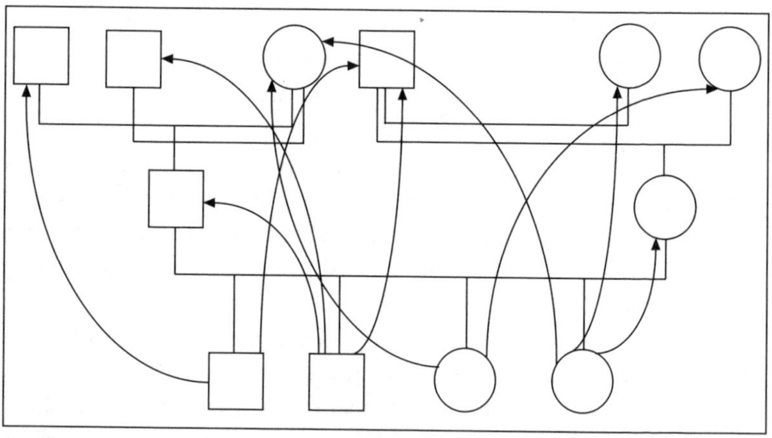

Abb. 4.4: Das zweite Kind eines Geschlechts nach mehreren Partnerschaften der Großeltern

Dies zu verstehen heißt, die übertragenen Aufgaben zu identifizieren, die als Ausgleichsbewegungen auf das jeweils ungelebte Leben der zu repräsentierenden Personen bezogen sind. Das ungelebte Leben der ersten Frau des Großvaters manifestiert sich im Leben seiner zweiten Frau – und umgekehrt. Das heißt: Die erste Tochter hat in vielerlei Hinsicht ganz ähnliche Aufgaben wie die zweite Frau des Großvaters, die ebenfalls Repräsentantin der ersten Frau gewesen ist. Und die zweite Tochter hat ganz ähnliche Aufgaben wie die erste Frau des Großvaters, deren Repräsentantin die zweite Frau gewesen ist. Oder: Der zweiten Tochter erwachsen Aufgaben, welche die Großmutter innerhalb ihrer ersten Partnerschaft nicht hat erfüllen können, während der ersten Tochter Lasten auferlegt sind, die sich aus dem Versäumten der zweiten Partnerschaft der Großmutter ergeben. (Auch hier gilt sinngemäß dasselbe für die ersten beiden Söhne.) Insgesamt aber muss man von einer Arbeitsteilung zwischen den Geschwistern ausgehen, die einander wechselseitig entlasten, wenn es um die unerledigten Pflichten geht, die ihnen aus den verschiedenen Partnerschaften der Großeltern übertragen werden. Es kommen also zwischen diesen Pflichten im Leben der ersten beiden Töchter (bzw. Söhne) Vermischungen vor, die sich insgesamt gegenseitig ergänzen und die Waage zu halten scheinen.

Falls die Großeltern mehr als zwei Partnerschaften eingegangen sind, verändern sich bei den Enkeln die Verhältnisse sinngemäß: Die jeweiligen Anteile aus den in jenen weiteren Partnerschaften unerledigt gebliebenen Aufgaben fallen an weitere Kinder: die dritte, vierte, fünfte Tochter usw. (bzw. an weitere Söhne).

Grundsätzlich gilt, dass hier Überlagerungen mit den anderen Pflichten stattfinden, die sich ganz allgemein aus der Reihenfolge der Geburt ergeben. So ist es also für eine zweite Tochter unerheblich, ob der Großvater oder die Großmutter eine zweite Partnerschaft eingegangen ist: Ihre Aufgabe, dem ersten Partner der Mutter gegenüber die Mutter zu ersetzen und die Rolle einer Ersatzpartnerin zu spielen, besteht fort, auch wenn ihr eine weitere Rolle aus jener Großelterngeneration übertragen worden ist. Im Allgemeinen läuft die Überlagerung der Funktionen auf eine verschärfte, gewissermaßen doppelt krasse Ausprägung bestimmter Lasten und unbewusster Anforderungen hinaus, weil nämlich die zweite, überlagernde Aufgabe nur eine Bestätigung der ersten Aufgabe darstellt. Entgegensetzungen sind eher selten.

Eine Anmerkung ist noch zu machen: Auch der zweite Sohn bzw. die zweite Tochter können gegebenenfalls – wie schon die ersten – Elternfunktionen gegenüber ihren Geschwistern innehaben, weil sie die jeweiligen Partner ihrer Eltern ersetzen. Diese Verhältnisse fallen ins Auge, wenn ein Elternteil durch Tod, Verlust oder zeitweise (durch Kriegsgefangenschaft oder auch Krankheit bedingte) Abwesenheit seinen Platz als Verantwortlicher an der Seite des Partners leer hinterläßt.

Dritter Sohn und dritte Tochter

Der dritte *Sohn* repräsentiert seinen Vater innerhalb von dessen Herkunftsfamilie. (Die Herkunftsfamilie ist die Familie, in die ein Mensch hineingeboren wird – im Unterschied zur Gegenwartsfamilie, die er selbst gegründet hat.) Dem dritten Sohn ist die Aufgabe übertragen, all das zu leisten, was der Vater seinen eigenen Eltern (bzw. seinen eigenen Geschwistern) schuldig geblieben ist. Aber er kann auch erhalten, was der Vater von seinen Eltern nicht bekommen hat. Im Unterschied zum zweiten Sohn, der zumeist als Rivale seines Vaters um die Gunst der Mutter wirbt, hat der dritte Sohn, wie immer wieder zu beobachten ist, prinzipiell eine deutlich kameradschaftlichere Beziehung zu seinem Vater.

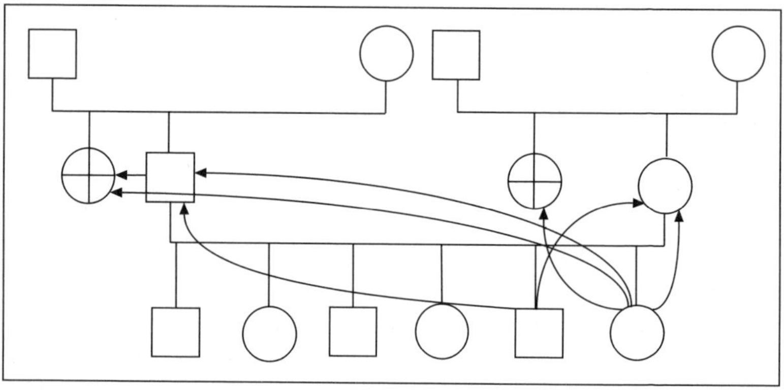

Abb. 4.5: Dritter Sohn und dritte Tochter

Auch in diesem Fall gilt innerhalb der Hierarchie der Geschwister für eine *Tochter* sinngemäß dasselbe wie für den Sohn. Das dritte Kind eines Geschlechts ist aber, das muss ergänzend festgestellt werden, überhaupt Repräsentant seiner Eltern in deren Herkunftsfamilien – und zwar scheinbar unabhängig von der geschlechtlichen Zuordnung. Das ist insofern bedeutsam, als beispielsweise ein Vater in seiner Herkunftsfamilie eine weibliche Rolle zu spielen gehabt hätte und an dieser nur scheitern konnte. In diesem Fall überträgt er seiner dritten Tochter die Rolle, an der er selbst den Eltern gegenüber nur hat verzweifeln können. Sein Verhältnis zur dritten Tochter wird in besonderer Weise symbiotisch. Es ist dann, als wäre sie sein unveräußerliches Eigentum – viel mehr als die zweite Tochter, die ja nur Stellvertreterin einer Tochter aus fremdem Hause ist: Stellvertreterin seiner Partnerin nämlich.

Dasselbe gilt, umgekehrt, für den dritten Sohn und dessen Verhältnis zur Mutter: Hätte diese für ihre Eltern ein Junge sein müssen, so wird ihr diese Aufgabe nun vom dritten Sohn abgenommen. Sie braucht gleichsam nicht länger Sohn sein, weil sie nunmehr ein Äquivalent besitzt. Dieser Besitz ist eindeutig und macht sie noch weit unabhängiger von ihrem Partner, als es ihr die beiden ersten Söhne ermöglichten. Es erscheint ihr nun, als wäre sie in einem sehr belastenden Punkt den Eltern gegenüber frei, als hätte sie sich durch dieses Kind an einer entscheidenden, elementaren Stelle freigekauft.

Auch das dritte Kind eines Geschlechts (der dritte Sohn oder die dritte Tochter) ist durch die oben genannten Aufgaben nicht automatisch von anderen Pflichten entbunden. Wenn die Frau (oder der Mann) eine zweite Partnerschaft eingeht, dann fällt der dritten Tochter (oder dem dritten Sohn) die Rolle zu, als Stellvertreterin (bzw. Stellvertreter) der zweiten Partnerin (bzw. des zweiten Partners) zu leben. Da aber auch hier gilt, dass die zweite Partnerschaft bereits in Stellvertretung für die erste Partnerschaft zustande gekommen ist, ergibt sich für die betreffenden Kinder, dass sie zu Stellvertretern von Stellvertretern werden. Dann ähnelt das Leben des dritten Sohnes eher dem Leben des ersten Partners und das Leben des zweiten Sohnes dem des zweiten Partners – auch wenn in systematischer Betrachtung die Stellvertretung gerade umgekehrt verläuft: Der zweite Sohn repräsentiert den ersten Partner seiner Mutter und der dritte Sohn den zweiten Partner. Der Schein eines offenkundigen Widerspruchs zur Stellvertretungsordnung ergibt sich daraus, dass eine biographische Repräsentation vor allem in Komplementarität zum Repräsentierten besteht, und diese hat zumeist den Charakter einer Umkehrung des bereits Verwirklichten – dann nämlich, wenn die erreichte Verwirklichung auf Fehlen und Verfehlung hinausgelaufen ist. Beispielsweise *beginnt* eine schicksalhafte Begegnung des Repräsentanten in dem Alter, in dem sie beim Repräsentierten *geendet* hat.

Vierter Sohn und vierte Tochter

Je mehr Kinder eines Geschlechts geboren werden, desto differenzierter ist ihre Arbeitsteilung untereinander in Hinblick auf die ihnen übertragenen Aufgaben im Dienst der Eltern. Je differenzierter diese Arbeitsteilung ist, desto unübersichtlicher und vielfältiger sind die Phänomene und desto unsicherer ist häufig auch die konkrete Zuordnung. Es erscheint so, als wären die möglichen Aufgaben der männlichen

Nachkommen durch Verteilung auf drei Söhne ausreichend breit gestreut. Aus dieser Sicht ergibt sich der Eindruck, dass ein vierter Sohn überflüssig sei. Tatsächlich ist es so, dass mit der Geburt eines vierten Sohnes insofern ein Drama neuer Art entstehen kann, als nunmehr geradezu ein Kampf um die Aufgaben entbrennt, deren Übernahme das Lebensrecht zu sichern verspricht. Ein vierter Sohn bringt es dann mit sich, dass die Rolle eines Sündenbocks vergeben wird. Diese besteht darin, dass einer der Söhne in hervorragender Weise all das auf sich zieht, was es an Unerfüllbarem in den Rollen der anderen gibt. Die Existenz des vierten Sohnes verschärft die Ausbildung einer bestehenden Ausstoßungstendenz unter Brüdern. Häufig ist es dann aber gerade nicht der letzte Sohn, der das Schicksal der Ausstoßung erfährt, sondern es räumt derjenige seinen Platz, der zuvor besondere Privilegien durch die Eltern genossen hat (zumeist der vorletzte). Dasselbe gilt sinngemäß für eine vierte Tochter.

Ich muss aber in diesem Zusammenhang sagen, dass es umso schwieriger wird, Allgemeingültiges über die Rollenverteilung unter gleichgeschlechtlichen Geschwistern zu erkunden, je höher deren Anzahl über drei anwächst. Denn die Arbeitsteilung der Geschwister wird dann so komplex, dass eine klare Zuordnung der Stellvertretungen auf das Hindernis einer überwältigenden Fülle der Phänomene stößt.

Geschwistersolidarität und Familienleib

Abschließend zu diesem Kapitel ist zu bemerken, dass die – ihrer durch die Reihenfolge der Geburten und durch das Geschlecht festgelegten Position gemäßen – Stellvertretungsfunktionen aller Kinder, die (infolge von Fehlgeburt, Bauchhöhlenschwangerschaft, Abtreibung, Totgeburt) nicht lebend geboren worden sind oder die (infolge von Krankheit, Unfall, Verbrechen) nach der Geburt vorzeitig gestorben sind, von den überlebenden Kindern übernommen werden. Das Hauptgewicht der so übernommenen Funktionen wird von dem unmittelbar nachfolgenden Kind getragen. Es ist dann, als könnten die Eltern die übergroße Last ihrer ungetrauerten Trauer nicht halten, als fiele sie ihnen zwischen den Händen hindurch und würde von dem Kind, das darunter steht, gleichsam aufgefangen. Wenn kein Kind folgt, trägt das vorletzte die Hauptlast, aber auch dasjenige Kind, das die Rolle des hauptverantwortlichen Elternteils zu spielen hat. Falls aber gar keine Kinder da sind, die für die Übernahmen eintreten könnten, bleiben die Partner gleichsam selbst auf den Aufgaben sitzen, die ansonsten ihre Kinder selbstverständlich übernehmen würden, und übertragen sie transfamilial an nächste Dritte. Zwar kann man von einem Familienleib sprechen, aber darüber hinaus wirkt eine leibliche Haftung, die die Grenzen des Familialen sprengt und das soziale Leben in Mitleidenschaft zieht.

Die Grundphänomene der Stellvertretungen verweisen auf die Rangordnung der für die Weitergabe des Lebens wichtigen Personen in einer Familie. Dass ein jedes Kind seinen Eltern das Leben verdankt, macht die hervorragende Rolle aus, die das erste Kind eines Paares, grundsätzlich aber der erste Sohn und die erste Tochter in der Rangfolge der Stellvertretungen unter den Geschwistern einnimmt. Das erste Kind besiegelt die Liebe eines Paares, indem es die Fortsetzung des Lebens bedeutet, das beide Partner von ihren Eltern erhalten haben. In die Welt gesetzt zu werden, ist Voraussetzung für alles, was dann innerhalb der Welt und im Leben folgt. So ist auch die Bedeutung des zweiten Sohnes und der zweiten Tochter, die beide ihre Eltern repräsentieren und gleichsam dem wechselseitigen Dank für die Geburt des ersten Kindes selbstständige Gestalt verleihen, primär nicht von so elementarer Wucht wie die Bedeutung des ersten Sohnes bzw. der ersten Tochter, die jeweils dem Dank entsprechen, den die Partner ihren eigenen Eltern für die eigene Existenz schulden. Was sich da zeigt, ist eine *retrograd gemessene* Rangfolge der Geschwister.

Für jedes Menschenkind hat die Achtung vor den eigenen Eltern absolute Priorität, weil mit ihrer Liebe der Anfang des jeweiligen neuen Lebens gemacht worden ist. Freilich kann für einen Menschen subjektiv die eigene Partnerschaft eine größere Anerkennung erfahren als die eigene Kindschaft. Ein plausibler Grund dafür wäre der, dass ja mit der Partnerschaft und Elternschaft eine Umkehrung von Herrschaftsverhältnissen einhergeht: Plötzlich erlebt ein Kind die Ermächtigung, seinem eigenen Kind Priorität einzuräumen, statt die Bedürftigkeit seiner Eltern als absolute Richtschnur zu erfahren. Die Fürsorge für das eigene Kind relativiert und bricht die Macht der primären Indienstnahme durch die eigenen Eltern. Aber die neue Orientierung, die die Sorge eines Kindes erfährt, sobald es mit Hilfe des Partners selbst Kinder hat, ist eben doch an das Verhältnis zu den Eltern geknüpft: Statt der bedürftigen Eltern übernimmt das bedürftige Kind die Herrschaft über einen Mann oder eine Frau. So zeigt sich gerade beim ersten Kind, dass es doch immer noch die Eltern eines Paares sind, die vermittels ihrer Enkel über das Paar herrschen. Die ursprüngliche Herrschaft ist nicht restlos abgelöst worden, sondern hat lediglich ihre Form verändert und ist zu einer nur weitervermittelten geworden.

Das letzte Kind

Das erste Kind kann auch das letzte bleiben. Dann gilt für seine Bedeutung, was oben über das erste Kind gesagt worden ist. Welches Kind aber ansonsten das letzte ist, ob das zweite oder das fünfzehnte: Es zieht die besondere Aufmerksamkeit der Eltern auf sich und lenkt sie von den zuvor geborenen Kindern ab, was zuweilen mit dem Gefühl der Entwertung der älteren einhergeht. Zuweilen ist das letzte Kind der letzte Versuch, noch ein Mädchen oder einen Jungen zu bekommen, nachdem zuvor nur Kinder eines Geschlechts geboren worden sind oder nachdem das einzige Kind des anderen Geschlechts verstorben ist. Zuweilen auch endet die sexuelle Liebe der Eltern mit dem letzten Kind, sodass dieses seine Besonderheit auch aus der fortan mangelnden Erfüllung ehelicher Sehnsüchte bezieht. Die Vielfalt der Aspekte, unter denen die Bedeutung des letzten Kindes zu betrachten ist, ergibt sich jedenfalls aus der Vielfalt der in den zuvor geborenen Kindern fortlebenden Ermangelungen. Das letzte Kind schließt die Vergabe der Stellvertretungsfunktionen aller Kinder ab. Manche davon wird staffelstabartig unter den Geschwistern weiter gegeben und lässt keines von ihnen unberührt. An allen, die zuvor den Stab in der Hand gehalten haben, bleibt etwas von den jeweils vergebenen Aufgaben haften, auch wenn die Aufgaben selbst im Zuge einer zunehmenden Differenzierung der Arbeitsteilung ihren Charakter ein wenig verändern. Aber manches bleibt – bei aller unbewussten Geschwistersolidarität – streng getrennt. Insbesondere sind zwei Aspekte dieser Arbeitsteilung zu erwähnen, die mit dem Eintreffen des letzten Kindes wichtig werden:

Zum einen belastet das letzte Kind das erste und das vorletzte häufig mit einem Übermaß an Verantwortlichkeit für all das, was sich für die Eltern im letzten Kind als unerfüllbar erweist, weil das letzte Kind das schwächste ist und dasjenige, das die Fürsorge aller anderen am meisten benötigt. Zum anderen sind die Eltern versucht, ihr besonderes Schuldgefühl, das sie dem letzten Kind gegenüber hegen, durch übermäßige Großzügigkeit auszugleichen und dem letzten Kind für den Mangel an unmittelbar gefühlter Liebe Geschenke zu machen. Solche Zuwendungen sollen diesen Mangel insofern ausgleichen, als sie die Schuldgefühle durch demonstrative Zeichen der Liebe aufwiegen und neutralisieren. Das letzte Kind erfährt derartige Diskrepanzen als

Betrug und neigt dazu, immer mehr von dem zu fordern, was es bekommt, statt auf das zu verzichten, was die Eltern ihm beim Geben vorenthalten. Die sprichwörtliche Maßlosigkeit des „Nesthäkchens" ist symptomatisch für die verborgenen Schuldgefühle seiner Eltern.

4.3 Verschiebungen in der Hierarchie der Geschwister

Solange die eigenen Eltern und Geschwister einem Paar in ihrer fürsorglichen Funktion erhalten bleiben, ist deren Vertretung durch Kinder scheinbar unbedeutend. Die wirklichen Vertretungs- und Ausgleichsaktionen haben dann spielerischen Charakter und fallen im Allgemeinen nicht sonderlich auf. Der Einbruch des Todes oder eines sonstigen Verlusts naher Angehöriger beendet die Kostbarkeit dieser Situation und bringt das Unausgetragene, Unverschmerzte und Unersetzliche aus dem vergangenen Leben des betreffenden Paares mit seinem ganzen Gewicht in den Stellvertretungsfunktionen der Kinder zur Geltung. Es sieht dann beispielsweise so aus, als wäre ein erster Sohn durchaus nicht primär mit den Großvätern identifiziert, sondern mit einem verstorbenen Onkel oder einem verstorbenen ersten Partner der Frau. Tatsache ist aber auch in solchen Fällen, dass die Grundordnung der Stellvertretungen nicht verletzt, nur modifiziert und durch andere Prioritäten lediglich überlagert wird. Die Grundordnung erweist sich als beherrschend, sobald weitere Kinder geboren worden sind. Durch deren Erscheinen nämlich wird es möglich, dass die Stellvertretung, die vorübergehend von einem ersten Geschwisterkind leihweise für ein folgendes übernommen worden ist, staffelstabartig an die folgenden Geschwister weitergegeben wird, bis diese Funktion bei dem wahrhaft zuständigen Kind angelangt ist. Die Spuren der Übergaben lassen sich später chronologisch anhand von Altersrelationen bei jedem einzelnen Stabträger bis hin zu dessen Nachkommen nachverfolgen.

Früher Verlust von Geschwistern der Eltern

Derartiges geschieht beispielsweise, wenn der Mann oder die Frau in jungen Jahren oder auch nur vor der Geburt ihres ersten Kindes Geschwister verloren haben. Solche Verluste haben ein großes Gewicht. Entsprechend dringlich ist die Genugtuung, durch Zeugung und Geburt eines eigenen Kindes etwas gegen den Tod tun zu können, und entsprechend wichtig wird das erste Kind, das dann von dem Paar in die Welt gesetzt wird, um seine Eltern über den in ihrer Kindheit oder Jugend erlittenen Verlust zu trösten.

Diese – die primäre überlagernde – sekundäre Stellvertretungsfunktion ist tief verankert und geht niemals mehr restlos verloren, auch wenn sie nachträglich von den folgenden, eigentlich zuständigen Geschwistern übernommen worden ist. Es gibt dann eine unbewusste kontinuierliche Zusammenarbeit der beteiligten Geschwister speziell in dieser Funktion.

Allgemein kann man sagen, dass diese Art der Stellvertretung besonders deutlich auf die Funktion von Stellvertretung überhaupt hinweist: Eine jede Stellvertretung bezeugt letztlich die ungetrauerte Trauer der dem Kinde Nächsten.

Tod und Verlust im Zusammenhang mit der Schwangerschaft

Die zuletzt genannten Bedingungen betreffen den Spezialfall eines allgemeinen Gesetzes, wonach überhaupt der Tod oder Verlust von nahen Angehörigen dann für ein Kind prägend wird, wenn die Mutter anschließend mit diesem Kind schwanger geworden ist bzw. wenn der Trauerfall während der Schwangerschaft, aber auch während der frühen Kindheit eingetreten ist. Dann wird dieses Kind unmittelbar mit der Aufgabe belastet, seine Eltern über den betreffenden Verlust zu trösten und die Macht der Liebe über den Tod triumphieren zu lassen. Es ist dann beispielsweise unerheblich, ob schon zwei Jungen geboren sind: Stirbt der Großvater nach der Geburt der ersten Söhne und relativ kurz vor der Geburt des nächsten Sohnes, dann hat dieser nächste Sohn die Aufgabe, seinen Eltern Trost zu spenden und übernimmt jenen besonderen Anteil an der Stellvertretung seines Großvaters, der dem Schmerz des Verlustes zugehört.

Diese Situation entspricht dann häufig einer Umkehrung der zuvor beschriebenen Situationen, bei der ein erstes Kind primär Angehörige zu repräsentieren hat, die üblicherweise erst durch nachfolgende Kinder zu vertreten wären: Hier nun wird einem nachfolgenden Kind die Aufgabe übertragen, Angehörige zu vertreten, die üblicherweise bereits durch vorher geborene Kinder repräsentiert werden.

Stellvertretung von Geschwistern und Halbgeschwistern

Wenn ein Elternteil oder beide Eltern ein Kind verloren haben, dann ist es Aufgabe des nächsten Kindes, dieses Geschwister zu vertreten. Das nächste Kind ist zunächst dasjenige, das nach dem verlorenen Kind geboren worden ist oder, wenn kein Kind folgt, das in unmittelbarer Nachbarschaft vor dem verlorenen Kind geboren worden ist. Dabei scheint das Geschlecht nur eine untergeordnete Rolle zu spielen, insofern aber doch eine Rolle, als das nächste nachgeborene Kind mit demselben Geschlecht letztlich die Stellvertretung übernimmt. Bis dahin wird die Stellvertretung leihweise an andere Nächste vergeben.

Wenn hier von Verlust gesprochen wird, dann gilt dies nicht nur für tote, sondern auch für fortgegebene oder bei vorherigen Partnern zurückgelassene Kinder.

4.4 Ressourcen für Stellvertretungsfunktionen

Aus der Arbeit mit den vielfältigen Problemen in Familien ergibt sich ein Gesamteindruck von den Bedingungen, unter denen Kinder besonders wenig belastet zu sein scheinen und die größte Chance haben, ohne professionelle Hilfe eine normale Entwicklung durchzumachen. Wenn wir die Konstruktion eines „Idealfalls" familialer Ressourcen wagen wollen, die jeder anderen empirischen Basis entbehrt als eben jener einen: der Arbeit mit den vielen gerade nicht idealen Fällen, so scheinen die Voraussetzungen für günstige Verhältnisse in einer Familie folgende zu sein:

1. Ein gesundes Elternpaar hat drei gesunde Söhne und drei gesunde Töchter, die abwechselnd im Abstand von etwa zwei Jahren geboren worden sind, also innerhalb eines Zeitraums von etwa zehn Jahren.
2. Diese Eltern sind selbst als jeweils erster Sohn bzw. erste Tochter geboren worden und haben fünf Geschwister, deren Geburtstermine und Geschlecht sich ebenso verteilten wie das ihrer eigenen Kinder.
3. Diese Eltern lieben einander und führen eine glückliche Ehe.
4. Die Eltern der Eltern sind gesund und stammen aus ebensolchen Familien, wie sie für das Elternpaar beschrieben worden sind.

Unter diesen extrem günstigen Umständen gelten alle Grundphänomene der Stellvertretungsordnung, wie sie in Abbildung 4.6 illustriert werden:

1. a) Der erste Sohn vertritt seinen Eltern gegenüber beide Großväter.
   b) Die erste Tochter vertritt ihren Eltern gegenüber beide Großmütter.
2. a) Der zweite Sohn vertritt den Vater gegenüber der Mutter.
   b) Die zweite Tochter vertritt die Mutter gegenüber dem Vater.
3. a) Der dritte Sohn vertritt den Vater gegenüber seinen Eltern.
   b) Die dritte Tochter vertritt die Mutter gegenüber ihren Eltern.

„Vertretung" heißt hier jeweils eine spielerische Verwirklichung dessen, was der/die zu Vertretende in der Beziehung zu den Eltern nicht verwirklicht hat bzw. nicht verwirklichen konnte, was also fehlte. Das kann ein Berufswunsch, eine Ausbildung sein; es kann auch eine Art von Fürsorge sein; es kann aktiv oder passiv sein, Geben oder auch Nehmen. Helm Stierlin hat dieses Geschehen „Delegation" genannt (1978, S. 181).

Ergänzend wäre noch zu sagen, dass der erste Sohn in Bezug auf seine Eltern eher die Rolle eines Gebenden einnimmt, also das gibt, was die Großväter den Eltern nicht haben geben können, während der zweite Sohn eher das nimmt, was die Eltern ihren Vätern nicht haben geben können. Insofern wäre die passive Stellvertretung des zweiten Sohnes in Bezug auf die Rolle des Großvaters gesondert zu kennzeichnen. Entsprechendes gilt für die zweite Tochter.

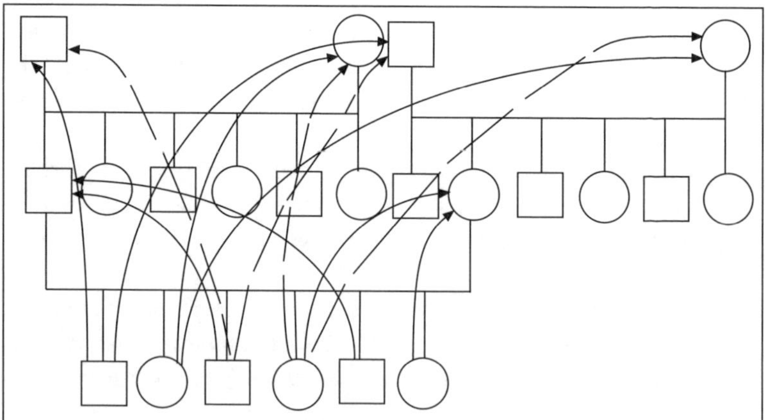

Legende: Die passive (nehmende) Stellvertretung der Großeltern durch die zweite Tochter bzw. den zweiten Sohn ist jeweils durch eine gestrichelte Linie symbolisiert.

Abb. 4.6: Die „ideale Familie"

Der Idealfall schließt ein, dass der/die jeweilige StellvertreterIn an die Unmöglichkeit ihrer Stellvertretung erinnert wird, wenn er/sie so alt wird, wie die Eltern beim Verlust des zu Vertretenden waren. Nachdrücklicher aber erfolgt diese Erinnerung, wenn der/die StellvertreterIn so alt werden, wie die zu Vertretenden waren, als sie den Eltern verloren gingen. Da aber angenommen worden ist, dass alle Beteiligten gesund sind, ihr Leben leben und nach einem erfüllten Leben sterben, ist die so entstehende Last ohne Anflug von Verzweiflung zu tragen. Alle Geschwister werden einander dabei auch zur Seite stehen. Es gibt offenbar Familien, die diesem Ideal nahe kommen. Von ihnen geht eine große Kraft und Zuversicht aus, ohne dass sie sonderliche Mühe aufbringen müssen, um diesen Status in ihrem Umfeld einzunehmen. Er fällt ihnen zu.

Freilich ist auch der Idealfall immer noch schwer genug. Denn er entbindet keinen einzigen Menschen von der Aufgabe, den Tod seiner Nächsten und den eigenen Tod als Preis des Lebens hinzunehmen. Alle anderen Familienverhältnisse allerdings erhöhen das Risiko von zu großer Belastung für die Kinder dadurch, dass Tod und Preisgabe des Lebens in einem solchen Idealfall noch viel höher eingeschätzt werden und dass die Schuldigkeit jedes Einzelnen in einem höheren Maße mit dem Bösen gleichgesetzt wird. Jedenfalls gilt, dass weniger Kinder dadurch belastet werden und dass sich die Schwere des Familienschicksals auf weniger Schultern verteilt. Mehr Kinder aber haben den Nachteil, dass sie in ihren Familien um das Lebensrecht bangen müssen, wenn ihnen keine ganze Rolle zufällt. Beispielsweise sind bei vier oder fünf Söhnen die vorletzten damit belastet, als Sündenböcke für alles herzuhalten, was es an „Schuld" in der Familie gibt, und die letzten tragen an der Aufgabe, ihren Eltern als ewig Bedürftige, Nehmende und „Kleine" zu dienen, an denen die Eltern ihre nicht enden wollende Schuldgefühle aus der Vergangenheit zu beschwichtigen trachten, indem sie sie verwöhnen.

Damit Familien in großer Zahl ein dem Idealfall angenähertes Glück erfahren können, wären nach dem bisherigen Kenntnisstand über die Gesetzmäßigkeit der Stellvertretungsaufgaben von Kindern die folgenden gesellschaftlichen Bedingungen bzw. politischen und wirtschaftlichen Voraussetzungen erstrebenswert:

- dass über mindestens vier bis fünf Generationen in einem Land Frieden herrscht;

- dass es verschont wird von jeder Art von massenhaft ausgeübter und erfahrener Gewalt – dazu gehören Krieg, Bürgerkrieg, Naturkatastrophen und Seuchen –, sodass der Reichtum des Landes ausreicht, um ein gutes Erziehungs- und Gesundheitswesen zu errichten und das kulturelle Leben zu entfalten;
- dass das würdigende Andenken der Verstorbenen gepflegt wird.

Massenhafte Ausweitung von Gewalt und Naturgewalten dagegen – um die Kehrseite zu betrachten – fordern nicht nur Menschenopfer, sondern führen auch zur Zerstörung des materiellen und kulturellen Reichtums, der erforderlich ist, um die Trauer angesichts der Verluste zu leisten. Die sozialen Katastrophen, die durch Krieg, Bürgerkrieg und Naturgewalten hervorgerufen werden, synchronisieren die Verzweiflung der Überlebenden und programmieren die Gefahr des Ausbruchs neuer Gewalt bzw. massenhafter Ohnmachtsgefühle in der Zukunft. Insofern ist ein riesiger Unterschied im Verlauf der Geschichte von stabilen und von instabilen Gesellschaften festzustellen – mit der Gefahr, dass die instabilen Gesellschaften ihre Ohnmachtserfahrungen auf die stabilen übertragen. Das gilt im Kleinen für Familien, Gemeinden, auch für ganze Klassen und Schichten innerhalb einer Gesellschaft. Und es gilt im Großen für Völker und Staaten. Es ist nicht nur denkbar, sondern findet vor unseren Augen statt, dass die Reparaturvorgänge mit der Ausbreitung der Schäden nicht Schritt halten, dass die Verzweiflung grassiert und zur Gefahr neuer Explosionen von Gewalt wird. Umso wichtiger ist die Entwicklung von wirksamen Gegenmaßnahmen im Sinne einer kulturellen Entwicklung, in deren Mittelpunkt die „Fähigkeit zu trauern" stünde, um die warnende Analyse von Margarete und Alexander Mitscherlich (1967, S. 13ff) aus der Nachkriegszeit thematisch, wenn auch nicht inhaltlich noch einmal aufzugreifen.

Damit habe ich weit ausgeholt. Dies ist aber die Konsequenz, wenn man sich mit dem Idealfall befasst: Man wird dann an dessen Gegenteil erinnert – und mit diesem Gegenteil haben wir es als Therapeuten seit den vergangenen Weltkriegen in unserem Land hauptsächlich zu tun –, nicht nur hier, sondern in der ganzen – nicht nur westlichen – Welt. Darum hat sich hier die Familientherapie, ausgehend von Amerika und angestoßen von der Entwicklung der Psychoanalyse, seit einem halben Jahrhundert zu etablieren begonnen. Es hat sich in dieser Zeit gezeigt, dass zum Privileg einer immer geringeren Anzahl von Paaren geworden ist, was in den reichen, modernen Industriestaaten Normalzustand hatte werden sollen: eine Familie zu gründen, aufrechtzuerhalten und zu entfalten. Die wirkliche Geschichte weicht also bei uns erheblich von der Idealvorstellung ab. Und so ist es an der Zeit, genauer zu betrachten, wie sich das Heranwachsen von Eltern und Kindern unter großen Verlusten und wie sich die Belastung durch ungelebtes Leben – vor allem durch ungeliebte Liebe vorangehender Generationen – bei der intrafamilialen und transfamilialen Geltung der Stellvertretungsordnungen bemerkbar machen.

5 Kernkonflikte kindlicher Loyalität

Mit der Systematisierung der Stellvertretungsordnungen habe ich aufgezeigt, welche Aufgaben sich für Nachfolgende ergeben, sofern in Familien bestimmte Personen fehlen und deren Positionen durch Stellvertreter besetzt werden müssen. Der empirische Nachweis dafür wurde als durch die Betrachtung von Relationalität und Komplementarität biographischer Ereignisse gegeben vorausgesetzt. In dem nun folgenden Kapitel gehe ich einen Schritt weiter und weise auf einige Komplikationen hin, die sich unmittelbar aus den Stellvertretungsordnungen ergeben, wenn Stellvertreterpositionen unbesetzt bleiben und wenn die unerfüllten bzw. unerfüllbaren Aufgaben an die Stellvertreter von Stellvertretern übertragen werden. Es handelt sich dabei also eigentlich um eine *sekundäre* Problematik. Denn die primäre Problematik ist ja die, dass Stellvertretung an sich schon nicht funktionieren kann, sobald ihre ursprünglich spielerische Funktion in Lebensernst umschlägt. Die sekundären Probleme zeigen sich dort, wo bereits im Spiel etwas nicht gelingen kann, weil nämlich unter den gegebenen familialen Bedingungen die Spielregeln selbst jegliches Gelingen ausschließen.

5.1 Existenzielle Verbindlichkeiten

Auch in der Liebe zwischen Mann und Frau geht es letztlich darum, Frieden zu schaffen und zu bewahren. Wenn ein Paar sich findet, dann finden die beiden Beteiligten einander aufgrund der Verbindlichkeiten, in deren Abhängigkeit sie sich seit Geburt bewegen. In der Not dieser Verbindlichkeiten liegt die unsichtbare Macht, die sie zusammenführt. Denn in gegenseitiger Ergänzung hoffen sie, die jeweils eigene Not zu beheben: Sie brauchen einander, um der Nötigung, Qual und Bedrohung zu entgehen, die sich aus ihrer Abhängigkeit ergeben. Diese Abhängigkeit nämlich erwächst ihnen aus der Verpflichtung, in die sie mit dem Empfang ihres Lebens geraten sind. Somit bezieht sich die Not der Abhängigkeit auch auf den drohenden Entzug des Lebensrechts. Sie ist an das Leben selbst gebunden.

Bei der Zeugung wird ein Teil der Verbindlichkeiten, die zwischen Mann und Frau wirken, einem Kind als „Schuld“ übertragen. Das Kind nimmt die Kraft der Bindung als seine „Kernkräfte“ in sich auf. Es hält gleichsam in sich einige der Fäden zusammen, durch die vor der Zeugung die Eltern als Paar aneinander gebunden gewesen sind. Diese Verhältnisse zwischen Eltern und Kind lassen sich bildhaft darstellen, indem man die Bindungen zwischen Mann (Quadrat) und Frau (Kreis) durch Verbindungslinien symbolisiert (Abb. 5.1).

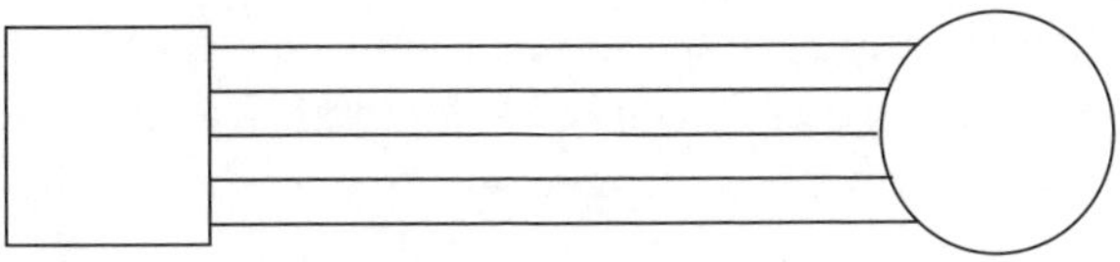

Abb. 5.1: Paarbindung

Ein Kind, das aus dieser Verbindung hervorgeht, soll als ein männlich-weibliches Mischwesen in der Weise symbolisiert werden, dass es in seinen Umrissen sowohl runde als auch gerade bzw. eckige Formen aufweist. Seine Machtlosigkeit wird durch die Dunkelheit, die Schwärze zum Ausdruck gebracht, womit es zunächst alle Strahlen gleichsam nur auf sich hin sammelt, sich also zuerst beleuchten lässt wie ein Mond, der für uns Menschen als Neumond dunkel und unsichtbar bleibt, solange er nicht imstande ist, die Strahlen der Sonne zur Erde zurückzuwerfen.

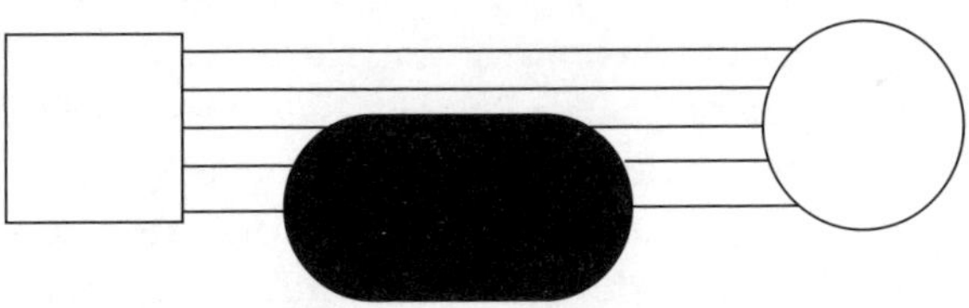

Abb. 5.2: Paarbindung und Schwangerschaft

Ein Teil der zwischen den Eltern wirkenden Verbindlichkeiten ist in der Schwangerschaft von beiden Seiten her auf das Kind übergegangen und wird von diesem aufgenommen. Vom Kind geht noch keine wirkliche Kraft aus, sondern die Eltern erblicken in ihm zunächst noch weitgehend sich selbst bzw. ihre Verbindlichkeiten: Schauen sie das Kind an, so ist es, als ob sie in einen Spiegel ihrer Verbindlichkeiten sehen. Umgekehrt: Es ist, als ob das Kind ihnen das spiegelt, was es im Grunde ihrer Herzensbindung entdeckt. Nicht seine Körperformen und Körperkräfte sind seine Wirklichkeit, sondern die elterlichen Gefühle wirken in ihm. Es bildet lediglich den Anlass für gute, zustimmende oder aber schlechte, ablehnende Gefühle seiner Eltern – und verwirklicht diese in zuvorkommender Weise, d. h. noch bevor sie auf Seiten der Eltern zum Ausdruck kommen. Das Kind betätigt sich als Geburtshelfer der elterlichen (Ohnmachts-)Gefühle. Anders gesagt: Es führt Situationen herbei, die den Eltern Gelegenheit bieten, sich all den Gefühlen von Trauer zu stellen, die zu ertragen ihnen nicht möglich gewesen ist, als dies ursprünglich notwendig gewesen wäre. Damit vervollständigt es unwillkürlich ihr Leben um den Teil, dessen Lebendigkeit an der ungetrauerten Trauer zuvor zugrunde gegangen und zu einer Art Scheintod erstickt ist.

Die ursprünglich bisexuelle Anlage der menschliche Seele, auf die Sigmund Freud hingewiesen hat, ist damit angedeutet. Sie rührt von der bisexuellen Quelle der menschlichen Zeugung: von der Tatsache, dass im Leib eines jeden Menschen Vater und Mutter sich in Liebe zusammengefunden haben. Und diese Liebe, deren Macht in der Verleihung des Lebensrechts an das Kind wirksam geworden ist, bindet ursprünglich das Lebensrecht an die Pflicht zur Übernahme der in ihr wirkenden Verbindlichkeiten. Diese sind im Grunde Thema, wenn von „Erbsünde" oder „Karma" die Rede ist.

Insofern verfügt das Kind anfangs noch nicht über seine körperlich sichtbare und für die Wirklichkeit bereitliegende geschlechtliche Differenzierung. Erst die geistige Entwicklung des Kindes bringt auch die ganze leibliche Macht seiner Geschlechtlichkeit zur Reife. Die Vollständigkeit und Versöhntheit seiner sexuellen Polarität ist gewissermaßen ein Gradmesser für den Stand der Selbstwerdung des Kindes.

In der Abbildung 5.3 soll die Tendenz zur Umkehr des Wirkungsgefüges zwischen Eltern und Kind durch eine Umkehrung des Strahlengangs dargestellt werden, und zwar so, dass das Symbol des Kindes erstens allmählich seine anfängliche Schwärze verliert und zweitens an Eindeutigkeit seiner sexuellen Zuordnung gewinnt.

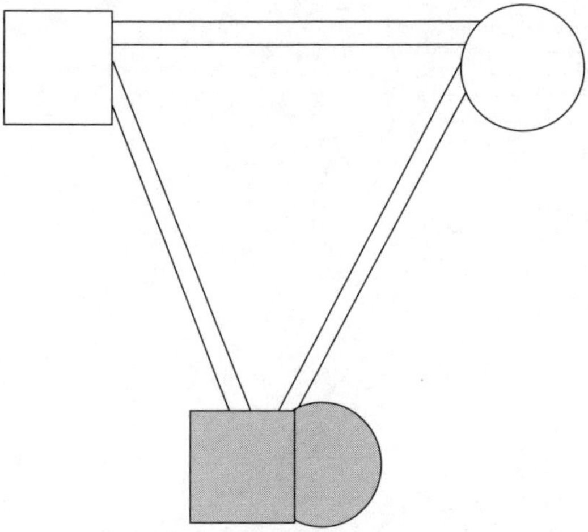

Abb. 5.3: Übertragung der Verbindlichkeiten vom Paar auf das Kind

Jedenfalls vermindert sich die Verbindlichkeit zwischen den Eltern allein schon durch die Tatsache, dass sie das Kind in die Welt gesetzt haben. Es muss sich dann zeigen, ob die Bindungen zwischen den Eltern anschließend ausreichend zahlreich und stark sind, um über den Prozess der verantwortlichen Elternschaft hinaus lebendig zu bleiben. Das Kind selbst übernimmt seinen Eltern gegenüber die Aufgabe, die beide einander wechselseitig *nicht* zu erfüllen vermögen. Das schließt unter Umständen die Übernahme einer Rolle des ihm nicht eigenen, also des ihm fremden, anderen Geschlechts ein.

Die Entwicklung des Kindes zum Erwachsenen ist – im idealen Fall – abgeschlossen, sobald es imstande ist, den Eltern ihre verbleibenden Verbindlichkeiten in realistischer Weise zu überlassen und die ihm aus seiner Kindschaft erwachsene Aufgabe der Würdigung seiner Lebendigkeit selbstbewusst in eigener Regie wahrzunehmen. Dieses Stadium erst ermöglicht die zweifellose Annahme des eigenen Geschlechts – im hier dargestellten Fall die Hinnahme des körperlich männlichen Geschlechts.

Um diesen Reifegrad zu erreichen, ist die Hilfe einer Partnerin erforderlich, die für den Mann die Aufgabe übernimmt, die in ihm verborgene Weiblichkeit seiner Mutter zur Erscheinung und zur Geltung zu bringen. Entsprechendes gilt im umgekehrten Fall.

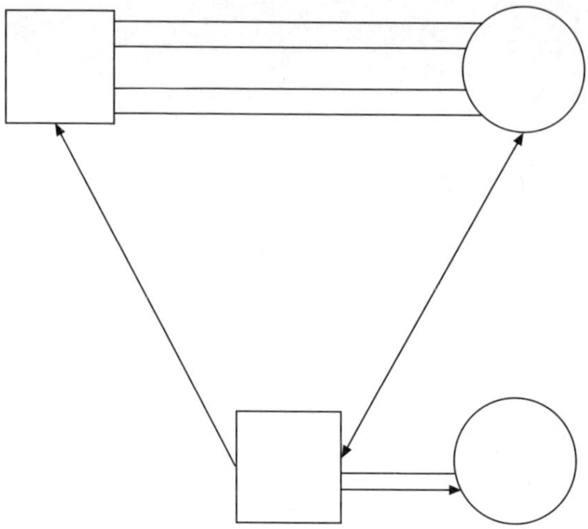

Abb. 5.4: Übertragung übernommener Verbindlichkeiten vom Sohn auf dessen Partnerin

In Psychodrama, Gestalttherapie und Transaktionsanalyse gibt es bereits vielfältige Zugänge zur kreativen therapeutischen Bearbeitung übertragener Verbindlichkeiten und der damit einhergehenden leidvollen existenziellen Brüche, die die unbewusste biographische Orientierung nachfolgender Generationen zur Geltung bringt. Unter den Voraussetzungen, die die Kenntnis der Stellvertretungsordnungen bietet, klärt sich aber manches auf, was daran bislang rätselhaft geblieben ist. Die folgenden Abschnitte beanspruchen keineswegs, eine vollständige Liste möglicher Kernkonflikte des Lebens zu liefern, sondern sollen lediglich beispielhaft illustrieren, wie sie sich der aufgezeigten gesetzmäßigen Dynamik gemäß den Leibern einprägen.

5.2 Dramen des „falschen Geschlechts"

Das Kind erst ist sozusagen jenes leibliche Ganze oder, biblisch ausgedrückt, jenes „ein(e) Fleisch", zu dem die Eltern werden müssen, indem sie einander als Hälften gegenseitig „wieder-gut-machen". Und sowohl die Tragik als auch die Lust des menschlichen Lebens beruht zu einem nicht geringen Anteil darauf, dass jedes Kind, obwohl es doch aus Vater und Mutter, aus zwei Geschlechtern eben, zusammengesetzt ist, doch nur wieder als eine – wenn auch unverwechselbar neue – Hälfte ganz sein darf. Sein Leben steht unter der Drohung und dem Antrieb der Tatsache, dass es zwar die gegenseitige Ergänzung und Würdigung, die gegenseitige Vergötterung seiner Eltern darstellt, aber dadurch nicht zum Gott zu werden vermag, sondern ein Mensch in seiner Halbheit bleibt. Die mythische Gestalt jener seltsamen mächtigen Doppelwesen mit vier Armen und Beinen sowie zwei Köpfen, die den ursprünglichen Wahn von der selbstgenügsamen Güte des Kindes darstellen und deren Trennung durch die Götter das Drama der Geschlechterbeziehung eingeleitet haben und die Platon im „Gastmahl" (1993, S. 31) wiedergibt, ist zwar berühmt geworden, dadurch aber nicht eben besser verstanden worden als schlichte Umkehrung dessen, was bei jeder Zeugung wirklich geschieht.

Die einfache Tatsache, dass für die Fortsetzung des Lebens beide Geschlechter erforderlich sind und zusammenwirken müssen, bringt eine Komplikation der Stellvertretungsfunktionen mit sich, die in ihrem Gewicht gar nicht überschätzt werden kann. Denn es ist nun einmal so, dass die Eltern das Leben, das sie beide von ihren Vätern empfangen haben, nur an einen Sohn weitergeben, während sie das Leben, was sie von ihren Müttern empfangen haben, nur an eine Tochter weitergeben. Wird nur ein Sohn geboren, dann wirkt das nach Maßgabe des Ausgleichsprinzips auf leiblicher Ebene so, als blieben die Eltern ihren Müttern gegenüber in einer uneingelösten Verpflichtung. Diese aber nimmt der betreffende Sohn auf sich. Dasselbe gilt natürlich sinngemäß für eine Tochter. Die Wirkung relativen sexuellen Ungenügens beginnt im Falle, dass ein Großelternteil bereits verstorben ist, sobald das Geschlecht des Kindes sichtbar wird. Ist das Geschlecht für die Eltern sozusagen „nutzlos", dann wirkt dies, als müsse sich das Neugeborene in eine zweite Haut von Scham hüllen, weil es einer ihm ganz elementar zugewiesenen Aufgabe nicht gerecht zu werden vermag.

Die Auswirkungen dieser Art primärer Ohnmachtserfahrung sind erheblich und finden sich in multiplen psychischen und physischen Erkrankungen wieder, die eine eigenständige Untersuchung erfordern, insbesondere was die resultierenden Organsymptomatiken betrifft. Statistisch betrachtet, ist jedenfalls in Kriegszeiten und Nachkriegszeiten, wenn massenhaft Männer umgekommen sind und mit ihrem Ausbleiben schwere Wunden in die Seelen ihrer Hinterbliebenen geschlagen haben, die primäre Belastung der nachgeborenen Mädchen quälender als die der Jungen. Die Ohnmachtserfahrungen der Jungen treten dann, ebenfalls statistisch betrachtet, erst in einem etwas späteren Alter ein, dann nämlich, wenn sie dem Druck der in sie gesetzten unbewussten Hoffnungen der beteiligten Frauen erliegen.

In der Dynamik der leiblichen Zugehörigkeit, wie sie aus der Weitergabe des Lebens folgt, ist nun die Situation eines Kindes, das nur gleichgeschlechtliche Geschwister hat, im Prinzip gleich gelagert und ebenso dramatisch wie das Schicksal eines Kindes, dessen gegengeschlechtliches Geschwisterkind vor seiner Geburt verstorben ist. Denn auch in solchen Fällen fehlt den Eltern das andere Geschlecht unter ihren Kindern.

Ganz ähnlich liegen die Verhältnisse, wenn den Eltern kurz vor oder nach der Geburt eines Kindes ein naher Angehöriger mit anderem Geschlecht unter Hinterlassung einer sehr schmerzhaften Lücke verlustig gegangen ist. Dazu zählen Großeltern, Geschwister der Eltern, aber auch Partner der Eltern. Und es geht dabei nicht grundsätzlich, sondern nur zumeist um Verlust durch Tod. Andere Formen von Verlust wirken durchaus ähnlich: Trennung, Scheidung, Treuebruch, Verlassen infolge von Krankheit, Tod oder Kriegseinsatz, räumliche Abwesenheit infolge beruflicher Verpflichtungen, Gefangenschaft usw. Der Verlust kann unter bestimmten Bedingungen auch bestimmte wichtige Funktionen betreffen, zum Beispiel sexuelle Unverfügbarkeit infolge von Impotenz, Frigidität und Zeugungsunfähigkeit.

Das alles wirkt unabhängig davon, was Eltern oder Kinder zu diesem Thema sagen oder denken mögen, ja sogar unabhängig davon, was sie verspüren. Denn die primäre Bedürftigkeit des Elternpaares nach Verfügbarkeit von deren Angehörigen ist eine *objektive*, und als objektive Verfügbarkeit wirkt sie wie ein Geheimvertrag, durch den die Kinder auf gleichsam magische Weise verpflichtet werden, entweder ihren Eltern jene fehlenden Dritten zu verkörpern oder aber die „Schuld“ zu tragen, sofern sie der Verpflichtung nicht nachkommen.

Die Wechselseitigkeit der Leugnung und Abwertung des jeweils anderen Geschlechts ist darum grundsätzlich als das Resultat einer Krise zu betrachten, in die ein Mensch gerät, wenn zwar ein Junge geboren wird, dieses Kind aber seinen Eltern weibliche Vorfahren zu verkörpern hat – oder aber umgekehrt: wenn ein Mädchen geboren wird, das von seinen Eltern als Repräsentant männlicher Vorfahren gebraucht wird. Die Unfähigkeit zu trauern aufseiten der Eltern vorausgesetzt, hängt das Drama des „falschen Geschlechts“ primär von drei Bedingungen ab: erstens von der Schwere der betreffenden Verluste aufseiten beider Eltern, zweitens von der Anzahl der Kinder und drittens von dem Geschlecht dieser Kinder.

Allgemein kann man also sagen: Je schwerer der Verlust gegengeschlechtlicher Angehöriger vor der Geburt eines Kindes für beide Eltern wiegt und je öfter und intensiver die Eltern den erfolglosen Versuch unternommen haben, diese Verluste durch Zeugung und Geburt eigener Kinder auszugleichen, desto schwerer wiegt die den vorhandenen Kindern eingeborene „Schuld". Und je schwerer sie unter diesem Mangel zu leiden haben – einem Mangel, der ihr Geschlecht zum Kristallisationskeim tief verwurzelter Schuldgefühle macht –, desto größer ist die Versuchung, dem fehlenden anderen Geschlecht die Würdigung zu entziehen und es innerlich – in der Phantasie oder schon diesseits jeder Phantasie – entweder als die Inkarnation des Bösen abzuurteilen oder ihm jedes Gewicht und jede Wirklichkeit zu rauben.

Das Übermaß an Trostlosigkeit und Verstricktheit auf der einen Seite wird durch ein Übermaß an Schuldigkeit und Verantwortlichkeit auf der anderen Seite kompensiert, und es entsteht eine Blindheit für die Güte des anderen Geschlechts. Hat ein Kind seinen Eltern das vermisste andere Geschlecht zu verkörpern, so stürzt es aus dieser unaufhebbaren Unfähigkeit zur *leiblichen* Lösung seiner Aufgabe auch häufig in eine Art von Verzweiflung, aus der es eine *geistliche* Errettung durch virtuelle Erlösung von den Fesseln seiner Leiblichkeit sucht. (Das *Geistige* möchte ich hier vom Geistlichen unterscheiden, um ihm seine begriffliche Klarheit zu bewahren.) Die wichtigsten Folgen aber sind symptomatische Scham, Angst, Wut, Unruhe, Erstarrung und Lähmung im Umgang mit dem anderen Geschlecht, das zugleich so maßlos begehrt wird, dass um seinetwillen die völlige Selbstaufgabe zur beständigen Versuchung wird. Die als Ausweg angestrebte Art von „Heiligkeit" jedenfalls entpuppt sich bei genauerer Betrachtung immer als eine *Scheinheiligkeit*, hinter der sich sämtliche Ohnmachtsgefühle mühselig verbergen, und die suchtartige Bedürftigkeit nach der von den Eltern vermissten leiblichen Vollkommenheit eines solchen Menschenkindes prägt das Ensemble seiner Heimlichkeiten, wie sie von Freud als „neurotische" Formen von Sexualbetätigung in der psychoanalytischen Symptomatologie entschleiert worden sind (Freud 1905/1948, S. 62). Grundsätzlich tragen aber alle quälenden sexuellen Exzesse Symptomcharakter, unabhängig davon, ob es sich um offene oder versteckte Darstellungen des von einem Menschen leibhaftig empfundenen Mangels am anderen Geschlecht handelt, also auch unabhängig davon, ob sie phantastisch oder real stattfinden.

Was ich zum „Drama des falschen Geschlechts" bisher angemerkt habe, ist nicht etwa eine extreme Sicht, sondern bezieht sich lediglich auf die extreme Tiefgründigkeit von Konflikten. Das Besondere, weshalb es sich lohnt, das Drama der Geschlechtlichkeit im Auge zu behalten, liegt in seiner scheinbaren Unsichtbarkeit. Es ist durchaus nicht so, dass erst das *Feigenblatt*, das zunächst von Adam und Eva benutzt und dann von Gott durch ein *Fell* ersetzt worden ist, den Ursprung dieser Dramatik existenzieller Scham *verdeckt*, sondern dieser Ursprung ist bereits primär darum unsichtbar, weil er nicht da ist, wo er gesucht wird: in der *Gegenwart*. Es befindet sich – als schon eingetretener Verlust – in der *Vergangenheit*, zuweilen sogar – als noch durchzustehender und zu verschmerzender Verlust – in der *Zukunft*. Es handelt sich also um die Nachwirkung eines unbetrauerten (oder gar um die Vorauswirkung eines absehbar nicht zu verschmerzenden) Verlustes, der in seiner überwältigenden Wirklichkeit nicht wahrgenommen, nicht durchgestanden werden kann. Dessen Besonderheit eben ist es, dass er sich eignet, gänzlich aus heiterem Himmel, bei ansonsten völlig normalen äußeren Bedingungen kriegsähnliche Zustände in eine Familie (oder Gruppe) zu tragen.

Die Polarität der Geschlechter erfährt innerhalb von Familien infolge von unsichtbar wirksamen Verlusten ganz unglaubliche Zuspitzungen und ist dann tatsächlich von einer Brisanz, wie sie ansonsten nur im Zusammenhang mit Todeserfahrungen gefunden wird. Verschärfende Bedingungen entstehen dort, wo das Schulderbe von Kindern, die das „falsche Geschlecht" bekommen haben, über Generationen angewachsen ist, beispielsweise wenn in der männlichen Linie immer nur Söhne gezeugt oder wenn in der weiblichen Linie immer nur Mädchen geboren werden. In solchen Ketten wächst ein Vernichtungspotenzial zwischen den Geschlechtern, das sich spätestens dann zerstörerisch auf die Partnerschaft von Eltern auswirkt, wenn das erste Kind geboren und in der Illusion der frischgebackenen Eltern zum „Bündnisgenossen" eines Elternteils gegen den anderen geworden ist. Die „ödipale Dynamik", die in der Psychoanalyse zu Recht einen so großen Raum einnimmt, hat hier ihren Ursprung (siehe dazu auch Kapitel 5.3).

Es bilden sich dort, wo solche schweren Konflikte um unsichtbares Unrecht auftreten, leidvolle Schicksalsbindungen, in denen sich aber im Grunde die Hoffnung auf Erlösung erhält – auf Erlösung von

Schuldlasten, und zwar durch den jeweils Anderen, der den Schlüssel zu dem Glück zu besitzen scheint. Dann lockt die Versuchung, dem anderen diesen Schlüssel zu entreißen, und wird zum Keim von neuem Unheil. Ohne an die Quelle des aufbrechenden Konflikts zu denken, wäre niemand der Beteiligten imstande zu begreifen, was da geschieht. Die Entschlüsselung kann nur gelingen, sofern die Gesetze der Stellvertreterdynamik Beachtung finden. So ist auch diese Entschlüsselung Voraussetzung für das Gelingen der in der Verzweiflung vergeblich gesuchten Liebe. Die Liebe der Geschlechter zueinander aber ist die Kraft, die den Trauerprozess über die Generationenfolge hinweg trägt und die Hoffnung auf dauerhaften und gerechten Frieden nährt.

Dass unter den Kindern eines Paares beide Geschlechter vertreten sind, ist in seinen präventiven Auswirkungen auf die Schuldverstrickung der Kinder kaum zu überschätzen. Der Bruder entlastet die Schwester von der unerfüllbaren Aufgabe, die Großväter zu vertreten, und die Schwester entlastet den Bruder von der unerfüllbaren Aufgabe, die Großmütter zu vertreten. Diese Entlastung erfolgt aber zuweilen *so* spät, dass man feststellen muss: Die Ablösung kommt *zu* spät, um noch viel zu retten. Es ist dann, als wäre ein großes Fest veranstaltet worden zu Ehren einer Person. Diese erscheint jedoch erst nach Mitternacht. Die Folge ist, dass unter den Gästen keine rechte Freude mehr aufkommen kann, weil sie sich nicht gewürdigt sehen. Insbesondere diejenigen unter den Gästen, die die Aufgabe hatten, für das Gelingen des Festes zu sorgen, sind dem Zuspätkömmling nicht mehr gut gesinnt. Dann hat es manchmal den Anschein, als wäre es besser gewesen, er wäre ganz fortgeblieben. Durch sein Erscheinen konfrontiert er seine Stellvertreter nun nur noch unmittelbar mit deren Ungenügen. Er muss darum all das aushalten, was bislang schon an Enttäuschung entstanden ist. Auch hier zeigt sich vor allem, dass die Leiblichkeit der Menschen in erster Linie eine geschlechtliche ist und dass das so ist, weil schon in der Geschlechtlichkeit, wie in jeder Begrenztheit, Einseitigkeit und Endlichkeit überhaupt, eine ursprüngliche Schuldigkeit gegenüber dem Ganzen begründet liegt.

Falls jeweils zwei Kinder beiderlei Geschlechts geboren werden, so obliegt ihnen neben der Stellvertretung der Großeltern auch die Stellvertretung ihrer Eltern. Dies umfasst auch die Aufgabe, das in den betreffenden Paarbeziehungen Fehlende mit auszugleichen. Es kann etwa die Folge haben, dass die Geschwister als virtuelles Paar sexuelle Probleme zur heimlichen Darstellung bringen, die auf der Ebene der

Eltern und Großeltern bestehen bzw. bestanden haben. Voraussetzung dafür ist, dass diese Probleme nicht mit der Hilfe von anderen Partnern der Geschwister ausgedrückt werden können. Damit allerdings eine manifeste inzestuöse Beziehung zwischen den Geschwistern entsteht, ist ein hohes Maß an unbewusst wirkender Todesangst erforderlich. Die Betätigung der Sexualität ist hier nicht nur die einzige Möglichkeit, dem Tod Paroli zu bieten. Sie ist – insbesondere angesichts sozialer Strafdrohung – auch häufig der Weg, um die der Symptomatik ursprünglich zugehörigen, unbewusst übertragenen Schuldgefühle – scheinbar aus der Aktivität der Beteiligten – neu zu begründen.

Falls zwei Jungen und ein Mädchen geboren werden, so bildet der erste Junge mit dem Mädchen das virtuelle Paar, das stellvertretend für die beiden Großeltern steht, und der zweite Junge bildet mit dem Mädchen das virtuelle Paar, das für die Eltern steht. Dasselbe gilt entsprechend bei zwei Töchtern und einem Sohn.

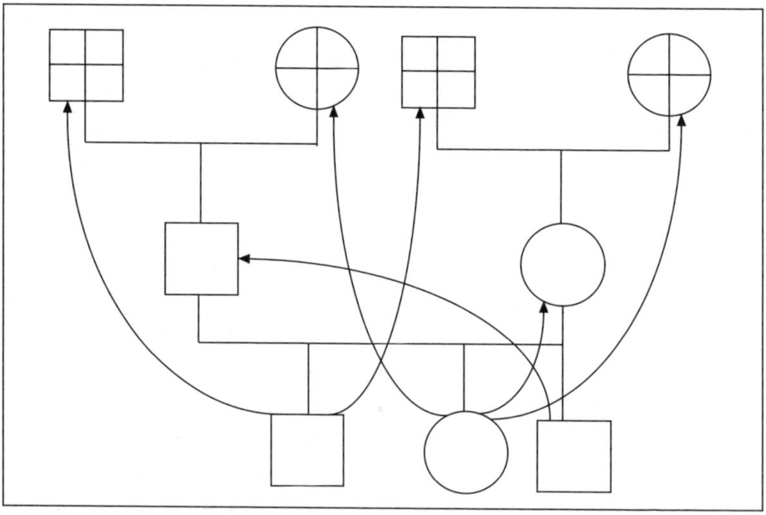

Abb. 5.5: Virtuelle Paarbildung unter den Geschwistern

Bei drei Mädchen und einem Jungen oder drei Jungen und einem Mädchen fühlt sich das zweite Mädchen bzw. der zweite Junge des eigenen Geschlechts nicht sicher und flüchtet sich vor dem gleichgeschlechtlichen Elternteil zum gegengeschlechtlichen, um dort eine – immer nur oberflächliche, nicht tragfähige – Bestätigung für die Güte des eigenen Geschlechts zu erfahren.

5.3 Die „ödipale Situation"

Der betonte Pfeil in der folgenden Abbildung (5.6) vom zweiten Sohn zum Vater und die doppelten Konturen des Quadrats sollen die besondere Belastung des zweiten Sohns durch eine scheinbare Konkurrenz mit dem eigenen Vater andeuten. Der *Anschein von Konkurrenz* entsteht dadurch, dass die Mutter ihm die Unterstützung zu geben versucht, die ihm wegen seiner *mangelnden Achtung für den Vater*, an dessen *Abwesenheit* er aus Gründen des Selbstwertgefühls Interesse zeigt, von diesem spontan versagt wird. Verstärkt wird der Anschein von Konkurrenz zwischen Vater und Sohn dadurch, dass der zweite Sohn ein besonderes Bemühen zeigt, für den Vater wenigstens eine wichtige Funktion zu übernehmen, nachdem er dem Vater, der als zweites Kind unbedingt ein Mädchen gebraucht hätte, ansonsten wenig nützen zu können scheint. Er dient also dem Vater, indem er ihn gerade in dessen Abwesenheit bei der Mutter zu vertreten versucht. Im Grunde steht er komplementär für den Mann, den die Mutter nicht in Besitz nehmen kann; sie hätte ihren Ehemann aber besitzen müssen, um gegenüber den eigenen Eltern das männliche Geschlecht vorweisen zu können, das ihr fehlt.

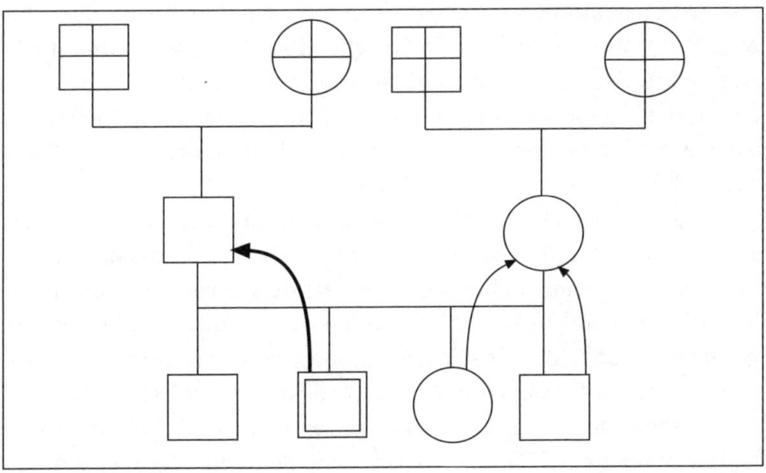

Abb. 5.6: Eine typische „ödipale" Situation

Durch seine Abwesenheit gibt der Vater der Mutter unbewusst Gelegenheit, sich ihres Besitzes am zweiten Sohn zu erfreuen. Und die einzige Tochter ist es dann, die ihn aus denselben Gründen für den Mangel entschädigt, der ihm als Einzelkind seiner Eltern in geschlechtlicher Hinsicht entstanden ist. Der dritte Sohn ist der eigentliche Stellvertreter der Mutter gegenüber deren Eltern. Insofern entwertet er den zweiten Sohn tendenziell und beeinflusst ihn dahingehend, die Abwesenheit des Vaters als Chance für eine Aufwertung durch die Mutter zu nutzen. Der Keil zwischen Vater und zweitem Sohn wird durch den dritten Sohn also vertieft.

Es kommt zu einer leidvollen Ausweitung dieser Dynamik, wenn die Eltern deren Selbstlauf nachgeben und meinen, dass dieser zweite Sohn den Vater nicht liebe. Tatsächlich liebt er den Vater so sehr, dass er alles anstelle des Vaters zu tun bereit ist, was dieser der Mutter schuldig bleibt. Er ist, um dies nochmals ausdrücklich zu betonen, lediglich bemüht, das Fehlen des Vaters für die Mutter auszugleichen, und steht auf diese Weise ganz im Dienst beider Eltern, was diesen aber im Allgemeinen nicht bewusst wird. Deshalb geraten sie vorwiegend seinetwegen in Streit und entwerten wiederum sein Bemühen. Das wiederum führt dazu, dass er sich schlecht fühlt und seine frustranen Anstrengungen auf eine Weise verstärkt, die sein Gefühl der Schlechtigkeit zum Ausdruck bringt, also neuerlich Schuldvorwürfe nach sich zieht – ein Teufelskreis, der allzu häufig irreführend als „Ödipuskomplex" diagnostiziert wird. Irreführend ist diese Bezeichnung, weil infolge der Freud'schen Psychoanalyse damit unterstellt wird, der Sohn könne ein eigenes Interesse am Tod des Vaters entwickeln. Das jedoch ist mit Sicherheit zu verneinen. Die Liebe eines jeden Kindes zu beiden Eltern ist ja sein Lebenselixier und damit unauslöschlich.

Was über den „Ödipuskomplex" des zweiten von drei Söhnen gesagt worden ist, gilt entsprechend umgekehrt für das zweite von drei Mädchen, wenn nur ein Junge geboren wurde. Diese für alle Beteiligten leidvolle Dynamik verstärkt sich noch weiter, wenn es gar keinen Jungen bzw. gar kein Mädchen in der Familie gibt oder wenn mehr als drei Kinder eines Geschlechts ohne Vertreter des anderen Geschlechts unter den Geschwistern vorhanden sind, wie es auch bei Einzelkindern der Fall ist. In solchen Situationen ist die „ödipale Dynamik" auch ein Ausweg, um die Schuldproblematik des „falschen Geschlechts" sowohl zu überspielen als auch zum Ausdruck zu bringen.

In dem grafisch dargestellten Beispiel (Abb. 5.7) hätte die Tochter für ihren Vater ein Sohn sein müssen, weil dessen Vater vor ihrer Geburt gestorben ist. Indem sie emotional an die Stelle der Mutter gerückt wird, erhöht sich ihr scheinbarer Wert insofern, als sie die Rolle der dem Vater fehlenden Schwester spielt und ihm in vielfältiger Weise die Schulden erleichtert, die ihm aus seiner Familie gegenüber seinen Eltern erwachsen sind. Zum Beispiel ist er durch den Tod seines Vaters zum Ersatzpartner seiner Mutter geworden. In der innigen emotionalen Beziehung zwischen Vater und Tochter finden sich mehrere Komponenten vereint, die allesamt den Ausschluss der Mutter zum Ziel zu haben scheinen, tatsächlich aber nur der Mutter Stellvertretungsaufgaben ersparen, die sie ohnehin nicht erfolgreich leisten könnte. Dennoch wird das Ergebnis einer geheimen komplementären Kooperation zwischen Mutter und Tochter als ein spannungsreicher Konflikt zwischen diesen beiden erlebt.

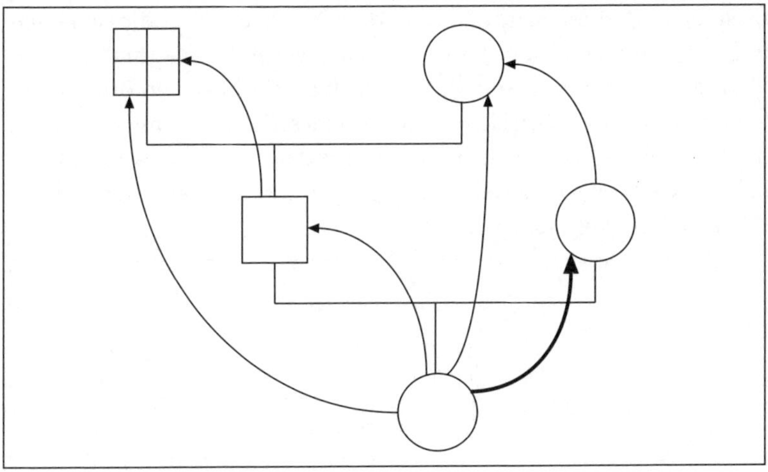

Abb. 5.7: Die Kalamität eines Einzelkindes

In Zeiten, in denen massenhaft ein Geschlecht dezimiert worden ist – die Männer an der Kriegsfront, die Frauen an der Gebärfront (vor allem bei der Ausbreitung des Kindbettfiebers mit dem Beginn der Krankenhausgeburten) –, ist es durchweg gefährlicher, mit dem Geschlecht geboren zu werden, das dann im Überfluss vorhanden ist – gefährlich darum, weil es ebenso unwillkürlich wie zwangsläufig Missachtung und Erniedrigung nach sich zieht, die Eltern hinsichtlich des eigenen Geschlechts zu enttäuschen. Es ist aber auch nicht automatisch ungefährlich, mit demjenigen Geschlecht geboren zu werden, an dem Mangel herrscht. Denn Abwertung und Aufwertung sind eng aufeinander bezogen, schlagen rasch ineinander um und wirken aufgrund ihrer Maßlosigkeit in jedem Fall als Unrecht.

Es leuchtet unmittelbar ein, dass die Kalamität des „falschen Geschlechts" einer Tochter oder eines Sohnes sich dynamisch verändert, wenn zu dem ersten weitere gleichgeschlechtliche Kinder hinzukommen. Die „Schuld" der Geschlechtlichkeit wird wie ein Staffelstab weiter getragen von einem Kind auf das nächste. Im Ergebnis bleibt sie aber bei allen und wird von allen nur auf unterschiedliche Weise verkörpert und im Leben zum Ausdruck gebracht. Die Unterschiede im Schicksal dieser Verstricktheit in die Mangelhaftigkeit des „falschen Geschlechts" sind abhängig von den anderen Stellvertretungsaufgaben und zeigen sich im Leben als Unterschiede des Versagens und der Versagungen, auch als Unterschiede weiterer Übertragungen, zum Beispiel an Partner, Kinder und andere Nächste. Die „ödipale Dynamik" des zweiten Kindes wird in einem solchen Fall dadurch intensiviert, dass die Schuldigkeit, das andere Geschlecht zu verkörpern, unter diesen Geschwistern ein besonders hohes Maß annimmt, und damit die Versuchung wächst, sich hinsichtlich der eigenen Geschlechtlichkeit der Gunst insbesondere des gegengeschlechtlichen Elternteils zu vergewissern (vgl. Abb. 5.8).

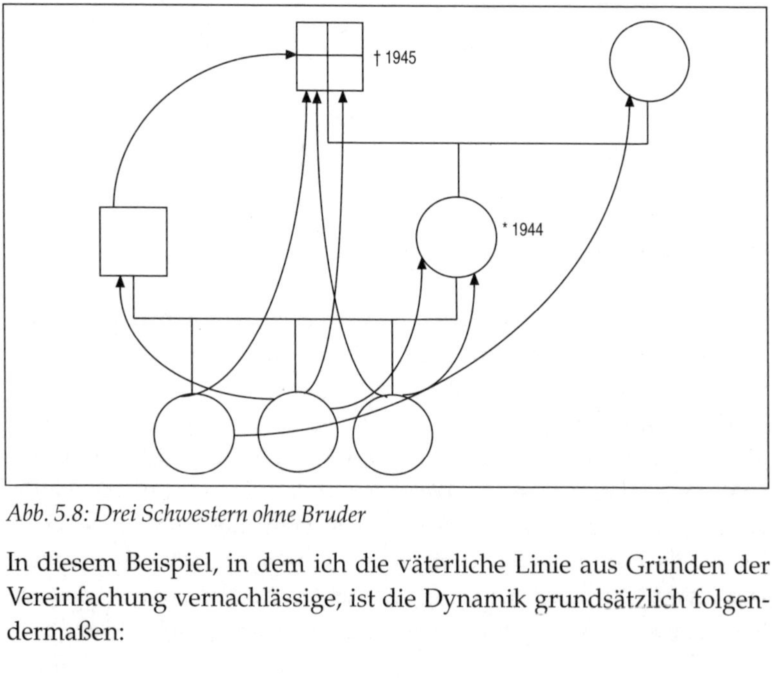

Abb. 5.8: Drei Schwestern ohne Bruder

In diesem Beispiel, in dem ich die väterliche Linie aus Gründen der Vereinfachung vernachlässige, ist die Dynamik grundsätzlich folgendermaßen:

a) Die erste Tochter wird als Erste mit dem Mangel ihres Geschlechts konfrontiert, da sie nach dem Tod des Großvaters mütterlicherseits geboren wird. Ihr obliegt es jedoch als erster Tochter, auch die Mutter der Mutter zu verkörpern. In dieser letzteren Funktion findet sie ihren Halt. Insgesamt wird sie sich aber bemühen, der Mutter beide Eltern als „Mutter" zu ersetzen, und zwar „besser", nämlich gehorsamer, als es schon die wirkliche Mutter zu tun versucht hat, nachdem der Großvater gestorben war. Da die erste Tochter auch die Funktion hat, ihrem Vater dessen Mutter zu ersetzen, ist sie ihm gegenüber in positiver Weise bedeutsam und hat grundsätzlich keine ablehnende Haltung des Vaters zu befürchten.
b) Die zweite Tochter wird als Zweite mit dem Mangel ihres Geschlechts konfrontiert. Sie trifft auf eine gesteigerte Erwartung der Eltern, dass nun ein Junge zu kommen habe, und sie verkörpert daher in erhöhtem Maße die Tatsache, dass ein Repräsentant des männlichen Geschlechts fehlt. Die Folge ist, dass sie von den Eltern in die Position einer Ersatzgeliebten gezogen und gedrängt wird, d. h. als Stellvertreterin der eigenen Mutter fungiert, und dass sie sich dem Vater als solche anbietet. Ihre Aufgabe ist dann, dem Vater zu bieten, was dieser an seiner Ehefrau vermisst – im Guten wie im Bösen. Grundsätzlich aber ist es unter ausschließlich gleichgeschlechtlichen Kindern die Aufgabe des zweiten, Partnerschaftsaufgaben für beide Eltern zu leisten. Da der Vater bereits mit dem Großvater mütterlicherseits identifiziert ist, übernimmt die zweite Tochter diese vordringliche Aufgabe von ihm, um sie der Mutter gegenüber zu erfüllen.
c) Die dritte Tochter wird als Letzte mit dem Mangel ihres Geschlechts konfrontiert. Sie verkörpert in diesem Beispiel zugleich den letzten Versuch der Eltern, einen Sohn zu bekommen. Insofern liegt bei ihr die höchste Intensität des Scheiterns. Sie ist aber zugleich diejenige, die die Fürsorge der Eltern nicht mehr an ein jüngeres Geschwisterkind abzugeben hat. Üblicherweise ruft sie den größten Hass der Ältesten auf sich. Diese übernimmt (ähnlich wie in der Genesis Kain gegenüber Abel) gleichsam die ablehnenden Gefühle der Eltern und sorgt dafür, dass sich die Eltern immer noch als relativ gute Eltern behaupten können, indem sie ihren Mangel an echter Liebe durch Überfürsorglichkeit und Verwöhnung übertünchen. Diese Arbeitsteilung zwischen

Eltern und ältester Tochter kann in selteneren Fällen auch umgekehrt stattfinden. Die dritte Tochter verbündet sich meist gern mit der zweiten gegen die erste, die als Einzige ein primäres Recht auf Weiblichkeit genießt. Die zweite Tochter nimmt die Kumpanei mit der dritten zumeist an, schwankt aber zuweilen, ob sie sich nicht doch mit der ersten verbünden solle. (Das ist auch eine Frage des Altersabstands zwischen den Schwestern: Wenn die Jüngeren wesentlich jünger sind als die Älteste, verbünden sie sich gegen die Älteste. Ist aber die Jüngste wesentlich jünger als die beiden Älteren, wird sie von diesen isoliert.) Während die älteste Tochter die Symptome der Überverantwortlichkeit entwickelt, teilt sich die jüngste Tochter mit der zweiten das Problem, mit der Scham des „falschen Geschlechts" fertig werden zu müssen. Sie wählt zumeist den Weg einer bis zur Unverschämtheit reichenden Forschheit und verbündet sich in erster Linie und am festesten mit der Mutter, indem sie deren ungelebtes Leben in Unabhängigkeit vom Vater zu leben versucht, also eher zur übertriebenen „Emanzipation" neigt als die zweite Tochter. Auch alle anderen Träume, die die Mutter infolge ihrer Ehe nicht hat verwirklichen können, kommen als Lebensziele für die dritte Tochter in Betracht. – Ein wichtiger Aspekt im Leben der dritten Tochter aber ist es, dass sie das ungelebte Leben ihrer eigenen Mutter in deren Herkunftsfamilie zu leben hat. Das ist in diesem Fall dadurch bestimmt, dass die Mutter als Einzelkind den Vater im ersten Lebensjahr verloren und damit dessen Rolle gegenüber ihrer Mutter übernommen hat. Diese Tatsache kann für die dritte Tochter fatal werden, weil es ihr obliegt, das Scheitern der Mutter in dieser männlichen Rolle am eigenen Leib stellvertretend zum Ausdruck zu bringen.

Die Folgen des „falschen Geschlechts" sind weitestgehend unabhängig davon, ob die Eltern ihre Enttäuschung zeigen oder verbergen, ob sie sie offen demonstrieren oder nicht. Gefühle lassen sich vor Kindern nämlich ebenso wenig verheimlichen wie vor Tieren oder überhaupt vor leiblichen Wesen. Die Kinder erspüren, was den Eltern selbst verborgen bleibt, und bringen es dann anstelle der Eltern zutage. Die Aufgabe der stellvertretenden Gefühlsäußerung kann von den Eltern auf deren Kinder übergehen, die einander dann so behandeln, wie es die Eltern bewusst gerade verhindern wollen. In einem solchen – übrigens recht häufigen – Fall retten die Kinder den Eltern sozusagen deren Güte als Eltern: Die Eltern bleiben die Guten, und das Schlechte wird abgespalten und auf die Kinder übertragen. Nirgends wird deutlicher als hier, dass Kinder als abgespaltene Organe und Leibeigene ihrer Eltern fungieren, solange sie sich ihrer Kindschaft nicht bewusst und nicht ganz erwachsen sind. Das Erwachsensein zeigt sich darin, dass jemand selbst für sich entscheidet, was gut ist und was schlecht, und dass er sich das Recht nimmt, das Gute zu tun.

5.4 Verlust von Geschwistern

Die Kernkonflikte von Kindern, die Geschwister verloren haben, ob durch Tod, durch Fortgabe oder durch Verschweigen, sind ein großes Gebiet, das ich hier nur streifen möchte. Sie sind geprägt durch

a) die „Schuld", welche die Eltern beim Verlust dieser Geschwisterkinder auf sich genommen haben (Nichtwahrnehmen der elterlichen Fürsorge in allen Formen): Diese „Schuld" wird von Geschwistern und Halbgeschwistern, sogar von Adoptivgeschwistern übernommen;
b) die Funktion, die das verlorene Kind für seine Eltern hätte wahrnehmen müssen und nun nicht wahrnehmen kann: Auch diese Funktion wird von den verbliebenen Kindern der Eltern übernommen;
c) die Stellung, die die verbliebenen Kinder innerhalb der Familie aufgrund der Geburtenfolge (bzw. bei Pflege- und Adoptivkindern aufgrund der Reihenfolge ihres Erscheinens bei den Eltern) einnehmen.

Ich will im Folgenden zur Illustration zwei Beispiele bringen, die in die umfangreiche Problematik nur einführen:

Das erste Beispiel betrifft den in Kapitel 2.4 unter dem Stichwort „Versagensängste" vorgestellten Mann, dessen erster, ein Jahr vor ihm geborener Bruder nur wenige Stunden alt geworden ist und dessen Vater im Alter von 22 Jahren seinen Vater, den Großvater des Mannes, verloren hat. Auf meine Frage, was mit ihm passiert sei, als er 22 Jahre alt war, konnte er nichts Besonderes nennen. Da fiel mir ein, dass sein toter Bruder, den er im Dienst des Vaters zu vertreten hatte, bereits ein

Jahr zuvor 22 Jahre alt geworden wäre und dem Vater dessen früh verstorbenen Vater hätte verantwortlich ersetzen müssen. Also fragte ich, was zu genau jenem Zeitpunkt passiert war, als der Bruder des Mannes so alt gewesen wäre wie der Vater beim Tod des Großvaters. Die Antwort: Damals (als er selbst also erst 21 Jahre alt war) begann die Symptomatik, deretwegen der Mann 15 Jahre später zu mir in die Therapie gekommen war.

Eine typische sexuelle Problematik ist speziell in diesem Zusammenhang hervorzuheben: Ein Mann, der einen Bruder früh verloren hat und ihn für die Eltern vertreten muss, kann gewöhnlich keine Partnerschaft eingehen, ohne seinem toten Bruder gewissermaßen den Vortritt zu lassen. Er nimmt eine Frau im Dienst des Bruders, den er vertritt, und kann sie darum nicht selbst nehmen. Dasselbe gilt für eine Frau, die ihre früh verstorbene Schwester vertreten muss. Auch sie kann ihren Mann nicht für sich nehmen. Daraus resultieren sehr mannigfaltige Formen von Partnerschaftskonflikten, die mit dem Hilfsmittel des Genogramms, aber auch mittels Familienstellen allesamt als Ausdruck von ungetrauerter Trauer aufzuklären sind.

Das zweite Beispiel betrifft ebenfalls eine typische sexuelle Konfliktsituation. Es geht um einen Mann, dessen einziges Geschwisterkind, eine jüngere Schwester, kurz nach der Geburt verstorben war. Dieser Mann litt unter Impotenz und kam zur Therapie, weil seine Frau sich einen Liebhaber genommen und sich von ihm getrennt hatte. Er selbst hatte die Frau geheiratet, als er so alt war wie sein Vater beim Tod seiner Schwester. Mit seiner Frau zu schlafen, hatte für ihn die symbolische Bedeutung erlangt, bei seiner verstorbenen Schwester zu liegen. Er zog während der Ehe die Masturbation jeder anderen sexuellen Betätigung vor. Denn dabei übernahm er die Aufgabe eines Stellvertreters der Schwester im Dienst seiner Eltern selbst, indem er das ihm fehlende Weibliche mittels Phantasie ergänzte. Eine reale Frau dagegen schüchterte ihn ein und mahnte ihn eventuell an die Aufgabe, der Schwester in den Tod zu folgen. Der Tod seines Leibes wurde von der Reglosigkeit seines Geschlechts symbolisiert. Im Verhältnis zur Ehefrau zog er so die „Schuld" für das Versagen auf sich, das er sowohl seinen Eltern gegenüber fühlte, weil er kein Mädchen war und sie nicht besser über den Verlust der Tochter hinwegtrösten konnte, als auch seiner Schwester gegenüber, die er in ihrem Grab gewissermaßen allein ließ.

Die Zahl der symptomatischen Reaktionen auf die Unfähigkeit eines Kindes, die Eltern aus seiner Stellvertreterrolle heraus über den Tod von Geschwistern hinwegzutrösten, ist nicht absehbar. Von grundsätzlicher Bedeutung ist die Tatsache, dass früh verstorbene Kinder im Leben der Geschwister häufig dadurch vertreten werden, dass es zu Totgeburten und Abtreibungen kommt. Es ist dann so, als trete entweder der Schmerz, den der frühe Tod jener Kinder in ihren Familien ausgelöst hat, durch eine Totgeburt in abgeschwächter Form erneut zutage oder als werde das Schuldgefühl der Eltern angesichts des frühen Todes jener Kinder von den Nachfolgern dieser Eltern in die manifeste Schuld einer Tötung (durch Abtreibung) verwandelt. Jedes früh verstorbene, totgeborene oder abgetriebene Kind steht aber für eine Person, die nach dem Gefühl der Lebenden den Toten zugeordnet und zugeführt werden muss, um diese Toten über einen (von ihnen) im Leben erlittenen Verlust zu trösten.

5.5 Stellvertretung von Urgrosseltern

Ein weiterer Aspekt der Problematik des „falschen Geschlechts" verdient besondere Beachtung. Es handelt sich um die Stellvertretung von Urgroßeltern. Sie kommt erstens im Rahmen von Therapien relativ oft vor, und es macht zweitens erhebliche Schwierigkeiten der Diagnostik und dann auch der Therapie, wenn sie nicht erkannt wird. Diese Komplikation der Stellvertretungsordnung tritt regelmäßig dann auf, wenn in der Elterngeneration oder gar auch noch in der Großelterngeneration jeweils nur ein Geschlecht unter den Kindern vertreten gewesen, das andere Geschlecht aber besonders dringlich vermisst worden ist. Das ist bei dem Jungen des Paares der Fall, dessen Familienkonstellation ich bis zur Generation der Urgroßeltern genographisch zurückverfolgt habe.

Ein solcher Sohn, Enkel und Urenkel, der keine Schwester hat, dessen Vater und Großvater ebenfalls keine Schwestern haben, dessen Mutter und Großmutter aber keinen Bruder haben und dessen Urgroßmutter mütterlicherseits nach dem frühen Tod des Urgroßvaters noch lebt – ein solcher Junge hat das große Unglück, dass er weder Vater noch Großväter respektieren kann, sondern mit höchster Energie aus mütterlicher Linie zum Stellvertreter seines Urgroßvaters mütterlicherseits emporgehoben wird. Er kann spontan keinerlei Autorität über sich gelten lassen und tanzt folglich auch in der Schule bzw. in der Ausbildung den Lehrern, insbesondere den Lehrerinnen, auf der Nase

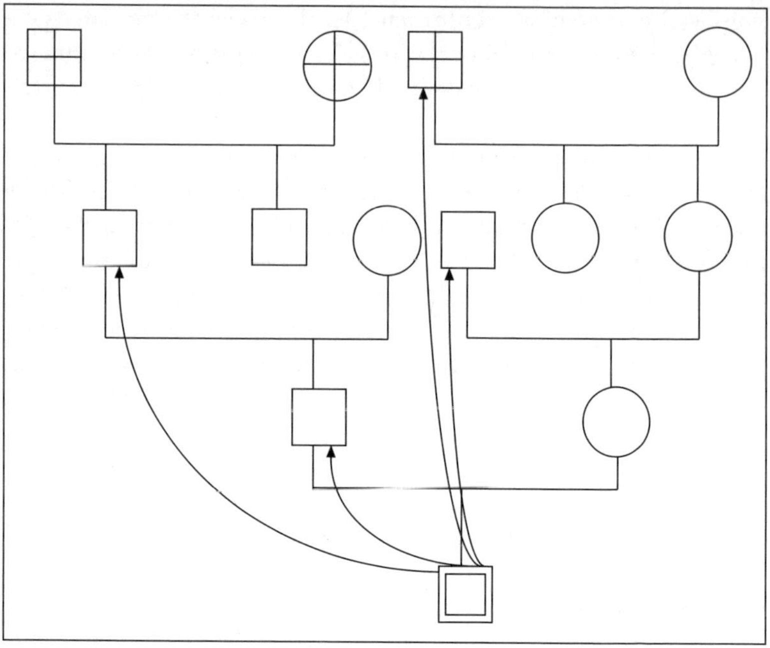

Abb. 5.9: Die Bedeutung des Urgroßvaters mütterlicherseits für den Sohn

herum. Im Grunde sehnt er sich zwar nach der elterlichen Autorität. Er vermisst sie aufs Innigste und trägt darum eine aufs Höchste gesteigerte Angst vor der Orientierungslosigkeit der Eltern und Großeltern mit sich herum. Diese Angst verwandelt er in Wut und bringt sie immer dann zum Ausdruck, wenn jemand sich anschickt, ihm die benötigte Sicherheit zu geben. Das ist für ihn das Signal für einen Härtetest, bei dem er die betreffende Person daraufhin prüft, ob sie es mit ihrer Autorität ernst meint und ob sie seine Attacken mit Souveränität zu beantworten vermag. Ein solches Kind ist zumindest in hohem Maße antiautoritär. Das heißt: Es vertraut nur solchen Autoritäten, die es einer Feuerprobe unterzogen hat. Oft aber misstraut er überhaupt allen Autoritäten und meidet jene Personen, die die Feuerprobe bestehen würden, wie der Teufel das Weihwasser.

Es gibt einen weiteren Aspekt der Stellvertretung, der im Leben eines solchen Jungen von symptomatischer Brisanz ist: Die Stellvertretung der vermissten männlichen Seite seiner eigenen Mutter, die mit seinem Vater um die Männlichkeit konkurriert und deswegen im Allgemeinen eine unglückliche Ehe führt, bringt ihn in einen – nur scheinbaren zwar, aber äußerlich unverkennbaren und hoch dramatischen – Gegensatz zum Vater. Die Gefahr einer Ehescheidung, die ohnehin unter solchen Voraussetzungen virulent ist, wird durch das Verhalten des Jungen insofern erheblich erhöht, als er beständig Öl ins Feuer gießt, ohne zu wissen, welcher Teufel ihn da reitet. Eine solche Ehe hat wenig Chancen auf Gelingen, sofern keine therapeutische Hilfe in Anspruch genommen wird, in der die Problematik richtig aufgegriffen wird. Betrachten wir das Genogramm noch einmal unter dem Aspekt der Stellvertretungsaufgaben der Mutter. Es zeigt sich dann die folgende transgenerationale Dynamik in der mütterlichen Linie:

Das unlösbare Problem der Mutter besteht darin, dass bereits seit zwei Generationen Töchter die Aufgabe hatten, ihre Mütter über den Verlust bzw. das Ausbleiben von männlichenFamilienmitglieder hinwegzutrösten, was ihrer sexuellen Konstitution widersprach und sie abhängig machte von männlichen Partnern, die diese Rolle übernahmen und eine bedrohliche Macht über die Frauen ausübten. Diese Macht übt ein Sohn nicht über seine Mutter aus – im Gegenteil: Er ist ihr Leibeigener und dient ihr bedingungslos. Seine Geburt lockert die Abhängigkeit der Frau von ihrem Ehemann und führt zur Ehekrise, weil nun der „Kronsohn" für all das zuständig ist, wozu vorher der Mann gebraucht wurde.

Umgekehrt findet die komplementäre Dynamik statt: Für den betreffenden Mann hat die Ehefrau die Aufgabe, seinen Mangel gegenüber den Eltern, vor allem gegenüber dem Vater, zu kaschieren und ihm jene Weiblichkeit zur Verfügung zu stellen, die in der männlichen Linie seiner Familie so schmerzlich gefehlt hat. Wenn sie nun keine Tochter bekommt, dann erhöht sich seine Abhängigkeit von der Ehefrau, und er fühlt sich als „Verlierer" in der Ehe. Dass er sich vor allem gegenüber seinem Vater wegen seiner fehlenden Weiblichkeit schuldig fühlt, führt dazu, dass er sich als Mann schuldig macht und sich beispielsweise eine Geliebte sucht – gleichsam als Gegenstück zu der Tatsache, dass seiner Ehefrau nun der Sohn als Ersatzgeliebter zur Verfügung steht. Indem er sich eine Geliebte sucht, macht er die Ehefrau quasi zu jener Tochter, die sie ihm bei der Geburt des gemeinsamen Kindes vorenthalten hat. Den Sohn empfindet er als nichtsnutzig, weil er all die Aufgaben, die er selbst im Dienste seines Vaters (z. T. auch seiner Mutter) nicht hat erfüllen können, als Junge ebenfalls schuldig bleiben muss.

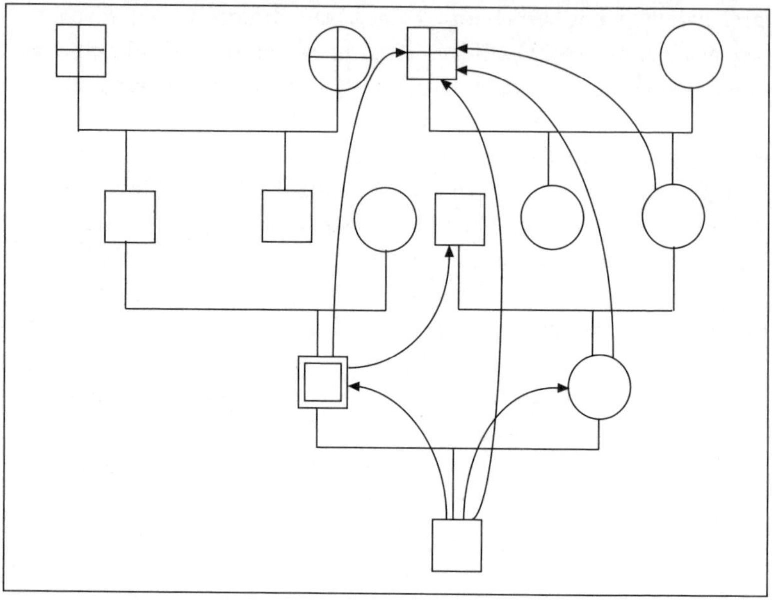

Abb. 5.10: Die Bedeutung des Urgroßvaters mütterlicherseits für den Vater

Dadurch, dass der Mann sich eine Geliebte nimmt, verwandelt sich seine Frau in eine „böse Tochter", die mit der Geliebten um die Rolle seiner Mutter, die er selbst ja nicht spielen kann, konkurriert und ihre Macht als Hausherrin zur Geltung bringt, indem sie ihn hinauswirft. Der Sohn steht zunächst intuitiv aufseiten seiner Mutter, zumal ihn die Inversion der weiblichen Rollen, die ihm der Vater überträgt, zutiefst ohnmächtig zurücklässt. Zum Zeitpunkt der Pubertät, wenn seine Stellvertretungsrolle ihn in einen – bewussten oder unbewussten, manifesten oder phantasierten – inzestuösen Konflikt mit der Mutter bringt, gerät er in eine existenzielle Krise, weil er seine Männlichkeit aus den Idealen seiner Mutter zu beziehen versucht und genau daran scheitert. Er müsste dann realistischerweise seine Männlichkeit vom Vater dankbar in Empfang nehmen und die Rolle eines funktionalisierten Ersatzgeliebten der Mutter aufgeben. Die Verdunkelung dieser Problematik liegt häufig der Drogensucht zugrunde, weil die emotionale Belastung förmlich nach Betäubung schreit.

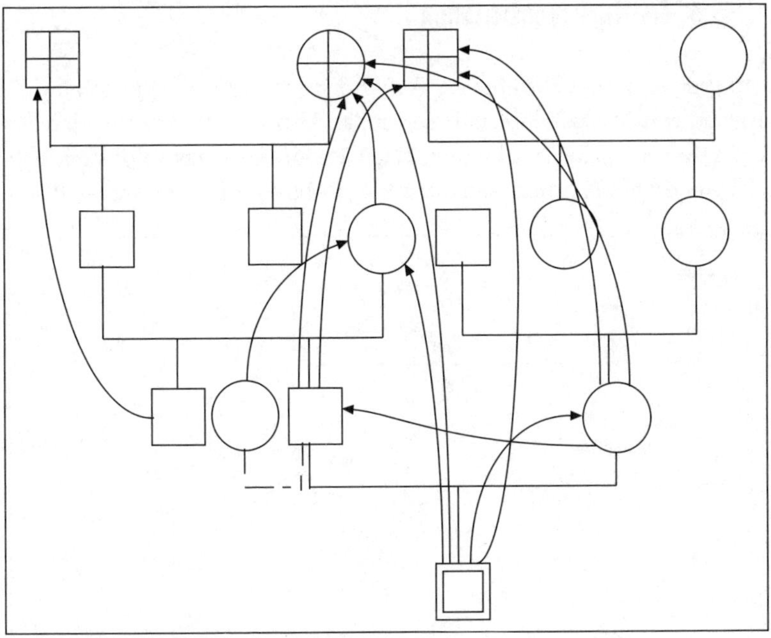

Abb. 5.11: Die Bedeutung von Urgroßeltern für die Übertragung einer sexuellen Konfliktsituation von den Eltern auf das Kind

In dem obigen Beispiel (Abb. 5.11) repräsentiert sowohl der Mann als auch die Frau das ganze Ausmaß dessen, was an geradezu mörderischer Enttäuschung seit mindestens zwei Generationen bei der Geburt und bei der Entwicklung der jeweiligen Kinder hat ausgehalten werden müssen, ohne wirklich ertragen werden zu können. Daraus erwächst zunächst eine schwere Hypothek für die partnerschaftliche Bindung in der Ehe. Und es entstehen Belastungen, unter denen die jeweiligen Versuche ehelicher Treue allzu häufig jämmerlich zusammenbrechen, weil sie dem Sog der Bedürftigkeit des betreffenden Elternteils nicht standhalten. Die Problematik ist aber immer auch eine von beiden Partnern, denn keine Mann heiratet eine derartig an den Vater gebundene Frau, wenn er nicht seinerseits entsprechend stark an die Mutter gebunden ist. Für das aus einer solchen Ehe hervorgehende Kind (hier ist es ein Sohn) dramatisieren sich die sexuellen Probleme weiter. (In der Abbildung 5.11 sind nur die Hauptsogrichtungen wiedergegeben.)

5.6 Eine Inzestkonstellation

Um die zuletzt beschriebenen Verhältnisse (s. Abb. 5.11) noch einmal im Kontrast darzustellen, nehme ich das Beispiel eines Inzests, den ein Vater an seiner Tochter beging. Das Genogramm, das in diesem Fall vier Generationen umfassen muss, ist in Abbildung 5.12 dargestellt.

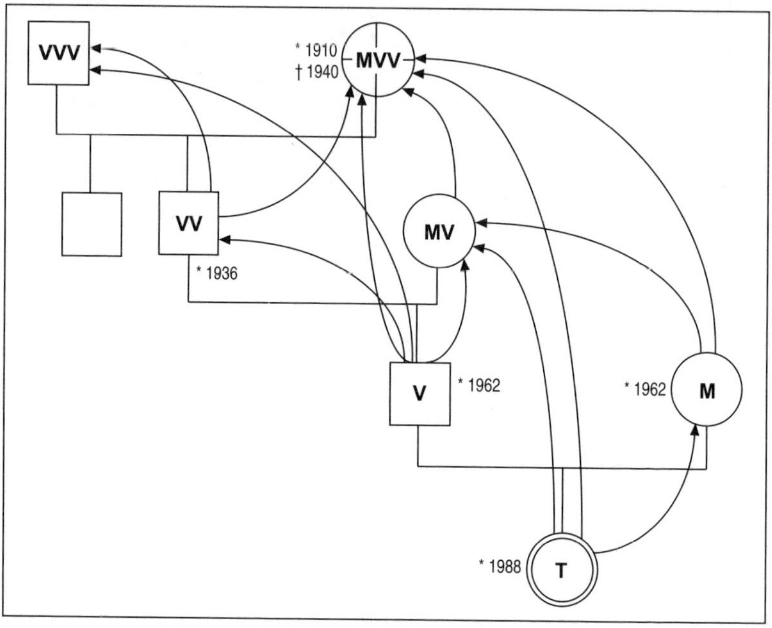

Abb. 5.12: Eine Inzestkonstellation (Genogramm des Mannes, 1992)

Die Dynamik des in einer derartigen mehrgenerationalen Konstellation enthaltenen sexuellen Konfliktpotentials beruht meines Erachtens auf der gemeinsamen Stellvertretung des Großvaters väterlicherseits (VV), des Vaters (V), der Mutter (M) und der Tochter (T) im Dienst des Urgroßvaters väterlicherseits (VVV). Dieser Urgroßvater (VVV) hat in dem Beispiel seine Ehefrau (die Urgroßmutter des Mädchens: MVV) früh verloren, keine Tochter gehabt und zwei Söhne bekommen. Auf diese Weise hat der Großvater (VV) als zweiter Sohn gegenüber dem Urgroßvater (VVV) die Rolle eines Stellvertreters seiner Mutter (MVV) innegehabt. Dadurch ist dem Vater (V) als einzigem Kind die Doppelrolle zugefallen, für den Großvater (VV) sowohl Urgroßvater (VVV) als auch Urgroßmutter (MVV) zu ersetzen. Durch die Ehe hat er die Rolle der Urgroßmutter (MVV) an seine Frau (M) abgegeben. Durch die Geburt der Tochter (T) aber ist diese Rolle von der Ehefrau an das Kind übergegangen. In dem Fall, dass der Vater um den „Besitz" des weiblichen Geschlechts bangen muss, weil er erstens in die „Schuld" seiner uneinlösbaren weiblichen Stellvertretungsaufgaben verstrickt bleibt, zweitens seine Ehefrau mit Besitzansprüchen auf deren Geschlecht in Bedrängnis bringt, drittens diese Ehefrau ihn aus eigener emotionaler Gebundenheit zurückweist, entwickelt sich für ihn eine Situation, in der Todesangst aufbricht.

Bei einer solchen emotional brisanten Ausgangslage wäre es mit besonderer Dringlichkeit erforderlich, dass die Ehe der Eltern in der Krise reift. Aber die Bedingungen dazu sind gerade dann häufig besonders ungünstig. Wenn der Mann (V) nun akut um die Illusion bangen muss, seine Frau (M) zu besitzen (etwa wenn sie ernstlich erkrankt ist oder sich ihm entzieht und ihre Bedürftigkeit von ihm nicht beantwortet sieht), entsteht die Versuchung zum Inzest, und zwar zeitlich abhängig von dem Alter, in dem der Großvater (VV) seine Mutter (MVV) verloren hat: War dies sehr früh der Fall – im Beispiel zu einem Zeitpunkt, als der Großvater 4 Jahre alt war, so bleibt die emotionale Reifung des Vaters (V) gewöhnlich unentwickelt. Insbesondere die sexuellen Komponenten der Emotionalität frieren gewissermaßen auf der Stufe eines Vierjährigen ein. Das belastet die Ehe bis zum Bersten.

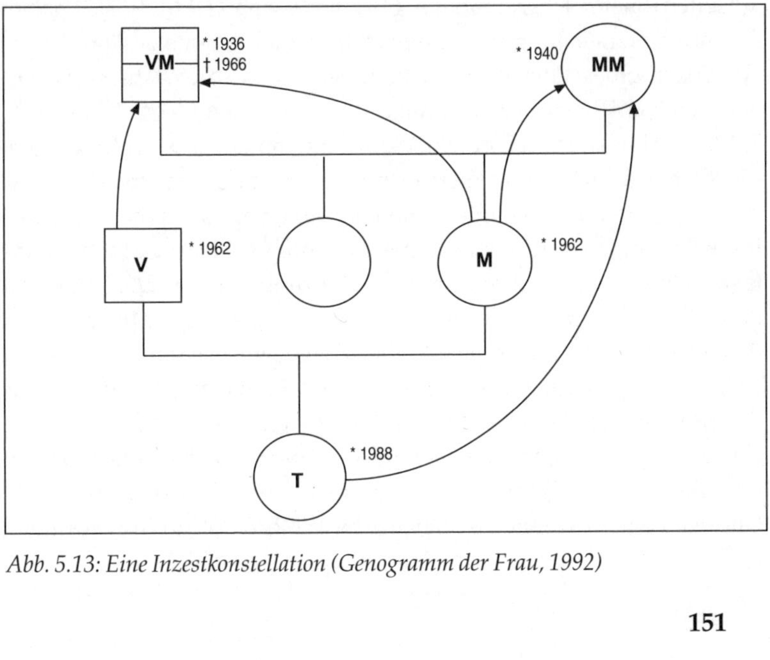

Abb. 5.13: Eine Inzestkonstellation (Genogramm der Frau, 1992)

Sofern auch die Frau (M) aus eigener Todesangst innerlich darauf eingestellt ist, zum Zeitpunkt des Inzests einerseits ihren Mann (V) an Sohnes statt zu adoptieren, weil sie keinen eigenen Sohn bekommen hat, aber unbedingt einen Sohn benötigt, andererseits aber ihre Tochter (T) in die Position einer Ersatzmutter zu heben, dann reichen die Schranken moralischer Besinnung oftmals nicht aus, um den Rollentausch und die tragischen Verwechslungen abzuwenden, die sich im Inzest Bahn brechen und das Kind mit der Todesangst beider Eltern belasten. Im hier dargestellten Fall hat die Mutter (M) ihren Vater (VM) verloren, als sie selbst vier Jahre alt war. Damals oblag ihr, da sie zweite von zwei Töchtern war und keinen Bruder hatte, emotional ihrer Mutter (MM) den Ehemann (VM) zu ersetzen, also zumindest ein Junge sein zu müssen, um ein wenig Trost zu spenden. Ihre Weiblichkeit wurde dadurch zum Problem und war mit der Sehnsucht nach dem Vater, d. h. mit Todessehnsucht belastet. Verstärkt wurde dieses Problem, als sie als erstes Kind eine Tochter bekam. Dadurch, dass diese Tochter (T) das einzige Kind blieb, eskalierte die Todessehnsucht der Frau (M) insbesondere zu der Zeit, da sie mit 30 Jahren so alt wurde wie ihr eigener Vater (VM) bei dessen Tod. Damals war ihre Tochter (T) mit vier Jahren so alt wie sie selbst beim Tod des Vaters (VM).

Eine derartige biographische Konstellation erzeugt grundsätzlich eine schwere familiale Krise und mündet nicht selten in eine Psychose aufseiten einer solchen Frau. Hilgard u. Newman (1961, S. 132) haben in einer Untersuchung von festgestellt, dass es bereits genügt, in das Todesalter eines Elternteils zu kommen, damit die Wahrscheinlichkeit, an einer Psychose zu erkranken, enorm ansteigt (vgl. Yalom 1989, S. 132 f.). Man kann im Umkehrschluss annehmen, dass der Inzest, den die Tochter durch ihren Vater erlitten hat, ersatzweise für den Ausbruch einer Psychose stattgefunden hat. Jedenfalls stellt die Unterwerfung der vierjährigen Tochter unter die Tortur des Inzests ein ihr auferlegtes Opfer dar, um ihre Eltern vor der drohenden Verzweiflung an deren Unfähigkeit zur Ehe zu bewahren. Dass weder die Mutter sie vor dem Inzest schützte noch sie selbst sich dagegen zu wehren vermochte, ist bereits Ausdruck eines Übermaßes an Ohnmachtserfahrungen aus der Kindheit der Eltern selbst. Anders gesagt: Die Tochter erfuhr die Gewalt der Todesangst, die die Eltern auszuhalten nicht imstande waren. Die Ehe der Eltern war zu jener Zeit wie ein undichtes Dach, das die Unbilden einer extremen Witterung bis zu ihrem Kind durchdringen ließ.

Die Ohnmachts- und Versagensgefühle werden von den Eltern gewöhnlich nicht oder nur schwach gefühlt, wenn dergleichen geschieht. Aus den symptomatischen Ereignissen ergibt sich aber, dass ihre latente Todesangst ein geradezu mörderisches Maß erreicht hat. So kann man sagen: Was da geschieht, das geschieht aufseiten der Eltern nicht *aus* Angst, sondern *vor* Angst, einer Todesangst, die blind zu machen scheint gegen alle Regeln der Sexualmoral, ja der Menschlichkeit. In einem derartigen, symbiotisch erlittenen Ausnahmezustand ihrer Ehe sind Mann und Frau sich emotional einig, die inneren und äußeren Moralempfindungen vorübergehend außer Kraft zu setzen. Und auch die emotionale, als Hörigkeit zu bezeichnende Bereitschaft der Tochter, Vater und Mutter gegen die nahende Todesgefahr zu schützen bzw. die Todesangst der Eltern auf sich zu nehmen, kann zu einem solchen Zeitpunkt kurzfristig ins Grenzenlose wachsen. In dem Gefühl, zur falschen Zeit und am falschen Ort geboren worden und zur Schuldigkeit verurteilt zu sein, fungiert die Tochter dann als ein Container für all das, was sie ihren Eltern an Ohnmachtserfahrungen nicht hat ersparen können.

Solche dramatischen Vorgänge verweisen vor allem auf den Schmerz des durch Tod erzwungenen Endes einer Ehe der Vorfahren und entsprechen einer heimlichen Übertragung der noch immer unausgestandenen, weiterhin übermächtig wirksamen Todesangst, die aus mehreren Quellen strömt und eine akute Infragestellung des Lebensrechts anzeigt. Es ist dann so, als ziehe sich ein derartig beteiligter Mann als von allen guten Geistern verlassener Enkel auf das Desiderat des Leibhaftigen zurück und vertraue nur noch einer einzigen Hoffnung: dass allein die Sexualität dem Tod Paroli zu bieten vermöge. Die Übertragung der Todesangst kann freilich auch auf andere – als nur wie hier eindeutig sexuelle – Weise erfolgen, hat aber doch auch in solchen anderen Fällen einen sexuellen Hintergrund, der symbolisch in der auftauchenden Symptomatik des Verhältnisses zwischen Vater und Tochter (bzw. zwischen Mutter und Sohn) durchscheint.

5.7 Gegenseitige Funktionalisierung der Geschlechter

Wenn ein Mann und eine Frau zusammenkommen, dann ergibt sich aus der Tatsache, dass beide aus der Sicht ihrer eigenen Eltern für die jeweils gleichgeschlechtlichen Großeltern stehen, eine wichtige weitere Bedeutung ihrer Beziehung zueinander: Beide ziehen nämlich den jeweiligen Partner in die Position ihrer noch fehlenden gegengeschlechtlichen Großeltern bzw. auch ihre gegengeschlechtlichen Elternteile, die jeder selbst nicht zu vertreten vermag. Sie weisen ihrem Partner die Aufgabe zu, gemeinsam mit ihnen das Paarproblem der Großeltern unter einem Aspekt zu lösen, der – rein emotional – durch die Sicht des jeweils beteiligten Elternteils definiert ist.

Die nachwirkenden Konflikte um Themen (wie Nähe und Distanz, Geben und Nehmen, Autonomie und Abhängigkeit usw.) lassen sich im Nachhinein aus dem ungelebten Leben jener Vorfahren entschlüsseln. Und dass eine Gesetzmäßigkeit in der Zusammenarbeit der Paare bezüglich der zugehörigen Ausgleichsbewegungen stattfindet, lässt sich aus den Altersrelationen ablesen, die sich im aufeinander bezogenen Leben beider als charakteristisch und zusammenpassend erweisen. Dass die Altersrelationen so passgenau aufeinander bezogen sind wie die Seiten eines Reißverschlusses, erstaunt jeden, der dies zum ersten Mal sieht. Denn es besagt ja, dass ein Paar einander anhand der Tiefe der Vorgeschichten beider beteiligten Herkunftsfamilien erkennt. Bemerkenswert ist in diesem Zusammenhang die Beobachtung, dass im Falle eines wechselseitigen Einspringens für das dem jeweils anderen fehlende Geschlecht die Altersrelationen, die man beim Mann erwartet, (auch) bei der Frau zur Geltung kommen und umgekehrt. Das heißt beispielsweise: Als eine Frau so alt war wie der Großvater des Mannes zum Zeitpunkt seiner Trennung von der Großmutter, geriet die Ehe in die Krise. Und eine weitere Krise fand statt, als der Mann dasselbe Alter erreichte wie seine Großmutter zum Zeitpunkt jener Trennung der Großeltern.

Auf den Schultern eines Paares aus Erstgeborenen lasten jedenfalls die unerledigten Aufgaben von insgesamt mindestens vier Großelternpaaren. Das ist etwas, was regelmäßig am Hochzeitstag vergessen wird. Es ist aber wohl auch der tiefere Grund dafür, warum viele Paare am Tag vor der Hochzeit den Polterabend begehen: Es wirkt das Gefühl, dass man sich von den Altlasten der familialen Vergangenheit zu befreien hat. Dies auch weiterhin gemeinschaftlich zu erledigen, ist in der Tat eine wesentliche Arbeit jeder dauerhaften Paarbeziehung, an deren Gelingen sich deren Bestand und Fruchtbarkeit mitentscheidet. Es geht darum, einander zu unterstützen, damit jeder von beiden das eigene Selbst finden kann, statt in der „Schuld" der Vorfahren verstrickt zu bleiben, was nichts anderes wäre, als einander gegenseitig gefangen zu halten in der Abhängigkeit von (bzw. in der Orientierung an) den Gefühlen der Eltern.

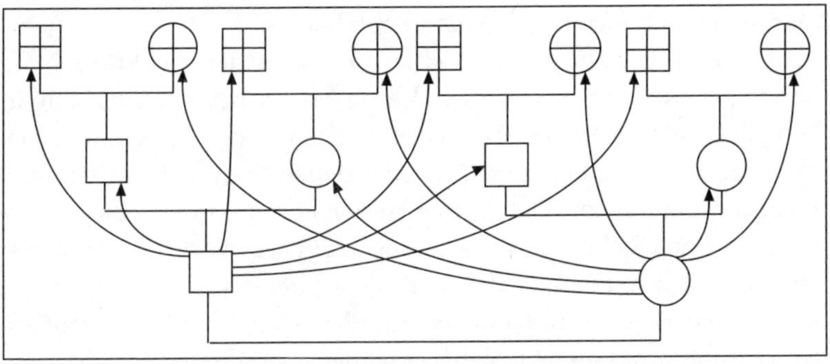

Abb. 5.14: Funktionalisierung der Partnerschaft im Dienst der beteiligten vier Großelternpaare

Die Funktionalisierung für eine Großelternrolle in der Familie des Partners ist derjenige Aspekt, der in jeder dauerhaften Paarbeziehung die Hauptbedeutung hat. Daneben gibt es vielfältige Nebenrollen zu besetzen, die sich aus den Leerstellen ergeben, die das andere Geschlecht in der Familie des Partners lassen hat und die nun eingenommen und gefüllt werden müssen. Hier liegen die unbewussten Aufgaben desjenigen, der in eine Familie einheiratet. Und er wird nicht nur von seinem Partner unbewusst danach ausgewählt, ob er sich dafür eignet, sondern er wählt auch selbst unbewusst danach aus, ob er passt. Eine Ehe einzugehen, ist in diesem Sinne immer zunächst eine Zumutung, aber auch ein Ausdruck von Vertrauen – Vertrauen darauf, dass man gemeinsam die Dinge schon ins Lot bringen werde. Dabei darf nicht übersehen werden, dass Ehen oft genug schon im Ansatz auf ein Scheitern hin angelegt sind. Sie sind dann bloße Opfer im Dienst der beteiligten Eltern (die ihrerseits wie Transmissionsriemen für die Bedürftigkeit der beteiligten Großeltern fungieren) und haben nur ein einziges wesentliches Ziel: den jeweiligen Partner zum Opfer einer Rache oder Urheber einer Buße zu machen, damit ein Ungleichgewicht der Vergangenheit ausgeglichen wird. Regelmäßig ist zu finden, dass eine Frau ihren Mann verläßt, wenn ihr Großvater die Großmutter verlassen hat oder umgekehrt. Und dass dieser Zusammenhang besteht, wird dadurch deutlich, dass bei einer derartigen Trennung entweder die Frau so alt ist wie die Großmutter damals und/oder dass der Mann so alt ist wie der Großvater damals und/oder dass das Kind so alt ist wie ein Elternteil bzw. Schwiegerelternteil damals, als die Trennung auf höherer Ebene erfolgte. Diese Gesetzmäßigkeit ist übrigens die erste von allen hier beschriebenen, die mir aufgefallen ist.

Insbesondere zur jetzigen Zeit, in der die beiden Weltkriege in ihrem ungeheuerlichen Ausmaß im Leben der Nachgeborenen nachwirken, findet man diese immer wieder von neuem bestätigte Erfahrung, die zeigt, wie tief unbewusst die zugehörige seelische Dynamik bei den Paarprozessen bleibt. Die Partner inszenieren minutiös eine Vergeltung in beiden Richtungen, wissen aber nicht, was sie da tun. Die Tatsache, dass sich seit einiger Zeit vor allem Frauen von ihren Männern trennen, ist als Massenphänomen mit Sicherheit vor allem darauf zurückzuführen, dass es im Krieg die Männer gewesen sind, welche sich – infolge von Tod oder Gefangenschaft – von den Frauen getrennt haben. Es ist in jedem einzelnen Fall aufschlussreich, das Alter der Frau, die sich trennt, mit dem Alter der Großmutter, die seinerzeit verlassen worden ist, zu vergleichen. Es kann aber auch das jeweilige Alter des Mannes mit dem des Großvaters korrelieren. Daneben gibt es das Phänomen, dass das Alter einer Frau mit dem des zugehörigen Großvaters korreliert oder das Alter des Mannes mit dem der zugehörigen Großmutter. Eine derartige Konstellation findet man dann, wenn die Partner mit ihrem eigenen Geschlecht nicht im Reinen sind, sondern sich vergeblich mit den Federn des sozusagen gegnerischen Geschlechts zu schmücken versuchen, um ihre Eltern über die erlittenen Verluste hinwegzutrösten. Unter solchen Bedingungen richtet sich das Handeln einer Person in zeitlicher Hinsicht an einem Vorbild des anderen Geschlechts aus.

Auch wenn beispielsweise eine Frau, die sich in einer derartigen Partnerschaftskrise befindet, sich dies bewusst macht, gibt es noch immer große emotionale Hindernisse, von dem Trennungsvorhaben zu lassen. (Für einen Mann gilt selbstverständlich dasselbe.) Die Widerstände, die da auftauchen und die Sigmund Freud in anderen Zusammenhängen als Krankheitswiderstand bezeichnet hat, entsprechen vor allem der tief verwurzelten Loyalität gegenüber den Eltern des Paares (mittelbar auch gegenüber den Großeltern), in deren Diensten es zunächst keine Rücksicht auf das eigene Wohlbefinden der Partner gibt, sondern nur jene blinde Kinderliebe und Treue zur Herkunftsfamilie, auf die so unerschütterlich hinzuweisen das Verdienst Bert Hellingers ist. Sich aus den illusorischen Diensten der Eltern zu befreien, ist gleichbedeutend mit einer höheren Organisation des Lebens. Die Hindernisse sind emotionaler Natur und beruhen auf Angst: Man vermeidet das Richtige vor Angst oder aus Angst. Beides ist möglich. Es ist fast überflüssig, darauf hinzuweisen, dass die Begründungen, die von einer betroffenen Person angeführt werden, um ihre Entscheidungen plausibel zu machen, den wirksamen Beweggründen nur übergestülpt worden sind. Es ist aber auch nicht zu vernachlässigen, dass das Scheitern einer solchen Ehe von langer Hand vorbereitet wird, sodass es am Ende tatsächlich nichts mehr gibt, was als Substanz für die Fortsetzung ausreichen könnte.

5.8 Stellvertretung als „corriger la fortune"

Die unbewusste Aufgabe von Kindern, in der schicksalhaften Rolle von Stellvertretern Ausgleichsbewegungen im Dienst ihrer Eltern zu vollziehen, betrifft die vielfältigsten Themen. Eine vollständige Auflistung ist hier weder beabsichtigt noch wahrscheinlich überhaupt möglich. Die folgende Krankengeschichte zeigt in prägnanter Weise, wie die therapeutische Entschlüsselung von Stellvertretungsfunktionen den Boden ebnen kann, auf dem eine Wandlung schicksalhafter Bindungen möglich wird und neue Lösungen Platz finden.

Im Folgenden geht es um einen seit vielen Jahren drogenabhängigen Mann (A = außerehelicher Sohn), der von seiner Mutter (P) über seine Herkunft im Unklaren gelassen worden ist. Er stammt nämlich aus einer Beziehung der Mutter zu einem Mann (VA = Vater von A), den sie im Urlaub kennen gelernt hat. Der Sohn selbst (A) glaubte beständig an das, was bis zum frühen Tod des betrogenen Ehemannes (E) stillschweigende Übereinkunft des Ehepaares gewesen ist: Der Sohn wurde offiziell vor aller Welt als Spross der ehelichen Liebe ausgegeben. Der Ehemann liebte den Jungen tatsächlich wie einen eigenen Sohn und brachte die Zweifel an seiner Vaterschaft lediglich dadurch zum Ausdruck, dass er beständig „Ähnlichkeiten" zwischen sich und dem Jungen hervorhob.

Das Genogramm dieser Familie aus mütterlicher Linie kann ich stückweise wiedergeben, nicht aber das aus der Linie des Ehemannes (Abb. 5.15).

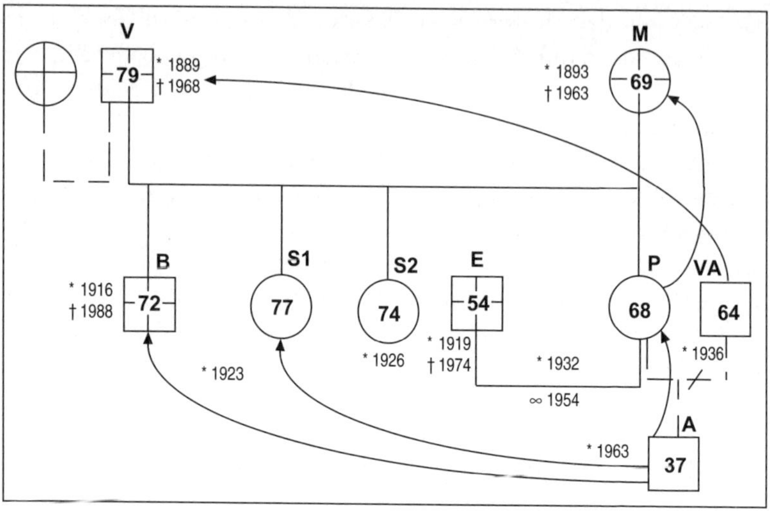

Abb. 5.15: Genogramm des drogenabhängigen Sohnes (2000)

Die Mutter des Jungen (P) ist das jüngste von vier Kindern. Die Biographie ihrer Herkunftsfamilie hatte einen Verlauf, der dazu führte, dass aus ihrer Sicht der einzige Bruder (B) und die erste Schwester (S1) gegenüber allen anderen Geschwistern bevorzugt waren: Der Bruder (B) wurde von ihrer Mutter (M) vorgezogen, und die erste Tochter (S1) wurde von ihrem Vater (V) vorgezogen. Sie hatte allen Grund zu der Annahme, dass ihre eigene Geburt von den Eltern nicht mehr eigentlich gewünscht war, zumal der Vater (V) seine Frau (M) demütigte und eine außereheliche Beziehung pflegte. Eine nachträgliche Korrektur des Schicksals ihrer Mutter (M) wäre für sie aus der Perspektive des Ausgleichs die Möglichkeit,

a) keines der vier ehelichen Kinder zur Welt zu bringen, sondern ihren Mann (E) zu betrügen und ihr einziges Kind durch die außereheliche Beziehung zu empfangen;
b) dieses Kind zu einem Zeitpunkt zu bekommen, der mit der Geburt der ersten Tochter (S1) und des einzigen Sohnes (B) ihrer Eltern, aber auch mit ihrer eigenen Geburt korreliert.

Letzgenanntes ist der Fall, wie sich zeigt, wenn man die Altersrelationen betrachtet, die zwar nicht zum Zeitpunkt der Geburt, aber zum Zeitpunkt der Zeugung ihres Jungen (A) zu errechnen sind:

Bei der *Zeugung* des Jungen (A) war

- die Ehefrau (P) so alt wie ihre Mutter bei der Geburt der ersten Tochter (30 Jahre);
- der Ehemann (E) so alt wie der Vater (V) der Ehefrau bei deren Geburt (42 Jahre);
- der Vater des Kindes so alt wie der Vater der Ehefrau bei der Geburt seines ersten Sohnes (26 Jahre).

Der auf das ungelebte Leben der Mutter (M) der Frau bezogene nachträgliche „Korrekturversuch“, der sich hier vollzog, ist aus diesen Altersrelationen zu verstehen, wenn man sie in doppelter Hinsicht unter dem Aspekt betrachtet, dass die Frau (P) als dritte Tochter ihrer Mutter (M) ja auch deren Stellvertreterin insofern ist, als es sich um eine Stellvertreterschaft in Unabhängigkeit von dem Ehemann (V) der Mutter handelt:

a) Als der einzige Sohn der Eltern (V + M) geboren wurde, war die Mutter (M) allein im Elternhaus, weil sich der Vater (V) des Kindes im Krieg befand. Die Ausgleichsbewegung der dritten Tochter (P) bestand darin, dass sie den Zustand der Abwesenheit des Vaters (VA) ihres eigenen Kindes (A) aktiv betrieb und sich zugleich der Nähe eines Mannes (E), der ihr beistand, vergewisserte. (Das Alter des Kindsvaters (VA) korreliert mit dem Alter des Vaters (V) der Frau beim ersten Kind (B) ihrer Mutter.)

b) In der Dreieckbeziehung zwischen der Frau (P), ihrem Ehemann (E) und dem Jungen (A), nahm die Frau (P) für ihren Mann (E) die Rolle jener Tochter ein, die zu gebären sie ihm schuldig blieb. (Das Alter des Ehemannes (E) korreliert mit dem Alter des Vaters (V) der Frau (P) bei ihrer eigenen Geburt.)

c) Die Frau (P) hätte sich gewünscht, anstelle ihrer ältesten Schwester (S1) geboren worden zu sein und soviel Liebe von ihrer Mutter (M) bekommen zu können, wie dieser zuteil geworden ist. (Das Alter der Frau (P) korreliert mit dem Alter ihrer Mutter (M) bei der Geburt ihrer ältesten Schwester (S1).)

Die lebensgestaltende Phantasie der Frau (P), mit der Zeugung ihres Sohnes die Ehegeschichte ihrer eigenen Eltern (V + M) umkehren und das Schicksal ihrer Mutter (M) korrigieren zu können, wirkt in ihrer kunstvollen Webart wie selbstverständlich und ist ihr vollkommen unbewusst geblieben. Aber das schicksalhafte Gewebe hat für den Jungen (A) höchst fatale Folgen: Nicht genug damit, dass dieser (A) drogensüchtig wurde, als er so alt war wie der Ehemann (E) seiner Mutter (P) bei der Geburt seines leiblichen Vaters (VA): knapp 17 Jahre; er kam wegen eines Rauschgiftdelikts, das nicht er, sondern sein Freund begangen hatte, ins Gefängnis, als er – mit 26 Jahren – so alt war wie sein leiblicher Vater (VA) bei seiner Zeugung. Damit stellte er auf seine Weise dar, dass nicht sein angeblicher „Vater" (E), sondern der Geliebte (VA) der Mutter jenes „Delikt" begangen hatte, dem er sein Leben verdankte.

Aber nicht nur für den Sohn (A) wirkte diese Verstrickung unheilvoll: Als dieser so alt war wie der Ehemann (E) seiner Mutter bei der Hochzeit, erkrankte seine Mutter (P) lebensbedrohlich, ohne dass er (A) sich damals um sie kümmerte. Ihr Leben verdankte sie ihrer zweiten Schwester (S2), der Stellvertreterin ihrer Mutter (M) gegenüber dem Vater (V). Diese sorgte für ärztliche Behandlung, als sie bereits allein in ihrer Wohnung zwei Tage lang im Koma gelegen hatte.

Die therapeutische Arbeit mit dem Drogenabhängigen (A) setzte voraus, dass seine Mutter (M) den Mut fand, ihm seine Herkunft zu eröffnen. Das gelang nur dadurch, dass sie ihre Schuldgefühle gegenüber dem Sohn und dem Ehemann hintanstellte und sich stattdessen die reale Gemeinsamkeit mit ihrem Ehemann, vor allem dessen Bereitschaft zur vorbehaltlosen Annahme des untergeschobenen Kindes, seine liebevolle Bereitschaft zu einer stillschweigenden Übereinkunft mit ihr vergegenwärtigte. Auf diese Weise wurde es nämlich dem Sohn erst möglich, die Wahrheit über seine Herkunft auf sich wirken zu lassen. Dies wäre für ihn unmöglich gewesen, wenn er in einem Zuge mit dieser Eröffnung seine Mutter und deren Geliebten, also seinen Vater, hätte verdammen und die Situation seines heimlichen Adoptivvaters als Demütigung hätte betrachten müssen, wie es der spontanen Gefühlswelt seiner Mutter ja entsprochen hätte. Die Kraft zum Therapiebeginn wuchs im Drogenabhängigen übrigens erst, als er mit 37 Jahren so alt war wie sein leiblicher Vater (VA) beim Tod seines vermeintlichen „Vaters" (E), des Ehemannes seiner Mutter (M).

5.9 Umkehrungen der Stellvertretungsrichtung in Familien

Die bisherigen Beispiele hatten mit dem Thema der Weitergabe des Lebens und mit der Repräsentation von Toten und Verlorenen im Leben ihrer Nächsten zu tun. Daneben gibt es eine weitere Art von Stellvertretung, die wiederum einen völlig anderen Charakter hat, einen Charakter, der sich von allem bisher Erwähnten grundsätzlich unterscheidet: Hier geht es nicht um eine Stellvertretung gegenüber den Lebenden, sondern gegenüber den Toten. Das ist im folgenden Beispiel der Fall (s. auch Abb. 5.16).

Das einzige Kind der Eltern ist hier ein Junge. Da der Vater als zweiter Sohn keine Schwester bekommen und bereits mit acht Jahren die eigene Mutter verloren hat, überträgt er dem Jungen die Funktion, dem eigenen Vater gegenüber die schon verstorbene Großmutter zu repräsentieren. Als nun im Leben des inzwischen achtjährigen Jungen aufgrund ebendieser Funktion der Zeitpunkt gekommen ist, wo es ernst wird mit der Stellvertretung der früh verstorbenen Großmutter – zumal sein Vater das Alter erreicht hat, in dem der Großvater seine Ehefrau verloren hatte –, wird seine Güte als Stellvertreter grundlegend infrage gestellt. Damit ist die Güte seines Lebens, das heißt aber konkret: sein Recht auf Leben, akut infrage gestellt, und das Thema des Sterbens gerät in dieser Familie auf die Tagesordnung. In einer solchen Situation kann es geschehen, dass der lebende Großvater stirbt und seinem Enkel dieses Thema vor Augen führt, ohne dass es ihn selbst direkt träfe.

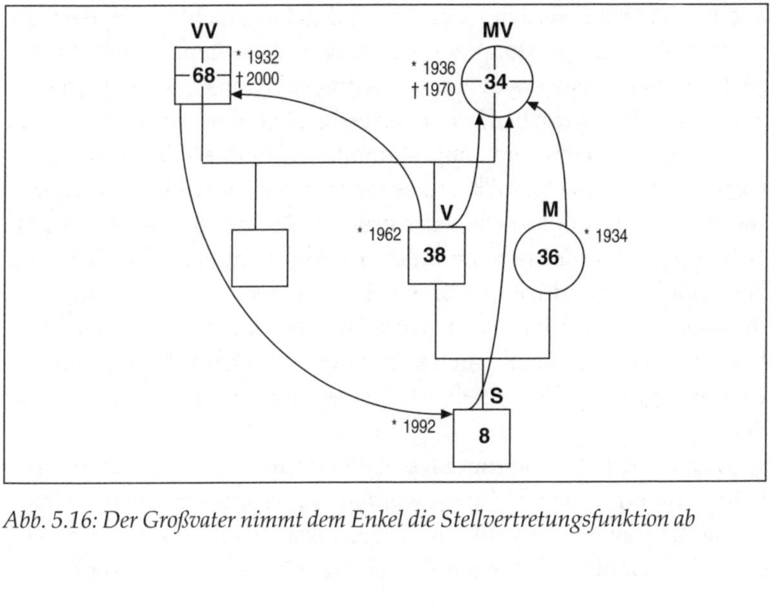

Abb. 5.16: Der Großvater nimmt dem Enkel die Stellvertretungsfunktion ab

Aus dem obigen Genogramm lässt sich leicht ersehen, dass der Sohn schwer am Schulderbe seines Vaters trägt. Bereits der Vater hatte eine Aufgabe als Stellvertreter gehabt, zu deren Erfüllung er nicht imstande gewesen ist: den Großvater (VV) über den Verlust der Großmutter (MV) zu trösten. Diese Unfähigkeit wurde erfahrungsgemäß bedrohlich, als der Vater (V) so alt wurde wie der Großvater beim Tod der Großmutter. Das war mit 38 Jahren der Fall.

Für seinen Sohn (S) entsteht eine ähnliche Gefahr, sobald er in das Alter kommt, in dem sein Vater (V) die Großmutter (MV) verloren hat. Das ist mit acht Jahren der Fall.

Der Großvater (VV) stirbt nun, als seine beiden eigenen Stellvertreter, die zugleich auch die beiden unglücklichen männlichen Stellvertreter seiner Ehefrau sind, jeweils in ein Alter kommen, in dem sich ihm (nach dem biographischen Gesetz der Relationalität) der Tod seiner Ehefrau (MV) leibhaftig in Erinnerung ruft.

Dasselbe Thema hat sich übrigens in dieser Familie bereits zwei Jahre vorher angekündigt, als die Mutter (M) des Jungen (S) 34 Jahre alt war. Aber damals wurde es auf andere Weise unbewusst und symptomatisch bearbeitet: Der Vater (V) ging fremd und beschwor eine anhaltende Ehekrise herauf.

Solche Fälle, bei denen die Regel der retrograden (das heißt: in der Familiengeschichte nach rückwärts gerichteten) Stellvertretung durchbrochen zu werden scheint, sind durchaus nicht selten. Betrachtet man sie genauer, dann zeigt sich, dass dabei tendenziell die zunächst wirksam gewesene Stellvertretungsdynamik nachträglich wieder aufgehoben wird: In diesem Beispiel erobert der reale Partner (VV) sich gewissermaßen seine angestammte Position an der Seite seiner Partnerin (MV) in einer Art „transzendentaler“ Revolution des leiblichen Stellvertretungsgeschehens zurück, indem er durch eine Umkehrbewegung seinen bisherigen Stellvertretern (V und S) die Opferung von Glück, Gesundheit oder gar Leben zu ersparen sucht. Die angemessene Trauer um ihn selbst bleibt dann die Hauptaufgabe der Überlebenden. Konkret sieht man daran: Eine solche Umkehrung kann die Last symptomatischer Stellvertretungsaufgaben durchaus vermindern.

Das Prinzip der anterograden Stellvertretung, bei der Vorfahren zu Stellvertretern von Nachfahren werden, findet sich aber auch in weiteren bedeutsamen Zusammenhängen. Beispielsweise kommt es vor, dass ein Paar einen Sohn, gar den einzigen Sohn verliert. Wenn dann kein weiterer Sohn geboren wird, übernimmt der Mann dessen Rollen. Das heißt: Dem Mann obliegt es, vornehmlich im Dienst der Frau all die Personen zu repräsentieren, die zu verkörpern die Aufgabe dieses Sohnes gewesen wäre. Er übernimmt aber auch unmittelbar die Rolle, in Zusammenarbeit mit seiner Frau Situationen zu inszenieren, in denen die Frau mit ihm umgeht, als könne sie an ihm wiedergutmachen, was der verlorene Sohn an Liebe entbehren muss, weil er gestorben ist. Dasselbe geschieht umgekehrt, wenn ein Paar eine Tochter, speziell die einzige, verliert und wenn keine weitere Tochter hinzukommt. Auch dann spielt die Frau vornehmlich im Dienst des Mannes die Rolle dieser Tochter, sofern sie dabei von keiner anderen Tochter vertreten werden kann.

Grundsätzlich dasselbe findet statt, wenn es eine Fehlgeburt gegeben hat. Vor allem aber ist darauf hinzuweisen, dass das Ausbleiben jeglicher Schwangerschaft in einer Paarbeziehung die Folge hat, dass die Partner füreinander wechselseitig all jene Rollen in Szene setzen, die ansonsten von ihren Kindern dargestellt worden wären. Sie dienen einander aber nicht nur in den betreffenden Rollen der Kinder, sondern auch in Szenen, die die unmittelbare Fürsorge für die fehlenden Kinder auf die Tagesordnung setzen.

Ein anderer Problembereich eröffnet sich, wenn ein Kind, das einen Elternteil gegenüber dem anderen Elternteil (oder gegenüber den Großeltern) zu verkörpern hat, stirbt. In diesem Fall übernimmt der Elternteil, für den das Kind gestanden hat, in intensivierter Dramatik die Rolle des Kindes gegenüber dem anderen Elternteil. Man kann solche Situationen mit dem Problem einer Schauspieltruppe vergleichen, in der ein wichtiger Darsteller ausfällt, sodass dessen Rolle nun während der Aufführung von einem anderen Darsteller übernommen werden muss, obgleich dieser innerhalb derselben Szenen bereits anderweitig gebraucht wird.

Der Aufforderungscharakter einer solchen Verlustsituation und die Aktion der Akteure, ihr leibhaftiges Antworten auf diesen Verlust, ist kein spielerisch zu nennender Akt, der aus freien Stücken ausgeführt wird. In der therapeutischen Arbeit ist – wie aus dem „neurolinguistischen Programmieren" (NLP) bekannt – darauf zu achten, dass diese *vor* dem Verlustereignis im Vollbesitz der erforderlichen Ressourcen beginnt. Das Ereignis selbst liegt ja nicht in der Macht der Eltern, sondern diese haben seinerzeit ohne die nötige Hilfe auskommen müssen, und so ist ein die Generationen übergreifender symptomatischer Prozess in Gang gekommen, dessen Kulminationspunkte immer nur in neuen Analogien auf die seinerzeit ausgebliebene Hilfe hinweisen. Die Kunst des therapeutisch konkreten Erkennens bewährt sich in der Entschlüsselung solcher Analogien in den Schichten des leiblich übertragenen Erbes, das ein Kranker zu tragen hat.

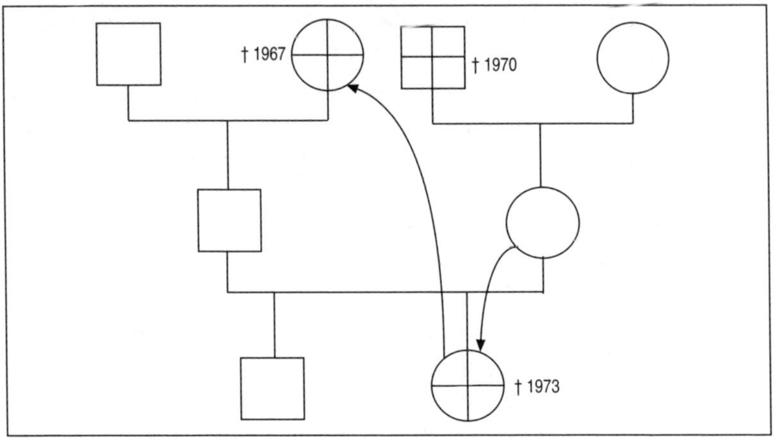

Abb. 5.17: Virtuelle Vertretung der Tochter durch deren eigene Mutter

Bestimmend für den Schweregrad der im obigen Beispiel skizzierten symptomatischen Dynamik (Abb. 5.17) ist die Tatsache, dass dem Ehemann seine eigene Mutter bereits fehlt, als seine einzige Tochter stirbt. Die Ehefrau übernimmt nun die Rolle, die diese Tochter vor allem für den Ehemann hätte spielen müssen. Sie verhält sich, als wäre sie dessen fürsorgliche Mutter oder dessen fürsorgebedürftige Tochter, entgleitet also ihrem Mann aus der Position einer ebenbürtigen Partnerin. Dieser Vorgang gewinnt noch an Intensität, wenn, wie hier der Fall, der Vater der Frau stirbt, während ihre Mutter am Leben bleibt. Dann nämlich flüchtet sich die Frau geradezu in die Rolle einer Tochter ihres Mannes, um dem Sog des eigenen Vaters und der eigenen Tochter ins Jenseits auszuweichen. Das hat gewöhnlich die Folge, dass entweder der Ehemann sich eine Freundin als Ersatzpartnerin nimmt, um die pathologische Wirkung des Todes seiner Tochter auf die Ehe „auszugleichen", oder dass sich die Ehefrau einen Freund nimmt, um sich für die frustranen anderen Rollen zu stärken, die sie ihrem Mann emotional zu schulden scheint.

5.10 Stellvertretungsfunktion von Organen

Die Tatsache, dass das Leben des Kindes durchweg auf die Liebe seiner Eltern (das heißt aber vor allem auch: auf die *Art* der Liebe seiner Eltern) bezogen bleibt, sollte an sich niemanden überraschen. Was jedoch unweigerlich immer wieder überrascht, ist die Form, in der sich diese Bezogenheit des Kindes gesetzmäßig während des gesamten Lebens eines Menschen verwirklicht. Indem ein Mensch als Stellvertreter im Dienst seiner Eltern gezeugt und geboren wird, trägt er ein Schulderbe, das diese Eltern ihm durch ihre Bedürftigkeit aufbürden. Und in diesem Schulderbe liegt eine unmittelbare, unabweisbare, unhintergehbare Verpflichtung, die man als *Preis des Lebens* bezeichnen könnte, als den Preis nämlich, den das Kind an seine Eltern dafür zu zahlen hat, dass es lebt. Dieser Preis wird schicksalhaft verlangt, jedoch nicht in einem Stück, sondern gleichsam scheibchenweise, in Abschnitten, die größer oder kleiner ausfallen können und als Opferung jeweils verschiedene Anteile des Schulderbes aufwiegen.

Das Stellvertretertum, die ursprüngliche Dienstbarkeit des Kindes, setzt mit der *Zeugung* ein. Durch die Zeugung wird das Kind als „Zeug" seiner Eltern in die Welt gesetzt, um etwas Fehlendes ins Werk einzusetzen. Als „Zeug" ist es in einem existenziellen Sinne „Organ" der Eltern, es gehört ihnen und verleiht Vater und Mutter weitere Arme und Beine, Augen und Ohren, Herz und Lunge, zusätzlichen Spiel- und Wirkraum. Aus diesem Grund handelt es sich bei dem Verhältnis zwischen Eltern und Kindern von vornherein um eine Angelegenheit des *Leibes*, nicht eben nur der Seele. Das heißt: Der Körper ist in diesem Zusammenhang nur insofern von Bedeutung, als er ein von Leben erfüllter, beseelter Körper ist und – eben als Leib – bestimmte Funktionen erfüllt. Denn der Leib – das zeigt nicht nur die Erfahrung, sondern liegt aller Erfahrung zugrunde – ist für unser begriffliches Denken ein Zweifaches: der *beseelte Körper* oder die *verkörperte Seele.*

Insbesondere die tieferen Zerwürfnisse zwischen Kindern und Eltern beruhen auf dieser – zum einen als Körper vererbten, zum anderen als Charakter übertragenen, zum Dritten als Schicksal auferlegten – ursprünglichen Verwandtschaftlichkeit (Relativität, d. h. Relationalität und Komplementarität) des Kindes. Sie sind als Anlässe besonders gut geeignet, um ein Verständnis für die Tiefe der Gebundenheit von Kindern zu entwickeln. Und jene Fälle, in denen ein zur Adoption fortgegebenes Kind seinen Vater gar nicht, seine Mutter aber nur während der Schwangerschaft und der Geburt erlebt hat, legen am eindeutigsten Zeugnis dafür ab, dass es sich wirklich so verhält.

Relativität und Komplementarität machen nicht nur in der Physik, sondern auch in der Anthropologie die Gesetzmäßigkeit des wirklichen Geschehens aus. Ein Kind kann seinen Körper nur in dem Maße in Besitz zu nehmen lernen, wie es die Bereitschaft entwickelt, seinen Eltern gegenüber in dieser Bindung zu verharren. Die übertrieben wirkenden Übungen, die ein Kind zwecks Körperbeherrschung ausführt, erfolgen – ob aus Angst vor den Konsequenzen oder in mutiger Annahme dieses Gebundenseins – innerhalb der Reichweite jener Bindung. In den körperlichen Erkrankungen zeigt sich, wie wenig alle Übungen bewirken, wenn sie als Fluchtvorbereitungen gemeint sind.

Was in der Psychoanalyse ursprünglich einmal als Triebgeschehen bezeichnet worden ist, das erweist sich als die Übermacht des Gesetzes, in dessen Bann die Menschen sich als Kinder ihrer Eltern bewegen. Sie stehen nicht, wie Franz Kafka (1970) es mit der Parabel aus dem „Prozeß" darstellte, „vor dem Gesetz", sondern sie stehen *in* ihm als unentrinnbar unterworfene Subjekte.

Der wichtigste Befund biographischer Studien schien zunächst der zu sein, dass Kinder im Dienst ihrer Eltern Stellvertretungsaufgaben übernehmen. Das ist aber nur der erste Eindruck. Die Erfahrungen, die sich aus der biographischen Forschung ergeben, lassen noch tiefere Einsichten zu. Es findet sich noch etwas überraschend anderes, was in keinem Fall weniger bedeutsam ist, und was auf längere Sicht für die ärztliche Heilkunde vielfach sogar noch bedeutsamer werden dürfte: Bei Erkrankungen, die oftmals auftreten, wenn ein Kind seinen Stellvertretungsaufgaben nicht erfolgreich nachzukommen vermag, fällt nämlich ins Auge, dass körperlichen Organe die *Stellvertretung seiner Eltern* übernehmen, und zwar im Guten wie im Bösen. Sie können auch sein Leben infrage stellen, als würden sie es für das Versagen gegenüber der elterlichen Bedürftigkeit unnachgiebig zur Rechenschaft ziehen.

Schaut man aus dieser Perspektive auf Organerkrankungen, so wird ein grundsätzlich neues Ordnungskriterium eingeführt. Sah es aus der bisher eingenommenen Blickrichtung so aus, als fungierten die Kinder für ihre Eltern als Stellvertreter Dritter, so zeigt sich nun eine weitere Dimension unserer Leiblichkeit, die von Merleau-Ponty (1966) als „Umschlagstelle" bezeichnet worden ist. Es handelt sich um den Ort der Vermittlungsfunktion, die dem *Leib* zukommt, wenn es darauf ankommt, dass wir in den Betätigungen und Bezügen unseres *sozialen*

Lebens für uns selbst sowie füreinander wechselseitig die praktische Fürsorge von Eltern wahrnehmen: Hier ist es die Vielfalt unserer Organe, die wir zu nutzen bzw. durch Prothesen zu ergänzen lernen und an deren Dysfunktionen wir die Unersetzbarkeit unserer Eltern erfahren.

Als Leibesfrüchte haben wir uns im Mutterleib so lange in Sicherheit befunden, bis wir selbst zu einer Bedrohung des Lebens unserer Mütter herangewachsen sind. Unsere Geburt ist dann als ein lebensrettender Vorgang erfolgt, der unsere Mütter von dieser Gefahr entband, er erfolgte aber um den Preis, dass nunmehr die Aktualität der Lebensgefahr für eine kurze Dauer auf uns überging. Sie währte genauso lange, wie wir benötigten, um unter dem Eindruck der Erstickungsangst den ersten Atemzug zu tun und diese Angst mit jedem weiteren Atemzug erfolgreich in die Welt hinauszuschreien, deren Licht wir dadurch erblickten. So gewannen wir einen allerersten Eindruck davon, was es heißt, unabhängig zu werden. Die vollständige Geborgenheit in der Abhängigkeit von der Funktion der Nabelgefäße war zu diesem Zeitpunkt aufgehoben worden, und wir erlebten erstmals, was es heißt, zu vertrauen: Es bedeutet, der Gefahr ausgesetzt gewesen und auf wundersame Weise gerettet worden zu sein. Und die Hilfe, durch die wir gerettet worden sind, erwuchs uns aus einem glücklichen Zusammenspiel zwischen unserem eigenen Leib und der uns völlig fremden Welt, die uns außerhalb des Mutterleibs umgab.

Seither erinnert uns unsere Atmung in beständigem Rhythmus daran, wie wir dieses ursprüngliche Vertrauen, das etwas völlig anderes ist als das so genannte „Urvertrauen“ der Fetalzeit, erworben haben. Das „Urvertrauen“ war gegeben, ohne dass wir uns oder jemandem oder einem anderen trauen mussten. Wir benötigten keinen Mut, solange wir die Todesangst nicht kennengelernt hatten. Das mit dem Einsatz des Atmens gewonnene Vertrauen ist durch die Erfahrung des Übergangs einer auftretenden in eine schwindende Angst charakterisiert. Dass der Schrei uns ins Leben geführt hat, veranlasst uns später, wenn wir durch Hunger und Durst eine neuerliche Bedrohung empfinden, erneut zu schreien. Das wird dann von der Mutter, die sich von der Krise des Geburtsvorgangs erholt hat, als ein Appell verstanden, dass sie uns nähren solle. Und wir selbst erfahren durch den ganz anderen zweiten Saugvorgang unseres Lebens, der sich beim Stillen mit dem zweiten Wunder, dem Trinken, vollzieht, eine zweite Errettung und zweite Bestätigung der Güte unseres Leibes und der belebten warmen Welt, in der wir uns angenommen fühlen dürfen.

Das Trinken setzt allerdings das Atmen voraus, und das Atmen hat uns vor einem Tod bewahrt, in den uns die Mutter ansonsten unweigerlich hineingetrieben hätte, indem sie uns aus ihrem Leib austrieb. Sie lieferte uns aber damit jener Umgebung aus, in der sich der Vater befand. Die Begegnung mit dem Vater ist seither für uns identisch mit dem Verlust der unmittelbar empfundenen Nähe zur Mutter und mit der ersten Erringung von Vertrauen. Indem also ein Kind mit dem ersten Atemzug das Lebenselixier der Luft in sich aufnimmt, sich dadurch erst aus dem Status einer völligen Abhängigkeit vom Leib der Mutter befreit und in jenes Medium einfügt, gewinnt es die Möglichkeit, sich sinnlich auch mit dem Vater zu verbinden: indem es den Vater zunächst hört und – ein wenig später – sieht oder zumindest sucht, sofern er abwesend bleibt. Der Tastsinn, ebenso wie Geruch und Geschmack, war zuvor nur geeignet, um die unmittelbare Verbindung zur Mutter herzustellen.

Unter dem Eindruck jener elementaren Vorgänge liegt es nahe zu sagen: Das Atmen ist das erste Nehmen und Geben des Kindes, und in einem symbolischen Sinne nimmt das Kind durch den ersten Atemzug das Leben vom mehr oder weniger entfernten Vater. Es ist dies in seiner ursprünglichen Bedeutsamkeit immer dasselbe, wo immer der Vater sich auch aufhalten mag. Das Ausatmen entspricht dem Vertrauen des Kindes, dass es auch durch den nächsten Atemzug wieder vom Vater das Recht zu leben erhalten werde. Erst dann, wenn es sich an den Rhythmus des Atmens gewöhnt und von den Strapazen der Umstellung erholt hat, die durch den ersten Atemzug mit seinem Blutkreislauf vonstatten gegangen ist, kann es sich dem Rhythmus der Nahrungsaufnahme widmen, wodurch es schließlich auch das Leben von der Mutter nimmt. Entscheidend ist daran, dass das Kind sein Leben durch die Zeugung von den Eltern lediglich bekommen hat, dass es aber nach der Geburt dieses Leben selbst in den Rhythmen des Atmens und der Nahrungsaufnahme beständig neu nimmt.

Diese tiefe Bedeutung von Respiration und Nutrition, dass wir nämlich das uns ursprünglich nur verliehene Leben immer von neuem symbolisch von beiden Eltern nehmen, ist nach meinen Beobachtungen grundlegend zum Verständnis unserer leiblichen Existenz. Sie ergibt sich aber nicht aus der Plausibilität, die sich für die meisten Menschen bei der Betrachtung der beschriebenen körperlichen Funktionen einstellt, sondern aus der Symptomatik, die sich an die respiratorischen und nutritiven Organe heftet und dann auf verschiedene Störungen des Bezugs zu Vater oder Mutter hinweist. Sämtliche Erkrankungen der Atemwege und der Atemorgane lassen sich nach meiner Erfahrung auf eine konflikthafte Beziehung zum Vater und zur männlichen Linie der Abkunft des Kindes bzw. auf eine Störung des Rechts auf Männlichkeit zurückführen, während sämtliche Erkrankungen der Nahrungswege und ernährenden Organe aus einem Konflikt mit der Mutter und der mütterlichen Linie stammen bzw. dem gestörten Recht auf Weiblichkeit zuzuordnen sind.

In diesem Zusammenhang sind noch einige Worte über die beim Geburtsvorgang stattfindende Revolution der Funktionsweise des Herzens und der Kreislaufverhältnisse erforderlich, um im Verständnis des Verhältnisses zwischen körperlicher Organisation einerseits und Symbolik des Leibes andererseits voranzukommen: Die Geburt schließt mit dem Abbinden und dem Durchtrennen der Nabelschnur sowie mit dem Einsetzen des Atems beim Kinde. Bevor das Kind selbst atmet, hat das rechte Herz keine Funktion, weil es nur dazu dient, das Blut durch die Lungen zu befördern. Solange das Kind seinen Sauerstoff im Uterus über den Mutterkuchen (Plazenta) aus dem mütterlichen Kreislauf entnimmt, wird seine Lunge nicht durchströmt, sondern das Blut fließt durch ein vorgefertigtes Loch vom rechten Vorhof direkt in den linken Vorhof des Herzens, um von dort in die linke Kammer zu gelangen und dem Körper zugeführt zu werden. Der Sog des ersten Atemzugs verändert diese Situation mit einem Schlage radikal. Plötzlich kommt es zu einer Umlenkung des Blutstroms aus dem rechten Vorhof in die rechte Herzkammer, von wo das Blut seinen Lauf in die Lunge nimmt, um sich dort mit Sauerstoff zu sättigen, zum linken Herzen zurückzukehren und dem Körper für die Versorgung zur Verfügung zu stehen. Das Loch zwischen den beiden Vorhöfen schließt sich durch denselben Sog mittels eines vorgefertigten beweglichen Teils der Scheidewand und wächst bald zu. Damit sind die beiden Anteile des Kreislaufs voneinander getrennt und können einander in der Funktion ergänzen, die Annahme des Lebens zu vollziehen, indem sie die Atmung und die Nahrungsaufnahme als lebenspendende Rhythmen allen Organen des Körpers gegenüber zur Geltung bringen.

Unter dem Blickwinkel symbolischer Zuordnung erscheinen diese Vorgänge, als wenn Vater und Mutter im Anschluss an die Geburt wieder ebenso zusammenarbeiten müssten, um das Leben des Kindes zu bewahren, wie beim ersten Mal: zum Zeitpunkt der Zeugung – diesmal aber im Innern des Kindes, in Gestalt von miteinander verbundenen

Organen und Organsystemen. Selbstverständlich kann man es auch als eine in wachsendem Ausmaß hinzunehmende Aufgabe des Kindes bezeichnen, durch die Funktion seiner Organe die lebenspendende Macht der Eltern (d. h. der Schöpfung insgesamt) in sich zu wahren und wirksam werden zu lassen oder – anders ausgedrückt – dafür Sorge zu tragen, dass bereits in den elementaren Funktionen seines Leibes das im Zeugungsakt begonnene Zusammenwirken von Mann und Frau fortwirken kann.

Interessant ist nun gerade in Bezug auf das Herz die Beobachtung, dass eine Trennung zwischen Rechts und Links zustande kommen muss, damit die Zusammenarbeit zwischen Rechts und Links ermöglicht wird. In der Folge ist es dann erfahrungsgemäß so, dass die rechte Seite des Körpers symbolisch für das Väterliche und Männliche steht, während die linke Seite symbolisch dem Weiblichen und Mütterlichen zugeordnet bleibt. Der Blutkreislauf, dessen Zentrum das Herz bildet, erfüllt die Aufgabe, die Atmungs- und Ernährungsfunktion miteinander zu vermischen und die Möglichkeit ihrer gemeinschaftlichen Erfüllung an eine jede Zelle des Körpers weiterzuleiten.

Die Arme und Hände stehen für das, was die Eltern für das Kind tun müssten, solange es seine Hände noch nicht in Besitz genommen hat. Die Hände arbeiten zusammen, wie die Eltern bei der Versorgung des Kindes. Und die Beine erlauben dem Kind dorthin zu gehen, wohin die Eltern es tragen müssten, um ihm die Welt zu zeigen. Das linke Bein steht für die Mutter, das rechte für den Vater. Die Füße verbinden das Kind mit dem Grund, auf dem es lebt. Das sind, symbolisch betrachtet, die Ahnen und deren Geschichte. Diese Reihung lässt sich fortsetzen. Denn jedes einzelne Organ ist auf derartige Weise in seiner Funktion symbolisch bezogen auf das Lebensrecht, das ein Kind durch die Eltern zugeteilt bekommen hat.

Zusammenfassend lässt sich zur symbolischen Seite des Leibgeschehens sagen, dass jedes Kind wie eine Fackel ist, durch deren Entzündung die Liebe seiner Eltern von deren persönlichen Kräften und erworbenen Fähigkeiten unabhängig wird und über deren Leben hinaus weiterlebt. Diese metaphorische Betrachtung weist daraufhin, dass es die Aufgabe des Kindes ist, die Liebe seiner Eltern erstrahlen zu lassen und die Welt ein wenig zu erwärmen und zu beleuchten.

Bei all ihrer Vorläufigkeit sind diese Bemerkungen doch keine bloßen Gedankenspielereien, sondern sie rechtfertigen sich aus den Beobachtungen über die Bedeutung von körperlichen Erkrankungen –

funktionellen und organischen. In allen Erkrankungen äußert sich der Leib zu seiner eigenen Bedeutung. Und diese Bedeutung des Leibes ergibt sich aus der Beziehung, welche die Eltern eines Kindes bei dessen Zeugung zueinander eingegangen sind. Sie ist eine unmittelbare, als Symptom erfolgende Deutung der Funktion, welche das Kind erhalten hat, indem es zum Erzeugnis und Zeugnis des Liebesakts wurde: Durch die Zeugung ist es, wie schon anfangs gesagt, „mit Haut und Haaren" zum stellvertretenden (Werk-)Zeug seiner Eltern geworden. Mit dieser Behauptung ist tatsächlich in aller Konsequenz gesagt, die Zeugung sei anhand der Krankengeschichte des Gezeugten ganz wörtlich zu verstehen: als die unwiderrufliche Funktionalisierung des Kindes durch seine Eltern. Und es ist im engeren Sinne damit behauptet, dass allein dieses Verständnis der Heilkunde den Weg zur angemessenen Hilfeleistung weisen kann.

In ihren Funktionen bringen die Organe eine doppelte Bezüglichkeit zur Geltung: den Bezug zu den Eltern und den Bezug zum Selbst. Aber im Bezug zum Selbst ist es die Permanenz der elterlichen Liebe, deren Vorrang vor allen anderen Lebensaufgaben sich in den Dysfunktionen der Organe zugleich verbirgt und kenntlich macht. Genauso wenig nämlich, wie ein Kind den Eltern gegenüber freundlich erscheinen muss, weil es doch den Eltern als Stellvertreter von Dritten dient, genauso wenig müssen die Organe dem Kind gegenüber freundlich erscheinen, nur weil sie dem Kind als Stellvertreter der Eltern dienen. Vielmehr gelangt durch das Leben der Organe ebenso das Unvollendete in der leibhaftigen Beziehung zwischen dem Kind und seinen Eltern zur Darstellung, wie im Leben des Kindes das Unvollendete der leibhaftigen Beziehung zwischen den Eltern und deren Nächsten zutage tritt.

Die primordiale Herrschaftlichkeit der Eltern ist zutiefst unbewusst und ebenso unabweisbar. Wo das Kind sich in seiner Dienstbarkeit scheinbar unbotmäßig verhält, da ist es nicht etwa aus dem Machtbereich der Eltern entkommen, sondern konfrontiert die Eltern mit deren unerlöstem innerem Widerpart, dem „Schatten", um eine bereits zum Allgemeingut gewordene Formulierung von C. G. Jung aufzugreifen. Dieser „Schatten" der Eltern ist, um im Bild zu bleiben, das, was die Eltern in ihrem Innern an Angst, Hass und ungetrauerter Trauer verbergen und in innerer Erstarrung gleichsam tiefgekühlt lagern. Wie nun das Kind häufig als lebendig gebliebenes, wieder erwärmtes Organ der Eltern diese mit der ihnen eigenen Unfähigkeit (bzw. mit der von ihnen *nicht* zueigen gewordenen Fähigkeit) konfrontiert, der im Leben konkret erfahrenen Ohnmacht aufrecht zu begegnen und sie anschauen – ganz ebenso konfrontieren die im Körper des Kindes zusammenwirkenden Organe ihren Besitzer mit den unerlösten Seiten von dessen Funktionalität im Dienst der Eltern.

Ich bin mir dessen bewusst, wie unbefriedigend es für manche Leserin und manchen Leser sein muss, wenn ich an dieser Stelle darauf verzichte, als Beispiel eine Krankengeschichte anzuführen. Ich habe davon bereits einige gesammelt. Keine weitere Krankengeschichte aber wäre geeignet, die Prinzipien besser darzulegen, als das eingangs bereits beschriebene Beispiel von dem Beinbruch, der zu einem bestimmten Zeitpunkt im Leben meines Patienten auftrat und schmerzlich in Erfahrung brachte, dass dieser junge Mann nicht geeignet war, die Sehnsucht seines Vaters nach dem gefallenen Großvater zu stillen und seinem Vater die Stütze zu sein, die dieser im Großvater vermisst hatte (vgl. Kapitel 2.4).

Der Nutzen dieser neuartigen Betrachtungsweise, bei der die Komplementarität und Relationalität leibhaftiger Bindungen Berücksichtigung findet, liegt darin, dass die Erkenntnis der Stellvertretungsordnung der Organe des Leibes die Symbolik organischer Erkrankungen zu verstehen lehrt, wie auch umgekehrt die Erkenntnis der Symbolik organischer Erkrankungen die Stellvertretungsordnung der Organe des Leibes beleuchtet. Anders gesagt: Die Entwicklung einer ärztlichen Semiotik (d. h. einer Lehre von den in Organerkrankungen aufscheinenden Wirksamkeit unversöhnter Beziehungen zwischen den gegenwärtigen, vergangenen und zukünftigen Nächsten eines Menschen) wird meines Erachtens im Zusammenwirken mit einer Semantik des leiblichen Ausdrucks (d. h. mit einer Lehre von der symbolischen Komplementarität der organischen Symptome) Möglichkeiten eröffnen und Wege finden helfen, um mit der unserer Leiblichkeit eingeschriebenen Syntax (mit der Relationalität) aller aktuellen Konflikte versöhnlich umzugehen.

6 Aufstellen der Räumlichkeit gegebener Lebensordnungen

Der Zusammenhang zwischen Semiotik, Semantik und Syntax, mit dem eine Lehre von den Zeichen befasst ist, tritt, wie die „Ana-Logik" der Organsprache symptomatisch demonstriert, nicht erst mit der Logik der Begriffssprache auf, sondern weit vorher, diesseits allen Bewusstseins. Dennoch begegnet uns die Problematik zeichenhafter Zusammenhänge zuerst bewusst bei der Aufgabe der Übersetzung von fremden Sprachen. Zuweilen wirkt ja die Muttersprache selbst bereits befremdlich. Die Fremdheit der vertrauten eigenen Sprache soll nunmehr als nächster Einstieg dienen, um die Fährten besser lesen zu lernen, die ich in der Überschrift des ersten Kapitels die „Spuren des Leibhaftigen" genannt habe, die uns zu den dunklen Stellen, den Ursprungsorten von Leid, Verzweiflung, Bruch und kontinuierlicher Verbindlichkeit im Familiengeschehen leiten und aus denen wir in der Therapie gemeinsam unsere Lebensthemen und Bedeutungsstrukturen erschließen können.

Ob zu Recht oder nicht: Es besteht eine merkwürdige Übereinstimmung zwischen Alltagsbewusstsein und medizinischer Diagnostik in dem Bemühen, sprachliche Präzision zu vermeiden, sobald es um Befindlichkeiten geht. In der Alltagssprache hat sich die Frage: „Wie geht es Ihnen?" als Floskel eingebürgert. Sie läuft dem reflektierenden Denken völlig zuwider. Wörtlich genommen, wäre sie auf Anhieb völlig unverständlich, ebenso wie die Antwort: „Mir geht es gut." oder „Mir geht es schlecht." Welches geheimnisvolle „Es" könnte denn da gemeint sein, dem Frage und Antwort unterstellen, dass es in einer Weise „gehen" (oder sich ergehen) soll, die sich der betreffenden Person in ihrem Befinden mitteilt? Die Redeweise setzt offenbar ein Einverständnis darüber voraus, dass da jemandem von einer dunklen Macht freundlich oder unfreundlich mitgespielt werde. Aber sie zielt ganz und gar nicht auf Klärung ab, lässt das Dunkel des „Es" gänzlich unbehelligt und unterstellt einzig, dass es zwischen dem „Es" und der Befindlichkeit des Befragten eine Beziehung gebe.

Der Befragte aber wird mit „Ihnen" angesprochen, in der dritten Person Plural also, nicht etwa als ein Einzelwesen, noch nicht einmal als eine Gruppe von Wesen („Euch"), sondern als jemand, der für eine Gruppe zuständig ist und deren Befindlichkeit beurteilen soll: die Befindlichkeit einer Gruppe jedenfalls, die sich unabhängig von dem Befragten bewegt, vielleicht aber doch wie eine Herde von ihm gehütet werden muss. Mit seiner Antwort konterkariert der Befragte zwar die Unterstellung des Fragenden und spricht von sich in der ersten Person Singular („mir"). Aber es wird eben doch diese Mühe von ihm verlangt, sich zu besinnen und zu sammeln, bevor er antwortet. Würde er die Frage nach seinem Befinden wörtlich nehmen und sagen: „Denen geht es gut, denn ich bin ihnen ein guter Hirte!", so stieße er auf Befremden, Unglauben und Misstrauen. Man würde ihn zunächst für einen eher schlechten Hüter seiner fünf Sinne halten und annehmen, dass er sie nicht ganz beisammen habe.

Wie es sich derweil mit dem „Es" verhält, wonach ja ebenfalls gefragt worden ist, bliebe auch dabei tabuisiert. Auf jeden Fall wird in der Umgangssprache der Anschein erweckt, als müsse die Erkundung des „Es" zumindest weit hintangestellt oder gar vollends aufgegeben werden. Immerhin wird das „Es" durch die Art und Weise, in der man es mit weitem Abstand umgeht, respektiert, und zwar als etwas Gebendes, denn der Antwortende steht nicht im Nominativ („ich"), sondern im Dativ („mir"), als wenn ihm vom „Es" etwas angetan würde.

In der Medizin ist als Einleitung der Diagnostik durch den Arzt lange die Frage verwendet worden: „Was fehlt Ihnen?" Auch hier also die scheinbare Verbrüderung des Fragenden mit dem Befragten gegenüber einer Mehrzahl von ungenannten Dritten („Ihnen"). Aber die im Prozess des Umgehens einen weiten Abstand nehmende Erwähnung des geheimnisvollen „Es" unterbleibt hier. Vielleicht kommt das daher, dass der Mediziner eine weiterführende Antwort auf seine Frage vom Patienten zunächst nicht erwartet. Immerhin kommt dieser ja, weil er gerade *nicht* weiß, was ihm fehlt. So hätte die Frage vielleicht in erster Linie den suggestiven Charakter einer Konfrontation des Patienten mit seinem wundesten Punkt: dem Mangel an Wissen über die Gründe und Abgründe seiner Befindlichkeit.

Einschüchterung aber hat nur jemand nötig, der sich nicht sicher fühlt. Viktor von Weizsäcker hat darauf aufmerksam gemacht, dass in der medizinischen Diagnostik in wichtigen Punkten tatsächlich höchste Unsicherheit herrscht: Seine drei großen Fragen an die Heilkunde, auf die ich mich im einleitenden Kapitel beziehe: „Warum gerade jetzt?“, „Warum gerade hier?“, „Warum gerade so?“ (Weizsäcker 1953/1987, S. 366 ff.), bleiben gewohnheitsmäßig vom Arzt unbeantwortet, ihre beunruhigende Wirkung wird zumeist mit Scheinantworten gedämpft. Der Verweis auf einen Virus als Krankheitsursache ist unbefriedigend, solange andere Menschen neben dem Erkrankten mit demselben Virus gut zurecht kommen. Und der Verweis auf die Funktion des Immunsystems verschiebt das Problem auf die Bedingungen der Immunitätsschwankungen und provoziert im Falle von Allergien und Autoimmunkrankheiten die Frage nach der pathogenen Wirkung desselben Immunsystems, das ja doch schützen solle, aber nun selbst krank zu machen scheint. Verlässlichkeit sucht man also vergebens.

In der Vermeidung präziser Antworten auf Fragen nach der Befindlichkeit sind Umgangssprache und Medizin sich also allem Anschein nach sehr viel mehr einig, als man zunächst meinen möchte. Wenn sich die Redeweise „Wie geht es Ihnen?“ und „Was fehlt Ihnen?“ aber durchgesetzt hat, dann muss in dem offenkundigen Unsinn ein besonders tief verankerter Sinn liegen, der von stärkster intuitiver Überzeugungskraft ist, stärker jedenfalls als viele so genannte Grundüberzeugungen, über die ja immerhin Meinungsverschiedenheiten bewusst ausgetragen werden. Es muss damit zusammenhängen, dass die *Identität* einer Person, ihre *Individualität* und ihre (räumliche und zeitliche) *Positionierung* existenzielle Probleme beinhalten, die im Alltag vielleicht nicht bewusst auszuhalten sind und die dann, wenn sie in ihrer Schwere erfahren werden, eine Einhalt gebietende Brisanz entfalten: Sie erinnern an die virtuelle Anwesenheit von mindestens einem toten Dritten in jedem Umgang zwischen zwei Lebenden (Adamaszek 1999, S. 19ff). Die rituelle Verständigung über die Gefahr im Umgang miteinander hat daher in erster Linie die Funktion, dass man einander wechselseitig die routinierte Bereitschaft zusichert, darüber zu schweigen. Die Gegenwärtigkeit jener Unsicherheit existenzieller Orientierung bedürfte also, sofern dies zutrifft, einer beständigen Bestätigung im Alltagsbewusstsein. Aber diese Bestätigung müsste dann auf indirektem Wege, also quasi-symptomatisch, stattfinden.

Man könnte vielleicht vorläufig, d. h. bis sich Näheres erkunden lässt, feststellen: Das Alltagsleben ist weithin zu dem Zweck organisiert, dass die mit der Problematik existenzieller Orientierung verbundenen Ohnmachtsgefühle gegenüber den Toten unterbleiben sollen. Und der Medizinbetrieb wäre dann in weitesten Bereichen ein Bestandteil dieses Alltagslebens, der an den Rändern jene mühselige Verharmlosung fortsetzen soll, auf die hin das Alltägliche beschnitten wird. Die sorgfältige Aussparung von Identität und Individualität der Person sowie der zeitlichen und räumlichen Ordnungen gehörte also zu einer feinsinnigen Symptomatik intuitiver Angstvermeidung, die zu schützen der unbefragt vorausgesetzte Zweck wäre, der über das Alltagsbewusstsein sein den Medizinbetrieb steuert. Die Frage nach dem Befinden gälte, sofern sie überhaupt gestellt wird, vorsichtshalber gerade noch dem *Wie*, nicht mehr dem *Wo* und schon gar nicht dem *Warum*. Aber schon die Frage nach dem *Wie* wird im Alltagsbewusstsein anscheinend bereits als so gefahrbringend erlebt, dass auch sie es nahelegt, lieber mit beschwörenden Floskeln abgewehrt zu werden.

Man könnte hier aber auch von einer „uneigentlichen Ausdrucksweise" sprechen, die ihren Gegenstand aus einer persönlichen Sphäre in eine „überpersönliche" oder „unterpersönliche" Sphäre entführt, um behutsam-suggestiv auf die Untersuchung unserer leiblichen Situierung in der sozialen Welt vorzubereiten. Das Unvoreingenommene und Unentschiedene des Fragens macht aus dieser Sicht gerade seine Achtsamkeit und *Höflichkeit* aus: Dieser Reifegrad an Vorsicht und Umsicht in der Begegnung verlangt die hohe Diplomatie, wie sie sich historisch „bei Hofe", d. h. in den Räumlichkeiten verantwortungsvoller Mächtiger, entwickelt hat.

Dass eine der existenziellen Bedeutung gerecht werdende Antwort auf die Frage nach dem Befinden gar nicht in der Oberfläche des Bewusstseins und in wohlfeilen Worten gesucht werden kann, sondern tiefgründiger, zutreffender und deutlicher im Blick auf das wirkliche Lebensgeschehen, biographisch nämlich, errungen werden muss, darauf hat Bert Hellinger aufmerksam gemacht, als er bei seiner Arbeit mit therapeutischen Gruppen die symbolische Aussagekraft des „Familienstellens" zu diagnostischen und therapeutischen Zwecken nutzte (Hellinger 1994). Er hat damit die Frage nach dem *Wie* um die Frage nach dem *Wo* ergänzt und sie sowohl verwandelt als auch präzisiert. Vor allem hat er die Frage nach dem unmittelbaren Befinden in ein therapeutisches Ritual verwandelt, in dem Floskeln nicht mehr zählen.

Wenn ich Hellingers phänomenologischen Weg der Forschung in diesem Kapitel aufgreife, so geht es mir um weitere Präzisierungen. Dabei wird sich erneut zeigen, was in den vorangestellten Kapiteln ausgeführt worden ist: Erst die Frage nach dem *Wann* liefert den Schlüssel, um von dem *Ort* auf die geheime *Funktion* und *Bedeutung* des krankhaften Geschehens zurückzuschließen. Zwar ist es ein *verwaister Ort* im Leben der Eltern, von dem die Sogwirkung für das normale oder symptomatische Spiel des Kindes ausgeht. Aber es ist der *Zeitpunkt*, der – bildhaft gesprochen – darüber entscheidet, welches Ventil oder welche Schleuse in der Seele des Kindes geöffnet wird und wie stark der Sog aus dem Leben der Eltern auf die Seele des Kindes wirkt und der überquellenden Liebe des Kindes Raum gibt, um zu fließen und als Ausdruck seiner Lebendigkeit Gestalt anzunehmen. *Der Vorrang der Zeitlichkeit vor der Räumlichkeit des krankhaften Geschehens ist identisch mit dem Vorrang der Verbundenheit vor der Getrenntheit der Personen.*

Die Öffnung von Ventilen und Schleusen erfolgt ganz direkt und real sichtbar im unmittelbaren Umgang der Eltern mit ihren Kindern, sofern die Eltern in sich gefestigte, erwachsene Menschen sind. Immer aber wirkt darin auch eine aktuell unsichtbare Bedürftigkeit der Eltern auf das Kind, eine Bedürftigkeit nämlich, die aus der Vergangenheit der Eltern stammt und in der Gegenwart virtuellen Charakter annimmt. Sie wirkt unsichtbar wie ein Vakuum, das nur dieses Kind bewegt, als würde es von einer geheimnisvollen Kraft bewegt und getrieben, gelähmt und gefesselt. Ein gutes Bild dafür scheint mir das Marionettentheater zu sein. Es ist, als könnte das Kind seinen Eltern unmittelbar ins Herz sehen und als spiegelt es mit seinem Leben genau das, was es dort zu sehen gibt. In einem anrührenden Sinne gilt für alle Kinder, was der Volksmund drohend zu sagen vermeint: „Der liebe Gott sieht alles." Tatsächlich sehen die Kinder im Herzen ihrer Eltern all das, was einem Fremden verborgen scheint. Es ist die Liebe, die den Blick ins Herz öffnet. Aber es ist – wie im Märchen von Dornröschen – auch der rechte Zeitpunkt, der die Dornenhecke öffnet, die das verwunschene Schloss umhüllt. Und so sind es auch jene im Leben der Eltern verwaisten *Orte*, deren Kenntnis Voraussetzung für das Verständnis allen symptomatischen Geschehens ist. Was auf diese Weise passiert, erscheint wie die „Macht böser Geister". Wo immer aber von Spuk die Rede ist, da ist zwar eigentlich dieses in magischer Weise Auftauchende gemeint, es wird allerdings gerade nicht verstanden.

Man kann es gewissermaßen in experimentell gebändigter Form erleben, wenn man sich in den Bannkreis eines Psychodramas (Moreno 1967), einer Familienskulptur (Satir 1977) oder einer Familienkonstellation (Weber 1993; Franke 1997) begibt und die Gefühle und Phantasien erfährt, die dort vom eigenen Leib Besitz ergreifen und diesen Leib bewegen. Sich darauf einzulassen, erfordert eine Bereitschaft, die man auch als Bereitschaft zur Besessenheit bezeichnen kann, zu einer besonderen, quasi-hypnotischen Art von Preisgabe der Selbstbeherrschung – ganz wie ein Schauspieler sich selbst vergessen muss, um einer Rolle auf der Bühne gerecht zu werden. Im Mesmerismus des 18. und 19. Jahrhunderts steckt viel davon. Ich möchte im Folgenden die Essenz solcher Erfahrungen in Worte kleiden, die dem Umfang der gewonnenen Einsichten gerecht wird.

Im Kontext örtlicher Koordinaten von Personen setzt sich ein System von Beziehungen um, das allein durch die Beachtung zeitlicher Relationalität noch nicht verständlich wird, sondern nur durch zusätzliche genaue Betrachtung räumlicher Ausrichtungen. Die Analyse einer Symptomatik muss, wie von der Psychoanalyse initiiert, sowohl den zeitlichen als auch den räumlichen *Bedeutungskontext* der Familie beachten, aus dem der betreffende Mensch erwachsen ist und in dem er *steht*. Erst von hier aus eröffnet sich die Möglichkeit, den gesellschaftlichen und historischen *Sinnkontext* zu würdigen, in den er *sich stellt*. Aus der familialen Situation nämlich erwächst dem Leib einerseits die ihm ursprünglich übertragene Funktionalität. Andererseits resultiert aus der familialen Situation auch eine gesetzmäßige Dysfunktionalität dieses Leibes: Jegliche Symptomatik erweist sich als stummer Aufschrei einer dem Leib eines Kindes zwar übertragenen, gleichwohl aber uneinlösbaren Verantwortlichkeit, die sich in eine unbewusste Schuldlast verwandelt hat.

Der Leib des Menschen ist nicht etwa nur die *Einheit* von Körper und Seele (von Eindruck und Ausdruck), sondern auch der *Kampf* einer (durch widerstreitende Funktionen der Stellvertretung im Dienst an den Eltern) gespaltenen und widersprüchlich sich ausdrückenden Seele um einen (als System miteinander interagierender Organe der elterlichen Macht) in Einzelorgane zerlegbaren, spaltbaren, labil organisierten Körper. Und dieser Widerstreit, das war bereits anhand der zeitlichen Relationen zu sehen, wird aufgeführt und gestaltet als ein menschliches Drama. Merleau-Ponty spricht in diesem Zusammenhang von einer Teleperzeption, von einer „Wahrnehmung, die aus der

Ferne kommt" (Merleau-Ponty 1986, S. 325) und den Mitspielern erfahrbar macht, was nunmehr fällig ist, was von ihnen dargestellt und erfüllt, erlitten und getan werden soll – das heißt aber auch: was wir selbst im Dienst wichtiger Dritter in der Familiengeschichte zu bedeuten haben. Dass die Dramatik des Leibgeschehens immer einen geheimen Kern von *Virtualität* und *Vergeblichkeit* beinhaltet, ist nun meines Erachtens jene Zusammenhangsannahme, von der aus sich das Rätsel des Leibes ein Stück weit aufklären lässt. Im nächsten Schritt werde ich den Blick auf jene *räumlichen* Verhältnisse lenken, die als die *Macht des Ortes* in Erscheinung treten. Das geschieht in Therapien auf symbolhafte Weise, als wäre es möglich, mit einem Patienten an den Ort zurückzukehren, von dem die Reise seiner Stellvertretung ausgegangen ist, und mit ihm diesen Ort zum ersten Mal zu sehen. Solche Erfahrungen erscheinen zunächst spielerisch, sind aber von großem Ernst, denn sie eröffnen einen dynamischen Zugang zur Positionierung unseres Leibes, die durch ein verwirrendes Konglomerat frustran übertragener Aufgaben einerseits und gewichtiger aktueller Aufgaben andererseits charakterisiert ist. Wenn wir von leiblicher Existenz sprechen, dann verweist dies auf örtliche und zeitliche Befindlichkeiten, auf Gegenwarten in der Zeit und auf Orte im Raum, von denen eine Bewegung und Tätigkeit Bedeutung erfährt. Diese Orte klären auf, woher wir kommen, worum es uns geht, wohin unser Weg uns führen und auf welche Weise es uns gelingen kann, in unserem Leben einen Sinn zu entdecken und hervorzubringen.

Das Rätselhafte der Räumlichkeit unserer Lebensordnungen, wie sie unserer leiblichen Existenz eingeschrieben ist, wird in phänomenologischer Tradition von Merleau-Ponty beschrieben als Möglichkeit, „dass ich hier bin, zugleich anderswo bin, und so zu sehen, dass ich möglicherweise primär anderswo bin, nämlich dort, wo mein Interesse, meine Liebe und meine Existenz ist" (Merleau-Ponty 1986, S. 332). Die Dimension des Abwesenden kommt so ins Spiel.

6.1 Spontane Familienrekonstruktionen

Es vergeht kaum ein Tag, an dem nicht ein jeder von uns an mindestens einer Familienkonstellation teilnimmt, diese aber ohne Erfolg auch bald wieder abbricht nach dem Motto: „So lasse ich es jetzt." Die daran Beteiligten fühlen sich zuweilen wohl, merken aber manchmal auch erst an den Veränderungen, dass sie sich zuvor wohl oder unwohl gefühlt haben.

Die Versammlung zum Frühstück, Mittagstisch oder Abendbrot, an der eine Familie, ein Teil der Familie oder auch eine Gruppe von Freunden und Partnern, Geladenen und Ungeladenen, sogar Gegnern oder Feinden sich trifft, ist eine in gewissem Sinne sogar therapeutisch zu nennende Gemeinschaft, die zusammengeführt wird von der Bereitschaft, einander beizusitzen, wenn ein jeder das ihm verliehene Recht zu leben wahrt. Das wäre noch nicht genug, um von einer Konstellation zu sprechen, wie sie speziell für Therapeuten interessant ist. Aber es kommt noch etwas anderes hinzu: Was bei der gemeinsamen Mahlzeit stattfindet, ist die Aufführung eines Dramas, dessen Regieanweisungen erkennbar werden, wenn das Geschehen unter dem Aspekt der Frage betrachtet wird: Welche Lücken im Familiensystem, eventuell welche Einbrüche, Risse und Spalten, die Tod und Verlust der Abwesenden in den Seelen von anwesenden Hinterbliebenen hinterlassen, werden hier auf die Bühne des Lebens gebracht?

Diese Frage löst eine Reihe weiterer Fragen aus. Die wichtigsten Fragen sind: Wer *erscheint* in diesem Stück aus wessen Sicht gut, und wer erscheint schlecht? Wer *fühlt sich* gut, und wer fühlt sich schlecht? Wonach *bemisst* es sich, ob jemand darin gut oder schlecht erscheint bzw. ob er sich gut oder schlecht fühlt?

Dazu einige Thesen über die systemische Bedingtheit des (nicht nur familialen) Alltagslebens. Sie haben den Vorzug, dass sie sich ohne besondere technische Hilfsmittel überprüfen lassen, sofern man nur – und hier liegt dann die ganze Schwierigkeit der Untersuchung – über die erforderlichen familienbiographischen Kenntnisse verfügt:

1. Jeder umbaute Raum hat seine eigene Hierarchie. Manchmal ist sie nicht klar und eindeutig, sondern facettenreich und mehrdeutig. Das hängt von der Architektur des Gebäudes ab, weniger von der Raumgestalt und mehr von der Position der Fenster und Türen sowie vom Lichteinfall, also auch von der Position zum Sonnenlicht, von der Himmelsrichtung der Fenster.
2. Jede Gruppe hat ihre eigene Hierarchie. Diese richtet sich nach der Bedürftigkeit des bedürftigsten Mitglieds. Mit anderen Worten: Die Macht der Bedürftigkeit der Beteiligten ist es, die darüber entscheidet, wer die Macht über die Gruppe ausübt. Wie diese Macht ausgeübt wird, zeigt sich an der Gestalt und an den

Bewegungen der Gruppe. Die Gruppenmitglieder fungieren als verlängerte Organe des Bedürftigsten. Entscheidend für das Gelingen oder Misslingen der Schutzfunktion einer Gruppe ist, ob die Art der Bedürftigkeit des bedürftigsten Mitglieds als solche anerkannt werden kann oder verborgen werden muss. Im letzteren Fall misslingt der Schutz, und die Funktion der Gruppe entwickelt sich destruktiv.

3. Es kommt nicht selten vor, dass diese bedürftigste Person gar nicht anwesend ist, sondern von einer anderen Person vertreten wird. Das ändert nichts daran, dass die übrigen Beteiligten in den Dienst der abwesenden Person genommen werden. Es ist dann eben so, dass der Stellvertreter, der die ihm blindlings übertragenen Amtsgeschäfte übernimmt, die Bedürftigkeit des Abwesenden unter den Anwesenden zur Geltung bringt.
4. Über die Bedürftigkeit des Bedürftigsten lässt sich Näheres sagen: Sie ist auf die vollständige Anwesenheit der Mitglieder der eigenen Herkunftsfamilie gerichtet. Mit anderen Worten: Im Normalfall ist es immer das jüngste Kind einer Familie, dessen Bedürftigkeit die Macht über das Familienleben ausübt. Im pathologischen Fall ist es aber so, dass die Bedürftigkeit eines Elternteils Vorrang erhält vor der Bedürftigkeit aller Kinder. Oder die Bedürftigkeit eines abwesenden bzw. leidenden Kindes erhält Vorrang vor den anderen. Der Vorrang wird nicht bewusst zugeteilt, sondern ergibt sich aus dem Ausmaß des jeweiligen Mangels an äußerer bzw. innerer Geborgenheit. Dieser Mangel spiegelt wider, wie es um die Wahrnehmung von Verantwortung in einer Familie bestellt ist, d. h., ob die Fürsorge, die ein jedes Kind durch seine Eltern und älteren Geschwister erfährt, dem Entwicklungsstand seiner eigenen Fähigkeiten entspricht. Wo dies der Fall ist, darf ein jedes Kind tatsächlich Kind seiner Eltern sein. Für die Festlegung der Tischordnung bedeutet dies, dass keine Rücksicht auf dramaturgische Probleme genommen werden muss, weil die Mahlzeit selbst im Mittelpunkt steht, nicht ein anlässlich der Mahlzeit zu spielendes Theater.
5. Ein weiterer Punkt ist in diesem Zusammenhang von besonderem Gewicht, wenn *Normalität* der Tischordnung zur *Ausnahme* wird, wie heutzutage, d.h. in einer Gesellschaft, die ihren Keimzellen, den Familien, in den vergangenen 130 Jahren die Last dreier Kriege zugemutet hat, der Fall: Es geht um die Frage der

Anzahl der Anwesenden. Es stehen nämlich in den meisten Familien nicht so viele Personen zur Verfügung, wie Rollen in dem zu spielenden Stück zu vergeben sind. Das führt dazu, dass einige Personen mehrere Rollen zu spielen haben und damit chronisch überlastet sind oder eine chronische Zumutung für ihre Mitspieler darstellen. Das macht unglücklich und führt zu Symptomen. Veränderungen in der Zusammensetzung der Schauspielertruppe führen ebenso zu Wandlungen der Symptomatik wie Veränderungen der durch Tod und Verlust ausgelösten Bruchlinien in den Seelen der Beteiligten.

6. Mit dem vorherigen Punkt hängt engstens ein weiterer und letzter zusammen, der allerdings von herausragender pathogener Bedeutung ist: Die Frage des Geschlechts. Es kommt nämlich, wie schon im vorigen Kapitel betont, in beachtlichem Ausmaß vor, dass die Anzahl der Personen eines Geschlechts nicht mit der Anzahl der zu vergebenden Rollen dieses Geschlechts korrespondiert, ein Umstand, der dramatisch zu nennende Fehlbesetzungen zur Folge hat. Soweit es also die Geschlechterproblematik betrifft, ist man an ein Wort Heinrich Heines erinnert, der sagte: „Wenn man es recht bedenkt, haben wir alle unter unseren Kleidern nichts an." Was bei ihm komisch klingt, hat einen tragischen Hintersinn: Es gibt viele Menschen, die im Theaterstück der Tischordnung ihrer Herkunftsfamilie nichts lieber täten, als ihre eigene Haut und ihre Geschlechtlichkeit wie eine Kostümierung zu behandeln, um ihren Eltern besser dienen zu können und um das beständige, meist seit Geburt wirkende Gefühl des Versagens abzulegen.

Konkret verwirklicht findet man dann allzu häufig eine quälende Situation, die äußerlich einer *schlecht gespielten Komödie* gleicht – mit dem Unterschied zur *gut gespielten Komödie*, dass, was äußerlich als Geschlechtertausch und Kostümwechsel stattfindet, eben innerlich eher als *Tragödie wider Willen* erlebt und inszeniert wird. Der Unterschied kommt daher, dass es sich eben nicht um die Bühne eines Schauspielhauses, sondern um die Bühne des wirklichen Lebens handelt. Wer hier erstochen wird, kann sich später hinter den Kulissen nicht rasch das Blut abwaschen. Alle Verletzungen sind echt und in einem tiefen Sinne ernst zu nehmen. Wer hier mitspielt, der tut es, weil ihn die unerkannte Übermacht einer unsichtbaren Regie mit Haut und Haaren in den Bann zieht und freiwillig nicht wieder loslässt. Das ist dann ein Stück, das in der Tischordnung der betreffenden Familie seine tagtäglichen tranceartigen Vorstellungen erfährt, ohne dass jemals irgend ein Publikum zu Begeisterungsstürmen hingerissen würde.

Im Folgenden werde ich in einer Art grundlegender Phänomenologie raum-zeitlicher Orientierungen anhand eigener Vignetten darstellen, wie das unsichtbare Vorstellungsgefüge der Familien, wie deren „unausgefüllte Räumlichkeiten" die Relationen zwischen den verschiedenen Familienmitgliedern als Ordnungskriterium vorgeben und wie jedes einzelne Familienmitglied seinen Richtungssinn von den Positionen der Fehlenden und Abwesenden her empfängt. Ich habe zum Teil eine ausführlichere Darstellungsform gewählt, um dabei zu zeigen, dass die spezifische Arbeitsweise Bert Hellingers (1994) mit Gruppen keine unverzichtbare Voraussetzung für therapeutische Lösungen ist. Die Aufstellung mit Gruppen hat häufig den Vorteil einer ausgeprägten, ungehemmten Expressivität der Dynamik. Vor allem verdeutlicht sie den ubiquitär wirkenden, gemeinschaftsstiftenden Charakter der dabei auftretenden Gefühle. Nach meinem Eindruck bewährt es sich aber durchaus, auch bei der therapeutischen Arbeit mit Einzelpersonen und Paaren die grundlegenden Gesetzmäßigkeiten leiblicher Vollzüge mittels Aufstellung zu nutzen. Der Vorteil gegenüber der Arbeit mit Gruppen liegt möglicherweise sogar darin, dass eine Vermischung zwischen der Familiendynamik des Aufstellenden und der Gruppendynamik der zur Verfügung stehenden Stellvertreter vermieden wird und dass bei schambesetzten Themen mit der Intimität des Rahmens die Bereitschaft eines Aufstellenden wächst, seine wirklichen Probleme zur Darstellung zu bringen.

6.2 Therapeutische Familienrekonstruktionen

Einleitend ist bislang weder vom Genogramm noch von der Familienrekonstruktion, sondern nur vom Drama die Rede gewesen. Meine Absicht ist aber, die genographische Analyse als Schlüssel zur Auflösung jener Tragik vorzustellen, die sich in der Tischordnung vieler Familien und anderer Gruppierungen oder Gemeinschaften so beharrlich niederschlägt und kristallin verfestigt. Es lassen sich daraus einige bemerkenswerte Konsequenzen für die therapeutische Arbeit ziehen. Zur Illustration greife ich hier eine in Kapitel 2.4 „Lebensbedrohliche

Schilddrüsenüberfunktion" beschriebene therapeutische Arbeit aus meiner eigenen Praxis noch einmal auf:

Konstellation der Patientin mit Schilddrüsenüberfunktion

Nachdem sich die Patientin, die ich im Anschluss an ihr thyreotoxisches Koma wegen der Depression behandelte, bereit erklärt hatte, ihre Gefühle zu befragen, bat ich sie, mithilfe leerer Stühle ihre Familie im Therapieraum aufzustellen. Jedem der verwendeten Stühle sollte eine Person zugeordnet werden – anders also als im wirklichen Leben, wo man die Stühle tauschen kann, sollte hier jede Person mit ihrem Stuhl verwachsen sein. Sie erhielt als Orientierung den Zeitpunkt, als die Familie nach ihrer Erinnerung noch „heil" war, d. h. als der Vater noch lebte. Konkret lautete meine Frage: Wie haben die beteiligten Personen damals zusammen am Mittagstisch gesessen, wenn alle anwesend waren?

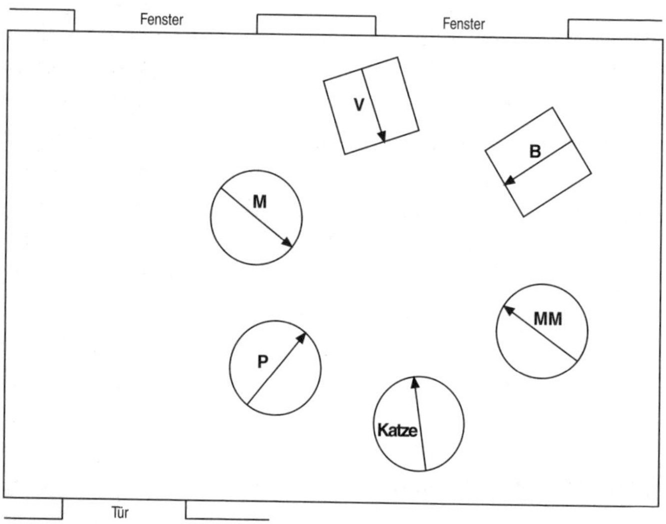

Abb. 6.1: Beginn der Aufstellung

Personen
M = Mutter, V = Vater, B = Bruder, P = Patientin,
MM = Großmutter mütterlicherseits, Pfeilrichtung = Blickrichtung

Zur Erläuterun g eines solchen Beginns der Aufstellung: Der Mittagstisch bzw. das gemeinsame Mahl steht symbolisch für das Nehmen des Lebens und den Weltbezug. Darin liegt also eine für jedes Familienleben sowie für die Zusammenkünfte anderer Gemeinschaften herausragende Bedeutung.

Die Patientin hob hervor, dass zu solchen Anlässen auch die Großmutter mütterlicherseits sowie die Katze zu der Runde gehörten, und gestaltete aus ihrer Erinnerung das in Abbildung 6. 1 dargestellte Bild.

Unsere gemeinsame Aufgabe definierte ich nun folgendermaßen: Ich wolle mit ihrer Hilfe eine Konstellation zustande bringen, in der sich alle Beteiligten wohl fühlen. Ob und unter welchen Bedingungen dies der Fall sei, werde allein daran gemessen werden, was sie selbst an den verschiedenen Orten empfinde.

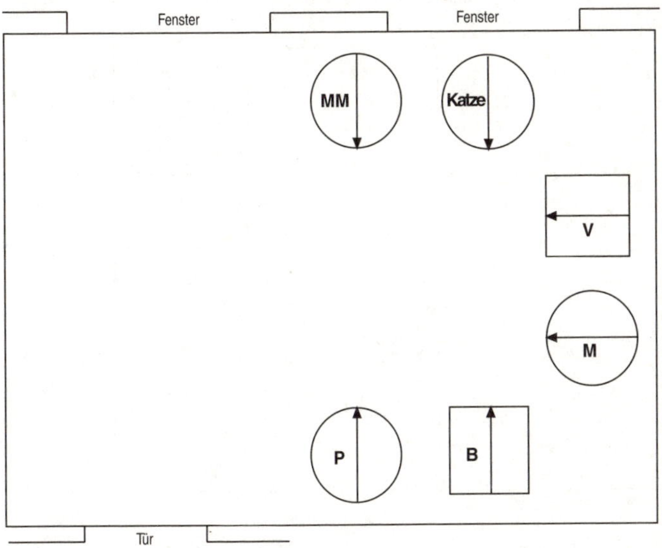

Abb. 6.2: „Normalzustand"

Aus eigener Erfahrung weiß ich, dass das nur selten ohne Hinzuziehung weiterer Personen aus der Familie gelingt und dass bereits die Ausgangslage die Symptomatik in verschlüsselter Form darstellt. Um eine Entschlüsselung vornehmen zu können, braucht der Therapeut eine – ebenfalls an der Erfahrung geschulte – Vorstellung davon, welche Tischordnung dem Wohlbefinden grundsätzlich förderlich ist. Die Konstellation, die nach meiner Erfahrung in jenem Raum normale Verhältnisse wiedergeben würde und die ich bewusst als Normalzustand in meiner eigenen Vorstellung voraussetze, wäre in diesem Fall in erster Näherung eine andere, nämlich die oben dargestellte (Abb. 6.2).

Dass dies der Normalfall wäre, liegt daran, dass in dem abgebildeten Raum eine bestimmte *hierarchische Ordnung* herrscht, die von allen Personen, die sich darin aufhalten, intuitiv empfunden wird und die im Folgenden durch die Zahlen eines Ziffernblatts symbolisiert ist (Abb. 6.3).

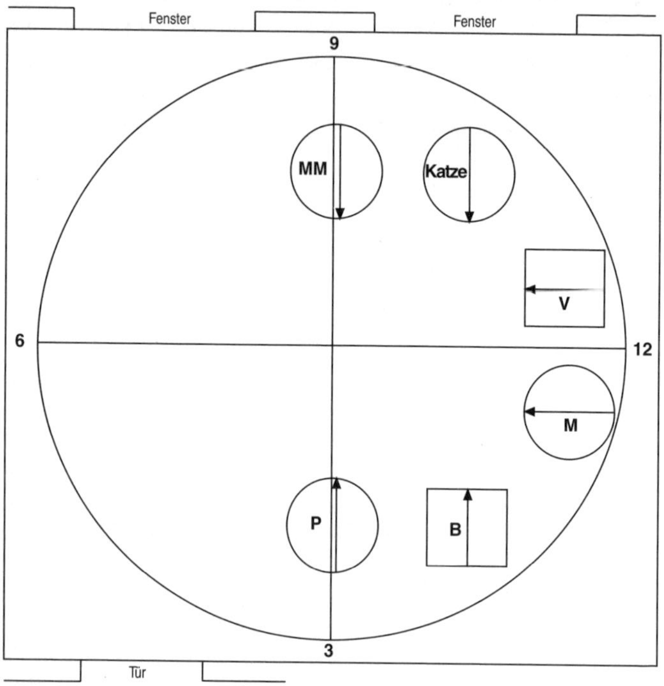

Abb. 6.3: Hierarchische Raumordnung

Es handelt sich um eine räumliche Ordnung, die wesentlich, wenn auch nicht ausschließlich, auf der Beachtung zeitlicher Verhältnisse basiert. Sie bezieht sich auf die Rangordnung der Personen, die sich aus der Reihenfolge ihrer Geburt und aus der Generationenfolge ergibt. Dass die Katze ihren Platz links neben der Großmutter einnimmt, zeigt, dass diese Rangordnung zuweilen durchbrochen bzw. überlagert wird durch reale Nähe, sofern diese mit besonderen Fürsorgefunktionen und bestimmten Stellvertretungsaufgaben verbunden ist. Was an dieser Stelle mit der systemischen Funktion der Katze gemeint ist, wird später klarer werden.

Im Laufe der Geschichte einer Familie bleibt sozusagen der Stundenzeiger stehen, während das Ziffernblatt sich gegen den Uhrzeigersinn dreht, wobei die Plätze der vorhandenen Familienmitglieder mit dem Ziffernblatt nach links wandern. Der Winkel von 90 Grad, in dem die Zimmerwände zueinander stehen, markiert (bei mehr als zwei Generationen) jeweils einen Generationensprung. Die Platzierung der Generationen entspricht der räumlichen Hierarchie.

Zur Erläuterung:

a) An der rechten Wand (bei 12 Uhr), von wo der Raum am besten überblickt wird, wo die besten Lichtverhältnisse herrschen und von wo die Tür, d. h. Eingang und Ausgang, beobachtet werden kann, befinden sich die Hauptverantwortlichen. Das sind die Personen, die die Elterngeneration ausmachen.
b) In der Nähe des Eingangs (bei 3 Uhr) befinden sich die Kinder.
c) Vor den Fenstern, bei 9 Uhr, sitzen die Großeltern.
d) Der Blick zur linken Wand (bei 6 Uhr) bleibt frei, denn dort, an der Wand, haben die Toten ihren – zunächst unsichtbaren – Platz.

Diese Reihenfolge entspricht symbolisch dem Lebenskreis, der häufig von vier Generationen beschrieben wird, sofern die Großeltern noch leben und die Urgroßeltern verstorben sind: Die Eltern sorgen für die Weitergabe des Lebens an die Kinder, die ihrerseits Eltern werden und ihre Eltern zu Großeltern machen, während sich die Großeltern, zunächst räumlich noch den toten Urgroßeltern benachbart, darauf vorbereiten, in das Reich der Toten überzuwechseln. Die Zeugung der Kinder durch die jeweiligen Eltern erfolgt bei dieser Rangordnung symbolisch angesichts der Toten, die an die Endlichkeit des Lebens erinnern und zu dessen Fortsetzung ermutigen.

Falls also mehr Generationen hinzugenommen werden müssen als in den obigen Abbildungen 6.1–6.3 der Fall, so geschieht dies aus symbolischen und aus Platzgründen am besten durch eine spiralförmige Fortsetzung der Reihe der Toten entlang der Wand. Zuweilen ist es bei dieser hierarchisch gliedernden Art von Familienrekonstruktion sinnvoll, auch einen „Generationensprung“ zwischen Geschwistern zu symbolisieren, sodass beispielsweise ein erster Sohn und eine erste Tochter wie „Eltern“ des zweiten Sohnes und der zweiten Tochter erscheinen. Freilich darf dabei kein Bruch der wirklichen Geschwisterreihenfolge in Kauf genommen werden.

Damit habe ich schon einige technische Grundprinzipien dieser Konstellationsarbeit genannt. Es gibt noch weitere:

Ich beginne die Konstellation damit, dass der Patient, nachdem er seinen eigenen Platz eingenommen hat, in der von ihm selbst gewählten Reihenfolge auch alle anderen Positionen erfährt, ohne dabei zu versuchen, sich in die dort befindliche Person hineinzufühlen. Der Patient sagt mir lediglich, wie er sich jeweils fühlt, sobald alle anderen symbolisch anwesenden Personen vor seinem inneren Auge aufgetaucht sind. Die behutsame Einführung in den angestammten Platz des Patienten selbst, kommt einer Tranceinduktion gleich.

Im nächsten Schritt frage ich, welche der aufgestellten Personen sich bei dieser Übung am schlechtesten gefühlt hat, und gebe dem Patienten Gelegenheit, für diese bedürftigste Person durch Umstellung der Stühle zu sorgen, sodass es ihr besser geht.

Danach lasse ich prüfen, wie sich durch die Aufstellung die Gefühle aller anderen verändern und wiederhole zumeist dieselbe Aufgabe mit Blick auf diejenige Person, die sich anschließend jeweils am schlechtesten fühlt. Es ergeben sich dabei verschiedene Konstellationen, in denen sich die einen oder die anderen symbolisch Beteiligten gut bzw. schlecht fühlen. Das nehme ich als Hinweis darauf, dass innerhalb dieses Rahmens ein Frieden nicht erreichbar ist, sondern eine scheinbare Konkurrenz in wechselnden Koalitionen herrscht.

Ich erkläre aber schon vorsorglich gleich zu Anfang, dass ich diese ganze Arbeit mit dem Patienten nur zu einem einzigen Zweck mache: Es soll am Ende allen Familienmitgliedern gleichermaßen gut gehen. Das ist darum wichtig, weil er dann seine Sorge davor verliert, eine der symbolisch beteiligten Personen vorübergehend zu benachteiligen. Das würde den diagnostischen Effekt ebenso beeinträchtigen wie den therapeutischen.

Außerdem kläre ich häufig rasch darüber auf, dass der empfundene Unfrieden auf einigen Plätzen aller Erfahrung nach auf einen einzigen Grund zurückzuführen ist: Er sei Ausdruck der Überforderung der relativ wenigen Schauspieler, die sich hier vergeblich bemühen, ein Stück mit wesentlich mehr Rollen als verfügbaren Personen aufzuführen. Ich kündige in demselben Atemzug an, dass ich die nach meiner Erfahrung fehlenden Personen im Verlauf der Konstellation hinzufügen und an den ihnen gemäßen Platz stellen werde.

Voraussetzung für dieses Verfahren ist die Beobachtung, dass dem Leib eines Menschen so etwas wie ein *Hologramm der Gefühle* innewohnt, an dem er sich im Zusammenleben mit anderen orientiert. Dieses Hologramm ist im Prinzip übertragbar auf andere Personen. Wenn von Übertragung im therapeutischen Sinne die Rede ist, dann handelt es sich um diesen Vorgang. In der Konstellationsarbeit besteht die Möglichkeit, um die Gefühlswelt eines Patienten wie um ein Hologramm herumzugehen, sie von vielen Seiten her zu betrachten und den Reifegrad seiner Gefühle zu untersuchen. Bei der Untersuchung findet zugleich eine Behandlung statt, da der Therapeut am Hologramm selbst quasi chirurgische oder orthopädische Eingriffe vornimmt, indem er Personen (wie Prothesen) hinzufügt oder an anderer Stelle einpflanzt.

Darin liegt eine höchst verantwortungsvolle Einflussnahme auf die ansonsten spontan stattfindende lebendige Arbeit der Differenzierung der Persönlichkeit. C. G. Jung hat in diesem Zusammenhang von „Individuation" gesprochen und diese mit dem von Origenes gewiesenen „Ziel des Christen, ein innerlich einheitlicher Mensch zu werden" verglichen (Jung 1991, S. 39). Helm Stierlin ist ihm darin gefolgt, als er den Begriff der „bezogenen Individuation" einführte (Stierlin 1978). Die Ergänzung, die Stierlin eingeführt hat, betrifft genau jene Differenzierungsaufgabe, von deren Gelingen die Güte des Hologramms der Gefühle abhängt. Damit hat die Konstellationsarbeit wesentlich zu tun: Es zeigt sich dabei, in welchem Maße ein Mensch imstande ist, bereits ein unbeschädigtes holographisches Bild der Quellen und Wurzeln seiner Lebendigkeit darzustellen. Alle Beschädigungen wirken desorientierend. Sie beruhen auf unverschmerzten Verlusten an genommener und gegebener Fürsorge und Geborgenheit.

Es geht dabei also um die vergessenen, unbewusst gewordenen, verborgenen Verluste, an denen sich die Scheidewege der Familiengeschichte gegabelt haben. Sie zeigen, wie viel an Trauerarbeit in einer Familie noch zu leisten ist, damit ein jedes Familienmitglied seinen eigenen Platz einnehmen darf und nicht an jenem Aufstau seiner Liebe zu den Eltern zu leiden hat, der sich als Zwang zur Übernahme von unerfüllbaren Stellvertretungsaufgaben zu erkennen gibt. Stellvertretung von Menschen ist Rollenspiel. Und wer dem Automatismus des

Rollenspiels unterworfen ist, der ist zwar „Subjekt", aber nicht individuiert. Aus diesem Grund erscheint es sinnvoll, bei einer Konstellationsarbeit von der folgenden Voraussetzung auszugehen:

> Solange in einer Aufstellung überhaupt noch im Wesentlichen ein *Rollenspiel* zwischen den symbolisch beteiligten Personen stattfindet, d. h. auch: solange noch niemand seinen *eigenen Platz* einnimmt, wird es innerhalb dieser Arbeit nach dem Gefühl des Aufstellenden immer irgendjemandem schlecht ergehen. Es bleibt eine spürbare Unruhe, wenn die in der Aufstellung präsenten Familienmitglieder füreinander eine oder mehrere der fehlenden und schmerzlich vermissten, d. h. unbetrauert abwesenden Personen aus den repräsentierten Familien zu verkörpern haben und einander darum nicht zu genügen vermögen. Das Ungenügen bringt eine von der Übertragung her in den Gefühlen nachwirkende Schuld zum Ausdruck, und zwar:
>
> - sowohl die Schuld der abwesenden Personen, deren Abwesenheit von den Anwesenden nicht akzeptiert ist,
> - als auch die Schuld der anwesenden Personen gegenüber jenen Abwesenden, von denen die anwesenden Personen vermisst werden.

Hier liegt die Aufgabe einer konstellierenden Familienrekonstruktion, wie ich sie im Einklang mit anderen Aufstellern zunächst als ein wichtiges diagnostisches Mittel vornehme. In der Psychotherapie bildet allerdings seit Sigmund Freud die Diagnostik nicht nur den Einstieg in die Therapie, sondern deren wichtigsten Bestandteil. Im Unterschied zum typisch psychoanalytischen Vorgehen, aber auch zum Vorgehen vieler Aufsteller, benötige ich für meine diagnostische Arbeit das Genogramm und zwar aus folgenden Gründen:

Das vollständig erhobene Genogramm stellt erstens die familiale Gruppe vollständig dar, von der implizit die Rede ist, wenn im Alltag die zu Beginn des Kapitels problematisierte Frage „Wie geht es Ihnen?" als Frage nach dem Befinden auftaucht. Und das Genogramm stellt auch genau jene Gruppe dar, auf die sich der Arzt implizit bezieht, wenn er fragt: „Was fehlt Ihnen?" Er müsste – das wäre als Einstieg angemessener – fragen: „Wer fehlt Ihnen?". Freilich ist das, was seinem Patienten letztlich fehlt, die Fähigkeit zu trauern als Fähigkeit, nach allem vergangenen Geschehen das Vertrauen in die Welt, die anderen und das eigene

Leben wiederzugewinnen. Zugleich ist das Genogramm ein prägnanter Lageplan für die im Unbewussten versteckten Fallstricke, die die „bezogene Individuation" eines Menschen scheitern lassen.

Das Genogramm liefert den ersten Schlüssel, um zu erkennen, um welche Abwesenden es sich handelt, welche Fehlenden also aus welcher Perspektive in den Blick genommen werden müssen, um die Unruhe der in der Konstellation wirkenden Schuld unerledigter familialer Aufgaben zu beenden. Vor allem gibt das Genogramm die hierarchische Ordnung und die zeitlichen Verhältnisse wieder und liefert damit die Grundlage zur Beachtung der Altersrelationen in einer spezifischen Situation. Im Zuge einer Konstellationsarbeit kann aber auch deutlich werden, dass das Genogramm unvollständig erhoben worden ist, nicht zuletzt darum, weil der Patient selbst über keine ausreichenden Informationen verfügt. Insbesondere derartige Erfahrungen von offenkundiger Unvollständigkeit der bewussten Informationen machen deutlich, dass die Arbeit mit Familienaufstellungen als Arbeit mit gefühlten und erspürten „Hologrammen" der Familiengeschichte zu verstehen ist.

Ich komme zurück zum Beispiel der Konstellation der Patientin mit lebensbedrohlicher Schilddrüsenüberfunktion und rufe das Bild ihres Familienstammbaums in Erinnerung (Abb. 6.4).

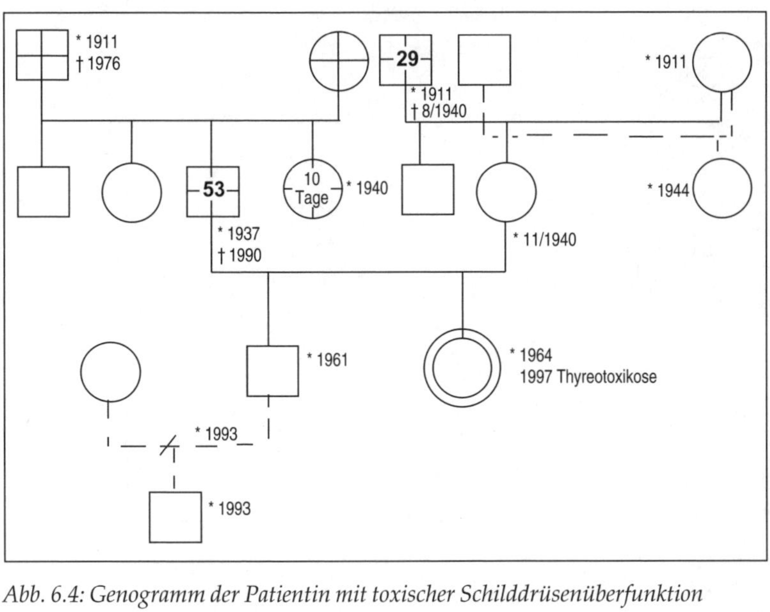

Abb. 6.4: Genogramm der Patientin mit toxischer Schilddrüsenüberfunktion

Daraus geht hervor:

- Der Vater der Patientin ist im Alter von 53 Jahren gestorben
- Ihr Großvater mütterlicherseits ist mit 29 Jahren gestorben
- Die jüngere Schwester des Vaters ist nur zehn Tage alt geworden und starb, als der Großvater väterlicherseits 29 Jahre alt war

Über diese Kenntnisse verfügte ich, als sie ihre Ausgangsposition am Eßtisch aufstellte. Sie sind Voraussetzung, um das therapeutische Ziel einer symbolischen Rekonstruktion ihrer Familie wahrzunehmen und die Gefühle der Patientin zu deuten, wenn sie sich auf den Weg zu ihrem (vorläufigen) Lösungsbild begibt (vgl. Abb. 6.5).

Dieses Ergebnis konnte allerdings erst nach einiger Vorarbeit erzielt werden. Ich musste zunächst der Patientin helfen, damit sie sich mit dem Tod des Vaters konfrontieren konnte und bereit wurde, sich auf die Erfahrung einzulassen, dass weder der Blick auf den verstorbenen Vater noch dessen Blick auf die Lebenden mit unerträglichem Schmerz einhergehen muss. Erst nachdem dies gelungen war, fühlte sie sich frei genug, um sich auf die Suche nach einer – für alle Beteiligten guten – Lösung zu begeben.

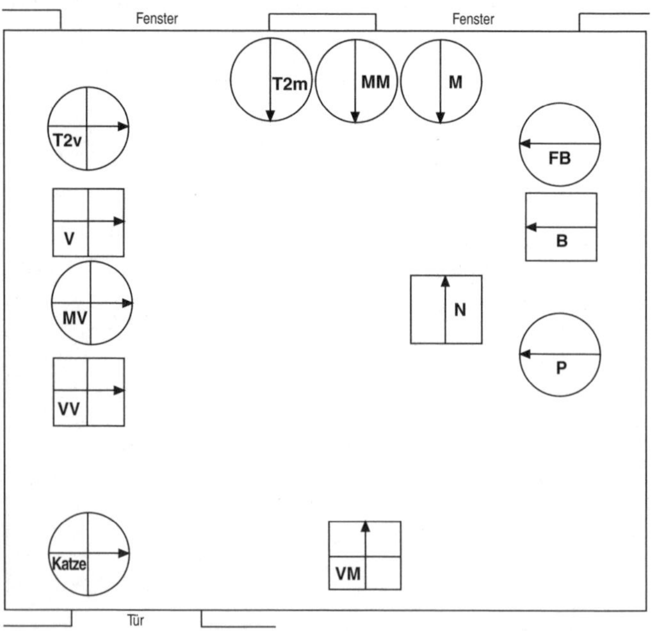

Abb. 6.5: Vorläufiges Lösungsbild

Personen

MV = Großmutter väterlicherseits
T2m = zweite Schwester der Mutter
T2v = zweite Schwester des Vaters
VV = Großvater
VM = Großvater mütterlicherseits
FB = Freundin des Bruders
N = Neffe

Als vorläufig bezeichne ich dieses Lösungsbild, weil es keine wirklich befriedigende, sondern noch immer eine symptomatische „Lösung" darstellt. Das Symptomatische daran ist erstens die Position der Patientin (P), deren Blick auf den verstorbenen Vater (V) durch den Neffen (N) versperrt ist. Das bedeutet hier: Sie kann den Tod des Vaters noch nicht ertragen, sondern sieht im Neffen (und im Bruder (B)) dessen Stellvertreter unter den Lebenden, und sie reagiert auf diese emotional vorläufig noch, als müsse sie mittels der Nachkommen einen Ausgleich dafür schaffen, dass der Vater sie durch seinen Tod allein gelassen hat. Auch kann sie dessen tote zweite Schwester (T2v), mit der sie selbst identifiziert ist, nicht gelöst an der Seite des Vaters betrachten.

Weiter hat die Halbschwester der Mutter (T2m) noch nicht den ihr gebührenden Platz, wenn sie rechts neben der Großmutter (MM) sitzt und damit den auf der anderen Zimmerseite positionierten im Krieg gefallenen Großvater mütterlicherseits (VM) vertritt. Das nämlich bedeutet, dass die Halbschwester diesen Großvater ebenso vertreten muss wie ihren eigenen Vater, einen von der Großmutter verleugneten Geliebten und ersten Stellvertreter des Gefallenen, der für männlichen Nachwuchs hätte sorgen sollen, dies aber versäumt hat. Es bedeutet also, dass in den Geschlechterbeziehungen in dieser Konstellation noch kein Friede erreicht werden konnte. Als nun folgender Schritt wäre die Einführung des unehelichen Vaters der Halbschwester der Mutter (T2m) erforderlich. Das aber würde auch voraussetzen, dass die Patientin den Tod ihres eigenen Vaters wirklich schon betrauern könnte, was zu diesem frühen Zeitpunkt der Arbeit noch nicht das Fall war.

Auch die Katze nimmt einen wichtigen Platz in der Familie ein: In der ersten, spontanen Aufstellung durch die Patientin selbst (Abb. 6.1) befand sich die – zu Lebzeiten ihres Vaters noch lebende, später gestorbene – Katze an der linken Seite der Großmutter (MM). Sie steht meines Erachtens symbolisch für den „Fehltritt" der Großmutter, für deren damalige Überwältigung durch das Instinktive, das Triebhafte, das jeder Moral trotzende Leibhaftige und charakterisiert sie – sinnbildlich, aber kaum merklich – als „böse Hexe", als Besitz des „Leibhaftigen". In der letzten Konstellation (Abb. 6.5) ist die Katze von ferne dem Großvater mütterlicherseits (VM) zugewandt und weist mit ihrer Blickrichtung daraufhin, dass der Vater der Halbschwester wahrscheinlich als bloßer Stellvertreter dieses Toten dienen musste und nicht um seiner selbst willen geliebt worden ist, sondern um des Kindes (T2m) willen, das dann aber nicht, wie erhofft, als Junge auf die Welt kam, sondern als Mädchen.

Im Leben der Patientin wirkte sich der anhaltende Unfrieden so aus, dass sie bis dato keinen Mann als Freund, Geliebten oder gar dauerhaften Partner oder Vater eines eigenen Kindes akzeptieren konnte und als Frau einsam blieb – als müsse sie Buße leisten für das, was aus dem Blickwinkel ihrer Mutter wie eine Schande aussah, als die Großmutter von einem der Familie unbekannt gebliebenen Mann schwanger geworden war.

Zusammenfassend ist zu sagen: Der Beginn einer Aufstellung ist eine symbolische Darstellung der pathologischen Dynamik, aus der die Symptomatik sich entwickelt hat. Das Ende einer Aufstellung beschreibt den nächsten Schritt, zu dem ein Patient (und/oder der Therapeut) zum Zeitpunkt der Therapie aufgrund der gewonnenen Klarheit emotional imstande ist. Die hier im Beispiel aufgezeigte Dynamik beruht – wie Freud in seiner Schrift „Totem und Tabu" (1912–13/1948, S. 73 ff.) sowie in „Das Ich und das Es" (1923/1948, S. 258 ff.) bereits als symptombildenden seelischen Mechanismus herausgearbeitet hat – auf der Vergeblichkeit aller Bemühungen von Familienmitgliedern, Trauer durch Stellvertretung („Identifikation") zu ersetzen – bis hin zur Entwicklung einer „sogenannten multiplen Persönlichkeit" (1923/1948, S. 259). Die therapeutische Funktion der Aufstellungsarbeit besteht darin, dass sie die Emotionalität des Patienten in eine Ressource verwandelt, mit deren Hilfe die Vergeblichkeit der Stellvertretung nachempfunden werden kann und die erforderliche symbolische Rekonstruktion der Familie innerlich überzeugend und ohne große Anforderungen an intellektuelles „Verstehen" angeleitet wird. Das fördert die Bereitschaft, den erforderlichen heilsamen Trauerprozess stattfinden zu lassen, das heißt: im liebevollen Angedenken an die verlorenen Familienmitglieder sich auf die gegenseitige Verantwortlichkeit zu konzentrieren.

Was durch genographische Analyse in seinem Denken schlüssig scheint, kann der Therapeut, unterstützt von der Emotionalität des Patienten, in der Aufstellungsarbeit für sich prüfen. Vor allem aber kann er dem Patienten die Erfahrung vermitteln, dass in dessen Leib etwas wirkt, wovon dieser nichts gewusst hat, und was sich ganz anders darstellen kann als vom Patienten angenommen, häufig sogar völlig entgegengesetzt.

Symptome erweisen sich im Rahmen dieser doppelgleisig verfahrenden therapeutischen Methode als Zeichen einer „Verrücktheit". Der *Zeitpunkt* der Symptomatik „be-deutet" den *Ort*, an dem der Vertretene seinerzeit einer elementaren Verantwortung nicht gerecht geworden ist. Er deutet auf den historischen Ort hin, wo sich noch immer ein Abgrund von unaufgelöster Verzweiflung auftut. Darum wirkt die therapeutische Methode der Aufstellung wie ein *Ortstermin*, um den Hergang des Versagens, der Verfehlung und der „Un-Tat" zu rekonstruieren. Die versäumte Tat der Verantwortlichen ist es nämlich, von der es im ersten der Zehn Gebote heißt: „Fehl von Vätern" werde „an den Söhnen" verfolgt, und zwar „am dritten und vierten Glied denen, die mich hassen" (Buber u. Rosenzweig 1976, S. 205), also denen, die an der Schöpfung und ihren Gesetzen verzweifeln.

Um aus den dramatisch in Szene gesetzten symptomatischen Hinweisen auf die Fehlenden das ursprüngliche Familiengebäude zu rekonstruieren, wird aber oft ein solider Boden benötigt, wie ihn erst die genographische Analyse bereitet. Um diese zu leisten und sie mit der Aufstellungsarbeit (Familienkonstellation, symbolische Familienrekonstruktion) zu verbinden, sind Kenntnisse über die Hierarchie räumlicher Beziehungen zwischen den aufgestellten Personen, über die Normalverhältnisse und über die emotionale Wirkung von Verletzungen der räumlich und zeitlich bestimmten Ordnungen erforderlich. Ohne deren – zumindest intuitive – Beachtung tappt ein Therapeut angesichts der drängenden oder lähmenden Gefühle der Patienten im Dunkeln. Auf der Grundlage solchen Wissens aber kann sich eine Konstellation in ein holographisch zu betrachtendes Gebilde verwandeln und ein verlässliches therapeutisches Hilfsmittel der im Symptom eingefrorenen Trauerarbeit werden. Dass die emotionalen Ergebnisse einer Familienaufstellung genau zur genographischen Analyse passen, dass beide einander wechselseitig bestätigen und erläutern, stärkt in jedem Fall das Vertrauen eines Patienten in das therapeutische Bündnis. Im Folgenden werde ich weitere Beispiele für die Anwendung meiner diagnostischen und therapeutischen Methode darstellen, um die Bedeutung des Genogramms für die Aufstellungsarbeit zu erläutern.

Eine Konstellation bei Depression

Mein zweites Beispiel betrifft eine 28-jährige Patientin, die wegen einer Depression zur Therapie gekommen ist. Das Genogramm weist darauf hin, dass beiden Eltern, wenn auch aus verschiedenen Gründen, ein Sohn fehlte, als die Patientin geboren wurde. Der Vater verlor seinen Vater, als die Großeltern sich im Gefolge einer dauerhaften Liebschaft des Großvaters scheiden ließen. Die Mutter hatte keinen Bruder. Umso schwieriger wird das Leben dann für die Patientin, wenn sie wiederum nur eine Tochter bekommt: Sie *ist* dann nicht nur kein Sohn – sie *hat* auch keinen Sohn, nicht einmal einen Sohn fremder Eltern, sobald sie nämlich, wie hier geschehen, kurz nach ihrer Eheschließung wieder geschieden wird.

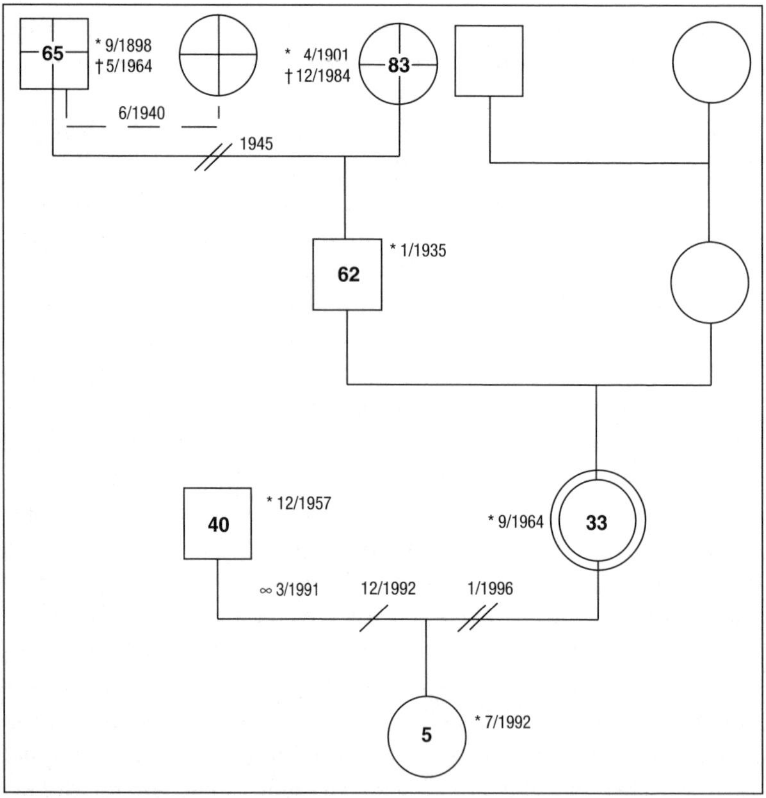

Abb. 6.6: Genogramm zur Familienaufstellung der depressiven Patientin (12/1997)

In meiner Darstellung des Konstellationsverlaufs beschränke ich mich auf das Wesentliche und werde darum eine stichwortartige, fast schematische Skizzierung der hier vollzogenen Arbeitsweise vornehmen. Im Unterschied zur fast mathematisch zugespitzten theoretischen Analyse von Genogrammen liegt, wie gesagt, das Gewicht der Konstellation auf der Arbeit mit Gefühlen. Dabei lassen sich systematisch, wenn auch nicht immer praktisch, eine diagnostische Phase und eine therapeutische Phase unterscheiden, woran sich zumeist eine kurze Konsolidierungsphase anschließt.

Diagnostische Phase
Beginn der Konstellation: Führung aufseiten der Patientin

1. Frage: Welche Konstellation hat Vorrang? Die Herkunftsfamilie oder die Gegenwartsfamilie der Patientin (Eltern und Tochter)?
   – Antwort: Die Herkunftsfamilie
2. Frage: Welches Alter hatte die Patientin zu der Zeit, die symbolisch dargestellt wird?
   – Antwort: Zehn Jahre

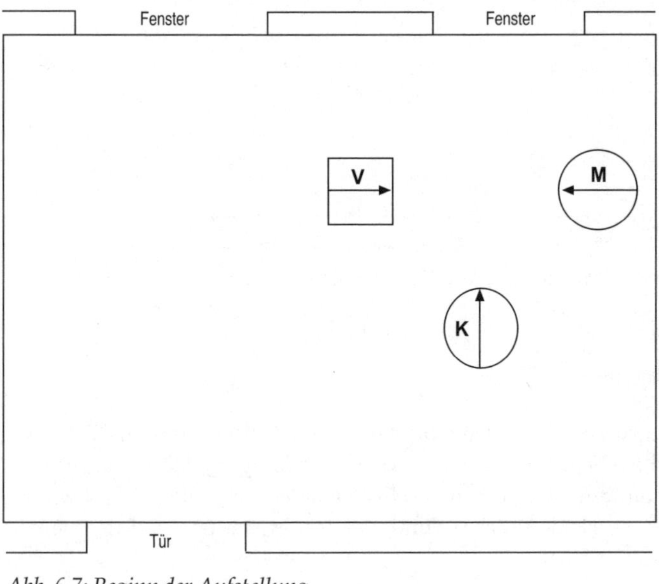

Abb. 6.7: Beginn der Aufstellung

Personen
K = Kind (Patientin selbst)
M = Mutter
V = Vater

An dem jeweiligen Ort von der Patientin (auch stellvertretend für die betreffenden anderen Personen) empfundene Gefühle:

K: fühlt sich kontrolliert (am schlechtesten)
M: etwas unbehaglich
V: entspannt

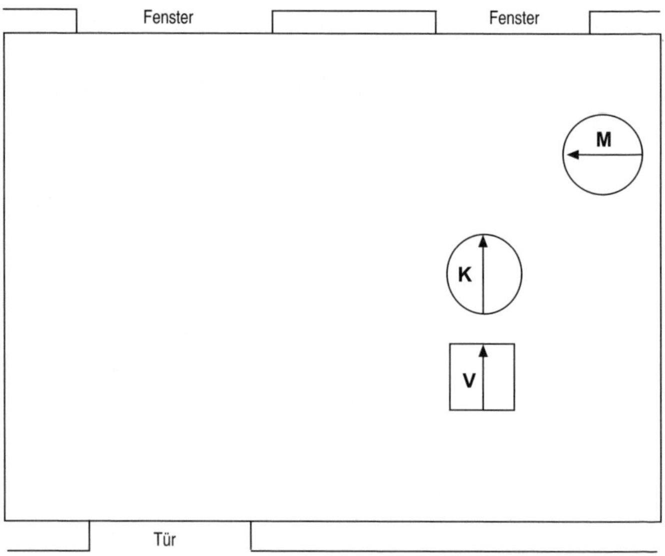

Abb. 6.8: Erster Veränderungsschritt (Der Patientin soll es besser gehen.)

Gefühle
K: deutlich besser

> Die Begründung der Patientin lautet: „Weil Vater aus dem Blick." Mit derartigen Begründungen muss man sorgfältig umgehen. Sie sind Teil der Symptomatik und haben selbst einen ebenso tiefen Grund wie die Symptome. Der wirkliche Grund und die Begründung sind also niemals identisch.

M: wenig verändert
V: unverändert

Die diagnostisch weiterführende Frage des Therapeuten lautet jetzt: „Was wäre *noch* besser für K?"

Die Antwort erfolgt praktisch: Die Patientin beschränkt sich darauf, mit den Händen zu arbeiten und das Ergebnis mit dem Gefühl zu prüfen.

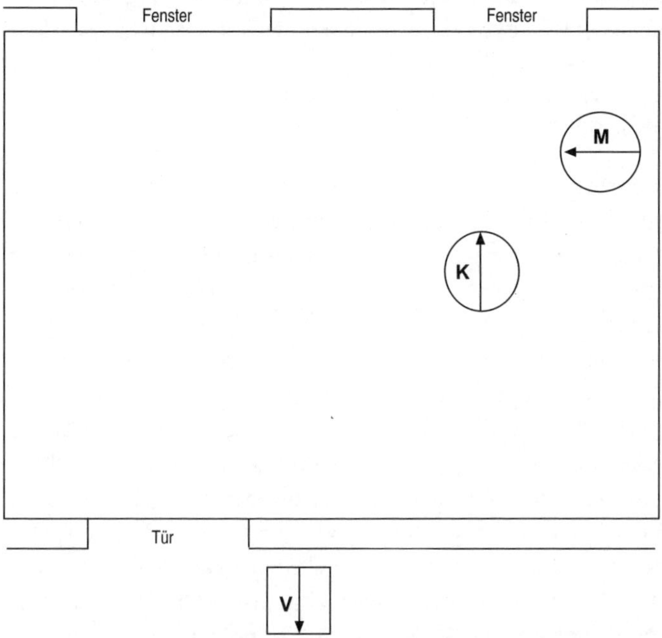

Abb. 6.9: Zweiter Veränderungsschritt (Die Patientin fühlt sich noch *besser.)*

Die Patientin nimmt diese Veränderung erst vor, nachdem sie sich vergewissert hat, dass ihr in Hinsicht auf den Umfang und die Form der möglichen Veränderungen alles erlaubt sei, was die Räumlichkeiten zulassen. – Der Therapeut versichert ihr, dass sie sich keine Sorgen zu machen brauche, es sei in diesem symbolischen Phantasieraum alles möglich und o. k.; es gelte nur ein einziges Kriterium: Ihr selbst soll es durch die folgende Veränderung an ihrem Ort besser gehen als vorher. Im Übrigen sei der Zweck dieser Arbeit, dass es am Ende allen gut gehe – auch und gerade, wenn es so scheine, als sei das nicht möglich.

Gefühle
K: nur geringe zusätzliche Besserung
M: angespannt (Begründung der Patientin: Sorge, weil V fort und allein)
V: entspannt, unverändert

Nachdem die Patientin geprüft hat, wie es dem Vater an seinem neuen Ort geht, und sich herausgestellt hat, dass es ihm gut dort geht, erhält sie den Auftrag, erneut das Gefühl am Platz der Mutter auf sich wirken zu lassen:

Gefühl von M: beruhigt

Das vorläufige Ergebnis dieser kurzen diagnostischen Sequenz ist: Alle sind zufrieden, es gibt bei ihnen keine Unruhe und keine Tendenz zu einer weiteren Veränderung. Damit scheint das Ende der Konstellation erreicht worden zu sein. Ohne bewusstes Eingreifen des Therapeuten ginge es jetzt tatsächlich nicht weiter.

Die Deutung dieser Situation kann ausgesprochen werden, muss es aber nicht. Jedenfalls wäre es ein Fehler, es dabei bewenden zu lassen. Das nämlich wäre die Bestätigung und Absegnung eines symptomatischen Gleichgewichts. Symbolisch betrachtet, liefe dieses Ergebnis darauf hinaus, dass der Tod des Vaters erforderlich wäre, damit sich alle drei Beteiligten (Vater, Mutter, Kind) wohl fühlen können. Das wäre als implizite therapeutische Maßgabe von katastrophaler Wirkung, weil es zwar der unbewussten Phantasie der Patientin entspricht, aber als solche letztlich schuldhaft empfunden wird und die Symptomatik auslöst. Die Symptomatik ist gewissermaßen als die Gegenbewegung und Kompensation einer als schuldhaft empfundenen Phantasie der Patientin zu verstehen, als sei sie es, die vom Tod des Vaters profitieren könne. Das eben ist der entscheidende, für ihre Erkrankung charakteristische Irrtum. Aus diesem Grund ist in der nächsten Phase der Konstellation die Initiative des Therapeuten unbedingt erforderlich, um dieser Phantasie eine gute Lösung für alle mit allen zuzuführen.

Therapeutische Phase

Der Therapeut macht den Vorschlag, Folgendes zu erproben: Wie fühlen sich alle drei Beteiligten, wenn er jene normalerweise als Idealzustand empfundene Konstellation von Vater, Mutter und Kind aufstellt, die als nächster Schritt dargestellt ist (Abb. 6.10).

Ab sofort wird die Führung des Therapeuten bei der Konstellation unerlässlich. Dabei sollen die symptomatischen Phantasien der Patientin zwar in der Arbeit wirksam und von der Patientin in ihrer Wirkung erfahren und wahrgenommen werden, sie dürfen aber für den Prozess nicht richtungweisend sein, sondern müssen vom Therapeuten – je nach Belastbarkeit der Patientin stillschweigend oder ausdrücklich – gedeutet werden.

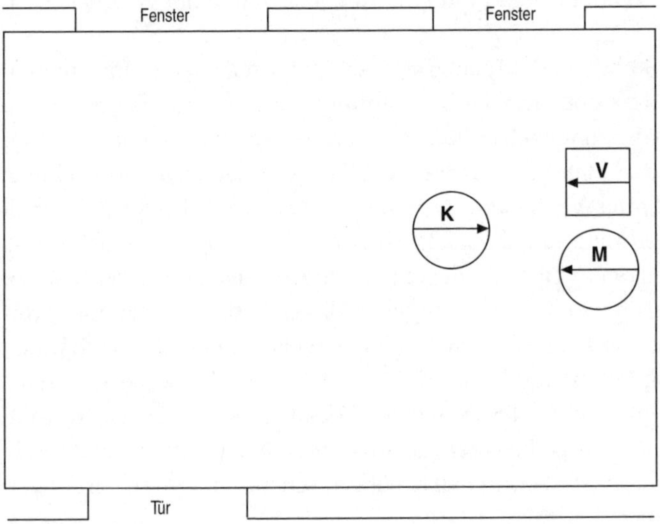

Abb. 6.10: Dritter Veränderungsschritt („Idealzustand")

Gefühle
V: relativ zufrieden und entspannt
M: leicht angespannt
K: leicht angespannt

Die nun folgenden Änderungsvorschläge sind ausdrücklich dem Ziel verpflichtet, dass alle sich gleichermaßen wohl fühlen. Zu diesem Zweck müssen diejenigen Personen in der Familie ergänzt werden, die den Eltern (bzw. nach dem Gefühl der Eltern: den Großeltern) fehlen und durch ihre Abwesenheit und durch ihren unverschmerzten Verlust die Unruhe und den Unfrieden in den Seelen der Anwesenden präsent machen – wobei das Unbehagen der Anwesenden als Rollendiffusion verstanden werden kann: Es gibt mehr Rollen zu verteilen, als Personen anwesend sind. Das führt zu Konkurrenz und Hierarchieproblemen unter den Gegenwärtigen.

Die Konstellationsarbeit darf erst als beendet betrachtet werden, wenn alle Fehlenden in der Generationenfolge ihren Platz/Ort eingenommen haben und gleichzeitig die hierarchische Ordnung innerhalb der Familie gewahrt werden kann. Gelingt letzteres nicht, so ist das ein Hinweis darauf, dass wichtige Informationen zur Familiengeschichte fehlen, insbesondere Informationen über verlorene Angehörige, die ihren Beitrag zur Geschichte geleistet haben.

Der Therapeut beginnt mit der Rekonstruktion der väterlichen Linie:

Diese geht von der (genographisch aufgezeichneten) Information aus, dass der Großvater die Großmutter verlassen und mit einer anderen Frau zusammengelebt hat. Diese Frau wird, wie die Patientin mitteilt, von den Eltern als „warmherzig" bezeichnet, während bei ihnen die Mutter des Vaters als „kalt" und „geizig" gilt. Damit die Arbeit vorangehen kann, darf diese Charakterbeschreibung wiederum nur als Bestandteil der Symptomatik genommen und nicht so stehen gelassen werden, als handelte es sich um ein gültiges Urteil. Verständlich werden solche negativen Eindrücke als Hinweis auf eine die Nachfahren übermäßig belastende Bedürftigkeit der Großmutter väterlicherseits. Daraus folgt, dass der Therapeut den Vorsatz fassen muss, die Konstellation keinesfalls zu beenden, solange diese Großmutter unzufrieden bleibt (was sich in diesem Fall als überraschend unkompliziert erweisen wird).

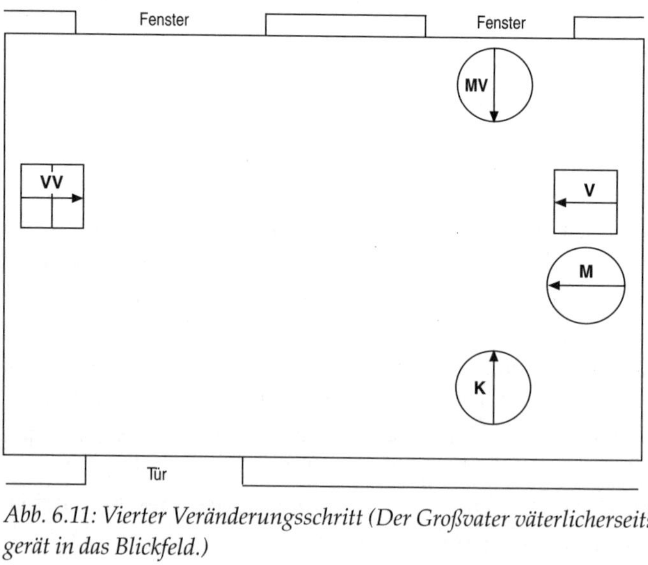

Abb. 6.11: Vierter Veränderungsschritt (Der Großvater väterlicherseits gerät in das Blickfeld.)

Personen
MV = Großmutter väterlicherseits
VV = Großvater väterlicherseits

Gefühle
GV: *(Die Patientin erschaudert bei der Namensnennung dieser Person. Damit unterstreicht sie deren besondere Bedeutung für ihr eigenes Leben. Als sie sich dann auf seinen Platz setzt, fühlt sie)*: Traurigkeit
MV: ausgeglichen, neutral
V: leicht angespannt

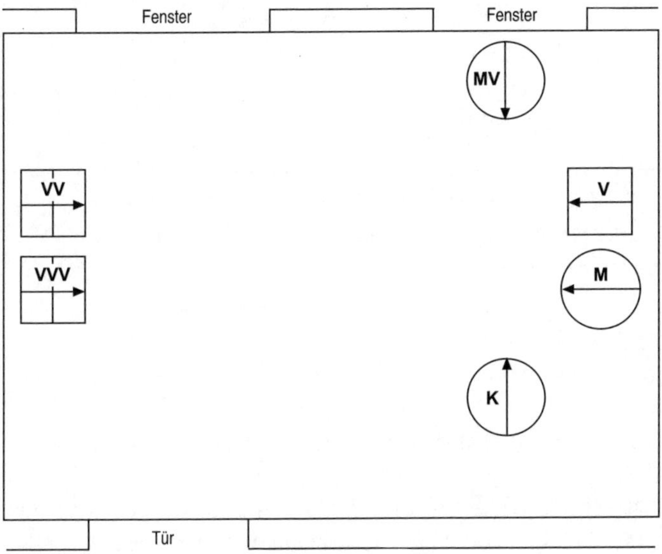

Abb. 6.12: Fünfter Veränderungsschritt (Einführung des Urgroßvaters väterlicherseits)

Personen
VVV = Urgroßvater väterlicherseits

Gefühle
VVV: gut
VV: deutlich besser
V: angespannt, unbehaglich

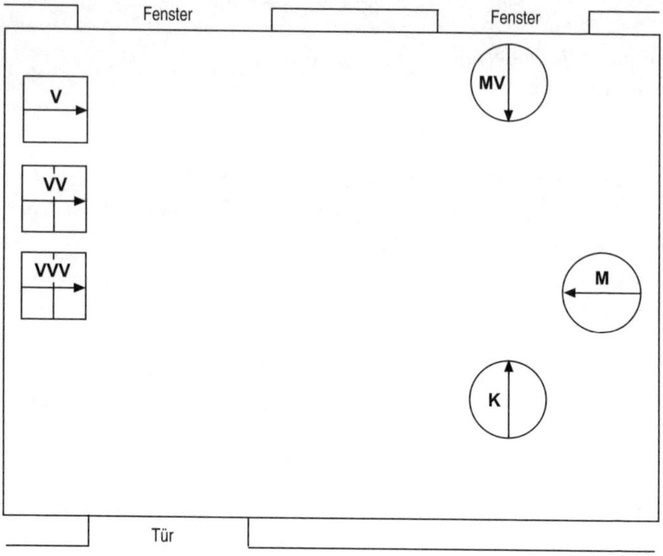

Abb. 6.13: Sechster Veränderungsschritt (Abklärung, ob der Verlust der Väter längere Tradition hat)

Gefühle
VVV: gut
VV: unruhig
V: unruhig
VV: lässt sich besser an („Man kann sich daran gewöhnen"), ausgeglichen

Kommentar zu dieser Wiederholung der Rollenbesetzungen und des Erspürens der Gefühle von Vater, Großvater und Urgroßvater: Wie oben (Abb. 6.9), als die Mutter anfangs angespannt gewesen ist, nachdem der Vater vor die Tür gesetzt worden war, wird die Wiederholung hier notwendig durch die Dramatik des Geschehens. Es geschieht in dieser Phase der Konstellation auf einer symbolischen Ebene das, was in der wirklichen Familiengeschichte über Jahrzehnte unterblieben ist: Ein großes Maß an ungetrauerter Trauer wird symbolisch nachvollzogen. Das Ungewohnte der Beziehung zwischen den Beteiligten wirkt als Zögern und Misstrauen: Vater und Großvater sind sich der Gefühle des jeweils anderen unsicher; beide leiden unter der Schwere der Schuld, die infolge ihrer Trennung wechselseitig entstanden ist. Der Großvater hat seither nichts für den Vater getan, aber auch der Vater hat nichts für den Großvater getan. So entsteht eine spontane Reserviertheit, die sich erst auflöst, wenn jeder sicher ist, dass der andere ihm keine Vorwürfe macht. Die Reihenfolge der Prüfung der Gefühle ist hier wichtig. Dabei zeigt sich (indirekt), dass der Ältere die Rechtfertigung durch den Jüngeren ebenfalls benötigt, damit er das Recht auf Lebendigkeit an seinen Sohn weitergeben kann. Es kostet in solchen Phasen in Konstellationsarbeit eine gewisse Geduld und Mühe, die wahre Hierarchie einzuführen. Die Gegenwart des Urgroßvaters erleichtert dies. Nachdem der Vater die Nähe und Fürsorge des Großvaters gespürt hat, kann er wieder auf seine Position unter den Lebenden zurückkehren.

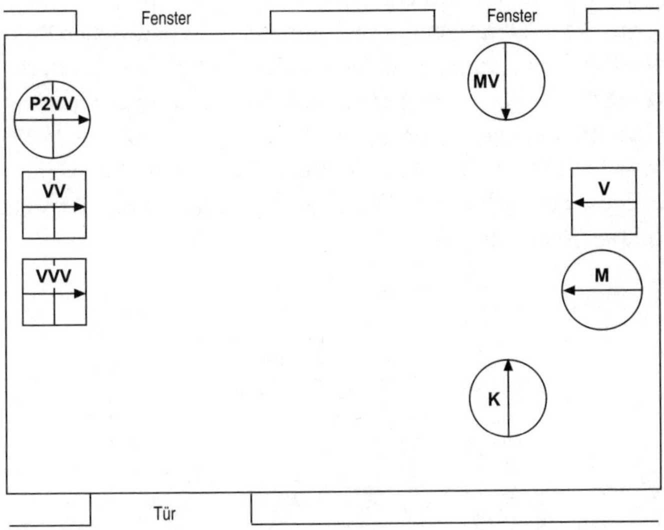

Abb. 6.14: Siebter Veränderungsschritt (Einführung der Geliebten des Großvaters)

Personen
P2VV = zweite Partnerin des Großvaters väterlicherseits

Gefühle
VV: gut
P2VV: *gut, warm (An dieser Stelle erfolgt die spontane Bemerkung der Patientin, ihr Vater habe diese Frau aufgesucht und als einen warmherzigen Menschen kennen gelernt.)*
MV: neutral
V: gut
M: leicht unbehaglich
K: noch nicht ganz gut

Kommentar: Die väterliche Linie ist ausreichend rekonstruiert worden. Die Mutter ist aber noch nicht zufrieden. Das macht eine zusätzliche Rekonstruktion der mütterlichen Linie unabdingbar.

Die Mutter des Vaters (MV) wird im Folgenden nicht weiter berücksichtigt. Sie befand sich in der Konstellation nicht bei ihrem geschiedenen Ehemann. Es zeigte sich später, dass dieser einen früh verstorbenen Bruder von ihr vertreten hatte. Hier liegen noch Themen möglicher weiterer Arbeit verborgen, die in diesem Zusammenhang noch nicht geleistet worden ist, auf die hier aber auch letztlich verzichtet werden konnte.

Rekonstruktion der mütterlichen Linie:

In dem nun folgenden zweiten Abschnitt der therapeutischen Phase geht es um die Einführung der fehlenden Personen aus der mütterlichen Herkunftsfamilie. Die erweiterte Kenntnis des gesprächsweise erhobenen Genogramms ergab, dass der Mutter der Schutz durch die Großmutter gefehlt hat, weil die Großmutter keinen Bruder und keinen Sohn hatte. Diese Beobachtung wird zur strategischen Leitlinie der zu konstellierenden Rekonstruktion.

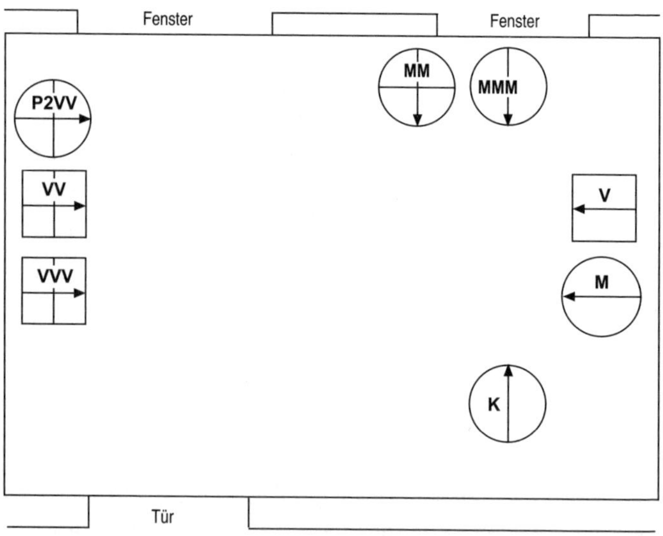

Abb. 6.15: Achter Veränderungsschritt (Einführung der Großmutter und der Urgroßmutter mütterlicherseits)

Personen
MMM = Urgroßmutter mütterlicherseits

Gefühle
MMM: gut
MM: noch nicht ganz gut
M: noch nicht ganz gut

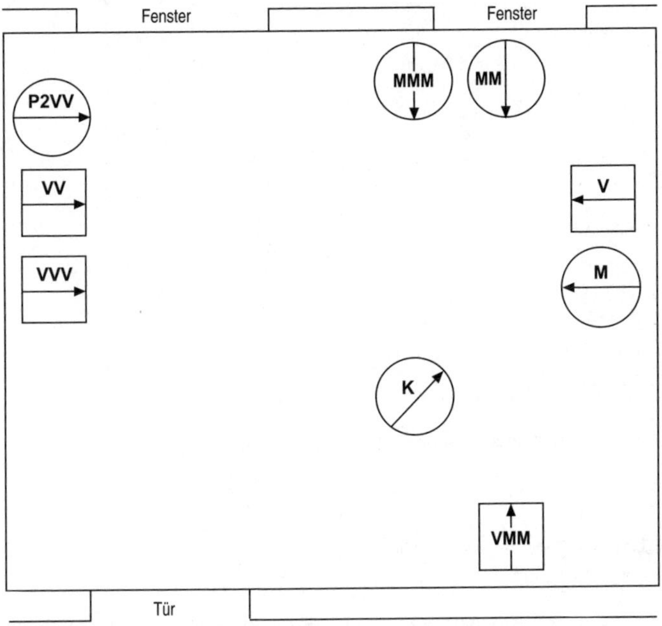

Abb. 6.16: Neunter Veränderungsschritt (Fehler des Therapeuten: Annahme, dass der Urgroßvater mütterlicherseits tot sei.)

Personen
VMM = Urgroßvater mütterlicherseits

Gefühle
MM: neutral, keine Verbesserung

Kommentar: Die Veränderung der Position der Patientin (K) hat zwei Gründe. Erstens soll sie der Großmutter den Blick auf den Urgroßvater ermöglichen. Zweitens soll sie die Paarbeziehung der Eltern in den Blick nehmen (Der Blick ist auf die Mitte zwischen den Eltern gerichtet).

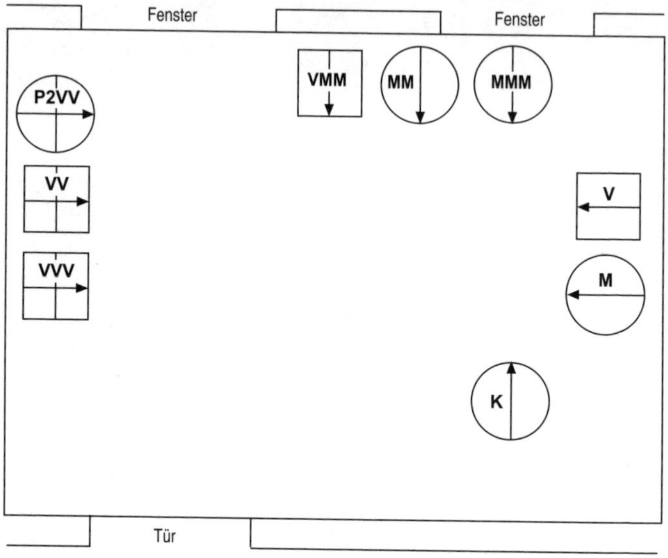

Abb. 6.17: Zehnter Veränderungsschritt (Korrektur des Fehlers)

Gefühle
Alle Beteiligten fühlen sich gleichermaßen gut.

Kommentar: Für die Großmutter mütterlicherseits war es keine Verbesserung, ihren Vater (wie einen Verstorbenen) vor sich zu sehen. Der Fehler, den der Therapeut hier gemacht hat, entspricht einer Übertreibung: Sein Ausgangspunkt war die Vorstellung eines Mangels an männlichen Personen in der mütterlichen Herkunftsfamilie. Dieser Mangel hatte tatsächlich eine weit zurückreichende Tradition in der weiblichen Linie. Aber das lag primär daran, dass alle Frauen seit Generationen nur Mädchen bekommen haben, nicht daran, dass der Vater der Großmutter mütterlicherseits früh gestorben war.

Die Position eines Kindes zwischen den Eltern (Vater rechts, Mutter links) entspricht der Schwangerschaft der jeweiligen Mutter: hier der Urgroßmutter der Patientin. Die Korrektur des Fehlers des Therapeuten, durch die das Ende der Konstellation erreicht worden ist, stellt also dar: Die Großmutter mütterlicherseits fühlte sich nur im Uterus der schwangeren Urgroßmutter wohl, das heißt, solange ihr Geschlecht noch nicht entdeckt und sie selbst durch ihre Eltern noch nicht als Mädchen entwertet war.

Auch in der therapeutischen Phase sind die Gefühle des jeweiligen Patienten leitend insofern, als sich weiterhin wichtige diagnostische Rückschlüsse daraus entnehmen lassen, die das Vorgehen des Therapeuten lenken. Aber diese Lenkung besteht nicht darin, dass der Therapeut einfach tut, worauf der Patient drängt, sondern dass er nach seinem eigenen Urteil etwas tut, wodurch der Drang des Patienten in den verschiedenen Rollen erlischt und Frieden in die Konstellation einkehrt. Dies kann der Patient am eigenen Leibe in Erfahrung bringen.

Konsolidierungsphase

Mit einer abschließenden Deutung beendete ich die Konstellation (wobei die Patientin zunächst ihren eigenen Platz einnahm und die dort gefundene Ruhe genoss, um später aufzustehen und das Ergebnis noch einmal von außen zu betrachten). Die Deutung bezog sich auf die folgenden drei Hauptpunkte, deren Eindruck vertieft werden sollte:

a) Der anfängliche Ausschluss des Vaters in der diagnostischen Phase war Ausdruck einer (angesichts der Unüberwindbarkeit des Todes: paradoxen) Fürsorge einer zehnjährigen Tochter und unterlag der (unbewussten, mit Selbstbezichtigungen verbundenen) Intention, dem Vater bei der Suche nach seinem Vater behilflich zu sein. So sind Kinder: Sie verzichten sogar darauf, ihre Eltern bei sich zu haben, wenn sich die Eltern nach einem Toten sehnen, den die Kinder ihnen nicht zu ersetzen imstande sind. Tatsächlich verfügte die Patientin als Tochter nicht über das Geschlecht, das zur Stellvertretung des Großvaters erforderlich gewesen wäre, aber sie war als einziges Kind doch unweigerlich zu dieser Stellvertretung verpflichtet. Den Vater aus dem Zimmer zu schicken, worin ja eine symbolische Darstellung seines heftigen unbewussten Drangs liegt, einem – vorerst vom Therapeuten noch nicht sicher identifizierten – Toten in den Tod zu folgen, ist als eine hochbrisante symptomatische Inszenierung zu verstehen und entspricht der Ausweglosigkeit der Situation, in die die Tochter mit ihrer Fürsorglichkeit geraten war. Es lag darin eine dringende Aufgabe, die Person (bzw. die Personen) aufzufinden, die den Vater nach dem Gefühl der Patientin in den Tod ziehen. Damit war also das Thema der Konstellation bereits dargestellt, allerdings erst in verschlüsselter, sozusagen subversiver Form.

b) Das Thema der Konstellation war durch das Alter der Patientin zu Beginn der Konstellation gegeben: Sie war mit zehn Jahren so alt wie ihr Vater bei der Scheidung der Großeltern väterlicherseits.
c) Das Geschlechterproblem ist das Problem, das sich durch das ganze Leben der Patientin zieht und das die aktuelle depressive Symptomatik begründet, weil ihr der Rückhalt beider Eltern in Hinblick auf ihre Weiblichkeit fehlt.

Durch diese in Worte gefassten leiblichen Orientierungen wird es der Patientin ermöglicht, zu meinen Deutungen bewusste Distanz zu entwickeln und sie kreativ zu korrigieren, falls sie nicht zutreffend und für sie nicht hilfreich sein sollten. Da man davon auszugehen hat, dass diese Arbeit im Grunde auf hypnotischer Technik beruht, sollten die Vorsichtsregeln gelten, die für therapeutische Hypnoseverfahren generell zu beachten sind (Revensdorf u. Zeyer 1999).

Zusammenfassend ist festzustellen: Da die Patientin im Alter von zehn Jahren insbesondere die Geborgenheit ihres Vaters verlor – er selbst hatte mit zehn Jahren aufgrund der Trennung seiner Eltern und infolge seiner („ödipalen") Funktionalisierung durch seine Mutter die Nähe und den Schutz durch den Großvater verloren –, änderte sich damals ihre emotionale Situation grundlegend. Sie erinnerte an eine tiefgreifende Veränderung der häuslichen Atmosphäre ab jenem Zeitpunkt. Ihr Vater habe damals begonnen und seither nicht mehr aufgehört, sie zu demütigen. In der Tat konkretisierte sich in dieser Zeit, was in Kapitel 3 über die Gesetzmäßigkeit der Relationalität gesagt worden ist. Das war genau der Zeitpunkt, zu dem es ernst wurde mit der Komplementarität und Relationalität ihrer Kindschaft: Die Patientin erfuhr ihr Versagen in der leibhaftigen Verpflichtung, ihrem Vater dessen Vater zu ersetzen. Ebendies ist augenscheinlich der unbewusste Grund dafür gewesen, warum die Patientin anfangs intuitiv das Alter von 10 Jahren gewählt hatte, um die Konstellation zu beginnen. Und das geschah, als ihre Tochter 5 Jahre alt war.

Die nachfolgende Tabelle und Abbildung geben übersichtliche Darstellung und ermöglichen eine eingehendere Betrachtung der Feinheiten des Gewebes dieser symptomatischen Verstricktheiten:

Ereignisse	Geburt	Ehebruch	Scheidung	Tod
Personen:				
Patientin (K)	9/1964		1/1996	
Vater (V)	1/1935			
Großvater väterl. (VV)	9/1898	6/1940	1945	5/1964
Großmutter väterl. (MV)	4/1902		1945	12/1984
Tochter (T) der Patientin	8/1992			

Tab. 6.1: Daten zur Berechnung der für die Aufstellung bedeutsamen Altersrelationen

Es ergibt sich:

- Die Patientin (K) wurde vier Monate nach dem Tod ihres Großvaters (VV) geboren und hatte damit die zum Scheitern verurteilte Aufgabe, ihrem Vater (V) diesen zu repräsentieren.
- Bei der Aufstellung erfolgte eine spontane Altersregression der Patientin (K) auf zehn Jahre: Das ist das Alter ihres Vaters (V) bei der Scheidung der Großeltern.
- Zum Zeitpunkt der Aufstellung war die Tochter (T) der Patientin fünf Jahre und fünf Monate alt. Dieses Alter entspricht dem Alter des Vaters bei der Trennung der Großeltern, genauer: dem Zeitpunkt jenes zur endgültigen Trennung führenden Ehebruchs des Großvaters (VV).
- Die Aufstellung fand drei Monate nach Beginn der Therapie statt. Bei Therapiebeginn war die Patientin (K) mit 33 Jahren und drei Monaten so alt wie ihre Großmutter (MV) bei der Zeugung des Vaters. Dieser war der zweite Sohn, eine Tochter gab es nicht. Sowohl die Patientin (K) als auch ihre Tochter (T) sind Stellvertreterinnen der weiblichen Seite des Vaters.

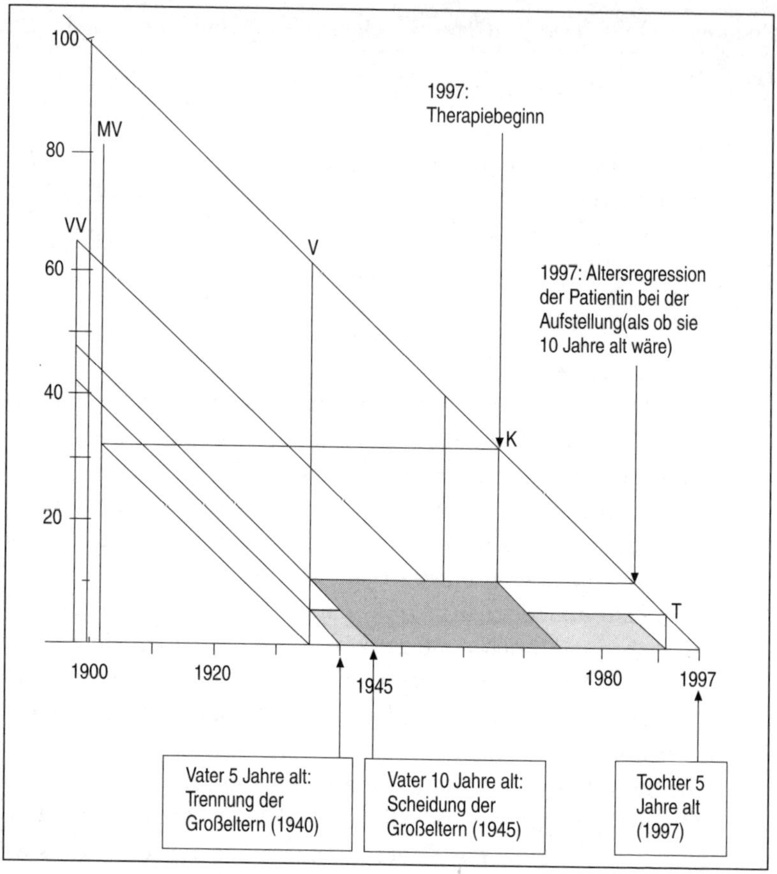

Abb. 6.18: Zusammenhang zwischen therapeutischer Altersregression der Patientin in der Aufstellung und Trennung der Großeltern väterlicherseits

Legende: Das hellgraue Parallelogramm bezeichnet die Relationalität, die durch das Alter ihrer Tochter zum Zeitpunkt der dargestellten Konstellation leitend gewesen ist und das Hauptthema bestimmte (fünf Jahre). Das dunkelgraue Parallelogramm bezeichnet die Relationalität der Altersregression, die bei der Patientin während der Konstellation spontan stattgefunden hat und die das Hauptthema bestätigte (zehn Jahre).

Personen

VV = Großvater väterlicherseits
MV = Großmutter väterlicherseits
V = Vater
K = Patientin
T = Tochter der Patientin

6.3 Symptomatische „Familienrekonstruktion"

Wenn ich mich bei den obigen Ausführungen an den engen Rahmen therapeutischer Anwendung gehalten habe, möchte ich nunmehr den Blickwinkel wieder ein wenig erweitern und auf den Alltag zurückkommen, der eingangs angesprochen war, als es um die Tischordnung, etwa bei den Mahlzeiten, ging. Das Alltagsleben ist bekanntlich gespickt von Symptomen. Diese Beobachtung Freuds hat bis heute nichts an Aktualität verloren. Die Frage ist, ob es so bleiben muss oder ob sich daran je etwas ändern kann, sodass das Glück der Menschen sich insgesamt mehrt. Als Therapeut fühle ich mich nicht nur verpflichtet, sondern sehe mich auch berechtigt, den Standpunkt zu vertreten, dass es zumindest möglich ist, für die Vermehrung des Glückes etwas zu unternehmen. Ich halte es darum für sinnvoll, sich der „Psychopathologie des Alltagslebens" (Freud 1901/1948) mit einer neuen Aufmerksamkeit zu widmen, wie sie sich aus den Gesichtspunkten der transgenerationalen Gebundenheit und der Stellvertretungsordnung in Familien ergibt. Auf den ersten Blick unterscheiden sich die familienbiographischen Kriterien, die ich mit der genographischen Analyse zeitlicher Wirkungen von Komplementarität und Relationalität sowie mit den Erkenntnissen zur Wirkung von räumlichen Konstellationen aufgestellt habe, vielleicht nur geringfügig von den theoretischen Grundlagen der Psychoanalyse Freuds. In den Nuancen eines begrifflich fassbaren Unterschieds liegen häufig aber doch große Unterschiede in der praktischen Umsetzung begründet. Das scheint mir hier der Fall. Um dies zu demonstrieren, beschreibe ich zwei Beispiele für spontane Konstellationen, mit deren Untersuchung ich als Therapeut betraut worden bin, weil sie, anders als etwa bei spontanen Tischordnungen, bereits symptomatischen Charakter angenommen hatten und meine Patienten in ihrem Wohlbefinden beeinträchtigten.

Skurrile Szene mit Hund

Die Patientin, von der ich zuerst berichte, war zum Zeitpunkt des Geschehens 35 Jahre alt, verheiratet und hatte einen Sohn. Sie erzählte: Ihre Großmutter habe sich vor Monaten ganz entsetzlich mit der Mutter zerstritten und dabei Partei für den Onkel ergriffen. Nun stehe die Mutter vor dem Problem, trotz des Familienkrachs, in dem sie unterlegen sei, wieder zur Großmutter reisen zu müssen. Sie habe jüngst telefonisch die moralische Unterstützung ihrer Tochter eingeholt. Folgendes sei passiert:

Beim letzten Besuch der Mutter bei der Großmutter, war auch der Onkel, Bruder der Mutter, zugegen. Dieser habe seinen Hund mitgebracht, einen Rüden, den die Mutter nicht riechen könne und der sich im übrigen als ein rechter Störenfried erwiesen habe. Darum habe die Mutter darauf bestanden, dass das Tier zumindest das Wohnzimmer verlasse. Dieser Wunsch habe den Onkel in höchste Erregung versetzt. Er sei aufgestanden, habe voller Wut und Empörung ausgerufen: „Du bist nicht mehr meine Schwester!" und habe gemeinsam mit seinem Hund den Raum verlassen.

Zu diesem geschilderten Ereignis, in das sich die Patientin selbst durch Loyalitätskonflikte verwickelt sah, gab ich nach Lage der Dinge eine Erklärung, die ich der genographischen Analyse entnahm. Den unsichtbaren Grund für den absurden Ablauf des Geschehens konnte keine der drei „aus dem Bauch heraus" handelnden Personen im Kopf haben, umso fataler aber wirkte er in den Gefühlen. Zum Zweck größerer Übersichtlichkeit der dann immer noch einige Konzentration erfordernden Aufklärung über die biographischen Zusammenhänge ist das Genogramm der Familie freilich unerlässlich (Abb. 6.19). Die zum Verständnis der Szene wichtigsten Personen einschließlich des Übeltäters (des Rüden = H) habe ich doppelt konturiert:

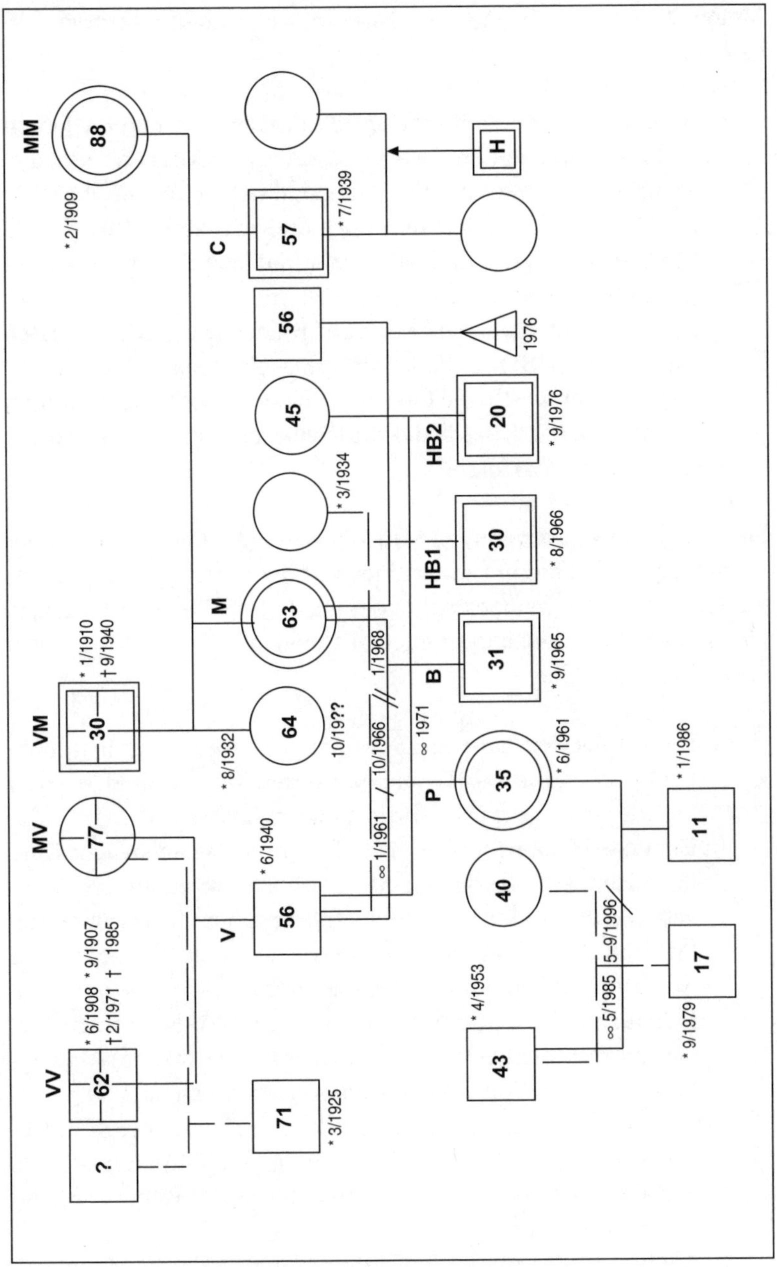

Abb. 6.19: Genogramm mit Hund (1996)

Meine Deutung der Szene basiert wesentlich auf den folgenden Tatsachen:

- Als der Großvater mütterlicherseits (VM) im Alter von 30 Jahren und acht Monaten im Zweiten Weltkrieg in Russland umkam, war die Großmutter (MM) 31 Jahre und sieben Monate alt.
- Die Mutter (M) war damals sechs Jahre sechs Monate alt.
- Der Onkel (BM) war damals ein Jahr und knapp zwei Monate alt (etwa die Altersdifferenz der Großeltern).
- Die Altersdifferenz zwischen dem Bruder (B) und dem ersten Halbbruder (HB1) der Patientin beträgt elf Monate.
- Meine Patientin (P), die Enkelin, von der dieser Bericht stammt, ist das erste Kind, das in der dritten Generation auf den Tod des Großvaters (VM) folgte.

Der Verlust des Großvaters (VM) ist das zentrale Geschehnis in der mütterlichen Linie dieser Familienbiographie gewesen, auf das sich die wesentlichen weiteren Geschehnisse und Entscheidungen beziehen. Unter dieser Voraussetzung jedenfalls sind einige Daten aus dem Genogramm auffällig:

a) Der Bruder der Patientin (B) war zum Zeitpunkt des inszenierten Familiendramas 31 Jahre und sieben Monate alt, d. h. so alt wie die *Großmutter* (MM) beim Tod des *Großvaters* (VM).
b) Der erste Halbbruder (HB1) der Patientin, das uneheliche Kind des Vaters (V), das seinerzeit Anlass zur Trennung der Eltern gab, wurde elf Monate (= Altersdifferenz zwischen Großmutter (MM) und Großvater (VM)) nach dem Bruder (B) geboren. Er war zum Zeitpunkt des Familiendramas 30 Jahre und acht Monate alt, d.h. so alt wie der *Großvater* (VM) bei seinem Tod. (30 Jahre und acht Monate war übrigens auch exakt das Alter des Vaters (V) beim Tod des Großvaters väterlicherseits (VV).)
c) Der zweite Halbbruder (HB2) der Patientin (aus der gegenwärtigen zweiten Ehe des Vaters) war zu diesem Zeitpunkt 20 Jahre und sieben Monate alt, d. h. genauso alt wie der Vater (V) bei der ersten Eheschließung.
d) Als der Bruder (B) der Patientin 30 Jahre und acht Monate alt war, trennte die Patientin sich vorübergehend von ihrem Ehemann (um gut vier Monate später zu ihm zurückzukehren). Und

gut zwei Monate lagen zwischen der Geburt ihres Bruders (B) und der Zeugung des ersten Halbbruders (HB1).

e) Die Patientin hatte seinerzeit als erstes Enkelkind die Stellvertretung ihres gestorbenen Großvaters (VM) gegenüber der Mutter M) angetreten und konnte diese männliche Funktion, die der Onkel (BM) gegenüber der Großmutter (MM) innehatte, erst vier Jahre später an den jüngeren Bruder (B) abgeben. Dadurch kam es zu einem virtuellen Funktionentausch der Geschlechter, was bei der Untersuchung der Altersrelationen zuweilen den Eindruck erweckt, als ob die Enkelin (P) den Großvater (VM) und der Enkel (B) die Großmutter (MM) zu ersetzen hätte.

f) Die (auf diese Weise verkehrte) Stellvertretung des *Großvaters* (VM) gegenüber der Mutter (M) wurde dem ersten, unehelichen Halbbruder (HB1) der Patientin übertragen, als dieser (mit 30 Jahren und acht Monaten) so alt war wie der *Großvater* (VM) bei dessen Tod und der Bruder (B) (mit 31 Jahren und sieben Monaten) so alt war wie die *Großmutter* (MM) beim Tod des *Großvaters* (VM). Festzustellen ist, dass die Zeugung dieses Halbbruders (HB1) der Enkelin (P) deren Eltern (V + M) trennte, wie seinerzeit der Krieg die Großeltern (VM + MM) getrennt hatte. Der Halbbruder (HB1) stand für den „bösen", nämlich *abwesenden* toten Großvater (VM), während der Bruder (B) für den „guten", für die Familie *anwesenden* (d. h. fiktiv weiterlebenden) Großvater (VM) stand.

g) Ein ähnliches Verhältnis ergibt sich für den Onkel (BM) und dessen Rüden (H). Im Unterschied zur Mutter (M), die sowohl Tochter (P) als auch Sohn (B) bekommen hatte, war der Onkel (BM) ohne Sohn geblieben, er hatte nur eine Tochter bekommen. Umso wichtiger wurde ihm sein Hund. Dieser übernahm in der Familie des Onkels die Rolle des fehlenden Sohns, der für ihn den Großvater (VM) hätte vertreten müssen. Dass der Onkel daraus Vorteile zog, liegt darin begründet, dass ein einjähriger Junge seine emotionale Beziehung zum verlorenen Vater nicht fortzuentwickeln vermag, sondern auf der Stufe eines Kleinkindes konserviert. Das ist die Stufe, auf der Kinder und Haustiere einander sehr verwandt sind. Insofern hat der Rüde die Funktion, seinem Herrn als Stellvertreter für den Vater auf eine Weise zu dienen, dass dieser dabei die emotionale Reifung eines Kleinkindes nicht überschreiten muss und emotional nicht überfordert wird.

h) Eine Überforderung aber stellte es dar, als die Mutter (M) den Hund just zu einem Zeitpunkt aus dem Zimmer werfen wollte, da gerade die beiden Enkel (B + HB1 = der eheliche und der uneheliche Sohn des Vaters (V)) das Alter erreichten, in dem die Großeltern (VM + MM) durch den Tod des Großvaters getrennt worden waren. Das Ansinnen der Mutter (M) traf den Onkel (BM) der Patientin (P) ins Herz, dorthin, wo er seinen Vater (VM) unsichtbar trug, während er mit dem Hund umging. Der Rauswurf hatte genau auch diese Funktion: ihren Bruder (BM) als den ersten, völlig unzulänglichen Stellvertreter des Großvaters (VM) zu treffen, als der uneheliche, „böse" Sohn (HB1) des Vaters (V) das Sterbealter des Großvaters (VM) erreichte und als der eheliche „gute" Sohn (B) der Eltern jenes kritische Alter der Großmutter (MM) erreicht hatte, das an die Zerstörung der Herkunftsfamilie durch die Schrecken des Krieges erinnerte.
i) Die Trennung der Eltern (V + M) erfolgte übrigens, als der Bruder (B) der Patientin ein Jahr und einen Monat alt war. Das war ungefähr dasselbe Alter des Onkels (BM) beim Tod des Großvaters (VM). Und die Scheidung der Eltern (V + M) fand statt, als die Patientin (P) gerade erst sechs Jahre und sechs Monate alt geworden war. Das nun wiederum war ungefähr das Alter der Mutter (M) beim Tod des Großvaters (VM). Durch diesen unglücklichen Verlauf der Ehe wurde bereits seinerzeit symptomatisch darauf hingewiesen, dass die Eltern (V + M) innerlich und unbewusst auf die Schreckensereignisse bezogen blieben, die die Ehe der Großeltern mütterlicherseits (VM + MM) geprägt hatten. Das hängt mit den Stellvertretungsfunktionen zusammen, die die Mutter (M) als zweite Tochter der Großeltern (VM + MM) zu erfüllen hat: Sie muss dem Großvater (VM) gegenüber das ungelebte Leben der Großmutter (MM) leben. (Ähnliches galt für den Vater (V) in dessen Familie: Ihm fiel als dem zweiten Sohn die Aufgabe zu, seinen Vater (V) an der Seite der Großmutter (MV) zu vertreten.)
j) Wenn jetzt die Patientin (P) ihrer Mutter (M) den Rücken zu stärken versuchte für deren Stellungnahmen im Umgang mit der Großmutter (MM) und dem Onkel (BM), dann benahm sie sich, als wenn sie die *Rolle* einer Ersatzmutter (für ihre Mutter (M)) besser erfüllen müsste, als es der Großmutter (MM) in ihrer Position als der wirklichen Mutter (der Mutter) gelungen war. Die

Patientin goss damit nur Öl ins Feuer und heizte einen Familienzwist an, der an den Krieg von damals erinnerte, als es um Leben und Tod ging und als die Familie tatsächlich auseinandergebrochen wurde. Die Erinnerung daran aber fand nur in Gestalt eines skurrilen Bühnenstücks statt.

Zum Verständnis von pathologischen Wirkungen leiblicher Bindungen ist es unbedingt erforderlich, zwischen der *gemäßen Position* eines Menschen innerhalb seiner Familie und seinen *fiktiven Rollen* im Dienst der Eltern zu *unterscheiden*. Diesen Unterschied zu machen, macht vornehmlich den Unterschied zwischen Wahrheit und Unwahrheit der Erkenntnis wirkender Dynamik aus. Hier findet sich auch der Kern des Unterschieds zwischen einer *Psychoanalyse der Triebe* und der *Familienbiographik des Stellvertretertums*. Die familienbiographische Erklärung der Szene ergibt sich aus den Daten des Genogramms und den daraus ermittelten Altersrelationen der Beteiligten.

a) Die Mutter (M) bestätigte den Hund in seiner Stellvertretungsrolle und warf ihn aus dem Zimmer. Sie tat einem unschuldigen und hilflosen Stellvertreter des Großvaters (VM) an, was sie selbst an Trennungsschmerz vom Großvater hatte erleiden müssen. Sie riss symbolisch die Macht über einen Vorgang an sich, dessen Realität sie seinerzeit ohnmächtig ausgeliefert gewesen war.
b) Dieser Akt der Hybris wurde von Großmutter (MM) und Onkel (BM) als das todeswürdige Verbrechen aufgefasst, das auf symbolischer Ebene wirklich darin steckte. Sie reagierten, als ob die Mutter (M) den Großvater (VM) nun nachträglich noch einmal umgebracht hätte. Der Bruder (B) erkannte ihr das Recht ab, sich fortan noch seine Schwester zu nennen. Er stellte die Patientin damit an eine *andere* Position, die man nun *erraten* muss, weil sie ja nicht benannt wird. Sie ergibt sich aber aus dem Umstand, dass sie den Hund hinauswerfen wollte: Nun wurde sie selbst symbolisch aus ihrer Position unter den *Lebenden* aus der Familie entfernt. Die Großmutter (MM) beteiligte sich an diesem Theater emotional in höchstem Maße.
c) Macht man sich klar, dass es bei jener „skurrilen Szene mit Hund" wesentlich um die Abwesenheit des Großvaters (VM) ging, dann klärt sich auch, um welchen Ort es sich handelt, an

den die Mutter (M) von ihren Angehörigen ziemlich einhellig geschickt worden ist: an den Platz an der Seite des Großvaters nämlich. Es geht um die Auffüllung des Vakuums, das die *Großmutter* (MM) an der Seite ihres Partners (VM) im Jenseits hatte entstehen lassen müssen, als sie ihrer Zuständigkeit für die gemeinsamen Kinder und damit den Früchten ihrer Liebe Priorität einräumte und ihrem Mann nicht in den Tod folgte. In einer solchen Situation fühlt sich immer die zweite Tochter zu ihrem Vater hingezogen – in diesem Fall die Mutter (M). Ihr aggressives Verhalten gegenüber dem Hund ist also als ein spätes Eingeständnis zu werten, dass sie sich ihrem Vater (VM) wie eine Ehefrau verbunden fühle, dass sie darum einen Mann (V) geheiratet habe, der sie verlassen musste, und dass sie sich nun verpflichtet fühle, dem Großvater (VM) dorthin zu folgen, wo er sich aufhielt: wahrscheinlich im *Reich der Toten*.

d) Das Verhalten des Hundes hat die Mutter dazu gebracht, ihrem kleinen Bruder (B) den Text zu soufflieren, den dieser dann brav aussprach. Der Text entstammte einem Stück, das sozusagen vom Großvater (VM) geschrieben worden ist und einerseits ganz den unerfüllten Wünschen seiner Ehefrau (MM) entspricht, andererseits von seiner zweiten Tochter (M) erspürt wird, die auch für ihn, nicht nur für die Großmutter gut sein will und sich danach sehnt, wenigstens im Jenseits die Großmutter an der Seite des Großvaters vertreten zu dürfen, wenn sie schon im Diesseits ihrem Ehemann (V) keine gute Frau sein konnte.

e) Diese Situation wird durch eine weitere Besonderheit charakterisiert: Die Mutter (M) der Patientin hatte vor einundzwanzig Jahren in zweiter, ansonsten kinderloser Ehe eine Fehlgeburt. Wäre jenes Kind damals geboren worden, dann wäre es jetzt so alt gewesen wie der Vater (V) bei der Geburt der Patientin (P). So erinnert dieser Termin auch an die frühe Belastung der ersten gescheiterten Ehe ihrer Elter (V + M), nicht nur an die eine durch Tod getrennte Ehe der Großmutter (MM).

Wenn man dieses absurde Familientheater, diese skurrile „Szene mit Hund", durch Konstellation nachzeichnet, dann findet man, dass die Personen sich verhalten wie die unglücklichen Schauspieler in einem tragikomischen Schauspiel. An die in dieser Szene verborgene Verzweiflung der Akteure erinnert Pirandellos berühmtes Stück „Sechs

Personen suchen einen Autor" (Pirandello 1995). Pirandello, der übrigens seiner geliebten Ehefrau, nachdem diese bereits in jungen Jahren psychotisch geworden war, engstens verbunden blieb, hat das Leben der Menschen als ein häufig verzweifeltes, absurdes Theater betrachtet und insbesondere in jenem Stück die Grenzen zwischen Wirklichkeit und Schauspiel eingerissen. Und er hat auf seine Weise danach gefragt, wem denn eigentlich die Autorenschaft im Schicksal der Menschen zukomme, wenn sie sie nicht selbst innehaben.

Gerade in den zahlreichen symptomatischen Szenen des Alltags wird diese Frage immer von neuem brisant. Wie auch das Drama der von mir untersuchten „skurrilen Szene mit Hund", bleiben sie allzu oft unentfaltet. Immer dann, wenn sie einen tiefen Unfrieden hinterlassen, kann man daraus entnehmen, dass sie in hilflos-verzweifelter Weise auf die Rekonstruktion einer äußerlich und innerlich zerstörten Familie zielen. Aber alle durch solche Inszenierungen ausgelösten Bewegungen kommen bei einer Familienaufstellung zur Ruhe, sobald erstens die fehlenden Personen eingeführt worden sind und sobald zweitens eine jede Person ihre eigene, ihr angestammte Position eingenommen hat. Mit der inszenierten Auferstehung und richtigen Aufstellung der Fehlenden verschwinden die Impulse zur tragischen Verstrickung.

Damit wird deutlich, wie tief das Recht der Lebenden auf Lebendigkeit in der Trauer um die Toten gründet, wie sehr aber auch das Recht der Toten auf Würdigung von der Lebendigkeit der Lebenden abhängt. Insbesondere aber wird deutlich, wie tief die Güte der Lebenden in ihrer Fähigkeit zur Würdigung der Toten gründet und wie sehr die Würde der Lebenden von ihrer Fähigkeit zur Wahrnehmung der Güte ihrer Toten abhängt.

Im Falle der tragikomischen Szene mit dem Rüden, der das Familiendrama veranlasste, habe ich auf eine grafische Darstellung der verschiedenen emotional wirksam gewordenen und einander überlagernden Altersrelationen verzichtet. Ich habe seinerzeit auch darauf verzichtet, mit der Patientin eine Aufstellung zu machen, und mit ihr lediglich über die therapeutischen Konsequenzen aus der Deutung der Handlungsfolge gesprochen: Sie machte sich nämlich ruhelos Gedanken darüber, wie es wohl gewesen wäre, wenn sie damals mit Großmutter, Mutter, Onkel und Rüde in einem Raum gesessen hätte, und dabei stellte sie sich vor, wie energisch sie dann für ihre Mutter Partei ergriffen, allerdings auf diese Weise den durch die Familie gehenden Riss spontan nur vertieft hätte.

Mein „Vorschlag zur Güte" war: Die Enkelin solle in derartigen Situationen deutlich hörbar die an alle Beteiligten gerichtete ernsthafte Frage stellen: „Was würde wohl der Großvater dazu sagen, wenn er jetzt hier wäre?" Das erscheint mir als ein realistischer Weg, um aus dem Bannkreis der theatralischen Darstellung der Vergangenheit in die Freiheit verantwortlicher Gegenwart zu kommen. Ein solcher Vorschlag wirkt gewöhnlich auch dann, wenn er nicht wörtlich befolgt wird. Denn er erweitert das Blickfeld um die Dimension des Jenseitigen und vermindert das Leid, das von den jeweils „ausgeschlossenen Dritten" ausgeht.

Ein „unmöglicher Schwiegersohn"

Anhand einer anderen, in mancher Hinsicht vergleichbaren Vignette möchte ich nun illustrieren, wie demgegenüber auch eine therapeutische Familienkonstellation aussehen könnte.

Eine 41-jährige Patientin, die wegen verschiedener, im jetzt aufzugreifenden Zusammenhang nicht weiter wichtiger Symptome zur Therapie gekommen war, beklagte sich in einer Sitzung heftig über ihren Ehemann. Dieser habe sich – demonstrativ Zeitung lesend – gegen das Gespräch abgeschirmt, das sie am Abend zuvor in seinem Beisein mit ihrer Mutter führte. Sie habe ihn anschließend wegen seiner Unhöflichkeit zur Rede gestellt. Zu seiner Verteidigung habe der Mann vorgebracht, dass er es kaum aushalten könne, zu erleben, wie sehr die Frau unter Druck stehe, wenn ihre Mutter zu Besuch sei. Sie rede dann dreimal so schnell wie sonst und verbreite eine angespannte Atmosphäre, gegen die er sich einfach schützen müsse.

Ich bat die Patientin, jene Szene mittels leerer Stühle aufzubauen und die verschiedenen Positionen emotional auf sich wirken zu lassen, wobei ich sie den Sohn des Paares, der bereits im Bett liegen sollte, berücksichtigen ließ. Es entstand das folgende Bild (Abb. 6.20):

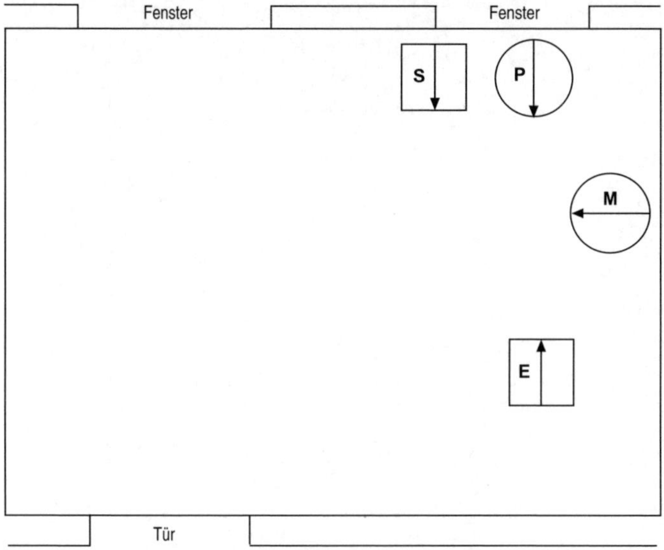

Abb. 6.20: „Unmöglicher Schwiegersohn"

Personen
P = Patientin
E = Ehemann
S = Sohn des Paares
M = Mutter der Patientin

Gefühle
S: gut
P: unwohl, angespannt
M: gut
E: gut

Die Frau bestätigte in dieser Aufstellung den Eindruck ihres Mannes, dass nur sie selbst sich in jener Situation schlecht gefühlt habe, während es allen anderen vergleichsweise gut ging. Sie korrigierte anschließend die Aufstellung nach eigenem Gefühl, sodass sich das folgende Bild ergab, in dem alle Beteiligten nach ihrem in der Konstellation überprüften Eindruck zufrieden waren (Abb. 6.21):

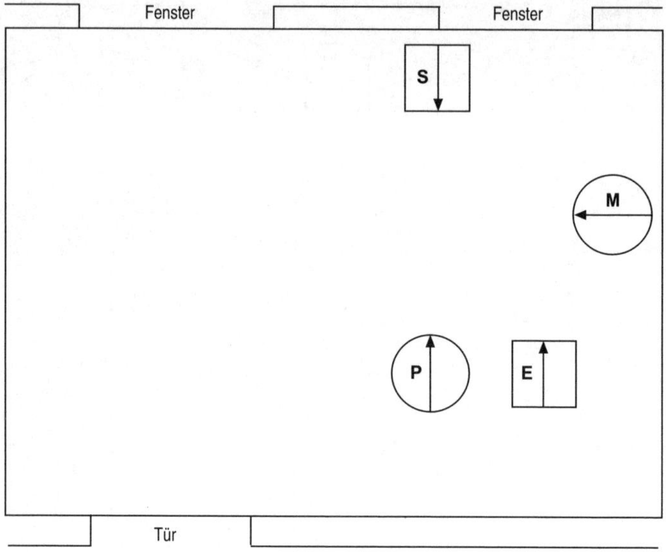

Abb. 6.21: Spontane Veränderung

Gefühle
Alle fühlen sich wohl.

Das Genogramm, in dem die Konturen der vier szenisch Beteiligten doppelt gezeichnet sind, macht die der therapeutischen Inszenierung zugrunde liegenden Verhältnisse verständlich (Abb. 6.22).

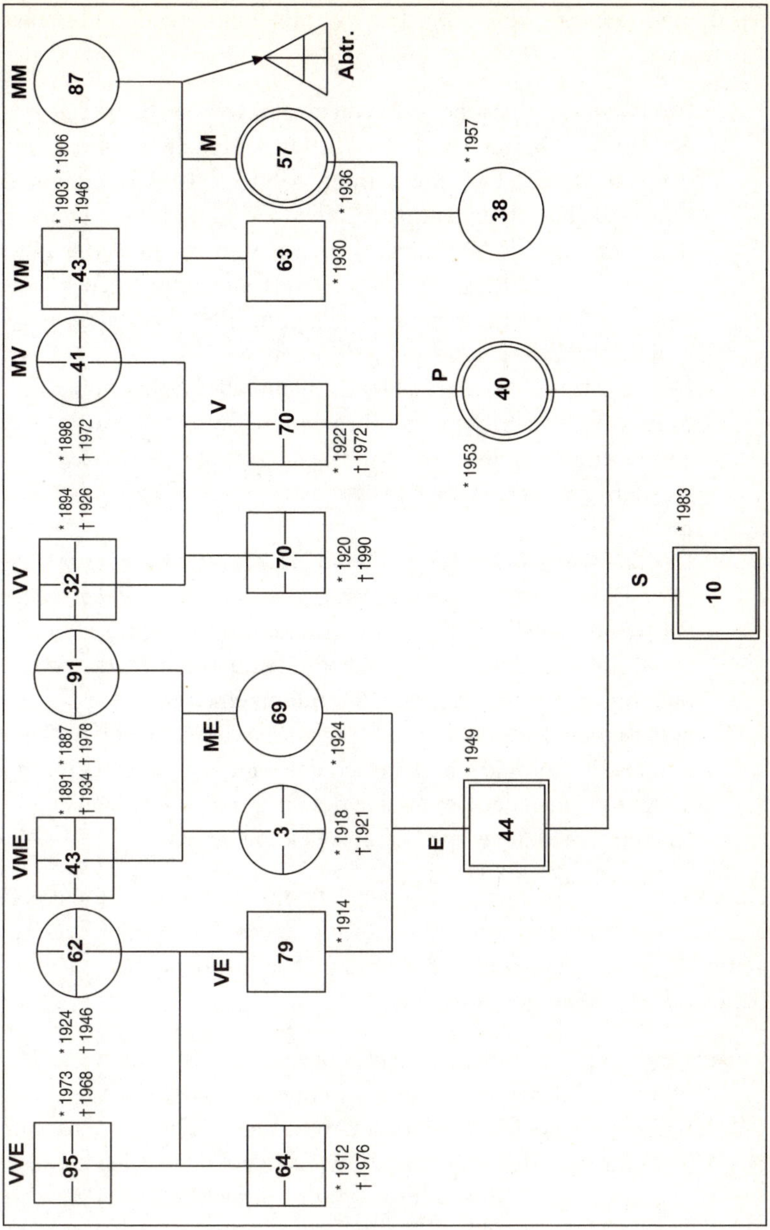

Abb. 6.22: Genogramm der beteiligten Personen (1993)

Ich deutete das Ergebnis aufgrund der folgenden genographischen Analyse:

a) Die Patientin (P) ist die erste von zwei Schwestern und hat keinen Bruder. Dadurch fehlt der Mutter (M) ein Stellvertreter des eigenen Vaters (VM) unter ihren Kindern. Dies wirkt umso schmerzlicher, als erstens jener Vater (VM) der Mutter bereits in deren früher Kindheit verstorben war und zweitens der Ehemann (V) der Mutter, der erste Stellvertreter eines eigenen Bruders, der Schwiegersohn, der für den nicht vorhandenen Sohn gestanden hatte, gerade erst verstorben war.
b) Der der Mutter (M) noch fehlende männliche Nachkomme wurde erst als Sohn (S) der Patientin geboren. Dieser wiederum fehlt eine Tochter. Infolge einer Krebsbehandlung war sie steril geworden und hatte keine Aussicht, ein weiteres Kind zu bekommen.
c) Der Ehemann (E) ist als Einzelkind ohne Schwester groß geworden. Dies wirkt umso schwerer, als auch sein Vater keine Schwester hatte und die ältere Schwester seiner Mutter vor deren Geburt verstorben war. Wenn er nun keine Tochter mehr bekommen kann, gerät seine Ehefrau in einen Sog, der sie veranlasst, ihm die Tochter vorzuspielen. Das ist ein wichtiges Thema des Ehekonflikts, in dem sich das Paar seit Jahren bewegte, bevor es wegen der Depression der Frau und wegen der Angststörung des Mannes zur Therapie gekommen ist.

Daraus folgt: Als die Mutter (M) der Patientin zu Besuch kam, ergab sich die Möglichkeit zu einer Inszenierung, durch die eine gleichzeitige symbolische Auffüllung all der schmerzlichen Lücken die Sinne benebelte und scheinbar Trost spendete:

a) Der Sohn (S) des Paares spielt seinen toten Urgroßvater (VM), wie es die Pflicht des vermissten Sohnes der Mutter (M) gewesen wäre. Im Gegensatz zu seinem Großvater (V) lebt er und hat nur geschlafen, hätte also jederzeit ans Licht geholt werden können.
b) Die Frau selbst (P) spielt die Mutter ihrer Mutter (MM) – als wenn sie mit ihrem Sohn verheiratet wäre, dem sie in der Konstellation anfangs zur Linken sitzt.
c) Die Mutter (M) spielt die Tochter der Frau (P). In ihrer Position ist sie Einzelkind – als lebe sie ganz widerspruchslos und unge-

teilt anstelle des (nach ihrer eigenen Geburt) abgetriebenen Geschwisterkindes, das die eigenen Eltern nie vor sich hatte. Zugleich genießt die Mutter (M) symbolisch die Anwesenheit ihres früh verstorbenen Vaters (VM), d. h. die Intaktheit der Ehe ihrer Eltern.

d) Der Mann (E) spielt den seiner Schwiegermutter fehlenden Sohn und stellt damit die Schwiegermutter (M) an die Stelle seiner eigenen Mutter (ME), die ihn als Mädchen gebraucht hätte, weil sie ihre eigene Schwester bereits vor ihrer Geburt durch frühen Tod verloren hat.

In dieser Situation wird der Frau (P) die gesamte Last der Verantwortung auferlegt. Mit ihr steht und fällt die Inszenierung. Sie erfährt weder Hilfe vonseiten ihres Sohnes (S), der ja im Bett liegt, noch vonseiten ihres Mannes (E), den sie wie einen Enkel vor sich hat. Seinerzeit entwickelte sie spontan den Impuls, sich links neben den Mann zu setzen und damit die natürliche Hierarchie wiederherzustellen. Als sie es tat, war es allerdings schon zu spät: Ihr Mann (E) hatte sich in der Rolle eines bedingungslos erwünschten Sohnes der Schwiegermutter (M) schon so weit eingerichtet, dass er sich völlig distanzlos verhielt und jede Anstandsregel außer Acht ließ. Damit war der Konflikt zwischen den Eheleuten (P + E) bereits irreversibel geworden und nur noch nachträglich mit Humor zu entschärfen.

Mit anderen Worten: Ist die Symptomtrance erst induziert, gibt es in einer solchen Szene so rasch kein Halten mehr, sondern die Beteiligten arbeiten zusammen, um im Dienst der mächtigsten anwesenden Person jene Ohnmachtsgefühle zu aktualisieren und zu entbinden, die von der Abwesenheit der mächtigsten abwesenden Personen ausströmen. Die mächtigste anwesende Person war hier die Mutter der Patientin. Die mächtigsten abwesenden Personen waren der Vater und der Ehemann der Mutter.

Betrachtet man die (allen situativen Inszenierungen inhärente) Macht der bedürftigsten *anwesenden* Person unter dem Aspekt der Macht der fehlenden *abwesenden* Personen, dann fällt auf, dass die Patientin (P), indem sie zunächst neben ihrem Sohn (S) saß, eine Doppelrolle spielte, die mit den Stellvertreterrollen des Sohnes korrelierte: Erstens spielte sie die Mutter ihres Vaters, zweitens die virtuelle Ehefrau (M) des Vaters. Der Vater (V) war der zweite Sohn und daher nach dem frühen Tod seines eigenen Vaters (VV) dessen Stellvertreter an der Seite seiner Mutter (MV). Jenen Großvater (VV) spielte der Sohn (S) ebenso wie er den Großvater (VM) der Patientin mütterlicherseits zu spielen hatte, der ja ebenfalls früh gestorben war. Der Sohn (S) übernahm allein für seine Mutter also bereits mindestens drei Rollen: die seiner beiden Urgroßväter (VV + VM) und die seines Großvaters (V) mütterlicherseits.

Die Analyse des Genogramms ergibt die Gesichtspunkte, die zumindest das Atmosphärische der symptomatischen Situation verdeutlichen, auch wenn es in diesem Fall angesichts der relativen Banalität der emotionalen Vorgänge übertrieben wäre, auf punktgenaue zeitliche Übereinstimmung im Sinne von „Jahrestagssyndromen" pochen zu wollen:

a) Die Patientin (P) *ist* in dieser Szene mit 40 Jahren so alt wie ihre Großmutter (MM) mütterlicherseits beim Tod des Großvaters gewesen ist.
b) Der Ehemann (E) der Patientin *war* beim Tod seines Schwiegervaters (V) mit 43 Jahren nicht nur genauso alt wie der Vater (VME) seiner Mutter (ME) bei dessen Tod, sondern auch wie der Vater (VM) seiner Schwiegermutter (M) bei dessen Tod.
c) Interessant ist vor allem auch, dass der Sohn (S) des Paares zu dem Zeitpunkt der Inszenierung mit zehn Jahren so alt ist wie die Mutter (M) der Patientin beim Tod von deren Vater (V) gewesen ist.

Eine Veranschaulichung der wirksamen Altersrelationen liefert die folgende Grafik (Abb. 6.23):

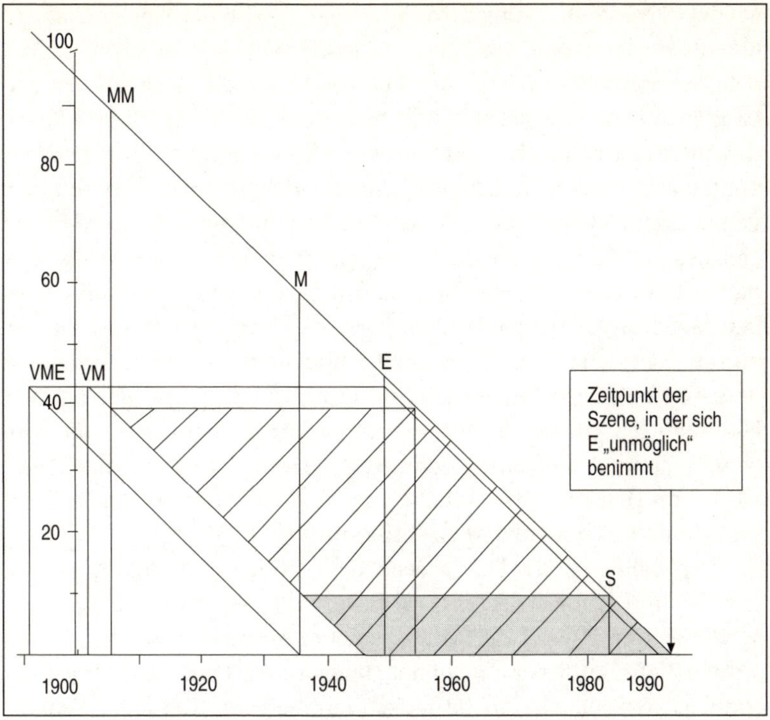

Abb. 6.23: Die drei wirksamen Altersrelationen in der Familie des „unmöglichen Schwiegersohns“ (1993)

Legende: Das weiße Parallelogramm weist auf den Zeitpunkt, als der Ehemann so alt war wie sein Großvater mütterlicherseits bzw. sein Schwiegervater bei deren Tod. Das gestreifte Parallelogramm weist auf den Zeitpunkt, zu dem die Patientin so alt ist wie ihre Großmutter mütterlicherseits beim Tod des Großvaters. Und das hellgraue Parallelogramm weist auf den Zeitpunkt, zu dem der Sohn so alt ist wie die Mutter der Patientin beim Tod des Großvaters mütterlicherseits.

Personen

VME = Großvater mütterlicherseits des Ehemannes der Patientin
VM = Großvater mütterlicherseits der Patientin
MP = Mutter der Patientin
VP = Vater der Patientin
P = Patientin
E = Ehemann der Patientin
S = Sohn des Paares

Da die dargestellten Altersrelationen hier infolge unscharfer Datenerhebung noch ungenau bleiben (die Altersrelationen sind nicht auf Monate, Wochen oder gar Tage exakt bestimmbar), leitet sich aus den vorhandenen Daten zunächst lediglich ab, dass „etwas in der Luft liegt", das mit hoher Wahrscheinlichkeit auf gravierende Komplikationen bei der (ansonsten ja normalen und unvermeidlichen) Stellvertretung auf verschiedenen Generationsebenen hinauslaufen wird. Es werden hier gleichsam auf den ersten Blick, ohne genauere Berechnungen also, thematische Verstrickungen sichtbar, die durch den Tod der jeweiligen nahen Angehörigen beiden Eheleute vorgezeichnet sind. Aus ihnen wiederum lässt sich ein Teil jener Verstrickungen des Paares ableiten, aus denen sich Verbundenheitsgefühle und Trennungsimpulse speisen. Hält man sich die Gesamtheit derartiger Bezüge vor Augen, dann erkennt man im Allgemeinen ziemlich rasch, was die Stunde geschlagen hat, wenn sich ein wirklich tiefer Abgrund an symptomatischer Dramatik innerhalb einer Paarbeziehung auftut.

Das eben ist in der beschriebenen Situation nur andeutungsweise der Fall. Immerhin ist der Sohn (S) an die Stelle des Mannes (E) gerückt, sobald er den Partner der Mutter spielte. Aber wo sich der Sohn (S) aufhält, befindet sich gar nicht der angemessene Platz des Mannes (E), sondern die Leerstelle, an die es den Mann seit dem Tod seines Schwiegervaters (V) hinzieht, falls er der Bedürftigkeit seiner Frau (P) folgt und falls diese die Bedürftigkeit ihrer Mutter (M) und seiner eigenen Mutter (ME) ihm gegenüber geltend macht. An dieser Stelle tut sich sozusagen ein doppelter Rachen des Todes auf: Sowohl sein eigener Großvater (VME) mütterlicherseits als auch der Großvater (VM) mütterlicherseits seiner Frau (P) sind in dem Alter gestorben, in dem sich der Mann (E) ein Jahr zuvor befand, als sein Schwiegervater (V) starb. Von daher war auch das urplötzliche Auftreten seiner eigenen Symptomatik zu erklären, das ihn kurz vor dem Tod des Schwiegervaters (V) zur Therapie bewegte, nachdem seine Frau (P) diese Therapie aus ganz anderen, eigenen Motiven begonnen hatte. Der Mann (E) litt auf einmal unter ihm völlig unbekannten und unbegreiflichen heftigsten Angstattacken.

In einer solchen Lage wirkt es emotional wie Rettung aus höchster Not, wenn der Sohn seinem Vater die unerfüllbaren Stellvertretungsaufgaben spielerisch abnimmt und wenn der Vater in seinem Verhalten auf das Niveau eines Kindes herabsinken darf. Dass eine – als solche unerkannte – Scheinlösung des familialen Problems dann aber doch unter den Beteiligten in Konflikte und heftigen Streit ausartet, erscheint einem außen stehenden Betrachter als das weitaus kleinere Übel im Vergleich zu dem großen, das zuvor im Untergrund gelauert und die Seelen beherrscht hat.

Jeder noch so unscheinbare Anlass kann, so zeigt dieses Beispiel, genommen werden, um sich ein menschliches Grundproblem zu vergegenwärtigen. Wenn man sich nämlich daran zu gewöhnen beginnt, die verschiedenen problematischen und unproblematischen Situationen im Umgang der Menschen miteinander als spontane oder bewusste Familienkonstellationen zu betrachten, dann ist der Schritt nicht mehr weit, sich auch mit einem weitergehenden Gedanken vertraut zu machen, den ich als allgemeinere Konsequenz daraus formulieren möchte: Unser Lebenslauf ist in jedem Fall als ein *Totenkult* zu verstehen, und zwar unabhängig davon, ob dieser Kult nun erzwungenermaßen oder freiwillig, gebückt oder aufrecht, gedemütigt oder bescheiden erfolgt. Wir zeigen in den Formen unseres Umgangs miteinander, wie wir zu unseren Toten stehen. Und es bestätigt sich beständig und überall Hegels Hinweis, dass der Unterschied zwischen den Kulturen in der Art und Weise liege, wie die Menschen ihrer Toten gedenken (vgl. Bauman 1994, S. 37). Die Möglichkeit kultureller Entwicklung hängt davon ab, ob wir Menschen einander durch gegenseitige Bildung zu helfen vermögen, aus dem Status der blinden *Unterjochung* durch die Toten über den Status der widerwilligen *Tributpflicht* gegenüber den Toten hinauszugelangen, und imstande sind, unsere Kultur bis zum Status liebender *Würdigung* unserer Toten emporzuheben.

Die Erkenntnis, dass uns in unserer Lebensweise die Aufgabe zufällt, unsere Toten zu ehren, ist allerdings noch immer sekundär im Vergleich zu der grundlegenden Erkenntnis, dass sich in der Art unseres spontanen Totenkults zeigt, inwiefern es uns gelingt, die Liebe unserer Eltern, der wir entstammen, als Geschenk zu nehmen, es in Ehren zu halten und in eigener Regie aus der uns verliehenen Kraft zur Stellvertretung etwas Gutes zu machen. Denn ob wir wollen oder nicht: Im sozialen Leben bleiben wir füreinander einerseits immer Stellvertreter von Eltern und nehmen anderseits zugleich wechselseitig die Rollen von Schutzbedürftigen – oder, wie Lévinas (1992b, S. 24) sagt – von „Witwen“ und „Waisen“ ein.

6.4 Eine therapeutische und prophylaktische „Organisationsaufstellung"

Im folgenden Beispiel, das mit einer Organisationsaufstellung beginnt und mit einer familienbiographisch fundierten Intervention abschließt, werde ich die Bedeutung der ganz alltäglichen sozialen Beziehungen in Hinblick auf die Gesunderhaltung – der Fachbegriff ist „Salutogenese" (Antonovsky 1985; Sturm 2000, 28 ff.) – beleuchten. Und zwar werde ich aufzeigen, dass die therapeutische Arbeit allzu häufig allein darum nötig wird, weil die für die Bewahrung und Pflege unseres Lebens geradezu konstitutive *prophylaktische Arbeit des „normalen" mitmenschlichen Umgangs* infolge von „an sich unsichtbaren" familiengeschichtlichen Schuldlasten untergraben und destruiert wird. Es geht dabei um den engen Zusammenhang zwischen familialen und sozialen Bindungen, wie er anhand von Organisationsaufstellungen, die sich an Bert Hellingers Familienstellen orientieren (Weber; Grochowiak und Castella, 2001), methodisch erfahrbar gemacht werden kann. Üblicherweise kommt es bei den Organisationsaufstellungen darauf an, die dargestellten Konflikte in Betrieben sozusagen von den Eierschalen familialer Verstrickungen zu reinigen. In Therapien ist aber zuweilen auch der umgekehrte Weg sinnvoll. Denn es können anhand von Übertragungen familialer Verstrickungen auf betriebliche Strukturen die transfamilialen Wirkungen leiblicher Haftung aufgezeigt und einer förderlichen sozialen Orientierung zugeführt werden (Grochowiak und Castella, 2001, 236). Das ist nicht nur in therapeutischer, sondern vor allem auch in prophylaktischer Hinsicht von hohem Interesse.

Eine 34-jährige, unverheiratete und kinderlose Frau, die wegen rezidivierender Suizidalität zur Therapie gekommen war und der es während der Therapie bereits seit geraumer Zeit recht gut ging, sodass sie neben der Selbsthilfegruppe, der sie schon seit Jahren angehörte, einige weitere Initiativen gestartet, mit Tanzen und Reiten begonnen und dabei einige soziale Kontakte geknüpft hatte, diese junge Frau also berichtete in einer Sitzung, dass sie zwölf Tage zuvor völlig überraschend in eine depressive Krise geraten sei, von der sie sich nur schwer, eigentlich noch gar nicht richtig erholt habe. Begleitet wurde sie in dieser Sitzung von ihrem Partner. Ein sehr belastendes Zerwürfnis mit ihm – es ging damals ursprünglich um die Frage des Zusammenziehens – hatte etwa ein Jahr zuvor die letzte, ähnlich schwere Krise ausgelöst. Inzwischen verstanden die beiden sich wieder gut und unterstützten einander freundschaftlich und fürsorglich.

Initialzündung für ihren jüngsten seelischen Absturz, der mit kaskadenartiger Unaufhaltsamkeit vonstatten ging, sei eine höchst unangenehme Situation an ihrem *Arbeitsplatz* gewesen: Am Freitagmittag habe sie mit anderen Mitarbeitern im Pausenraum gesessen, und niemand habe ein Wort gesprochen. Sie selbst habe zwar mehrfach den Versuch unternommen, mit den Tischnachbarn ins Gespräch zu kommen, war aber auf keine Gegenliebe gestoßen. Noch im Aufstehen versuchte sie ein letztes Mal vergeblich, die äußerst bedrückende Atmosphäre aufzulockern, indem sie die scherzhafte Frage stellte, ob vielleicht noch jemand eine Rede zum bevorstehenden Wochenende halten wolle. Danach sei es ihr sehr schlecht ergangen, ja ihre Stimmung sei fortan immer nur tiefer abgesunken. Sie habe zunächst zwanghaft darüber nachgegrübelt, was sie wohl verkehrt gemacht oder was sie an Abstoßendem an sich habe, dass die anderen so mit ihr umgingen.

Am Abend sei sie in zögernder Hoffnung auf Besserung zum *gewohnten Treffen mit anderen Tango-Tänzern* gegangen. Da sei ihr aufgefallen, dass die beiden Frauen, mit denen sie sich im Laufe der früheren Tanzveranstaltungen ein wenig angefreundet hatte, abseits miteinander sprachen, ohne sie einzubeziehen. Sie habe sich bei diesem Anblick mit den beiden verglichen und es typisch gefunden, dass es ihr noch gar nicht gelungen sei, eine intensivere Freundschaft zu ihnen einzugehen. Überhaupt seien ihr alle ihre Kontakte zu anderen Menschen „so oberflächlich" vorgekommen. Als sie später nach Hause zurückkehrte, ging es ihr noch schlechter als schon zu Beginn des Feierabends.

Am Samstagnachmittag fuhr sie zu dem *Reiterhof*, wo sie regelmäßig ihrer Vorliebe für den Pferdesport Raum gab. Dort musste sie erleben, dass einer der Reiter dem Stallbesitzer gegenüber darauf bestand, nur mit eben jenem großen Pferd zu reiten, das sie gerade erst zugewiesen bekommen hatte. Der Mann war enttäuscht und verschwand missmutig, als er ein anderes Pferd nehmen sollte. Die Patientin kam sich schlecht vor, weil sie sich trotz ihrer Größe sonst immer mit einem kleineren Pferd begnügt hatte.

Am Sonntag platzte das Treffen ihrer langjährigen therapeutischen *Selbsthilfegruppe*, die nach langen Mühen endlich einmal wieder einen gemeinsamen Termin zustande gebracht zu haben schien. Grund war die plötzliche Absage von zwei Teilnehmern. Gerade diesmal hatte die Patientin sich ganz besonders viel von dem Treffen versprochen. Und nach den Vorfällen an den beiden Vortagen, fühlte sie sich geradezu darauf angewiesen, dass es stattfand. Das Scheitern wuchs sich für sie zu einer persönlichen Katastrophe aus, zumal der *Freund der Patientin* an diesem Wochenende dienstlich im Einsatz war. So blieb sie mit destruktiven Phantasien und Selbstvorwürfen allein. Sie dachte nur noch darüber nach, warum sie wohl von allen Menschen gemieden wurde und warum sie alles verkehrt anstellte.

In der Therapiesitzung, die auf dieses Stimmungstief folgte, bat ich die Patientin, die Situation der Grabesstille am Arbeitsplatz, von wo die jüngste unselige emotionale Entwicklung ihren Ausgang genommen hatte, aufzustellen. So entstand das folgende Bild (Abb. 6.24):

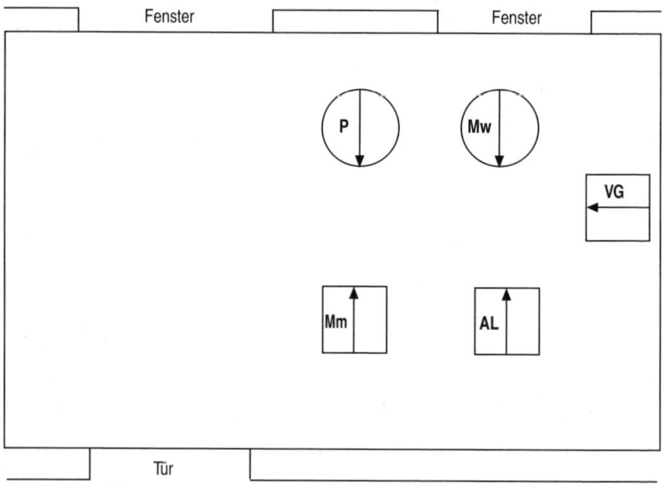

Abb. 6.24: Peinliches Schweigen im Pausenraum

Personen

P = Patientin — AL = Abteilungsleiter
VG = direkter Vorgesetzter der Patientin — Mm= Mitarbeiter
Mw = jüngere Mitarbeiterin ohne direkte Arbeitskontakte, hierarchisch indifferent

Gefühle

P: angespannt, hilflos-schuldig
Mw: unbeteiligt
VG: gut
AL: fühlt nichts, wie tot
Mm: indifferent

Diese Gefühle wurden von der Patientin selbst wahrgenommen, als sie die verschiedenen Positionen einnahm. Als ich ihren Partner bat, sich auf den Stuhl des Abteilungsleiters zu setzen, berichtete er von einem anderen Gefühl: Es sei ihm, als ob er, etwas erhöht, auf einem Kissen sitze; das Interesse gelte seinem Gegenüber; nach rechts empfinde er sich bedrängt, als wenn ihm jemand den Arm wegdrücke.

Ich machte den Vorschlag, die Positionen des Abteilungsleiters und des direkten Vorgesetzten der Patientin zu vertauschen.

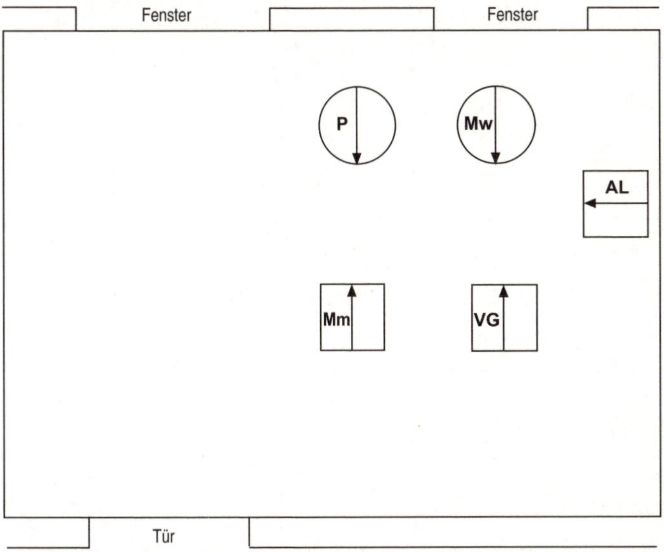

Abb. 6.25: Erster Lösungsversuch

Gefühle
AL: gut
VG: gut
P: unverändert

Daraufhin fragte ich nach den dienstlichen Funktionen der beteiligten Personen, aus denen sich die betriebliche Hierarchie ergibt. Die Patientin gab an, dass VG ihr direkter Vorgesetzter sei und ihr Weisungen gebe, seinerseits aber dem Abteilungsleiter (AL) unterstellt sei. Zugleich berichtete sie, dass AL Probleme mit seiner Autorität habe und sich nicht getraue, Anweisungen zu geben, die auf den Widerstand von VG stießen; dass er sich grundsätzlich beim Leiter des Betriebs rückversichere, wenn Konflikte zu erwarten seien. In der Situation im Pausenraum bestand die folgende Rangordnung: 1. Abteilungsleiter (AL), 2. direkter Vorgesetzter (VG), 3. Patientin (P). Der Mitarbeiter (Mm) und die Mitarbeiterin (Mw) befanden sich sowohl außerhalb als auch unterhalb dieser Ränge.

Ich veränderte nun die Sitzordnung entsprechend der Rangordnung (Abb. 6.26):

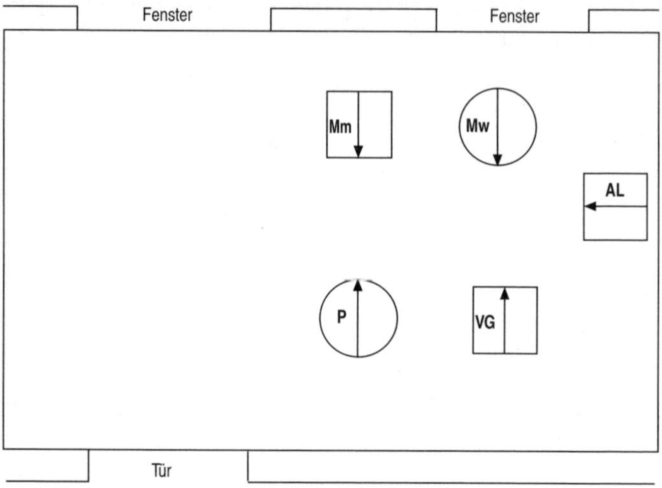

Abb. 6.26: Beachtung der Rangordnung

Gefühle
Alle fühlen sich wohl.

Auf mein Nachfragen stellte sich heraus, dass es keine feste Sitzordnung in dem Aufenthaltsraum gibt, sondern dass eine jede hinzukommende Person sich so platziert, „wie es gerade kommt". Daraus entnahm ich: Die Sitzordnung richtet sich in diesem Betrieb nach der emotionalen Tagesform der Beteiligten. Mit anderen Worte: Die aktuelle „Rangordnung" wird hier – im Unterschied zur betrieblichen Hierarchie – gemäß dem emotionalen Gewicht aller Personen an jedem Arbeitstag neu ausgewogen. Das bedeutet praktisch, dass nicht die Arbeitssituation, sondern die persönliche, an den Arbeitsplatz bzw. in den Pausenraum mitgebrachte, emotionale Situation der Mitarbeiter „zählt". Konkret fühlte sich die Patientin an dem betreffenden Tag von den anderen „ausgezählt".

Als ich ihr dies mitteilte, bemerkte die Patientin spontan, das Gefühl, das sie an jenem Freitagmittag gehabt habe, erinnere sie an ganz ähnliche Situationen, die sie in ihrem Elternhaus häufig erlebt habe:

peinliche Stille der Eltern und ihrer älteren Schwester. Sie selbst habe sich damals immer wieder krampfhaft bemüht, gute Stimmung zu machen. Das sei ihr nur selten gelungen, viel häufiger aber sei sie auf ihren wachsenden Schuldgefühlen sitzen geblieben und damit unglücklich gewesen.

Das folgende Genogramm der Patientin (Abb. 6.27) füge ich nur ausschnittweise ein, um mich ganz auf die Untermauerung der entscheidenden Punkte zu beschränken, die im Verlauf dieser Untersuchung zur Sprache gebracht werden. Aus demselben Grund habe ich bereits an dieser Stelle den Freund der Patientin bezüglich seiner transfamilialen Stellvertretungsfunktionen berücksichtigt. Die wichtigsten komplementären und relationalen Stellvertretungen, auf deren Analyse die weitere Klärung beruht, habe ich in gewohnter Weise durch Pfeile bezeichnet, auch wenn ich nicht mehr jede einzelne Sogrichtung erläutern werde.

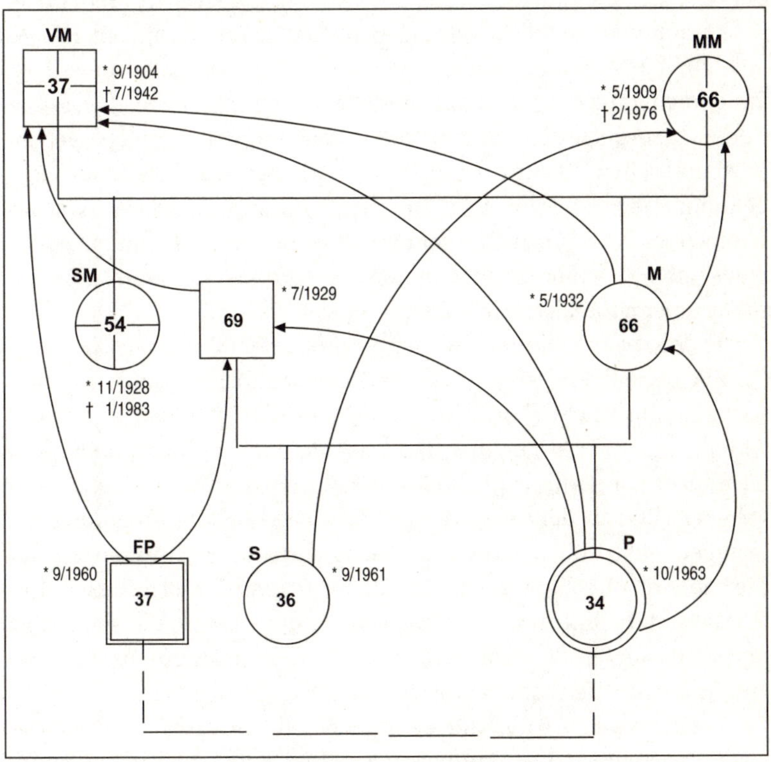

Abb. 6.27: Genogramm der Patientin mit depressiver Krise (2/1998)

Personen
VM = Großvater mütterlicherseits der Patientin
MM = Großmutter der Patientin
M = Mutter der Patientin
P = Patientin
FP = Freund der Patientin
SM = Schwester der Mutter
S = Schwester der Patientin

Ich teilte der Patientin mit, dass sich nach meinen Beobachtungen ein „peinliches Schweigen" zumeist als ein unbewusstes Schweigeritual aufklären lasse, das eine ungetrauerte Trauer offenbart. In ihrer Familie zum Beispiel sei es ja so, dass die Mutter (M) ihren Vater (VM) früh im Krieg verloren habe. Da es nun weder in der Ursprungsfamilie der Mutter noch in der Gegenwartsfamilie der Eltern einen Sohn gebe, habe sich dic Mutter in einer ähnlich problematischen Position befunden wie die Patientin selbst: Als der zweiten von zwei Töchtern oblag ihr die unbewusste Pflicht, den eigenen Vater zu repräsentieren. Das sei eine zur Verzweiflung prädestinierende Sache. Von daher müsse ich annehmen, dass der tote Großvater (VM) in solchen peinlichen Situationen sozusagen den „Vorsitz" oder gleichsam „das Sagen" gehabt habe und seiner Verantwortung in der typischen Art eines Toten nachgekommen sei: mit Schweigen. Aus dem Umstand, dass der Verlust des Großvaters (VM) für die Mutter (M) im Alter von zehn Jahren keineswegs habe verschmerzt werden können, leite sich der peinliche Charakter jener familialen Schweigeminuten ab.

Ebenso wenig wie der abwesende Großvater (VM) am Esstisch der Familie seine Funktion als Vorsitzender auszuüben imstande war und so wenig ihn Vater (V) oder Mutter (M) vertreten konnten, wurde der Abteilungsleiter (AL) im dienstlichen Aufenthaltsraum seiner Funktion gerecht, sondern gab die Rolle der Autoritätsperson an einen Untergebenen (VG) ab, der sie wiederum in Anwesenheit des Abteilungsleiters nicht auszufüllen vermochte. Für solche spürbaren Vakanzen war die Patientin offenbar von Kindheit an höchst empfindlich. Sie schlüpfte dann unverzüglich in die Rolle eines Sündenbocks, der sich selbst immer die allergrößten Vorwürfe macht, und zwar lange bevor jemand anders auf die Idee kommt, Vorwürfe überhaupt zu erheben.

In einem solchem Verhalten kommt ein illusorisches, zur Depressivität disponierendes Verantwortungsgefühl zum Ausdruck, das der unbewussten Stellvertretungsfunktion der Patientin entsprach und sich, darin die symptomatische Stellvertretung durch Verdopplung restlos übertreibend, noch auf die Anklageerhebung der Mutter (M) gegen sich selbst und auf die eigene Verurteilung durch die Mutter erstreckte. Denn es war ja nicht allein die Stellvertretungsfunktion des Vaters für die Mutter, sondern auch die Rolle der Mutter, die sie als Kind dieser Eltern leibhaftig in ihrem eigenen Innern zu übernehmen hatte.

Wenn derartige Zusammenhänge zwischen betrieblich ausgelösten inneren Konflikten von Mitarbeitern aufgedeckt werden, dann wird daran aber auch deutlich, dass die Verantwortung von Vorgesetzten und Mitarbeitern sehr viel größer ist, als diese sich selbst gewöhnlich zuzuschreiben bereit sind: Nach meinen Beobachtungen steht die Firma (wie eine Gruppe) symbolisch für die (nährende) Mutter, und der Firmenchef (oder dessen Stellvertreter in jeder einzelnen Abteilung) steht für den (zeugenden, über die Zugehörigkeit zum Betrieb verbal entscheidenden) Vater der Mitarbeiter (wie ein Gruppenleiter). Und in den symptomatischen Inszenierungen des innerbetrieblichen Umgangs werden grundsätzlich die Übertragungen emotional dargestellt, die durch das gedeihliche kollegiale Zusammenarbeiten auf der Ebene jener vernunftgeleiteten wechselseitigen Fürsorge, wie sie idealerweise das soziale Leben charakterisiert, keine Kompensation finden. Die Integrationskraft des Betriebes hängt also in hohem Maße von dem Verantwortungsbewusstsein der Firmenleitung ab. Das lässt sich durch Aufstellungen, wie ich sie hier beispielhaft demonstriert habe, zwar leicht diagnostizieren, nicht aber ebenso einfach therapieren. Hier ergeben sich Ansätze für weiterreichende Untersuchungen, in denen insbesondere die zeitliche Dependenz der in allem rational organisierten, sozialen Geschehen immer untergründig wirksamen familienbiographischen Stellvertretungsdynamik gebührend erforscht werden muss, um angemessene, nämlich nicht auf kalte Rationalisierung sondern auf gegenseitige Würdigung abzielende, gemeinschaftliche Arbeitsbedingungen zu schaffen.

Die Mitarbeiter der Patientin stellten sich an dem betreffenden Tag im Pausenraum spontan passiv auf die von ihr mitgebrachte emotionale Stimmung ein, wie es bei Eisenpfeilspänen im Magnetfeld zu beobachten ist. Ein solcher Vergleich liegt nahe, wenn man bedenkt, dass Mesmer, der berühmte Hypnotiseur des ausgehenden 18. Jahrhunderts, die suggestiven Kräfte, die er nutzte, als „thierischen Magnetismus" und deren Wirkung als magnetische „Mittheilung" bezeichnete (vgl. Schott 1985, S. 89ff). Statt also dem Primat wacher gemeinsamer Verantwortung zu folgen und die bedrückte Kollegin mittels bewusster Anteilnahme aus ihrer Problemtrance herauszugeleiten – das wäre erforderlich gewesen –, verstärkten die anderen Anwesenden im Pausenraum deren latente Todessehnsucht. Aufseiten der Patientin war das Resultat der ihr entgegenschlagenden Leblosigkeit offenbar eine so überzeugende Bestätigung ihrer eigenen Gestimmtheit, dass sie völlig den Boden unter den Füßen zu verlieren drohte. Tatsächlich geriet sie ja erneut in eine Position, in die erstmals ihre Mutter (M) gesogen worden war, als der Großvater (VM) letztmalig in den Krieg zog, wo ihn der Tod ereilte. Das war, wie die Mutter auf Nachfragen zu erzählen wusste, Ende Februar 1942 gewesen. Man darf also feststellen: Die Patientin (P) war nicht nur seinerzeit am häuslichen Esstisch, sondern auch jetzt im Aufenthaltsraum ihres Betriebes mit der Mutter (M) identifiziert und litt an dem Schmerz, den das Fehlen des Großvaters (VM) in seiner Familie ausgelöst hatte.

Am Abend setzte sich der Eindruck der Patientin, unter den Lebenden isoliert zu sein, fort. Sie erhoffte sich vom Tanzen Entspannung und Auffüllung ihres geminderten Selbstvertrauens. Es geschah aber etwas anderes: Die beiden Frauen, mit denen sie Kontakt geknüpft hatte, sonderten sich, wie sie es empfand, von ihr ab.

Sie setzte ihre verbliebene Hoffnung jetzt auf den Samstag, an dem das Reiten auf ihrem Programm stand, zumal sie von der Vorfreude auf die Freiheit beseelt wurde, die sie auf dem Rücken der Pferde gewöhnlich empfand. Das Verhalten des Mannes, der den Reiterhof im Groll verließ, als er feststellen musste, dass sie ihm sein Lieblingspferd, das größte von allen natürlich, vor der Nase weggeschnappt hatte, nahm sie dann als den endgültigen Beweis dafür, dass sie „alles verkehrt" mache und andere Menschen aus ihrer Nähe forttreibe.

Betrachtet man die geheimen Bedeutungen, die die Patientin den zuletzt geschilderten beiden Szenen zugeschrieben hat, dann erkennt man hier zwei Schritte, mit denen sie weiter an den Abgrund gelangt ist:

1. Die Situation mit den beiden anderen Tänzerinnen erinnerte sie an die Zeit, da die Mutter (M) nach dem Verlust ihres Vaters (VM) mit ihrer älteren Schwester (SM) und ihrer Mutter (MM) zusammenlebte, sich jedoch von diesen ausgeschlossen fühlte. Das ist in einer derartigen Notsituation häufig: Ein wehrloses Familienmitglied (hier jeweils die zweite Tochter) wird für das

Ausbleiben des Vaters (hier: VM) emotional verantwortlich gemacht und von den übrigen Familienmitgliedern isoliert, als sei das Ohnmachtsgefühl des Verlassenseins dadurch zu lindern, dass man es einem anderen aktiv zufügt. Freud erwähnte im Zusammhang mit Ranks Beispielen für „neurotische Racheakte" die „komisch verwertete Anekdote..., dass einer der drei Dorfschneider gehängt werden soll, weil der einzige Dorfschmied ein todeswürdiges Verbrechen begangen hat", und fügte hinzu: „Strafe muss eben sein, auch wenn sie nicht den Schuldigen trifft" (Freud 1923/1948, S. 274) Tatsächlich hat die Mutter (M) der Patientin oftmals darüber geklagt, wie einsam sie selbst als Kind gewesen sei, weil die Großmutter (MM) sich allein mit der älteren Schwester (SM) zusammengeschlossen und sie in ihrer Not allein gelassen habe.

2. In der Situation auf dem Reiterhof war die Patientin (P) aus der Identifikation mit der Mutter (M) herausgetreten, hatte sich aber durch den Weg, den sie beschritt, vollends in einer Falle verfangen: Als sei es die Rettung, wenn sie die Rolle der *Mutter* (M) abstreifte und stattdessen in die Rolle einer *Stellvertreterin des gestorbenen Großvaters* (VM) schlüpfte, wählte sie diesmal ausnahmsweise das größte Pferd, fühlte sich aber sogleich umso mehr fehl am Platze, als sie sich nun symbolträchtig auf das „hohe Ross" setzte und einem Mann den „angestammten Platz streitig" machte. Kaum war dieser Mann daraufhin im Zorn verschwunden, wurde sie intuitiv überwältigt vom Gefühl der vollen Verantwortung für die „Abwesenheit" ihres Großvaters, das heißt: für dessen Tod. So erlitt sie, gleichsam in dessen angemaßter Position, die Scham und Schande eines hoffnungslosen Versagens, ohne freilich imstande zu sein, sich den Grund dafür ins Bewusstsein zu holen.

Am Sonntag schließlich sehnte sie sich verstärkt nach der Geborgenheit einer „heilen Familie", wie sie sie im Rahmen ihrer Selbsthilfegruppe zu finden hoffte. Das Scheitern des verabredeten Termins steigerte ihre Verunsicherung umso mehr, als ihr Freund nicht abkömmlich war und ihr keinen Halt geben konnte. Als sie schließlich in der Therapiesitzung von dieser Aneinanderreihung heilloser Erlebnisse berichtete, war sie erschöpft wie eine Ertrinkende, die sich an einen treibenden Balken geklammert hat, um zu überleben.

Wenn man das Genogramm genau betrachtet, wird man auf einen merkwürdigen Zusammenhang aufmerksam, der sich – freilich erst durch gezieltes Nachfragen – aus den Altersrelationen ergibt:

a) Der Freund der Patientin (FP) war zum Zeitpunkt dieses Dramas, im Februar 1998, genau 37 Jahre und fünf Monate alt, also genau so alt wie der Großvater (VM) mütterlicherseits der Patientin seinerzeit, als er seine Familie – fünf Monate bevor er fiel – zum letzten Mal verließ.
b) Kennengelernt hatte die Patientin den Freund im Juli 1996, als sie 32 Jahre und neun Monate alt war. Das ist genau das Alter der Großmutter (MM) zum Zeitpunkt der letzten Trennung von ihrem Mann (Februar 1942).
c) Ein gravierender Streit des Paares (P + FP), der die zur Therapie veranlassende Depression der Patientin ausgelöst hatte, entzündete sich im Dezember 1996, als sie mit 33 Jahren und zwei Monaten exakt so alt war wie die Großmutter beim Tod des Großvaters. Damals wies sie nämlich den Wunsch ihres Freundes, mit ihr eine gemeinsame Wohnung zu suchen, zurück und verletzte ihn so, dass er sich ihr gegenüber abweisend zu verhalten begann.

Ich füge eine Grafik zur Veranschaulichung der Altersrelationen ein (Abb. 6.28):

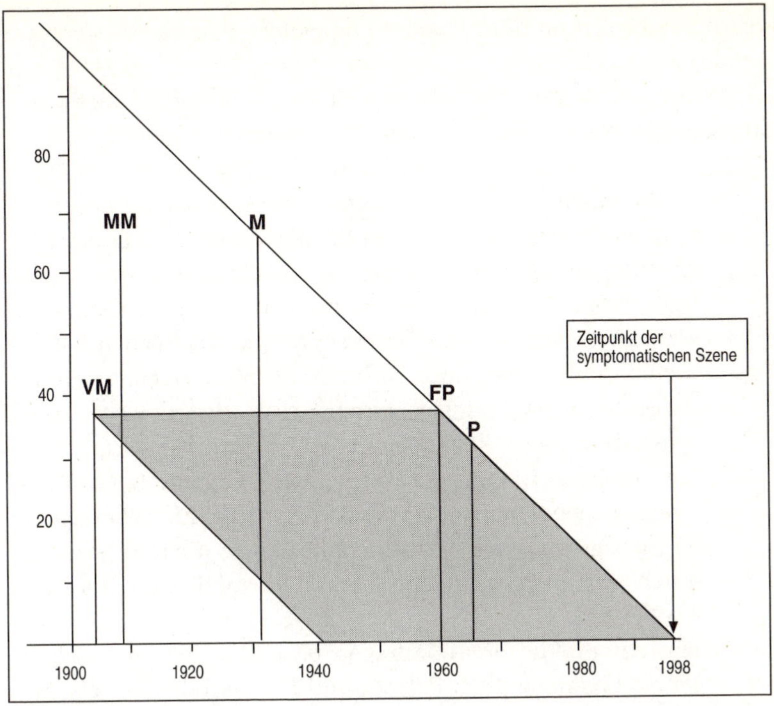

Abb. 6.28: Zusammenhang zwischen dem frühen Tod des Großvaters und dem „peinlichen Schweigen im Pausenraum"

In der Konstellation setzte ich – entsprechend der familienbiographischen Diagnostik – den Freund auf den Platz des Abteilungsleiters (AL), damit er spüren möge, was an Gefühlen an diesem offenbar wichtigsten, nach dem Eindruck der Patientin zugleich schlechtesten aller Plätze wirkte. Und er wies mit seinen spontanen emotionalen Reaktionen darauf hin, dass jener Mann unter den gegebenen Bedingungen das Bestreben haben müsse, seine Position zu stärken, indem er die Sitzfläche erhöhte. Das Autoritätsdefizit des Abteilungsleiters nimmt das Defizit an Autorität auf, das der Tod des Großvaters (VM) im Leben der Mutter (M) der Patientin hinterlassen hat. Symbolisch dargestellt wurde beides durch das Kissen, das der Freund der Patientin in seiner Phantasie dem Gesäß des Abteilungsleiters unterlegte. Zugleich spürte er die hierarchische Unangemessenheit der Position des direkten Vorgesetzten sehr deutlich. Die Patientin selbst hatte auf demselben Platz etwas ganz anderes verspürt: jenes „Nichts", wodurch das Fehlen und der Tod des Großvaters bis in die Gegenwart hinein nachwirkten.

Wichtig ist meines Erachtens speziell an dem Verlauf dieser mit sparsamen Mitteln auskommenden „Organisationsaufstellung“:

1. die Beobachtung, dass sich anhand der bewussten therapeutischen Inszenierung die Bedeutung einer unbewussten, spontanen Inszenierung am Arbeitsplatz als ein feinsinniges Ritual herauskristallisiert hat. Auch wenn man, von der Wirkung her betrachtet, das Geschehen als einen gemeinschaftlichen *destruktiven* Akt bezeichnen muss, so haben doch alle vier anderen Anwesenden der Patientin insofern tranceartig Reverenz erwiesen, als sie der Schwere ihres Schicksals an diesem Tag Raum gaben;
2. der bruchlose Übergang zwischen einer Organisationsaufstellung und einer familienbiographischen Aufklärung über die untergründig wirkende destruktive Dynamik, die in diesem Fall durch kein Netz spontaner sozialer Interaktion unterbrochen worden ist;
3. die Treffsicherheit der übertragenen Gefühle, die eine wechselseitige Ergänzung von Partner und Partnerin bei der Darstellung eines zentralen Problems einer Person möglich gemacht und zur Überzeugungskraft und Intensität der Aufstellungsarbeit beigetragen hat;
4. die Erfahrung, dass die Indienstnahme von Stellvertretern sich nicht bei allen Personen mit denselben Gefühlen verknüpft – im Gegenteil, sie ist insofern ein *kreativer* Akt, den jede Person auf ihre eigene Weise vollzieht.

Beispiele für die unmittelbare – produktive wie destruktive – Zusammenarbeit zwischen Menschen, die sich, gleichsam magnetgesteuert, tranceartig aufeinander einstellen, füllen unseren Alltag und überhaupt unser Leben. Aber sie lassen sich nicht erfassen, wenn man, wie Anne Ancelin Schützenberger (1993) vorschlägt, nur nach „Jahrestagsyndromen“ oder „Syndromen des doppelten Jahrestags“ Ausschau hält. Die Besonderheit derartiger Daten ergibt sich in den allermeisten Situationen nicht aus dem Kalender, sondern primär aus den Altersrelationen der szenisch Beteiligten. Insofern ist es eher als ein noch zu lösendes Rätsel aufzufassen, wie es denn überhaupt kommen kann, dass im Leben der Familien einfache Kalenderdaten relativ häufig als bedeutsam imponieren. Meines Erachtens geht von den Daten der Jahrestage eine Induktion zur spontanen Problemtrance aus. Dieser Weg der Indienstnahme scheint mir aber ebenso eine *abgeleitete*, also sekundäre Form leiblicher Verstrickung wie deren Utilisation durch die aktive Hypnose zu sein (Rossi 1988, S. 200 ff.), die vielleicht eher als eine *tertiäre* Form von Verstrickung zu bezeichnen wäre.

Bei der in diesem Abschnitt beschriebenen Organisationsaufstellung mit familiendynamischer Wendung handelt es sich jedenfalls um die therapeutische Utilisation einer spontanen Problemtrance. Diese war insofern von ausschlaggebender Bedeutung für den Verlauf der ganzen Therapie, als sie auf ein bevorstehendes höchst gewichtiges Datum aufmerksam zu machen geeignet war: Fünf Monate später würde nämlich der Freund der Patientin genau jenes Alter erreicht haben, in dem ihr Großvater mütterlicherseits gefallen war. Es zeigte sich in der Folge tatsächlich, dass es von hoher Relevanz sein kann, derartige Zusammenhänge *rechtzeitig* aufzudecken. Die Fragen nach den geeigneten Formen eines *prophylaktischen* Einsatzes der Familienbiographik, die sich hier anschließen und die zur Lösung des im ersten Kapitel angedeuteten Problems der Beziehung zwischen leiblicher Haftung und vertraglicher Bürgschaft zurückführen, muss ich an dieser Stelle offen lassen.

Teil III

7 Einführung des Todes in die Wissenschaft vom Leben

7.1 Entwicklungsstationen therapeutischer Biographik

Seit etwa hundert Jahren – Freuds bahnbrechende „Traumdeutung" erschien (auf das Jahr 1900 vordatiert) 1899 – ist es Thema der Psychoanalyse gewesen, sämtliche Lebensprozesse als Ausdruck natürlicher Gesetzmäßigkeiten zu begreifen. Freud hat in seinem triebtheoretischen Ansatz anerkannt, dass es sich auch bei der Erkenntnis von gefühlten und symbolischen Prozessen nicht um bloße Psychologie handeln kann, sondern dass es um mehr geht: um Leib und Leben, um den belebten Körper, um die einem Körper innewohnende Lebendigkeit des Menschen. Die Phänomene des Leibgeschehens in ihrer abgründigen Tiefe wissenschaftlich zu erfassen, kann aber erst gelingen, wenn die Beziehungen zwischen zeitlichen und räumlichen Strukturen des Biographischen *gemeinsam* in den Blick geraten und wenn dieser Blick sich frei macht von den Abstraktionen und Einschränkungen einer physisch und physiologisch geprägten Begrifflichkeit. Denn für die Phänomene der Leiblichkeit gilt der berühmte Satz Shakespeares, wonach es zwischen Himmel und Erde mehr Dinge gebe, als unsere Schulweisheit sich träumen lasse.

Dieser die Renaissance charakterisierende Satz aber gilt, wie die hier aufgezeigten Krankengeschichten zeigen, auch noch heute, nachdem Sigmund Freud, indem er in die Kunst der psychoanalytischen Traumdeutung einführte, den Rahmen unserer Schulweisheiten so nachdrücklich erweitert hat. Auch innerhalb der sich daraus entwickelnden therapeutischen und sonstigen kulturellen Betriebsamkeiten treten Phänomene zutage, die den neu gewonnenen Rahmen neuerlich sprengen.

Es lassen sich mehrere Stränge der theoretischen Entwicklung nachzeichnen, die seit jener „kopernikanischen Wende" stattgefunden hat, wodurch Freud die in der „Traumdeutung" erstmals vorgetragene psychoanalytische *Metapsychologie* der Triebe einer philosophischen *Metaphysik* überordnete, als er nämlich das cartesianische „Ich denke, also bin ich" aus einer zuvor gänzlich unergründlich und unheimlich scheinenden Tiefe heraus infrage stellte. An den immer neuen Bruchlinien nämlich, wo das Scheitern auch der psychoanalytischen Metapsychologie offenbar wurde, demarkierten sich jeweils die Formen der Weiterentwicklung (vgl. Adamaszek 1985, S. 139 ff.; 1987, S. 46 ff.). Zu unterscheiden sind vier wesentliche Sprünge, die sich – zum Teil schon in Freuds eigenem theoretischen Bemühen – an katastrophal wirkende Theoriebrüche anschlossen:

1. Der Sprung von der *Kausalität* der Triebe zur *Akausalität* synchronen Geschehens
2. Der Sprung von der *Energie* der Triebe zur *Lebendigkeit* der psychischen Instanzen
3. Der Sprung vom *Triebschicksal* des Einzelnen zur *Identifikation* mit dem anderen
4. Der Sprung von der entrinnbaren *Mechanik der Übertragung* zur unentrinnbaren *Gesetzeskraft diachroner Gebundenheit*

Diese Sprünge sind mit den Namen verschiedener Forscher verbunden und haben zunächst divergierende Tendenzen und Schulen des metapsychologischen Denkens hervorgebracht. Sie beruhten darauf, dass bestimmte Phänomene, die von Freud anfangs in ihrem theoretischen Gewicht nicht ernst genommen worden waren, nach Integration in die Theorie verlangten. Ich werde sie in aller Kürze unter dem Gesichtspunkt nachzeichnen, inwiefern sich hier eine Entwicklung angebahnt hat, die – aller Bedachtsamkeit der organisierten Psychoanalytiker auf Reinerhaltung ihrer Schulmeinungen zum Trotz – als Entwicklung der Psychoanalyse selbst bezeichnet werden muss. Denn es handelt sich um eine unverabredete Tradition wissenschaftlicher Unbestechlichkeit auf einem Feld, dessen sich Freud selbst in bahnbrechender Weise angenommen hat, als er seine Forschungen betrieb.

Sigmund Freud unterzog seine theoretischen Bemühungen dem Programm, seine Lehre vom Unbewussten, von der Verdrängung und von der Übertragung, die er seinen klinischen und therapeutischen Erfahrungen entnahm, im Sinne der herrschenden Auffassungen medizinischer Wissenschaften materialistisch zu begründen und auf physiologische Vorgänge zurückzuführen, die er zunächst hypothetisch als Triebgeschehen bezeichnete.

Ivan Boszormenyi-Nagy und *Geraldine Spark* (1983) haben mit ihrer Beschreibung transgenerationaler Schuldbindungen einen neuen, radikaleren Ansatz gefunden, der den in den physiologischen Untersuchungen *Bertalanffys* (1968) erarbeiteten systemischen Gedanken eines Fließgleichgewichts (Homöostase) aufgreift, ohne sich in den Widersprüchen der Freud'schen Theorieentwicklung zu verfangen. Das gelang ihnen dadurch, dass sie die Energetik und Dynamik der Triebe aus dem Gefängnis einer verkürzten individualistischen Betrachtungsweise befreiten und auf die Beziehungen zwischen den Generationen erweiterten.

Das Konzept einer transgenerationalen Delegation, das von *Helm Stierlin* entwickelt worden ist (1978), basiert auf denselben Beobachtungen und dient – ohne es eigentlich zu beabsichtigen – demselben Bemühen um begriffliche Klärung der unbereinigten theoretischen Widersprüche innerhalb der Psychoanalyse. Festgehalten wird darin an dem Gedanken einer Energiequelle, deren Sprudeln unweigerliche Folgen im Leben der Menschen zeitige. Die Menschen werden in dieser Betrachtungsweise zu unbewussten Werkzeugen einer ihnen übergeordneten Kraft. Sie erscheinen als Getriebene, ohne zu wissen, was sie treibt, als Erfüllungsgehilfen unbegriffener Zwecke.

Auch wenn diesen Neuansätzen ein großer Wert für die Wiederbelebung der ursprünglichen emanzipatorischen Impulse der Psychoanalyse zukommt, so haben sie aber noch nicht dazu geführt, dass eine verbindliche Sprache zur Darstellung der Phänomene entwickelt werden konnte, die aus der „Mehrgenerationen-Perspektive" diagnostisch ins Auge fallen. Das war auch nicht möglich. Denn das Grundproblem der psychoanalytischen Begrifflichkeit, das von *Viktor von Weizsäcker* benannt wurde (1950), ist darin noch nicht überwunden. Das liegt daran, dass dieser Neuansatz sich wiederum, wenn auch in anderer Form, an die Vorgaben des Materialismus hält.

Die Problematik des systemischen Ansatzes zeigt sich, sobald dieser auf Fragen der Biographik angewandt werden soll. Für die Systemtheorie gibt es keinen Tod. Wird das Theorem der Homöostase unkritisch auf das Leben von Menschen übertragen, kommt es unweigerlich zu einer charakteristischen Auflösung der Ortsbestimmung eines Menschen. Sobald dieser als Teil eines Systems betrachtet wird, verliert er das Recht auf seinen Ort. An die Stelle des Ortes tritt die Funktion. Und mit der Infragestellung seiner Funktion verliert er umstandslos das Lebensrecht und erscheint beliebig ersetzbar durch andere Funktionsträger. Das beinhaltet eine in letzter Konsequenz brutale Leugnung der Bedeutung von Sterblichkeit und Endlichkeit des einzelnen Menschen. Hier aber findet sich wiederum das Wesen des Materialismus selbst: Die Frage nach der Funktion im Gefüge des Ganzen wird gleichgültig, sobald das einzelne Leben gleichgültig erscheint.

In den letzten Jahren hat vor allem *Bert Hellinger* darauf aufmerksam gemacht, dass sich in Familienbiographien die unbewusste Auseinandersetzung des Einzelnen mit den leiblichen Bindungen darstellen und als Lebensbewegung der erkrankten Menschen erörtern lassen. Er tat dies, indem er im Rahmen des sogenannten „Familienstellens" die pathogene Funktion des Stellvertretertums aufzeigte. Die Arbeit mit Stellvertretern und Familienkonstellationen wurde von Hellinger zum verlässlichen Instrument fast schon ritueller Darstellung und therapeutischer Lösung krankhafter Verstrickungen entwickelt (Weber 1993; Hellinger 1994).

Die Folge war, dass die autobiographische Krankengeschichte ihre Bedeutung einbüßte zugunsten der Familienbiographie des Kranken. Das wirkte unmittelbar als revolutionäre Erweiterung des Blickwinkels und hat zunächst nur die systemische Herangehensweise gefördert. Es zeigten sich aber auch hier die alten Probleme des Systemischen in neuem Gewand: Die Macht des Todes ist in einer Familie etwas fundamental anderes als in einem regeltechnisch überwachten Staubecken der Verlust eines Quantums an Wasser, das ersetzt werden muss. Dringliches Thema wurde die Unersetzbarkeit einzelner Personen. Sich ihr zu stellen, bedurfte besonderen Mutes. Im Unterschied zu Freud, der die Gegenwart des Todes durch das Konzept des Todestriebs zu ersetzen und dieses Konzept aus dem Materialismus (gleichsam analog zum dritten Hauptsatz der Thermodynamik) zu entnehmen suchte, ist Hellinger den entscheidenden Schritt zurück zu den Phänomenen gegangen und hat sich mit der phänomenologischen Wahrnehmung der Toten und ihrer Gegenwärtigkeit im Leben der Lebenden beschieden.

Bert Hellinger ging auf dieser Basis dazu über, nicht nur den existenziellen Unterschied und die hierarchische Ordnung der Generationen sowie die Rangordnung von Partnerschaften und Geschwisterbeziehungen in den Mittelpunkt der Untersuchung zu stellen, sondern auch ins Zentrum der therapeutischen Arbeit den Unterschied zwischen den Lebenden und den Toten zu rücken. Andere Forscher taten dies ebenfalls, vor allem solche, die sich, wie beispielsweise Irving D. Yalom als „existenzieller Psychotherapeut", mit dem Zusammenhang von Lebenskrisen beschäftigten. Zu nennen ist auch *Stanislav Grof* (1991), der im Rahmen von Experimenten mit LSD und anderen Halluzinogenen auf den nicht mehr nur theoretisch postulierten, sondern als äußerst krisenhaft erlebten strukturellen Bezug zwischen Geburt und Tod einerseits und den Heilungsprozess andererseits stieß und darauf seine Lehren von der transpersonalen Psychologie stützte. Dadurch aber, dass Hellinger die systemischen Übertragungen berücksichtigte, bewahrte er sich jene Bodenhaftung zum Leiblichen, die erforderlich ist, um sich der Fülle der Phänomene zu öffnen und nicht den Versuchungen theoretischer Schulenbildung zu erliegen.

Eine Reihe wissenschaftlicher Autoren beziehen sich ebenfalls auf die Entwicklung schicksalhafter familialer Verstrickungen, vor allem aber auf die chronologische Verwobenheit zwischen Lebensereignissen Verstorbener und Krankheiten Lebender. Nicht der Verlauf einer Erkrankung steht dabei im Mittelpunkt, sondern der Bezug des kranken Menschen zu seinen familialen Wurzeln. So hat *Irving D. Yalom* (1989) in seinem Buch über „Existenzielle Psychotherapie" auf einen bemerkenswerten Aufsatz von *J. Hilgard* und *M. Newman* aus dem Jahre 1961 hingewiesen, in dem die Autorinnen das Phänomen des „Jahrestagssyndroms" beschreiben. Es geht dabei um eine „signifikante Korrelation zwischen dem Alter eines Patienten zur Zeit der Einweisung in die Psychiatrie und dem Alter des Elternteils beim Tod" (Yalom 1989, S. 132).

In der amerikanischen familientherapeutischen Literatur ist der Begriff der so genannte „Jahrestagsreaktionen" inzwischen geläufig. So widmen ihm zum Beispiel *Monika McGoldrick* und *Randy Gerson* in dem Buch „Genogramme in der Familienberatung" (1990, S. 96 ff.) ein ganzes Kapitel.

Eine weitere Autorin, die sich speziell mit dem Thema des Jahrestagsyndroms befasst hat, ist *Anne Ancelin Schützenberger* (1993). Sie machte sich mit den Forschungsergebnissen von *Hilgard* und *Newman* vertraut, nachdem sie – ähnlich wie sie und unabhängig von ihr, meine Frau (Adamaszek 1996) und ich selbst – zufällig darauf gestoßen waren, dass sich über das Alter eines Patienten, in dem dieser Symptome entwickelt, ein ganz entscheidender, geradezu unheimlicher Bezug zu Ereignissen im Leben der Vorfahren herzustellen scheint. Ihre Beobachtungen laufen auf eine Erweiterung des Blickwinkels hinaus, den Sigmund Freud erworben hatte, als er sich veranlasst sah, den fundamentalen „Wiederholungszwang" der Triebe zu postulieren und diesen zum eigentlichen Ursprung aller Triebregungen zu erklären. Schützenberger erblickte fortan in den Lebensereignissen ihrer Patienten schicksalhaft erzwungene Neuauflagen der Dramen, Traumata und Katastrophen, die sich in entsprechendem Alter von Vorfahren ereignet hatten, und wies in ihren Schriften auf die – im Wortsinne fatale – Macht der Ahnen hin.

Die Diachronizität dieser Macht der Ahnen sprengt aber offenkundig den Rahmen, innerhalb dessen sich alle Vorstellungen bewegen, die den physikalischen und physiologischen Prinzipien der Kausalität und der Homöostase folgen. In der biographischen Forschung müssen wir uns daher angewöhnen, einen gänzlich anderen Begriff von Gesetzmäßigkeit zugrunde zu legen, als wir ihn aus den Naturwissenschaften bislang gewöhnt sind. Ich meine, das ist der Tribut, den die „Einführung des Subjekts in die Biologie" (Weizsäcker 1950) und in die Medizin fordert. Ich sehe keine Möglichkeit, Biographik zu betreiben, ohne den Tribut tatsächlich zu leisten. Konkret geht es dabei um die phänomenologische Einführung der Toten und des Todes in die Betrachtung des Lebens der Lebenden.

7.2 Die Gesetzmässigkeit der Triebe und die Endlichkeit der Menschen

Der Tod besiegelt die Endlichkeit der Lebenden. Ihn als Ende des Lebens zu bezeichnen, wäre eine folgenschwere Übertreibung, die einen folgenschweren Irrtum zudeckt und darauf hinausläuft, den Tod als die Vollendung des Lebens zu betrachten. Diese Vorstellung entspricht einem vorschnellen Entschluss zur Beendigung der fortwährenden Bedeutung des Todes der Vergangenen für die Lebenden. Ein solcher Entschluss ist nichts anderes als eine hilflose *Leugnung* der fortwährenden Bedeutung, die die Verstorbenen im Leben der Lebenden behalten. Darüber hinaus suggeriert er die Illusion, als sei die Vollendung des menschlichen Lebens eine lösbare Aufgabe des Einzelnen. Die Menschlichkeit des Lebens ist zwar an die Individuation des Einzelnen gebunden, sie ist eine Tendenz der Individuation, aber dadurch noch keine Errungenschaft des Individuums. Wer Letzteres annimmt, der wendet sich damit sowohl von der Vergangenheit als auch von der Zukunft der Menschheit ab. Er höhlt die Frage nach der Menschlichkeit des Lebens durch die Vorstellung von der Vollendbarkeit des Lebens innerhalb der Endlichkeit eines einzelnen Lebenden aus und entproblematisiert die Grundkalamität der Menschheit: die *Gesellschaftlichkeit der Erkenntnis von Gut und Böse*.

Der Tod ist nur eine Grenzüberschreitung des Lebens wie die Zeugung und die Geburt. Insofern gehört er zu den krisenhaften Grenzerfahrungen, die dem Bewusstsein die Dimension des Religiösen abverlangen. Auch wenn der Tod von außen zu drohen scheint, so wohnt er doch dem Lebenden inne, ist also nichts, wodurch das Leben an sich beendet wird, kein äußerer Gegensatz zum Leben, sondern dessen innerer Widerspruch und dessen innerer Stachel – ein Stachel nämlich für die endlichen Bildungen des Lebens, eine drohende, ängstigende oder aber beruhigende, befriedende Mahnung an die ihnen zugeeignete Endlichkeit.

Bestandteil dieser Mahnung ist das Bedürfnis zur Weitergabe des Lebens. Man kann das Verhältnis der Sterblichen zu ihren Kindern, d. h. zur Zeugung, nur verstehen, wenn man es als Antwort darauf betrachtet, wie ihnen der Tod begegnet ist. Hier liegt überhaupt das Problem der Lebenden: dass sie als Sterbliche gezeugt und geboren sind. Und in der Spannung zwischen den Geschlechtern tritt dieses Problem lediglich auf spezifische Weise als Geschlechtsliebe zutage: Zeugung selbst setzt die komplementäre Polarität von Mann und Frau voraus. Im Kind setzen sie einander zu einem mosaikhaften Zeugnis ihrer geschlechtlich gewordenen Liebe zum Leben zusammen. Diese Liebe der Geschlechter zum Leben ist aber an sich unentschieden und schwankt ihrerseits zwischen zwei Polen, die sich als zwei Fragen an die Sexualität formulieren lassen: Beruht sie auf würdigender Anerkennung des Todes oder ist sie Frondienst an dem Wahn, als Waffe gegen den Tod fungieren zu können. In letzter Konsequenz vervielfältigt die Macht elterlicher Sexualität die Anzahl der zu erleidenden Tode mit jedem Menschenwesen, das gezeugt wird.

Wenn man nun den Begriff der „Liebe" übersetzt mit den Worten „Lebensrecht verleihen", wie ich im ersten Kapitel vorgeschlagen habe, dann erkennt man in der Liebe eine bestimmte Stellung gegenüber dem Tod: Sie erscheint dann als eine Arbeit, die angesichts der Macht des Todes verlangt wird. Dass eine solche Arbeit, wie Liebende sie leisten, erforderlich ist, damit Leben geschieht, steckt aber als Feststellung bereits in dem Begriff „Bedürfnis": In jedem Bedürfnis wirkt die Macht des Mangels, die sich in der Endlichkeit des Lebens verbirgt und als Ermangelung des jeweils Fehlenden die Liebe zum Leben konkret auf den Plan ruft. Bedürftigkeit ist jene gleichsam vakuumartige Intensität des Lebens, die der Liebe das Maß vorgibt. So könnte man sagen: Das als Schranke des Lebens Gesetzte ist das „Maß-Gebliche". Und es findet sich vornehmlich in zweierlei Hinsicht: in der Beschränkung durch Sterblichkeit und in der Beschränkung durch Geschlechtlichkeit. Diese beiden grundlegenden Ermangelungen sind komplementär aufeinander bezogen und liegen aller Komplementarität des Lebensprozesses zugrunde. Die Sterblichkeit und die Geschlechtlichkeit sind die scheinbaren Unvollkommenheiten der Leiber, die der Ergänzung durch die Gegenseitigkeit des anderen bedürfen, damit das Leben in seinem Reichtum, seiner Güte und Schönheit gewahrt, damit die Schöpfung in ihrer Vollkommenheit bewahrt, als Gut erhalten wird. Die Bedürftigkeit der Leiber besteht in ihrer Teilhaftigkeit, mit der sie an der Schöpfung teilhaben, aber auch an ihr Anteil nehmen. Das eben verstehe ich unter dem Begriff des „Leibhaftigen": den teils beglückenden, teils tragischen Zwiespalt, dass die Leiber einerseits zwar für die Vollkommenheit der Schöpfung haften, andererseits aber in ihrer Geschlechtlichkeit und Kreatürlichkeit offenkundig unvollkommen sind.

Die psychoanalytische Theorie hat die Leiblichkeit zu ihrem zentralen Thema gemacht. Da sie aus der ärztlichen Praxis erwachsen ist, nimmt sie ihren Ursprung in der Auseinandersetzung mit den Unzulänglichkeiten der menschlichen Kreatur. Von Beginn an hat sie sich die Aufgabe gestellt, sich als Hilfsinstrument zu bewähren. Darum hat sie sich den Themen und Problemen zu stellen, die aus der Teilhaftigkeit der Leiber resultieren. Das hat die Konsequenz, dass sie unweigerlich insbesondere auf jenes Terrain von Fragen gerät, das von den überlieferten Naturwissenschaften – sozusagen fluchtartig – verlassen worden ist. Denn der Tradition der Naturwissenschaften wohnt der Impuls inne, die Vollkommenheit der Schöpfung zu bezeugen und von der Suche nach der Wahrheit erst abzulassen, wenn diese Vollkommenheit mathematisch nachgewiesen und durch die Formulierung eines der Totalität gemäßen Gesetzes besiegelt ist. Der Ausgangspunkt der Psychoanalyse ist daher ein blasphemischer und benötigt meines Erachtens eine völlig neue Art der Orientierung. Die Psychoanalyse bekommt es, radikaler noch als die naturwissenschaftliche Medizin, die sich der Erkenntnis von der Vollkommenheit natürlicher Gesetze bedient, um zu heilen, mit den bleibenden Unvollkommenheiten der Leiber zu tun. Das Desiderat der Naturwissenschaften, die angesichts der Machtlosigkeit der Medizin verbliebene Klage der Leidenden über ihre Leibhaftigkeit nämlich, ist geradezu zum Hauptanziehungspunkt der Psychoanalyse geworden. Und während sie den emanzipatorischen Anspruch der Aufklärung auf dieses verwaiste, von allen guten Geistern verlassene Gebiet trug, entwickelte sie sich zu einer neuen Wortführerin jener Klagen im Lager der Vernunft.

Die Triebtheorie war die erste Bastion, die Freud zu diesem Zweck errichtete. Sie erscheint allerdings doppelzüngig: Einerseits ertönt sie wie eine verzweifelte Klage über die Beschränktheit der Leiber. Der Ausdruck dieser Auswegslosigkeit findet sich in der inneren Dysfunktionalität und Inkompatibilität der von Freud vorgestellten Konstruktion eines körperlichen „Reflex-Apparats" (Freud 1915/1948, S. 213; zur Kritik: Adamaszek 1985, S. 95 ff.). Andererseits gibt sie sich wie eine hyperoptimistische Leugnung ihres abgründigen Konstruktionsfehlers. Der Ausdruck dieser Illusion findet sich in dem realitätsabgewandten Allmachtsanspruch eines „seelischen Apparats". Die Doppelzüngigkeit besteht darin, dass nach Freuds Plänen einerseits der „Reflex-Apparat" als materielle Basis für die Funktion des „seelischen Apparats" verantwortlich zeichnen und dass zugleich andererseits die Funktionsweise des „seelischen Apparats" die Grundlage für die Dysfunktion des Reflexapparats bilden soll (Freud 1900/1948, S. 543). Dieser eklatante Widerspruch kommt am deutlichsten dort zum Ausdruck, wo in der psychoanalytischen Lehre der Bezug zur Geschlechterpolarität und zur Sterblichkeit der Menschen hergestellt werden soll: Die verschiedenen Facetten der Triebtheorie bringen die Unvollkommenheit der Leiber zur Darstellung, ohne eine gründliche Versöhnung zu ermöglichen:

- Das Theorem der Ich-Triebe, das sich auf die Anerkennung der ökologischen Unterschiede in der Natur als Voraussetzungen von Atmung, Nahrung, Kleidung und Wohnung bezieht, macht sich gewaltsam frei von ökonomischen und ökologischen Rücksichten auf den Eigensinn der Umwelt und wird ohne Achtung der Opfer formuliert, die das Leben eines Menschen in der Welt fordert. Indem alle Umwelt als Materie gleichgesetzt wird, findet eine Leugnung jeglicher Preisgabe und jeglichen Opfergangs im Lauf der Welt statt.

- Das Theorem der Sexualtriebe, das sich auf die Anerkennung und Komplementarität der Geschlechterdifferenz bezieht, macht sich gewaltsam frei von den primären Maßgaben einer Spezifizierung der Beziehung zwischen Mann und Frau und schließt die Würdigung von deren „Gottesebenbildlichkeit" aus, wie sie nach alttestamentarischer Formulierung (1. Mose, 1, 27) in der schöpferischen Potenz des Liebesakts liegt. Die Geschlechtlichkeit als ein bloßes Ausgestattetsein mit dem Instrumentarium spezifischer Lust zu beschreiben, lässt jenes Wesentliche aus dem Blick geraten, das nur darum wesentlich wird, weil es – um mit Bateson (1981, S. 25) zu sprechen – als „Unterschied" mit der Macht ausgestattet ist, einen „Unterschied zu machen" und etwas wesenhaft Neues hervorzubringen.
- Das Theorem des Todestriebs, das sich auf die Anerkennung der Sterblichkeit bezieht, macht sich gewaltsam frei von der leibhaftigen Gebundenheit jedes Menschen an das Schicksal der Toten und untergräbt die Würdigung der Transzendenz des Lebens, die in der unentrinnbaren Gebundenheit der Gegenwärtigen an die Vergangenen und Zukünftigen liegt. Indem der Tod als eine Rückkehr in den Zustand des Anorganischen, Materiellen beschrieben wird, entschwindet das aus dem Blick, was gerade die Lebendigkeit und Beseeltheit der Menschen und was die leibliche Bindung zwischen ihnen in ihrem Kern ausmacht. Und das, „was die Welt im Innersten zusammenhält", wird dabei auf eine Weise verleugnet, auf die Sören Kierkegaard aufmerksam gemacht hat, als er „Die Krankheit zum Tode" (Kierkegaard 1849) erläuterte und die *Verzweiflung* der Menschen mit den Worten charakterisierte, sie sei ein Zustand der Unerlöstheit, in dem man „verzweifelt man selbst sein" und zugleich „verzweifelt nicht man selbst sein" wolle (vgl. Kierkegaard 1849, S. 13).

Tatsächlich stellt jede existenzielle Krise die Frage nach dem Selbst und nach dessen leiblicher Teilhaftigkeit an der Welt und am Leben des Anderen.

8 Biographisches Wissen

8.1 Leibliche Haftung und Wissenschaft

Mit der Entwicklung des psychoanalytischen Fragens hat eine neue Epoche des Denkens begonnen, die ihren Ursprung im Bemühen um den kranken Menschen nimmt. Wider Willen hat die Psychoanalyse dem methodischen Materialismus in der Heilkunde den Boden entzogen. Indem sie nämlich die unbewusste Stellungnahme jedes einzelnen Menschen zur Güte des Lebens und zur Unausweichlichkeit des Sterbens zum ausdrücklichen Thema des therapeutischen Umgangs machte, stellte sie innerhalb der Medizin jene Probleme, deren Lösung seit der Aufklärung der Meinungsfreiheit unterliegen und der privaten Entscheidung von Einzelpersonen vorbehalten sein sollten, auf eine revolutionär neue Weise dar: mit dem Anspruch wissenschaftlicher Verbindlichkeit der möglichen Antworten. Die Psychoanalyse bestritt nun nicht etwa die Angemessenheit der naturwissenschaftlichen Methoden für die Frage nach dem Menschen, sondern Sigmund Freud hat, im Gegenteil, bis zuletzt etwas Unmögliches versucht: Er wollte innerhalb naturwissenschaftlicher Disziplinen seine theoretische Heimstatt finden, um einer Verwilderung hermeneutischer Spekulationen entgegenzuwirken. Viktor von Weizsäcker nahm sich dieser theoretischen Schwierigkeit an, um mehr Klarheit zu gewinnen, als in Freuds Schriften erreicht worden ist. So schrieb er 1944 in seinen Erinnerungen, denen er den programmatischen Titel „Natur und Geist“ gab:

„Das ist nun wirklich ein großes und herausragendes Thema: die naturwissenschaftliche Medizin, ihr gewaltiger begrifflicher und technischer Apparat ist infrage gestellt, wenn sich ergibt, dass ihre allgemeinste Voraussetzung vom Wesen des kranken Menschen wo nicht falsch, so doch in entscheidender Hinsicht unzulänglich ist. Wenn die

Dinge so liegen, ist hier die Aufgabe einer Revolution, die Forderung nach einem Propheten gestellt" (Weizsäcker 1954b, S. 147).

In den Anfängen seiner eigenen Untersuchungen stellte Weizsäcker die Frage: „Also was ist denn eigentlich Wissenschaft, was ist denn der Unterschied zwischen einem Bazillus und einer Sünde, wenn beides vorkommt und beides Krankheit erzeugt?" (1954a, S. 286) Als er den Begriff der Sünde in das Gespräch zwischen Arzt und Krankem, in die Thematik der Medizin zurückholte, da tat Weizsäcker dies nicht in der Absicht, der Medizin den Status einer Wissenschaft zu nehmen und sie einem blendenden und betäubenden Kultus der Angst auszuliefern, sondern er tat es, um die Konsequenzen aufzudecken, die der Heilkunde aus dem psychoanalytischen Denken erwachsen waren, um die zuvor aus der Medizin ausgeklammerten, im religiösen Denken aber lebendig gebliebenen Fragen auf angemessene Weise neu einzubeziehen.

Einbezogen waren sie offenbar spätestens dadurch, dass Sigmund Freud den „Ödipuskomplex" zum Kernbestandteil seiner Lehre erklärt hatte. Denn damit war ja ausgesagt, dass der Zwang zum Verstoß gegen mindestens zwei Gesetze des alttestamentarischen Dekalogs dem Menschen angeboren wäre: gegen das vierte Gebot, das die Ehrung der Eltern vorschreibt, und gegen das sechste Gebot, das den Ehebruch verbietet. Andererseits bestätigte Freud aber auch die Gültigkeit dieser Gesetze, indem er herausarbeitete, dass der Verstoß gegen sie gewissermaßen automatisch krank mache. Mehr noch: Freud erklärte rundweg, dass alle Menschen als Symptomträger zu gelten hätten, sofern man die Beurteilungskriterien nur sorgfältig genug anlegte (Freud 1910/1948, S. 439). Genau genommen hat Freud damit das theologische Problem der „Erbsünde" in ein Thema der medizinischen Wissenschaft verwandelt. Dies gilt umso mehr, als seine Lehre sich nicht auf die Seele des Menschen beschränken ließ, sondern darauf drängte, auch das Körperliche zu umfassen.

Damit stellt sich die Frage, wie die medizinische Wissenschaft mit dem Bösen verfährt, das sich durch seine Früchte in Gestalt von Symptomen zu erkennen gibt. Im einen Fall ist es die Folge einer Infektion, im anderen Fall die Folge einer Kränkung: Wenn doch die Wirkungen gleich sind, jedenfalls in der Wissenschaft gleichgesetzt werden – hier im Begriff der Krankheit –, mit welchem Recht zieht dann dieselbe Wissenschaft einen unüberwindlich scheinenden Graben zwischen die Ursachen? Viktor von Weizsäcker weist darauf hin, dass Probleme sich nicht nur, wie Wittgenstein (1989, S. 84 f.) meinte, dadurch *lösen*, dass man sie adäquat formuliert, sondern dass sie sich auch dann erst in aller Schärfe und Dringlichkeit *stellen*, wenn man eine sprachliche Formulierung als unzureichend durchschaut und sie durch eine bessere ablöst. In diesem Fall bemerkt man, dass in der Wissenschaft eine Zweiteilung der Welt vorgenommen worden ist, bei der die Unterscheidung zwischen Gut und Böse in die Sphäre der „subjektiven" *Folgen* expediert wurde, während sich die Forschung nur auf die Sphäre von „objektiven" *Ursachen* zu konzentrieren versuchte, die diesen Unterschied nicht mehr enthalten sollte.

Konkret: Die Wunde, die ein vom Baum herabstürzender Ast geschlagen hat, ist für den Chirurgen nach denselben Regeln ärztlicher Kunst zu behandeln wie die Verletzung, die ein Schwertstreich angerichtet hat. Und für den Feldarzt ist es unerheblich, ob er einen Verletzten aus den eigenen Reihen oder aus denen des Feindes vor sich hat. In beiden Fällen ist er zu vollem Einsatz seiner Heilkräfte verpflichtet. Für den Arzt sind ausnahmslos alle Folgen von Krankheit böse. Aber in seinen Händen verwandeln sich die Ursachen der Krankheiten in Heilkräfte und die objektiven Vorgänge, an denen er beteiligt ist, verlieren durch sein Eingreifen den Charakter des Bösen „an sich". Sie erweisen sich aus dem Blickwinkel seines ärztlichen Wissens als bloße *Mittel*, denen gegenüber er selbst als für den Kranken Verantwortlicher zum Meister wird, indem er ihnen den *Zweck* vorschreibt: Wenn die Schwerkraft hilfreich ist, wenn eine Schneide hilfreich ist, wenn Tötungsinstrumente, wie Stahl und Strahl, hilfreich sind zur Behandlung einer Erkrankung, dann werden sie zu Mitteln des Arztes – und zwar unabhängig davon, wozu ein böser Zufall oder eine böse Absicht sie in anderen Zusammenhängen bestimmt haben mögen.

Daraus aber folgt: Die Suche nach dem Unterschied zwischen Gut und Böse erscheint dem naturwissenschaftlich und technisch denkenden, dem „modernen" Arzt so lange irrig, wie sie sich auf „Ursachen" außerhalb von ihm selbst erstreckt. Für ihn wie für jeden anderen Techniker gilt: Alles, was überhaupt wirkt, hat zwar böse Folgen, kann jedoch erkannt und dann zur Erzielung guter Wirkungen eingesetzt werden; die Erkenntnis der Ursachen erhöht und erweitert die Verantwortung, die der Erkennende bei seinem Handeln wahrnimmt.

Die historische Basis dieses Standpunkts aber hat sich spätestens seit Ende des 19. Jahrhunderts im deutschen Sprachraum durch drei Umstände drastisch geändert. *Erstens* war durch die Sozialgesetzgebung das Gesundheitswesen erstmals zu einer Sache umfassender staatlicher Verantwortlichkeit geworden. *Zweitens* waren die so genannten Geisteskranken in den Stand von Patienten mit Anspruch auf ärztliche Hilfe gekommen. *Drittens* entwickelte Sigmund Freud die Psychoanalyse als Methode zur ärztlichen Behandlung von Hysteriekranken. Erstens also standen die Ärzte nicht mehr vorwiegend im Brot ihrer jeweiligen Patienten, sondern im Dienst der staatlichen Sozialpolitik. Zweitens war ihnen eine neue Art von Fürsorge übertragen, die nicht mehr nur den Körper der Kranken betraf, sondern auch deren Seele. Die ärztliche Sorge betraf dabei nicht mehr nur die sichtbare Form, sondern auch den unsichtbaren Inhalt des Lebens, nicht allein das anatomisch und physiologisch beschreibbare Mittel, sondern darüber hinaus den psychologisch zu erforschenden Zweck des menschlichen Handelns. Drittens hatte Freud Wege aufgezeigt, auf welche Weise Ärzte Erfahrungen gewinnen können, um den neuen Anforderungen wissenschaftlich gerecht zu werden.

Vor allem aber bezog sich nunmehr das ärztliche Interesse nicht mehr nur auf *Leiden*, sondern konzentrierte sich auf das *Tun*, das heißt: unmittelbar auf die Verantwortlichkeit des Kranken. Es war nicht mehr nur Aufgabe der Ärzte, ihre eigene Verantwortung wahrzunehmen, sondern ihnen oblag es, die Verantwortlichkeit der Kranken zum Gegenstand der Untersuchung und Behandlung zu machen. Mit anderen Worten: Die historischen und gesellschaftlichen Veränderungen der Moderne führten dazu, dass die Funktion der Ärzte allmählich der Funktion von Lehrern, Richtern und Politikern angeglichen wurde. Sigmund Freud hat diese Situation mit der Bemerkung kommentiert, die Psychoanalyse sei „der dritte jener ‚unmöglichen' Berufe", zu denen er den des Politikers und des Lehrers zählte (Freud 1937/1948, S. 94).

Man kann es deutlicher sagen: Die Psychoanalyse ist eine Antwort auf die Fragen, die innerhalb des Medizinbetriebs entstanden, als die Moral ebenso zum Gegenstand und Mittel der Medizin wurde, wie sie es zuvor schon für die Politik, das Rechtswesen und das Bildungswesen gewesen ist. Die Gleichstellung betrifft nicht die Einbeziehung der Moral überhaupt. Denn selbstverständlich gab es sie immer schon insofern, als sie die Verantwortung der Ärzte für die Unterscheidung zwischen Gut und Böse beinhaltet. Der Arzt musste feststellen, was der Erhaltung von Leib und Leben des Patienten zuträglich wäre und was nicht, und er musste entscheiden, welche Mittel er zum Zweck der Erhaltung von Leib und Leben des Patienten einzusetzen hätte. Das neue Feld, das sich durch die Verstaatlichung des Gesundheitswesens und durch die Ausweitung der Heilkunde auf Befindlichkeit und Funktion intakter Leiber eröffnete, verlangte den Ärzten jedoch die Orientierung in ganz neuen Dimensionen moralischer, verantwortlicher Stellungnahme ab.

Die Versuche, die zu behandelnden Störungen selbst zu beschreiben, als wenn sich an der alten Orientierung ärztlicher Moral nichts zu ändern brauchte, wurden zwar mit großem Engagement weiterhin nahezu unbeirrt beschritten – in der psychiatrischen Forschung erklärte man das Problem des Seelischen und Geistigen zu einem Problem des Körperlichen und suchte in gewohnter Manier, nur mit verfeinertem, dem Stand der modernen Technik angepasstem Instrumentarium, in den Körpern nach jenen „an sich neutralen" Ursachen, denen mit gezielter Wirkungsumkehrung beizukommen wäre. Die wissenschaftliche Auseinandersetzung um die Plausibilität und den Realismus solcher technizistischen Bemühungen prägt also zunächst weiterhin die Entwicklung der Medizin. Aber in dieser Auseinandersetzung haben sich die Fronten vielfach bis zur völligen Unfruchtbarkeit verhärtet. Wenn dabei etwas deutlich geworden ist, so handelt es sich darum, dass die Unsicherheit gewachsen ist, welche Methoden geisteswissenschaftlicher Forschung denn nun innerhalb der Heilkunde als angemessen anzusehen seien.

Die Verunsicherung hat meines Erachtens damit zu tun, dass die Fragen von Schuld und Verantwortung den Kern des Problems bilden, dass es also um die Erkenntnis von Gut und Böse geht. Die Rede von „Ethik in der Medizin" ist angesichts der Dramatik dieses Themas von eher harmloser Unverbindlichkeit und Vorläufigkeit. Die Stelle im ersten Buch Mose dagegen, wo Gott dem Adam das ganze Gewicht dieser Fragen mitteilt, erhellt blitzartig das Terrain. Gott spricht: „Von allen Bäumen des Gartens magst essen du, essen, aber vom Baum der Erkenntnis des Guten und Bösen, von dem sollst du nicht essen, denn an dem Tag, da du davon issest, musst sterben du, sterben" (Buber u. Rosenzweig 1976, S. 13).

In seiner Tonart orientiert sich Viktor von Weizsäcker eher an der biblischen Unbedingtheit als an philosophischem Resonnement, wenn er das moralische Problem des Krankseins aufgreift und schreibt: „Wir wissen als Ärzte, auch in dem erweiterten Sinne von Ärzten der großen Krankheiten dieser Zeit, nichts davon, dass der Mensch von Natur böse oder ursprünglich gut sei. Dagegen sehen wir aber, dass es einen Rückzug zur Naivität wirklich gibt, und dies ist eben die Krankheit" (1955, S. 391).

Um den Zusammenhang jeder umfassenden Theorie der Krankheitsursachen, die dem Stand der modernen Heilkunde gerecht werden soll, mit einer Theorie des Bösen hat Weizsäcker nicht nur *gewusst* – darin stand ihm Sigmund Freud nicht nach –, sondern Weizsäcker hat vor allem *darauf hingearbeitet*, diesen Zusammenhang so klar zu formulieren, dass er als Zusammenhang von Wissenschaft, Philosophie, Heilkunde, Politik und Religion erkennbar wird. Seine Absicht ist es gewesen, eine den Erfordernissen des ärztlichen Handelns entsprechende Theorie des Bösen zu entwerfen. Dieter Wyss folgte ihm zwar darin und verfasste mit dem postum erschienenen Buch „Kain" eine hochkonzentrierte Auseinandersetzung mit den Fragen nach dem Bösen als Triebkraft von Krankheit und Unheil, blieb aber mit seiner Darstellung angesichts der überwältigenden Fülle von Phänomenen begrifflich hilflos (Wyss 1997).

Eines sah Weizsäcker ganz deutlich: dass der Triebbegriff, mit dessen Hilfe Freud die Psychoanalyse gleichsam als eine psychophysische Energetik in die Wissenschaft einzuführen versucht hat, nicht geeignet ist, das Problem zu lösen, sondern nur die Gestalt des Problems verändert und die Bürde weiter fortträgt. Dies zu erkennen, ist von grundsätzlicher Bedeutung. Darum lohnt es, sich die widersprüchlichen Implikationen des Triebbegriffs zu vergegenwärtigen. Es wird sich dabei zeigen, dass die Auseinandersetzung darüber das Problem der Erkenntnis von Gut und Böse mit dem Problem der Sterblichkeit zusammenführt und damit auf die Worte Gottes im ersten Buch Mose zurückverweist:

a) Zunächst steht die Vorstellung von einer psychischen Energie in der Tradition naturwissenschaftlicher Forschung. Sie beinhaltet die Möglichkeit des Widerspruchs von guten und bösen Folgen einer „an sich" neutralen Ursache. Nach dieser Vorstellung wäre es einem Therapeuten unmöglich, ohne die Hilfe der Triebkräfte, die das Böse (die Erkrankung) bewirkt haben, das Gute (die Gesundung) zu erreichen. Das Problem der Heilung wird darin also umformuliert zum Problem einer technisch handhabbar erscheinenden Richtungsänderung der Triebwirkungen.

b) Da diese Umorientierung aus einem methodisch angeleiteten therapeutischen Prozess folgen soll, der sowohl seelisch-körperlichen Erfahrungsgewinn als auch geistigen Gewinn an Klärung umfasst, erscheint es zunächst noch nicht völlig abwegig, wenn man ihn nicht nur – nach Freud – als „Nacherziehung" der *Person*, sondern auch als „Umerziehung" der *Triebe* (und ihrer Abkömmlinge, der „psychischen Instanzen") bezeichnet. Das wäre ganz im Sinne jener „Aufklärung", die von Kant als „Ausgang des Menschen aus seiner selbstverschuldeten Unmündigkeit" (Kant 1964, S. 53) bezeichnet worden ist: Die Anwendung elaborierter pädagogischer Mittel steht ja durchaus im Gegensatz zu Dressur, Bändigung oder Unterdrückung. Sie soll Freiheit von der blinden Gewalt natürlicher Kräfte ermöglichen und ist darum als Hilfe zum optimierten Zusammenspiel der Ressourcen anzusehen.
c) Wie die „aufgeklärte Pädagogik" ein im Projekt gelingender Gesellschaftlichkeit wurzelndes Einvernehmen zwischen Lehrer und Schüler voraussetzt, so soll auch zwischen Therapeut und Patient über das Ziel der Therapie vertragsgemäße Einigkeit herrschen. Es schließt die Bekräftigung der Absichten des Patienten ein, wenn sich zeitweilige Differenzen innerhalb des therapeutischen Bündnisses als förderlich erweisen. Im Prinzip schließt dieses Bündnis freilich prinzipiellen Unfrieden zwischen Therapeut und Patient aus. Der Frieden ist vielmehr das implizite Ziel eigentlicher Erziehung. Denn *Er-Ziehung* ist ja etwas anderes als das bloße *Ziehen* (oder Züchten) von Pflanzen bzw. von Tieren, etwas anderes als das Hervorlocken von Merkmalen bei Lebewesen, die nur einen ihnen auferlegten *Dienst* tun bzw. einen *Wert* darstellen sollen. Erziehung ist vielmehr der Versuch, einen Menschen an die Anerkennung menschlicher *Würde* heranzuführen. Ihr Ziel besteht letztlich darin, in diesem Menschen die Fähigkeit zur eigenständigen *Würdigung* des Lebens zu wecken. Insofern wäre nichts gegen die theoretische Konstruktion der Triebdynamik einzuwenden.
d) Die Theorie einer Triebdynamik impliziert also die Vorstellung, dass eine Person im Prinzip sich zu ihren inneren Trieben stellen kann wie ein Techniker zu den Ressourcen der äußeren Natur. Darin bleibt freilich eine Unklarheit insofern, als sich die Kraft der Person zur Stellungnahme ja wiederum selbst aus den Trieb-

kräften speisen soll. Das Problem, das hier auftaucht, liegt in der Frage, wie denn die Emanzipation der Person von seiner inneren Natur möglich sein kann. Indem diese Möglichkeit lediglich vorausgesetzt wird, bleibt ihr Eintreffen ein Wunder und die Beschreibung des Vorgangs wird zur Anerkennung dieses Wunderbaren. Keineswegs können die Triebkräfte in der Theorie ohne weiteres den Charakter von bloßen Mitteln annehmen. Vielmehr sind es „Mittel", die gegenüber ihrem Anwender ursprünglich selbstständig sind und sich auch späterhin beständig so selbständig zu machen drohen, wie dies in Goethes Gedicht vom „Zauberlehrling" beschrieben ist. Die Triebe haben in Freuds Lehren – nach dem Vorbild aller naturwissenschaftlich definierten „Ursachen" – das Doppelgesicht von Kräften, die gebändigt werden müssen, weil sie auch ohne Bändigung wirken, in ihrem Rohzustand allerdings früher oder später Unheil stiften. Die Bändigung aber erscheint als etwas Magisches: als beruhte sie auf einer im Rahmen von Naturwissenschaft nicht definierbaren Meisterschaft im Zaubern.

e) Die im Vergleich zur Naturwissenschaft beunruhigende Zwielichtigkeit der Psychoanalyse liegt in der Doppelgesichtigkeit der Triebtheorie: Triebe sollen zwar *körperlich begründet* sein, aber gleichzeitig wird vorausgesetzt, dass sie sich eigentlich nur *im Seelischen zeigen* könnten. Innerhalb der psychoanalytischen Theorie werden sie also betrachtet, als handelt es sich nicht um ihre physische sondern um ihre psychische Wirkung. Wenn also von Seelenkräften die Rede ist, dann wird unterstellt, dass diese seelischen Kräfte eigentlich nur Chiffren der zugehörigen körperlichen Kräfte seien. Damit ist eine ursprüngliche Symbolik in die Psychoanalyse eingeführt. Die Einführung dieser Symbolik aber ist wiederum nur eine Chiffre für das Existenzielle, das als Lebendigkeit der Menschen unauflöslich der Verbindung des Körperlichen und Seelischen zugrunde liegt.

f) „Symbolisch" betrachtet, sind die Triebe Wildbächen gleich und stellen nicht weniger dar als die „Unentrinnbarkeit" von Lebensaufgaben. Die Triebe erscheinen aus dieser Sicht als „ein Maß der Arbeitsanforderungen, die dem Seelischen infolge seines Zusammenhangs mit dem Körperlichen auferlegt ist" (Freud 1915/1948, S. 214). Die Triebe wären demnach einem leiblich existierenden Menschen „auferlegt" wie das Leben selbst. Sie machten den Inhalt seiner Lebendigkeit aus, füllten die ansonsten leere Form seines Körpers und gäben sich in dem zu erkennen, was dieser Körper an Lebendigkeit zeigt. Sie lägen allem Ausdruck zugrunde. Anders gesagt: Kein Mensch wird bekanntlich gefragt, ob er leben will. Genauso wenig wird er gefragt, ob er getrieben werden will. Er lebt, erfährt sein Leben als Gelassenheit oder aber Angetriebensein im Leben und wird von anderen Lebenden als Gelassener oder Getriebener, als Lassender oder Treibender erfahren. Nicht er hat das Leben, sondern das Leben hat ihn. So betrachtet, müsste man sagen, dass nicht er die Triebe besäße, sondern dass er von den Triebe besessen werde. Die therapeutische Arbeit freilich hätte das Ziel, diese Hierarchie dort umzukehren, wo es sich anhand von Symptomen als unannehmbar erweise, dass ein Mensch nicht „Herr im eigenen Haus" ist. Freud (1910/1948, S. 295) hat die letztere Formulierung gebraucht, um damit auszusprechen, dass das Grundproblem der Therapie das der Verwandlung von Machtverhältnissen sei.

g) In der Urfassung seiner Theorie, als Freud die Geltung des „Lustprinzips" postulierte, hat er die Triebe der „Unlust" unterstellt, die peitschenartig die Richtung angebe. Das „Lustprinzip" führe dorthin, wo der Schmerz nachlasse. Das sei dort, wo sich im Nervensystem eine physiologisch als Sollwert vorgegebene „Konstanz der Erregungssumme" einstelle. Des mangelhaften Erklärungswerts seiner Theorie angesichts des Leidens sich bewusst werdend, verzichtete Freud später auf diese Vorstellung eines kybernetischen Mechanismus und setzte stattdessen eine Triebwirkung „jenseits des Lustprinzips" voraus. Zu jenem Zeitpunkt (1920) hatte Freud die ursprüngliche Einfachheit und eingängige Überzeugungskraft seiner Lehre aufgegeben. Sie lag ja in dem Versuch, einen jeden einzelnen Trieb aus einem unmittelbar einleuchtenden, ohne Zweifel erstrebenswerten Ziel seiner Patienten zu erklären. Stattdessen ging Freud dazu über, die völlig unverständlich erscheinenden Ziele von Kranken, umgekehrt, aus ihrer Triebhaftigkeit zu erklären.

h) Kaum merklich hat hier seine eigene Verständnislosigkeit selbst unmittelbar Einzug in die Grundzüge der Psychoanalyse gehalten. Die abstrakte Entgegensetzung von Lebenstrieb („Eros") und Todestrieb („Thanatos"), auf die Freud sich fortan stützte, beantwortet nicht die Frage, zu welchem Zweck und auf welche

Weise diese beiden einander lebenslang in der Waage halten sollten. Diese theoretische Wende forderte einen großen Preis. Zum einen unterschlägt die abstrakte Gleichsetzung des anorganischen Zustands mit dem Tod den Tatbestand der Zeugung, als wäre die Weckung der Leidenschaftlichkeit des Lebens nur eine Frage der Formwandlung molekularer Zusammenfügungen. Zum anderen verleugnet die Gleichsetzung des Todes mit den chemischen Vorgängen der Verwesung die allen Religionen heilige Personalität und Macht der Toten.

i) In den Postulaten der Trieblehre setzt sich also eine naturwissenschaftliche Konvention radikal durch, die schlechthin allem Wissensdurst den methodischen *Verzicht* auf die Frage nach der Ursache (auch die Frage nach dem Grund der Welt, nach dem Wesen aller Kräfte) und vor allem nach dem Unterschied von Gut und Böse zur Auflage gemacht hat. Infolgedessen, so ist zu folgern, hat die Schrift „Jenseits des Lustprinzips" (Freud 1920/1948) den Effekt, innerhalb der Theorie der Psychoanalyse nicht nur mit dem Jenseits des „Lustprinzips", sondern überhaupt mit allem Jenseitigen abzurechnen und sich gegen Einflüsse aus einem jeglichen Jenseits des Sichtbaren und Messbaren abzuschotten. Den Schein eines Gelingens konnte Freud freilich nur dadurch wahren, dass er die Macht des Jenseits schlechthin, den Tod nämlich, als Macht der Triebe ins Diesseits einführte.

Es leuchtet ein, dass die psychoanalytische Theorie auf diesem Wege in weiten Teilen zu einem blutleeren, aus abstrakten inneren Zwängen konstruierten Postulat werden musste, dessen Zweckmäßigkeit nicht gründlich lehrbar ist. Tatsächlich hat sie ihre Aussicht nicht nur auf populäre Plausibilität sondern auch auf langfristige wissenschaftliche Gültigkeit verloren und ist damit lediglich zum Anknüpfungspunkt eines fortwährenden, irgendwie aussichtslos erscheinenden, sozusagen „metaphysischen" bzw. „metapsychologischen" Meinungsstreits unter Eingeweihten geworden.

Wenn aber ein großer Forscher wie Sigmund Freud sich einem so schwerwiegenden methodischen Verzicht anschließt, wie ihn der naturwissenschaftliche Ansatz fordert, und gegen alle Jenseitsorientierung energisch polemisiert, dann führt es nicht weiter, sich dagegen nur zu sträuben, sondern dann muss man fragen, welches schützenswerte Gut er damit gegen Angriffe zu verteidigen sucht. Hier geht es um das Motiv der Naturwissenschaften. Mir scheint, dass ihre Zielsetzungen, aus denen sich die bewussten Orientierungen unserer kulturellen Entwicklung weitgehend ableiten, bislang weder im philosophischen noch im fachlichen Diskurs genügend klar geworden sind. Im Folgenden unternehme ich den Versuch, auf der Basis der obigen Kritik an der Triebtheorie Freuds zur Klärung beizutragen, weil meines Erachtens das Problem von Schuld und Verantwortung, soweit es sich in der Heilkunde stellt, mit den Grundlagen der Naturwissenschaften in engster Beziehung steht.

Naturwissenschaft schlechthin dient derselben guten Absicht, wie sie im ärztlichen Handeln zur Geltung gebracht wird: Sie ist dem Ziel verpflichtet, die Verantwortung für die Zukunft in die Hände des jeweils Handelnden zu legen und ihn vor jenem überflüssigen Kräfteverschleiß zu bewahren, den es mit sich brächte, wenn dem Unabänderlichen, das in der Vergangenheit liegt, die *Schuld* an dem Gegenwärtigen und Zukünftigen zugewiesen wird. Die Haltung des Naturwissenschaftlers wird durch den Grundsatz charakterisiert, auf die Unterscheidung zwischen Vergangenheit, Gegenwart und Zukunft zu verzichten, wenn es darum geht, die Wirkung eines Gesetzes zu formulieren. Das beinhaltet den Verzicht auf die Unterscheidung zwischen Gut und Böse sowie den Verzicht auf – auch nachträgliche – Wahrnehmung und Zuteilung der Verantwortung. Weizsäcker machte immer wieder auf diese Tatsache aufmerksam, die er als eine Unzulänglichkeit empfand. Als Beispiel nannte er, dass nach der Lehre der Newton'schen Mechanik, die Kraft und Gegenkraft gleichsetzt, eine Ohrfeige, die jemand austeilt, nicht zu unterscheiden sei von der Ohrfeige, die der andere empfängt. Ebendiesem Prinzip der moralischen Neutralität aber verdankt der naturwissenschaftliche Ansatz seine Wirkungsmacht, und es kommt nur dann einer Parteinahme für das Böse und das Unrecht gleich, wenn es kritiklos aus dem Laboratorium, das im Grunde ein Konservatorium für alle möglichen Zeitläufte ist, unkritisch auf das wirkliche Leben der Menschen, insbesondere auf deren Gegenwart und Zukunft übertragen wird.

Im Labor geht es um die experimentelle Prüfung von Gesetzen, die bereits in aller Vergangenheit (auch und gerade ohne die bewusste Beteiligung von Menschen) gewirkt haben, um anhand der Experimente zu studieren, wie die Zukunft im Dienst der Menschheit zu gestalten wäre. Unter bestimmten festgelegten Bedingungen wird an sich Unwiederholbares dem Anschein nach in eine wiederholbare Form überführt, um zu fragen, ob es wirklich das vermutete Gesetz ist, das unabänderlich in den untersuchten Vorgängen wirkt. Die Frage nach der Gerechtigkeit und Verantwortung aber, wodurch die gefundenen Gesetze eine dem menschlichen Leben gemäße Achtung erfahren, diese Frage zu stellen, ist nach dem naturwissenschaftlichen Paradigma nur in Bezug auf Gegenwart und Zukunft erlaubt. Sie scheint nämlich dem Zweck vorbehalten, das Handeln von Ärzten, Architekten und anderen Technikern anzuleiten.

An dieser Stelle aber taucht, und zwar ausgelöst durch den Impuls der Psychoanalyse selbst, eine Aporie auf, vor der Freud als Theoretiker letztlich kapituliert hat: Die Frage nach Gerechtigkeit und Verantwortung nämlich stellt sich durch die Einbeziehung des Seelischen mit dem Anspruch auf wissenschaftliche Wahrheit seit den Anfängen der Psychoanalyse gerade in Bezug auf jene Vergangenheit, in der sie von den Naturwissenschaften am gründlichsten vermieden worden ist. Insbesondere der Bezug zur Vergangenheit, die *Er-Innerung*, ist es ja, die den psychoanalytisch erforschten Grund und Gehalt des Seelischen bildet. Was als wesenhafte Tiefe des menschlichen Lebens dessen Geschichtlichkeit ausmacht, bleibt in der Anatomie und Physiologie zwangsläufig unergründlich. Durch eine physische „Archäologie", die – definitionsgemäß physiologisch oder anatomisch reduziert – nur körperlichen Spuren folgt, kann jene Tiefe nicht ausgelotet, nicht einmal geahnt, sondern nur umgangen werden, da die Spuren nicht etwa in der *Form*, sondern allein in der *Funktion* und im Funktionswandel des Organischen zu finden sind.

Mit dem tiefenpsychologischen Blick auf die *Geschichtlichkeit* der menschlichen Existenz ist das ärztliche *Handeln* auf den *Unterschied* zwischen der *unausweichlichen* (weil mit dem Leben selbst gegebenen) *Verantwortlichkeit* einerseits und der *vermeidbaren* (weil erst aus Wahrnehmung, Achtsamkeit und Verständnis erwachsenden) *Verantwortung* verwiesen und muss sich fortan um eine die Seelentiefe erfassende Betrachtung des Lebenslaufs ergänzen, die es erlaubt, im tieferen, historischen Sinne das Thema „Gerechtigkeit" zur Sprache zu bringen. Wenn aber – nach den Priestern, den Politikern, den Richtern und den Lehrern – nun auch Ärzte sich dem Problem der Gerechtigkeit zu widmen beginnen, verändert sich die Blickrichtung auf dieses Problem, und es zeigt sich, dass menschliche Geschichte aus dieser Blickrichtung einer therapeutisch orientierten Biographik begrifflich neu gefasst werden muss.

Eine Wende im Begriff des Ärztlichen bahnte sich bereits an, als Weizsäcker 1926 auf dem Ersten Ärztlichen Kongress für Psychotherapie in Baden-Baden behauptete: „Lebensgesetze von Personengemeinschaften werden zu erkenntnistheoretischen Voraussetzungen" (1954b, S. 155). Der Zweck einer therapeutischen Biographik ergibt sich nämlich aus den in der Neuzeit gewandelten Aufgaben des Arztes. Der naturwissenschaftlich geschärfte ärztliche Blick hat zweifellos geholfen und wird weiterhin helfen, die Erfolge der Naturwissenschaften im Dienst am menschlichen Leib auf der Seite des Körperlichen auszuweiten. Es wäre also möglicherweise fatal, die Tugenden der Naturwissenschaften aufzugeben, nur weil das Untersuchungsfeld gewechselt wird. Tatsächlich möchte ich Folgendes zeigen:

a) Dass Sigmund Freud in seiner Triebtheorie ihre Unverzichtbarkeit für sein eigenes Vorhaben auf dem Gebiet des Seelischen in Anspruch genommen hat, erweist sich auch dann noch als ein großes Verdienst, wenn diese seine Theorie allein intuitiv begründet und theoretisch unhaltbar ist.

Um diesen ersten Satz zu untermauern, muss ich zwei weitere Behauptungen aufstellen, die nicht unmittelbar einleuchten, sondern ihre Gültigkeit erst allmählich zu erkennen geben:

b) Es gibt einen Grundsatz der Naturwissenschaft, der jedoch von den Naturwissenschaftlern meines Wissens nicht ausgesprochen, ja gewöhnlich nicht einmal als ihr eigenes Prinzip erkannt wird. Dieser Grundsatz ist eine verbreitete antike Spruchweisheit und lautet: „Nihil nisi bene de mortuis."
c) Das Wesentliche an der Triebtheorie ist, dass sie vertrauensvoll diesem Grundsatz folgt.

Die altrömische Spruchweisheit bedeutet nicht etwa, wie zuweilen zu hören ist, es dürfe „nur Gutes über die Toten" gesagt werden, sondern man muss den Grundsatz ganz wörtlich übersetzen: „Nichts wenn nicht gut über die Toten!" Dann erst wird der wirkliche Gehalt erfasst, der etwa so formuliert werden kann: Es ist äußerst schwer, in einer für die Lebenden guten Weise von den Toten zu sprechen. Aber es ist erforderlich. Denn nur dann handelt es sich um Würdigung. Alles andere wäre schädlich.

Was nun soll das mit der Triebtheorie zu tun haben? Ich meine Folgendes: Sigmund Freud hat, als hätte er dies so leicht erschütterbare Prinzip gegen jede Versuchung vorschneller und ungerechter Urteilskündung schützen wollen, eine Gleichsetzung der Vergangenen mit der anorganischen Materie vorgenommen. Indem er nun die Toten mit ihren Leichen gleichsetzte und sich dabei auf den bloßen Augenschein ihrer Verweslichkeit verließ, gewann er den Hauptvorteil der Naturwissenschaften für die Zwecke der Psychoanalyse: Wer nur über die Anatomie und Physiologie, über die Zusammensetzung von Verklumpungen und Verflüssigungen der Materie spricht, der sagt über *Leichen manches*, über die *Toten* aber eben – *gar nichts*. In der als mechanistisch abgetanen Triebtheorie liegt demnach insofern ein Verdienst, als Freud mit ihrer Hilfe die Vergangenen und Toten, deren ungelebtes Leben als seelische Triebkraft der Gegenwärtigen wirkt, gegen Vorwürfe geschützt hat. Denn es wäre ein an den Vergangenen betriebener Missbrauch, wollte man ihnen die Verantwortung für die Gestaltung der Gegenwart auflasten. Und der Schutz nimmt den Charakter an, dass die Vergangenen, im naturwissenschaftlich ausgerichteten Zugriff gleichsam zu atomarem und molekularem Staub zerfallen, nur noch als indifferente Materie in den Blick genommen werden.

Wenn man in der Triebtheorie also gewissermaßen eine „List der Unvernunft" ihre Dienstbarkeit auf Schleichwegen anbieten sieht, dann bestärkt dies nur das Erstaunen über Freuds gewaltige theoretische Kraft, mit der er es sich versagt hat, Leichenfledderei zu betreiben, solange über den wirklichen Zusammenhang zwischen dem Lebenslauf der Lebenden und der Toten Unklarheit herrschte. Freilich wäre dieses Lob übertrieben, würde es nicht mit der kritischen Anmerkung versehen werden, dass Freuds Triebtheorie ja doch eine allzu defensive Variante geblieben ist, um dem Ziel der Würdigung der Toten gerecht zu werden. Denn es genügt ja gerade nicht, wenn über die Toten lieber nichts gesagt wird, nur weil es nicht gelingen will, gut von ihnen zu sprechen. Und das ist zweifellos die Schwäche des naturwissenschaftlichen Ansatzes:

Die Vergangenheit wird in den Naturwissenschaften seit je behandelt wie ein Leichnam. Damit jedoch verkehrt sich das Gebot der *Ehrfurcht* gegenüber den Toten letztlich in ein Gebot der *Verschwiegenheit* gegenüber der Geschichtlichkeit ihres Lebens. Es liegt darin aber eine Verfälschung. Die wörtliche Übersetzung des zitierten Spruchs aus dem Lateinischen beinhaltet ja nicht etwa eine Empfehlung, wie man sich an die Toten wenden solle. Sie bietet vielmehr die Orientierung, wie man mit den Lebenden umgehen möge. Bedacht wird die schädliche Wirkung von Lobhudelei und Groll auf diejenigen, die von den Toten reden und die diese Reden hören. Wer nur in böser Weise von den Toten zu berichten vermag, der solle lieber still sein. Angesichts der Abgeschlossenheit eines Lebens komme es auf das Bemühen an, in einer den Lebenden dienlichen Weise von den Toten zu sprechen. Die Achtung vor den Toten hat nicht nur den Zweck, ihre Unwiederbringlichkeit allen Gefühlswiderständen zum Trotz hinzunehmen, sondern vor allem die Unwiderruflichkeit ihrer Taten und ihrer Versäumnisse zu bestätigen, um den in ihr liegenden Ernst anzuerkennen. Es liegt darin keineswegs die Verpflichtung, etwaige Untaten zu verschweigen, vielmehr der Vorsatz, aus ihren Verfehlungen keine Rechtfertigung für die Schwäche und das Versagen der Hinterbliebenen zu beziehen, also nicht zu ruhen, bis das Nachwirken der fehlbaren Vergangenen in eine Triebkraft des Guten verwandelt und in den Dienst der Zukünftigen gestellt worden ist.

Das Wesentliche der naturwissenschaftlichen Orientierung der Heilkunde besteht bislang in der abstrakten Gewissheit, alle Erkenntnis über die Ursache eines konkret Bösen beinhalte einen Zuwachs an therapeutischer Verantwortung – insofern nämlich, als sie den Arzt instand setzt, die sichtbar gewordenen Kräfte in Ursachen des Guten zu verwandeln. Keine Ursache darf aus ärztlicher Sicht als „an sich schlecht" oder als „böse" abgestempelt werden, was immer sie in der Vergangenheit auch an Bösem bewirkt haben mag. Alles Geschehen der Vergangenheit muss stattdessen dadurch als Erfahrung gewürdigt werden, dass es in der Gegenwart als Offenbarung von ursächlichen Kräften genommen wird, die für die Möglichkeiten des Guten in den Dienst der Zukunft gestellt werden. Das zu beherzigen, ist der Kern der naturwissenschaftlichen Disziplin, die Sigmund Freud von der Psychoanalyse gefordert hat. Wie immer man über die Art der Freud'schen Begründung und die Struktur seiner theoretischen Konstruktionen denken mag: In diesem Punkt ist ihm zuzustimmen. Und diesen Punkt habe ich gemeint, als ich an die Weisheit des „Nihil nisi bene de mortuis" erinnerte.

Von hier aus ergibt sich ein neues Verständnis des Begriffs von Schuld, sofern dieser in der Heilkunde zur Anwendung gelangt: Aus der naturwissenschaftlich geschulten Perspektive der Psychoanalyse verliert die von vielen emotionalisierten Vorurteilen belastete Rede von (vergangener) *Schuld* ihre banalisierte alte Bedeutung.

Merkwürdigerweise ist in der Umgangssprache eine zunächst paradox erscheinende Zuordnung üblich – diejenige zwischen „Schuld" und „Verantwortlichkeit" einerseits, „Schuldigkeit" und „Verantwortung" andererseits. Nach diesem Sprachgebrauch hat in der *Vergangenheit* ein „Verantwortlicher" die entstandene „Schuld" auf sich geladen (indem er seiner damaligen Verantwortung nicht gerecht geworden ist), und in der *Gegenwart* ist es die „Schuldigkeit" eines jeden, seine „Verantwortung" angesichts einer Aufgabe wahrzunehmen. Die „Schuldigkeit" bzw. die „Verantwortlichkeit" bezeichnet, einen unaufhebbaren, bleibenden, von jeder speziellen Situation unabhängigen Zustand der Lebenden, ein – in philosophischer Sprachtradition ausgedrückt – *Existenzial*. „Verantwortung" bzw. „Schuld" werden dagegen bezogen auf eine jeweilige Aufgabe in einer bestimmten Situation. So gesehen erscheint es wieder folgerichtig, einerseits nur angesichts einer konkreten Aufgabe von „Verantwortung" zu sprechen und in Anbetracht einer konkreten Verfehlung eine verbliebene „Schuld" zu konstatieren, andererseits aber angesichts einer verbliebenen „Schuld" an die damals gültige, aber nicht zur Geltung gebrachte „Verantwortlichkeit" zu *erinnern* und in Anbetracht eines drohenden Versagens seine – prinzipiell unabweisbare – „Schuldigkeit" zu *tun*. Wer seiner „Schuldigkeit" nachkommt, der ist imstande, seine gegenwärtige „Verantwortung" wahrzunehmen. Und wer eine „Schuld" konstatiert, der hat die Aufgabe, die vergangene „Verantwortlichkeit" zuzuordnen, um sowohl die vergangene „Schuld" als auch den ehemals „Verantwortlichen" zu würdigen und den Grund dafür zu legen, dass er seiner eigenen „Verantwortung" in der Gegenwart gerecht zu werden vermag. Mit dieser Sprechweise ist also durchaus bereits umgangssprachlich einem Verständnis des Verhältnisses von „Ursache", „Schuld" und „Verantwortung" der Weg geebnet, das der ärztlichen Kunst und dem therapeutischen Bemühen dient. Ein solches Verständnis jedenfalls ist konstitutiv für eine Biographik, die, ohne Überlastungssyndrome zu schaffen, unsere existenzielle Beteiligung am Leben unserer Vorfahren in anthropologischer Perspektive als ein wirkliches Erbteil des „Bösen" aufzugreifen vermag, die darin liegenden unabänderlichen Krankheitsursachen aufzeigen und auf diesem Wege unsere alltägliche Verantwortung klären kann.

8.2 Tun und Leiden

Bei der ärztlichen Tätigkeit geht es jeweils ganz unmittelbar um ein Verhältnis zwischen Ursache, „Schuld“, Sünde und Krankheit, und es hat schwerwiegende Konsequenzen für den Arztberuf, dies – abgeschirmt durch missbräuchlich ins Spiel gebrachte naturwissenschaftliche Tugenden – zu verleugnen. Die Frage nach dem Verhältnis zwischen Krankheit und Sünde *wissenschaftlich* zu stellen, ist zu einer Kardinalfrage der Medizin geworden. In dem Aufsatz „Das Problem des Menschen in der Medizin“ (1953, S. 366 ff.) trat Viktor von Weizsäcker für den Vorrang einer biographischen Methodologie ein. Er schrieb:

> „Auf dem Wege zum Sinn der Krankheit war (...) ein Schritt die Frage nach dem Warum-gerade-hier und nach dem Warum-gerade-jetzt. Ein weiterer Schritt war dann, dass wir in der Krankheit eine Stellvertretung und einen Gewinn fanden. Und das nächste ist nun, dass wir dies benützen als Methode, an die Krankheit heranzugehen, von dieser Seite aus dem Kranken zu helfen suchen. Das ist das, was ich den Versuch einer neuen Medizin nennen würde.
>
> Daraus ergibt sich aber auch, dass mit dieser neuen Medizin nicht nur die Methoden, an die Krankheit heranzugehen, sich ändern würden, sondern es muss sich auch die Einstellung ändern, die man zur Krankheit hat. Die alte Einstellung „Weg damit“ muss ersetzt werden durch ein „Ja, aber nicht so“. „Ja“ zu dem, was der Körper sagen will, und das „aber nicht so“ zu dem, wie er es sagt, in der stellvertretenden Form der Krankheit nämlich. Daraus ergibt sich dann die nächste Stufe: „Wenn nicht so, dann anders!“ Und als drittes, als letztes demnach erst: „So ist das also.“ Wird diese letzte Stufe zuerst genommen, wie es leider nur zu oft geschieht, so wird der Weg bis zur Krankheit verbaut. Dies kann nicht geschehen, wenn wir die Biographie des Kranken nicht außer acht lassen. Es ist nicht so, dass wir durch diese biographische Methode schon am Ende des Weges, bei der Krankheit, und dem, was hinter ihr steckt, dem Sinn nämlich, angelangt wären, aber der Weg dahin ist dadurch offen. Das ist nicht sehr viel, aber auch nicht wenig.
>
> Das Problem des Menschen in der Medizin – oder speziell in dieser neuen Art Medizin – ist, dass er, der Mensch, seine Krankheit, die als Teil seiner ganzen Biographie zu verstehen ist, nicht nur hat, sondern auch macht, dass er die Krankheit, die Ausdrucks-

gebärde, die Sprache seines Körpers produziert, wie er jede andere Ausdrucksgebärde und jedes andere Sprechen formt. Noch verstehen wir diese Sprache nicht ganz, aber wir kommen immer näher an sie heran." (Weizsäcker 1953, S. 369 f.).

Diese Zeilen sind acht Jahre nach dem Zweiten Weltkrieg entstanden. Das Neue darin liegt in der Auffassung, das ärztliche Denken und Fragen müsse sich von der historisch ad absurdum geführten Vorstellung emanzipieren, dass Krankenbehandlung einen totalen Krieg gegen die Krankheitsursachen erfordere, und stattdessen den Prozess der Heilung unter dem Gesichtspunkt der Friedenstiftung betrachten.

Der Unterschied zwischen Krieg und Frieden im Verhältnis zur Krankheit ist darum so schwierig zu erkennen, weil das Erkenntnisproblem selbst mit der Problematik unseres Verhältnisses zum Tod identisch ist. In der Genesis ist dies gültig festgestellt, wenn es dort heißt, Gott habe Adam mitgeteilt, dass dieser sterben müsse, wenn er vom Baum der Erkenntnis esse. Nicht was die Menschen aus Gottes Wort herausgehört haben, ist damit gemeint, sondern gerade das Gegenteil: Der Tod ist keine *Drohung* für den Fall, dass die Menschen in ihrer Hybris den Unterschied zwischen Gut und Böse erkennen wollen, sondern er ist die Herausforderung, die die Menschen annehmen müssen, um die Hybris vermeintlicher Unsterblichkeit zu überwinden und sich selbst bzw. einander als Menschen in ihrer Endlichkeit wahrzunehmen. In diese Problematik ist das ärztliche Handeln einbezogen. Das Grimm'sche Märchen vom „Gevatter Tod" stellt in dieser Hinsicht ein popularisiertes Lehrstück dar: Dort muss ein Arzt sterben, weil er versuchte, aus Liebe zu einer Kranken den Tod zu überlisten.

Es geht in der Heilkunde konkret um die Unterscheidung zwischen Mittel und Zweck des ärztlichen Eingreifens. Und alles ärztliche Handeln hängt davon ab, ob der Tod des Einzelnen in seiner letztlichen Unabweisbarkeit als Gegner bekämpft werden soll oder ob er als Begrenzer des Lebens anerkannt werden darf. Ein bedingungsloser, totaler Krieg gegenüber den Krankheitsursachen folgt aus einer halbherzigen Wahrnehmung des Unterschieds zwischen Mittel und Zweck der Krankenbehandlung. Besinnung auf die Endlichkeit und Sterblichkeit der ins Leben gerufenen Menschen wird aus blinder Angst oder aus blinder Wut gegenüber dem Tod verfehlt. Heilsam zu wirken, erfordert die gemeinsame Geduld der vom Tode Gezeichneten: die Geduld des Sterbenden, der die Lebenden verlassen muss, und die Geduld seiner

Nächsten, die von ihm im Leben ohnmächtig zurückgelassen werden. Auf beiden Seiten wird die Zustimmung zur Ohnmacht angesichts der Endlichkeit des Lebens verlangt. Das ist der Weg der Trauer. Die leibhaftige Alternative ist der Weg des Haderns, der einsamen Verzweiflung und des Streits der Lebenden untereinander. Es ist der Weg der ungeduldigen Infragestellung der Güte menschlichen Lebens angesichts des Sterbens. Dieser Weg wird nach dem Bericht der Genesis als erster begangen: Statt in der Form des *Sterbens* findet der Einbruch des ersten Todes in der Gestalt einer *Tötung* statt. Dies geschieht allerdings, nachdem die Eltern Kains den Tod bereits *missdeutet* haben, indem sie – im Anschluss an die Verwechslung des Baums der Erkenntnis von Gut und Böse mit dem Baum des Lebens – nun auf dem fortgesetzten Wege kindlichen Erschreckens und blinder Angst auch das Sterben mit dem *Totschlag* verwechselt und fälschlich im Tode ein *Strafgericht* Gottes erblickt haben.

Manche Auswüchse der modernen Medizin bezeugen ein Verharren auf dieser Entwicklungsstufe. Das ist der Punkt, auf den Weizsäcker vor allem hingewiesen hat, als er, wie bereits erwähnt, nach dem Unterschied zwischen dem Bazillus und der Sünde in Hinblick auf die Entstehung von Krankheiten befragte. Durch die Art, wie er allerdings fragte, brachte er zum Ausdruck, dass die Fragen der Krankheitsentstehung von allerhöchstem Rang seien, wenn es gelte, Sinn und Zweck von Wissenschaft zu verstehen. Diese Einschätzung steckte in der Einleitung seiner Frage, in den Worten nämlich: „Also was ist denn eigentlich Wissenschaft ...?" Erst danach kommt er auf das Thema medizinischer Forschung zu sprechen und fährt fort: „... was ist denn der Unterschied zwischen einem Bazillus und einer Sünde, wenn ..."

Einigkeit über das Wesen von Wissenschaft besteht wohl dahingehend, dass sie – in ihrer modernen Form jedenfalls – als ein Kind der „Aufklärung" gilt. Die Absicht der „Aufklärung" jedoch ist vor allem an *einer* falschen Voraussetzung gescheitert: Es ist dies die in Kants Vorlesungen über „Anthropologie" (Kant 1800) und „Pädagogik" (Kant 1803) ausführlich vertretene Vorstellung, dass Kinder an sich als „autonome Subjekte" den Erwachsenen gleichzustellen seien und dass die Bildung von Erwachsenen ein Problem der richtigen Erziehung, dass die Erziehung von Kindern ein Problem der richtigen Bildung sei (Kant 1803). Was in dieser idealistischen Vorstellung nicht berücksichtigt worden ist, hat Freud mit der Theorie der Psychoanalyse nachzuliefern versucht: dass das Unbewusste von Kindern ein Reservoir von

Trieben sei, die sich der Bildung und Erziehung gegenüber anders benehmen, als sie sich benehmen sollen. Die Triebe sind als Störfaktoren eingeführt worden, die der Bildung und Erziehung Widerstand entgegensetzen.

Anfangs dachte Freud, es handle sich um das „Lustprinzip", das der Seele des Kindes eine typische infantile Unbeugsamkeit verleihe und sie außerstand setze, sich den Realitäten des Lebens, dem „Realitätsprinzip" eben zu beugen. Später fiel ihm auf, dass es ja gerade *nicht* das Luststreben sein kann, womit sich das leidvolle Leben psychisch Kranker erklären lässt. Der Versuch, an dieser Erklärung festzuhalten, liefe allzu offenkundig auf den Zynismus hinaus, dass die größten Qualen als Quelle geheimer Lüste betrachtet werden müssten. Darum gab er seine frühen Konzepte auf und ersetzte sie durch ein differenzierteres Modell, das den Todestrieb enthielt und „jenseits des Lustprinzips" funktionieren sollte. Immerhin *sollte* es aber funktionieren. Und da dies offenkundig *nicht* der Fall war, wurde, statt dass sich eine Klärung der Funktionsweise ergeben hätte, unklar, was denn nun unter „Funktion" noch zu verstehen wäre. Dies ist der Anlass, sich zu fragen, wie denn überhaupt die *Dysfunktion* einer Symptomatik durch Unterstellung einer *Funktion* zu erklären sein soll. Darin liegt ja ein klarer logischer Widerspruch. Dafür, dass diese begriffliche Verwirrung bislang innerhalb der psychoanalytischen Theorie eine plausible Erläuterung gefunden hätte oder sich eine solche auch nur finden ließe, gibt es bis heute keinen Anhalt. Freuds Ausweg war der Materialismus: Er suchte Deckung hinter der Vermutung, das ganze Problem der Triebe werde sich auflösen, sobald nur der Stoffwechsel und der Hormonhaushalt des körperlichen Organismus weit genug untersucht sei.

Das theoretische Problem der Dysfunktion lässt sich aber gar nicht auf das Feld der funktionellen psychischen Erkrankungen eingrenzen, sondern es findet sich ebenso als Erklärungsnotstand im Bereich der funktionellen körperlichen Erkrankungen, in der so genannten Pathophysiologie. Letztlich aber führt es sogar zurück auf die widersprüchlichen theoretischen Implikationen, die bereits in den Grundbegriffen des Materialismus enthalten sind. Das sind die physikalischen Begriffe „Energie" und „Masse". Sie sind abgeleitet von den älteren Begriffen „Kraft" und „Stoff". Bei genauer Betrachtung zeigt sich eine weitere Ableitung, nämlich die aus den noch älteren Begriffen „Tun" und „Leiden". Und von hier aus führt ein direkter Weg zu der Frage Weisäckers, was denn eigentlich Wissenschaft sei.

Diesen Weg zu beschreiten, ist ein begriffliches Abenteuer. Das werde ich im Folgenden schildern. Ich beginne mit zwei Fragen:

a) Was könnte Wissenschaft sinnvollerweise anderes sein als das gemeinschaftliche Bemühen um Wissen?
b) Was aber könnte Wissen sinnvollerweise anderes sein als eine geistige Fähigkeit, um das Verhältnis von Tun und Leiden in eine menschliche Ordnung zu bringen?

Wenn die den beiden Fragen zugrunde liegende Auffassung zutrifft, dann ist Wissenschaft ein Unternehmen zur Steigerung der Verantwortbarkeit des bewussten Handelns: der gesellschaftliche Prozess fortschreitender Verdichtung und Festigung des Denkens zum Wissen. Wo das Stadium des Wissens nicht erreicht ist, vollzieht sich Wissenschaft als Forschung, als mutiges (forsches) Eindringen in dunkle Gebiete, und hat, wie Hegel sagte, den Charakter der Philosophie, der „Liebe zum Wissen" (Hegel 1970, S. 14).

Um die Umgebung der Wissenschaft definitorisch einzubeziehen und die Grenzen zu dieser Umgebung genauer zu bestimmen, will ich fortfahren:

> Dichtkunst ist Vorspiel oder Begleitmusik spontaner Forschung. Systematische Forschung dagegen findet sich als Entdeckungsreise im wissenschaftlichen Bericht dargestellt. Der Bericht hebt sich durch raumzeitliche Detailtreue von der Erzählung ab. Der Mythos dagegen opfert die Treue zum Detail und verwirklicht den höchsten Grad der Verdichtung innerhalb der Erzählkunst.
>
> Das für die Verdichtung charakteristische Darstellungsmittel des Mythos und der Dichtung ist das bildhafte *Gleichnis*. Die Wissenschaft wiederum bedient sich zwecks Verdichtung ihrer Erkenntnisse der mathematischen *Gleichung*.
>
> Die Gleichung aber ist eine die sinnliche Bildhaftigkeit verbannende, mathematisch disziplinierte, der abstrakten Geistigkeit verpflichtete, die Logik inthronisierende Identifikation: *Gleichsetzung von Ungleichem* zu dem Zweck, das dem Verschiedenen *gemeinsame Eine bzw. das die Verschiedenen Einende* zu bestimmen.
>
> Der Unterschied zwischen Gleichnis und Gleichung liegt also in dem Ausschluss oder Einschluss von Sinnlichkeit oder Mathematik bei der Darstellung. Und diesem Unterschied liegt die Entscheidung für eine Vorliebe bei der Gleichsetzung des Verschiede-

nen zugrunde: Die bildhafte Gleichsetzung läuft auf sinnliche Bereicherung und Erfüllung hinaus, die mathematische Gleichung aber auf asketische Entsagung und Verzicht.

Dieselbe Unterscheidung lässt sich tendenziell auch zwischen den Begriffen „Kraft“ und „Stoff“ einerseits, „Energie“ und „Masse“ andererseits feststellen. Kräfte und Stoffe sind noch sinnlich zu erfahren, Energien und Massen aber nur noch aufgrund von Messungen zu berechnen. Der Konvention, dass Letztere in die mathematischen Gleichungen physikalischer Gesetze eingefügt worden sind und den Charakter von Eindeutigkeit erhalten haben, liegt der geistliche Reduktionismus des Verzichts auf sinnliche Erfüllung zugrunde.

Der Gegenüberstellung von Leiden und Tun habe ich in der Definition von Wissenschaft eine hervorragende Bedeutung beigemessen. Darin liegt eine sehr ursprüngliche Unterscheidung innerhalb des Erlebens, und sie ist ein erster, wie mir scheint unausweichlicher, darum aber nicht weniger fragwürdiger Versuch, die Leidenschaftlichkeit der Lebensbewegungen unter dem Gesichtspunkt der Verantwortlichkeit zu analysieren. Auf den ersten Blick scheint sich die Verantwortung in dieser Gegenüberstellung auf der Seite des Tuns zu befinden, während das *Zu-Verantwortende* sich auf der Seite des Leidens aufhält. So jedenfalls stellen sich die Verhältnisse dar, wenn man annimmt, dass dem Tun eine Fürsorgepflicht dem Erleiden gegenüber zufällt, das heißt, wenn man das Verhältnis zwischen Tun und Leiden mit dem ursprünglichen Verhältnis zwischen Mutter und Kind vergleicht. Es scheint dann so, als sei – um die beiden Fremdwörter zu wählen, die der so gewonnenen Verfremdung des Urzustands gemäß sind – die *Aktivität* des Aktiven verantwortlich für das, was mit der *Passivität* des Passiven geschieht. Aber sogleich rührt sich ein Widerspruch: Wie ließe sich denn ein reines Tun verantwortlich gestalten, ohne dass das Erleiden die Lenkung übernähme? Wie könnte man die Fürsorge der Mutter als solche begreifen, wenn man nichts über die Bedürftigkeit des Kindes wüsste? Wie könnte man die Fürsorglichkeit der „Hand“ würdigen, wenn man nicht voraussetzte, dass sie dem Hunger des „Mundes“ dient?

Wenn aber das Erleiden die Lenkung übernimmt, ist es bereits ein Tun. Dieser unentscheidbare Widerspruch zwischen den – je für sich sinnvollen – Blickrichtungen ist in allen Beschreibungen der Lebensvorgänge von Menschen unvermeidlich und zwar ganz unabhängig davon, ob ein Mensch für den anderen oder für sich selbst verantwortlich ist. Dies zu erkennen, war der Anlass für Viktor von Weizsäcker, mit der Untersuchung über das Verhältnis von Wahrnehmen und Bewegen die „Einführung des Subjekts" in die Biologie zu betreiben. Es ging bei der im Begriff des „Gestaltkreises" gefassten Thematik (Weizsäcker 1987b) im Grunde immer schon um die Einführung der Verantwortung in eine Materie, die von den Naturwissenschaften wie eine Bastion zum Ausschluss des Problems der Verantwortlichkeit gehalten zu werden schien.

Noch den Fremdwörtern „Aktivität" und „Passivität" ist die Verwirrung, die die widersprüchlichen Aspekte der Hierarchie von Leiden und Tun auslösen, inhärent, weshalb beispielsweise Emmanuel Lévinas im Zusammenhang mit der „Sensibilität" von einer „Passivität" zu sprechen pflegt, die „passiver (sei) als alle Passivität" (Lévinas 1992a, S. 49). Es liegt darin der Versuch, sich auf begrifflichem Wege einen Urzustand zu vergegenwärtigen, in dem das Tun und das Leiden einerseits noch gar nicht voneinander getrennt sind, andererseits in völliger Abgeschiedenheit voneinander wirken: den Zustand einer Mutter, die von der Bedürftigkeit des Kindes überwältigt ist, der Zustand des Kindes, das von der Bedürftigkeit der Mutter absolut beherrscht wird, ohne dass eine wechselseitige Abschwächung der Wirkung des Leidens stattfände. Lévinas trägt auf seine Weise der Tatsache Rechnung, dass unter dem naturwissenschaftlich orientierten Bemühen, ein absolut reines Leiden als „Stofflichkeit" von einem absolut reinen Tun als „Kraft" begrifflich zu sondern, die Lebendigkeit und damit die Menschlichkeit des Menschen im Denken zerstört wird. Dieses Denken nimmt gewissermaßen eine „Kernspaltung" der Fürsorglichkeit vor und gibt die Verantwortlichkeit als das Zentrum der Lebensprozesse preis. Es vernichtet mit seinen Kategorien die historischen Fundamente begrifflichen Denkens und wird zu einem bodenlosen Unterfangen: Das Problem der Verantwortung ist aus den durch materialistische Abstraktion gewonnenen Begriffshülsen der „Kraft" und des „Stoffs" getilgt.

Anders gesagt: Die gleichsam chemische Reinigung, die stattgefunden hat, um den Grundbegriffen der Physik, der „Masse" und der „Energie", ihren Charakter zu verleihen, wirkt wie eine Perpetuierung räumlicher oder zeitlicher Dissoziation der Verantwortung vom Verantwortlichen. Dies kommt einem permanenten Gewaltakt gleich, bei dem alle physikalisch analysierte Substanz von der ihr auferlegten und anvertrauten Lebendigkeit lassen muss: Die Materie schlechthin wird zu einem bloßen Mittel degradiert. Alles Lebendige steht ihm losgelöst gegenüber, als hätte es innerhalb dieser Materie keinen Platz. In der begrifflichen Radikalität dieser Entgegensetzung von Leben und Materie muss die Materie wie ein Abgrund des Todes erscheinen, während in Wahrheit lediglich die Begrifflichkeit der Naturwissenschaften die Abgründigkeit erlittener Todesnähe transportiert. Das Reden von „Subjekten" und „Objekten", das auf solchem Wege entsteht, kann sich nur noch auf „Unterworfene" *(subiecta)* und „Entgegengeworfene" *(obiecta)* beziehen, in beiden Fälle also auf „Geworfene". Aber das Werfende selbst bzw. das werfende Selbst ist ebenso ins Dunkel getaucht wie das fangende, das empfangende und das auffangende Selbst. Dasselbe geschieht mit dem Empfangenen, Aufgefangenen oder Aufgehobenen.

Eine Naturphilosophie, die den Menschen als Teil der Welt betrachtet und die sich bemüht, der Umwelt des Menschen menschliche Eigenschaften zu verleihen bzw. dem Menschen die Merkmale der Umwelt zuzubilligen, die also Tun und Leiden im Umgang und Zusammenhang zwischen Mensch und Natur auf beiden Seiten betrachtet, wie es die Naturwissenschaften ja zurecht tun, gerät in die soeben aufgezeigte begriffliche Kalamität, und zwar dann, wenn eine Klärung von Verantwortlichkeiten erforderlich wird. In dieser Hinsicht ist es nicht hilfreich gewesen, dass Sigmund Freud angesichts der Aporien seiner Triebtheorie im Materialismus Zuflucht gesucht hat. Denn in der Psychoanalyse geht es prinzipiell um Biographie. Und Biographik hat in erster Linie die Aufgabe, die begrifflichen Voraussetzungen zu schaffen, um eine wahrhaftige Unterscheidung von Verantwortlichkeiten zu fördern.

Die klärende Unterscheidung verschiedener Verantwortlichkeiten ist das Gegenteil dessen, was geschieht, wenn eine abstrakte Aufteilung zwischen Verantwortlichkeit und Unverantwortlichkeit vorgenommen wird. In den Naturwissenschaften ist diese Aufteilung aber gang und gäbe. Das liegt daran, dass traditionell für einen Naturwissenschaftler die Natur prinzipiell unverantwortlich, der Mensch aber verantwortlich erscheint. In dieser Grundhaltung wirken starke Motive. Wie alle starken Motive sind diese persönlicher Natur. Zu verstehen ist die zugehörige Grundhaltung als Ausdruck von Erfahrungen allerhöchster Not und Einsamkeit, eigentlich als Relikt dessen, was als

Heldentum zu bezeichnen wäre. Ein Nachklang davon steckt ja auch in dem Begriff des „Forschers", der mit Kühnheit im Umgang mit Gefahren assoziiert wird. Als Arzt darf man darum von niemandem fordern, jene Grundhaltung einfach über Bord zu werfen, oder sie wie ein Kleidungsstück, zu wechseln, sondern muss ihrer Würde gerecht werden. Sonst erstarrt die kühne Haltung weiter zur bloßen heldischen Pose und bleibt das Symptom von Tollkühnheit, zu dem sie historisch bereits geworden ist. Der Versuch einer Würdigung, den ich hier unternehme, kann freilich nur kurz und unzureichend ausfallen. Er ist mehr als Orientierungsversuch gemeint, um aufzuzeigen, in welcher Richtung sie weiter ausgeführt werden müsste:

Mir scheint, dass Menschen, die sich in übergroßer Sorge um den gerechten Zusammenhang zwischen Tun und Leiden ganz auf sich selbst zurückgeworfen sehen und die Verantwortung dafür ganz bei sich allein konzentriert empfinden, dass Menschen, die unter der Last ihres Verantwortungsgefühls hochgradig leiden, dazu neigen, in einen Zustand zu verfallen, in dem sie diese Verantwortung – in einer Art trotziger Auflehnung – gewissermaßen monopolisieren: Je verzweifelter sie in kindlicher Ohnmacht die Verantwortung zur Gänze außerhalb von sich (zunächst bei den Eltern, dann bei einem Gott) gesucht haben, desto nachhaltiger mussten sie deren Fehlen und Ausbleiben beklagen. Durch das Ausbleiben fremder Hilfe ist die dramatische Situation charakterisiert, in der vom Einzelnen eine im tiefsten Sinne existenzielle Entscheidung gefordert. Sie läuft bei ihm auf eine Krise hinaus, in der jene radikale Spaltung zwischen Verantwortung und Unverantwortlichkeit als ein vorläufiger Ausweg und Neuanfang erscheinen kann: Entweder nämlich behält die Verzweiflung an der Einsamkeit und Ohnmacht die Oberhand und ergreift ganz von der hilflosen Person Besitz: Das hätte zur Konsequenz, dass ein solcher Mensch dem Leben jede Wertschätzung verweigert und sich selbst jede Würde aberkennt. Oder diese Verzweiflung verwandelt sich in eine treibende Kraft und führt den Einsamen in die Gemeinschaft mit anderen, die ähnliche Erfahrungen wie er gemacht haben und mit denen er sich darüber verständigen kann: Das hätte zur Konsequenz, dass sie füreinander und miteinander Verantwortung wahrnehmen und die Erfahrung der Verzweiflung als grundlegend für ihre Art von Gemeinschaft anerkennen. Diese sekundäre Gemeinschaftlichkeit unterscheidet sich von primärer leiblicher Verstricktheit wie die freiwillige *Bürgschaft* von der zwangsweisen *Haftung*.

Die Begriffe, in denen sich die Naturwissenschaftler ihrer einzeln durchlittenen Einsamkeit sprachlich vergewissern, werden zu Mitteln, an deren verständiger Verwendung sie einander erkennen. Die Konstitution eines solchen geistig vermittelten Zusammenschlusses erfolgt also vorwiegend als Sprachgemeinschaft. Ihr Gelingen beruht erstens auf der Erfahrung des durchgestandenen Leids von Einsamkeit, zweitens auf der gewonnenen Fähigkeit zur Anerkennung derselben Erfahrung beim anderen. Geprägt ist sie von zweierlei: von einer in Todesnähe erworbenen, vielleicht trotzig zu nennenden Selbstbehauptung und von der daraus entspringenden widerständigen Kraft. In den spezifisch naturwissenschaftlichen Begriffen, die das Durchleiden der Todeserfahrung symbolisieren, verständigt sich eine Gemeinschaft von Eingeweihten, durch gleichsam mündlichen Vertrag, über das Monopol auf jene beschränkende und beschränkte, gewissermaßen esoterische Auffassung von menschlicher Verantwortlichkeit, wie sie für die grundlegende Abstraktion und Logik der Begriffe „Kraft" und „Stoff" charakteristisch ist. In derartigen Begriffen jedenfalls sind, wie eingefroren, die vergangenen, lebendigen Ohnmachtserfahrungen enthalten und zu einem Schatz geworden. Sie allerdings wertzuschätzen, setzt voraus, dass die Begriffe verstanden werden, wie man einen Tresor öffnet: Man braucht dazu als Schlüssel die passenden eigenen Erfahrungen.

Der Begriffstresor der Naturwissenschaftler hat freilich die allergrößte Ähnlichkeit mit der *Büchse der Pandora*. Der wesentliche Unterschied zwischen den Begriffen ihrer – von der Verzweiflung ohnmächtiger Einzelner zur Sozietät von Brüdern im Geiste einer Wissenschaft gereiften – Gemeinschaft und der Büchse der Pandora liegt darin, dass die zeitliche Reihenfolge der mythisch bzw. wissenschaftlich symbolisierten Ereignisse gegenläufig zueinander stattfinden: Die mythische Welt, in der die Büchse auftaucht, wird getragen von Reinheit und Glück, *bevor* jemand die Büchse geöffnet hat. Und die wissenschaftliche Welt, in der die Begriffe jener brüderlich wissenden Gemeinschaft auftauchen, wird getragen von Reinheit und Glück, *nachdem* es gelungen ist, die Begriffe verschlossen und ihren Inhalt abstrakt zu halten. Es wäre also sicherlich eine arge Verkürzung, wollte man sich darauf beschränken, lediglich festzustellen:

> „Das Leiden wird von der Naturwissenschaft in seiner abstraktesten, fühllosen Form genommen und als ‚Stoff' bezeichnet."

Ebenso wäre es eine Verunglimpfung, wenn man weiter ausführte:

> „Das Tun, das erlitten wird, trägt auf dieser naturwissenschaftlich ‚gereinigten' Stufe des Denkens demgegenüber den Namen ‚Kraft'."

Die Geschichte der Menschen, die das mit dem Leben verbundene Verhältnis zwischen Tun und Leiden als eine übergroße Last von Verantwortung erfahren haben und nur darum nicht unter ihrer Verzweiflung zusammengebrochen sind, weil sie sich gemeinschaftlich und begrifflich haben organisieren können – diese Geschichte ginge in solcher Redeweise verloren. Aber auch dann, wenn man nur das schließliche Ergebnis ihrer folgenreichen geistigen Arbeit betrachtet, wird jene Redeweise allein unter der Bedingung richtig, dass sie mit der folgenden Ergänzung schließt:

> „Die abstrakten Begriffe „Stoff" und „Kraft" haben den Begriff der Verantwortung aus der Betrachtung der Welt ausgetrieben und den Ort, an dem der Begriff der Verantwortung gehütet wird, aus dem Zusammenhang der Welt ausgeschlossen. Dadurch ist der Ort der Verantwortung zum „Utopia" geworden: zum *Nirgendwo.*"

Wenn ich im Rahmen dieser begrifflichen Klärung von dem paradoxen Versuch der Ausschließung von Verantwortung aus der naturwissenschaftlichen Theorie gesprochen habe, dann geht es mir darum, das Paradox leibhaftig nicht greifbarer, immer nur negativ spürbarer und positiv nur im Handeln wahrzunehmender Verantwortlichkeit zu kennzeichnen. Schon in der Redeweise, dass jemand „Verantwortung wahrnimmt" wird der übliche Sinn des Begriffs der Wahrnehmung völlig umgekehrt: Alles darin weist auf eine reine Tätigkeit (bzw. reine Untätigkeit), und nichts deutet mehr auf Sinnlichkeit und Empfinden. Das ewig Krisenhafte dieses unidentifizierbaren Umschlagspunktes lässt sich nicht klarer ausdrücken als in der treffsicheren Verwirrung des Begriffs der Wahrnehmung in seiner Verbindung mit der Verantwortung.

8.3 Helfen und Wissen

Die Aporien der Naturwissenschaften haben ihren Ausgang in den Unsicherheiten der menschlichen Verantwortung genommen: dort, wo das Tun nicht mehr selbstverständlich vom Leiden geführt wird, wo Macht und Verantwortlichkeit sich nicht mehr selbstverständlich zusammenfinden, sondern wo ein Riss, ein Zwiespalt zwischen beiden entstanden ist. Dieser Ort aber ist für denjenigen, der mit offenen Augen durch die Welt geht, nicht etwa Nirgendwo, sondern *Überall*. Er findet sich in der *Gebrechlichkeit* des menschlichen Lebens und in der *Ubiquität der Symptome*.

Darum vertrete ich die Auffassung, dass der Heilkunde in der gegenwärtigen kulturellen Krise eine Schlüsselstellung für die Weiterentwicklung der Kulturwissenschaften zukommen wird. Und das ist auch der Grund, warum ich den Autor, der das Krisenhafte der Entwicklung der Medizin des 20. Jahrhunderts am klarsten erkannt hat, so auffallend ausgiebig zu Wort kommen lasse. Weizsäckers Bemühen um „Das Problem des Menschen in der Medizin" und sein „Versuch einer neuen Medizin" (1953, S. 366 ff.) sind seiner Zeit weit voraus gewesen. Er erkannte in der psychoanalytischen Ausbildung des Krankheitsbegriffs den „Wetterwinkel" (1954b, S. 177) einer die Grenzen der Heilkunde überschreitenden wissenschaftlichen Grundlagendiskussion, und er identifizierte Unklarheiten über die Beziehung zwischen dem körperlichen und dem seelischen Aspekt des Krankseins als den Kern einer ausufernden Verwirrung. Er hat es unternommen, die Problematik der Wissenschaftlichkeit dort zu untersuchen, wo der Zwiespalt des Missverhältnisses zwischen Macht und Verantwortlichkeit offen zutage tritt: beim kranken Menschen, und wo es ganz unmittelbar um die Aufgabe geht, diesen Zwiespalt zu überwinden: im Umgang von Arzt und Krankem.

Eine seiner grundlegenden Schriften dazu stammt aus dem Jahr 1928, trägt den Titel „Krankengeschichte" und handelt vom Leidensweg eines Bauern durch die Mühle der medizinischen Institutionen. Dieser sei im Zusammenhang mit einem langwierigen Rechtsstreit seiner „verbissenen Ohnmacht" wegen an Bauchschmerzen erkrankt und habe durch seine Ärzte die Kränkung erfahren, dass er lange Zeit als gesund hingestellt wurde, bevor der aktuelle *soziale* Konflikt in den Blick geriet. Weizsäcker nimmt das Unglück dieses Patienten zum Anlass für einige prinzipielle Überlegungen, an denen ich anknüpfen werde, um einige wesentliche Aspekte der in Krankheitssymptomen sichtbar werdenden leiblichen Haftung weiter zu verdeutlichen.

„Durch unsere Geschichte (...) geht aber noch ein roter Faden, den der geschulte Mediziner aus dem Wissensstande heraus nicht analysieren kann. Sicher war hier etwas nicht in Ordnung, wofür man den Arzt und seine Wissenschaft, so scheint es, nicht recht haftbar machen kann, denn man müsste den Kranken dafür anklagen. Es ist das sein Untreuwerden gegen seine erste Absicht, als er zum ersten Arzt ging: nur einmal zu fragen, ‚was eigentlich ist'. Damals konnte ihm dieser Arzt freilich sagen: ‚Du weißt selbst, was ist, es ist der boshafte, törichte Trieb, zu prozessieren; und wenn du sofort aufhörst, bist du gesund.' Damals war noch Hoffnung, dass der Bauer merkte, er habe daran selbst schon gedacht; dass er aber zu feige, zu ängstlich und vielleicht objektiv nicht sicher genug war ... So ist aus einem wesentlich moralischen Fall ein wesentlich ärztlicher Fall *geworden*" (Weizsäcker 1928, S. 51 f.).

Weizsäcker erschreckt selbst vor den Konsequenzen dieses Denkens und fügt einschränkend an: „Der Ausdruck ‚moralischer Fall' ist aber ein vorläufiger und nur angenähert richtiger, wie die medizinische Darstellung nur angenähert richtig ist. Die Ursprungssituation wird dadurch aber interessant, weil man beim ersten Hinsehen sie als geheimnisvollen Übergang aus moralischer Sphäre in natürliche oder medizinische Sphäre fassen kann. Offenbar kündigt sich hier ein großes Thema an, das doch zunächst schattenhaft und rätselhaft bleibt. Die Psychologie, so scheint es, darf ja erst anfangen, wenn die Moral aufgehört hat, und umgekehrt. Hier aber haben wir es mit einem wichtigen *Übergang* oder *Zusammenhang* zu tun, der, wie man bei tiefem Graben in einer Krankengeschichte bemerkt, zu jeder Krankengeschichte gehört. Um ihn überall zu finden ist nötig, dass man das Schicksal eines Menschen in all seinen Beziehungen zur Umwelt und allen seinen Verkettungen in der Geschichte betrachtet. Man muss der *Fülle* des Wirklichen offen stehen, dann eröffnet sich dem Blick auch die sachliche und allgemeingültige Erkenntnis, dass jener Sonderfall des Bauern ein Beispiel eines Lebensgesetzes ist" (Weizsäcker 1928, S. 51 f.).

Die Problematik dieser Position ist vielleicht nicht auf einen Blick zu ermessen. Bedeutsam wird diese Stelle dadurch, dass Weizsäcker einen Unterschied macht zwischen dem Wissenden und dem Helfenden: „Es gab eine Zeit, wo er (der Bauer) das Prozessieren lassen konnte, und dann eine Zeit, wo er *allein* es nicht mehr lassen konnte. Als er diese zweite Zeit kommen fühlte, ging er zum Arzt, um einen Wissenden zu finden. Sein Unglück war, dass er nur einen Helfenden fand. Sein Unglück war ferner, dass er weiter, statt auf ein Wissen zu bauen, auf eine Persönlichkeit zu bauen anfing ..." (ebd., S. 53).

Das Anliegen des Kranken wird dadurch zu einem Problem für den Arzt, dass der Arzt entscheiden muss, wie er seine Verantwortung wahrzunehmen hat. Denn es liegt eine unüberbrückbare Kluft zwischen der Aufgabe, *technisches Wissen anzuwenden* und ärztlich zu *handeln*, und der völlig anderen Aufgabe, der Versuchung zu technischen Prozeduren, wie sie der Kranke fordern mag, zu *widerstehen* und als Arzt gerade *nicht* zu handeln, sondern stattdessen *biographisches Wissen zu vermitteln*.

Die Überlegungen Weizsäckers haben trotz ihrer grundlegenden Absicht noch eher tastend orientierenden Charakter. So nimmt er anfänglich Bezug auf das Jesus-Wort „So ihr nicht werdet wie die Kinder..." und interpretiert es mit dem Gedanken, dass „nicht dem Unwissenden als solchem Hilfe kommt, sondern (...) im Gegenteil ein verlorenes Wissen – das kindliche – wiederkommen muss, wo eine Not herrscht" (ebd., S. 54).

Der Tragfähigkeit des Platonismus, wonach ja alles Erkennen eigentlich ein Wiedererkennen ist, zeigt sich Weizsäcker an dieser Stelle aber keineswegs sicher. Er entzieht dem Klassiker des idealistischen Denkens vielmehr rasch wieder das Vertrauen, indem er spekuliert: „Vielleicht ist aber der Ausdruck, dass jede Not ein Wissenwollen ist, bereits eine Korrektur der Behauptung, dass es ein Wissensverlust sei, was die Not schafft; denn: ist das Verlorene eigentlich ein Wissen gewesen? und ist das Wiedergewußte dasselbe wie das Verlorengewesene?" Er kommt zu dem Schluss: „Gewiss ist nur so viel, dass in der Not dies Fragende enthalten ist, dass im Wissen Linderung kommt und dass so in allem Leiden eine Frage an die Wahrheit, in allem Helfen eine Antwort darauf liegen kann" (ebd., S. 55).

Ganz so „gewiss" scheint ihm auch dieser Schluss noch nicht zu sein, denn sonst würde er den Satz nicht mit dem unbestimmten „kann" beenden. Tatsächlich handelt es sich hier um einen Versuch der Assimilation der psychoanalytischen Lehre vom „Unbewussten" an das traditionelle, klassisch und christlich geprägte Denken. Weizsäcker möchte anscheinend bewahren, was an der Psychoanalyse wertvoll ist, zugleich aber sich befreien von begrifflichen Zwängen, wodurch die Psychoanalyse Traditionen religiösen und philosophischen Wissens ausschließt. Und die Idee, dass die „Verdrängung" ins „Unbwusste" sowohl mit der platonischen Idee des Vergessens und Wiedererinnerns als auch mit der christlichen Vorstellung einer kindlichen Unschuld des Wissens vereinbar sei, hat für ihn etwas Verführerisches, zumal er sich durch Kierkegaards Grundgedanken aus dem „Begriff der Angst" (1844), Unschuld sei Unwissenheit (Groys 1996, S. 188) auf diesem Weg bestärkt sieht.

Aber der Versuch einer Verbindung zwischen so verschiedenen Traditionen und Ansätzen der Geistesgeschichte einerseits, der Psychoanalyse und der Medizin andererseits scheitert an einer Unklarheit: Wenn nämlich die Not primär eine Frage, ein Wissenwollen wäre, dann könnte sich der Arzt primär auf die Position des Lehrenden zurückziehen. Das aber ist nicht der Fall. Die Not des Kranken ist primär eine Klage, welche sich unmittelbar als eine Anklage geltend macht und jedes sensible „Ich" auf die Anklagebank zwingt. Der Kranke ist nur ein Spezialfall des „Anderen", dessen bloße Gegenwart vom „Ich" Besitz ergreift, lange bevor es sich – von berufsbedingt oder laienhaft – unmittelbar als „Arzt" präsentiert, und das ergriffene „Ich" zum „Besessenen" macht. Gegenüber der Not des Anderen, so bemerkt Lévinas, ist jegliche Sensibilität „Verwundbarkeit, Ausgesetztsein der Beleidigung, der Verletzung – Passivität, welche passiver ist als jede Geduld, Passivität des Akkusativs, des Anklagefalls, Trauma einer Anklage, unter der eine Geisel bis hin zur Verfolgung zu leiden hat, Infragestellung der Identität der Geisel, die an die Stelle der Anderen gesetzt wird: *Sich* – Niederlegung und Niederlage der Identität des *Ich*. Genau das ist, radikal gedacht, die Sensibilität. In diesem Sinne Subjektivität des Subjekts, Stellvertretung für den Anderen – der Eine an der Stelle des Anderen – Sühne. Die Verantwortung für den Anderen – in ihrer Vorzeitigkeit gegenüber meiner Freiheit, in ihrer Vorzeitigkeit in bezug auf die Gegenwart und die Vorstellung – ist eine Passivität, die passiver ist als jede Passivität – Ausgesetztsein dem Anderen, ohne dieses Ausgesetztsein selbst noch einmal übernehmen zu können, rückhaltloses Ausgesetztsein ..." (Lévinas 1992a, S. 50 f.). Und so kommt ein jeder Kranker – gleichgültig, was er sagt – primär zum Arzt und eben nicht, wie Weizsäcker in seiner „Krankengeschichte" versuchsweise nahelegen möchte, zum „Doktor", nicht also zum Gelehrten, der lehren, sondern zum Mediziner, der medizinische Mittel zur Anwendung bringen soll. Das eben ist der Impuls des Kranken: dass sein Leiden einen jeden, der ihm begegnet, in den Bann schlägt, in die Verantwortung für die Beseitigung des Schmerzes nimmt und ihn dieser Verantwortung schuldig werden lässt, unabhängig davon, ob er heilkundig ist oder nicht.

Das Bemühen, die Not des Kranken primär als Frage und als Wissenwollen aufzufassen, entspricht dem Problem des Arztes, wie dieser sich angesichts der Not seiner Patienten dann von der unmittelbaren Schuldigkeit entlasten kann, wenn er dem Kranken die Erkrankung nicht zu ersparen, die Not nicht durch die Tat zu lindern vermag. Diese Frage ist insbesondere die des Psychoanalytikers. Denn dieser hat es mit einem Leiden zu tun, das sich der lindernden Beeinflussung, gar Heilung durch die ärztliche *Tat* weitestgehend entzieht, weil es sich bei dem Leiden des Patienten um eine Erkrankung an übertragener, falscher, fehlgeleiteter Verantwortlichkeit handelt. Aus der Perspektive des Psychoanalytikers ist es vor allem das Unwissen des Kranken, das es zu beheben gilt. Und aus dieser Perspektive wird erkennbar, dass erstens aus dem Unwissen des Kranken die „Schuld" des Arztes erwächst und dass zweitens der Arzt sich nur dadurch seiner „Schuld" entledigen kann, wenn er mit seinem Wissen dem Unwissen des Kranken zu Hilfe kommt. Die Wirkung des Wissens auf das Selbstverständnis des Kranken entscheidet über den Wahrheitsgehalt. Auf dem Wege des Verstehens entlastet der Kranke den Arzt von jener Verantwortung, die er ihm zunächst in Gestalt seiner Mitteilungen über sein Leiden anvertraut hat. Das Verständnis, das der Arzt rücküberträgt, dient also nicht zuletzt seiner eigenen Entlastung, während es in gewisser Weise auch den Patienten mit der Verantwortung des Arztes belastet.

In der psychoanalytischen Situation findet sich also eine Aktualisierung jener Situation, die durch das Verbot, vom Baum der Erkenntnis des Guten und Bösen zu essen, in der Genesis zum abgründigsten aller theologischen Probleme erklärt worden ist: Als Gott jenes Verbot aussprach, belastete er sich selbst mit aller Verantwortung für die Geschichte. Indem aber die Menschen halbherzig dazu übergingen, das Verbot Gottes zu überschreiten und einander in ihrer Unterschiedlichkeit und Sterblichkeit zu erkennen, entließen sie ihn aus dieser seiner Verantwortung, die ihm als dem Urheber aller Verantwortung anhaftete. Damit begann – irrend zwar und widerstrebend, wie die Geschichte von der *Vertreibung* aus dem Paradies bezeugt, aber doch auch unwiderruflich – die Menschwerdung der Menschen.

Viktor von Weizsäcker hob die Notwendigkeit hervor, die psychoanalytische Betrachtungsweise in das Verhältnis zwischen Arzt und Patient zu integrieren. Er tat dies in dem Bewusstsein, dass im Verhältnis zwischen Arzt und Patient etwas wesentlich Menschliches wirkt, das zur Geltung gebracht werden solle, damit es zum Kernbestand menschlicher Kultur werde. Und seine Gewissheit, dass das Problem der Schuld, der Sünde und der Anklage ein nicht nur „auch" ärztliches Problem, sondern ein „zuallererst" ärztliches sei, ist wegweisend. Allein über den Weg der Klärung ärztlicher Verantwortung kann jenes humanitäre Prinzip Einzug in die Wissenschaft halten und zum menschlichen Wissen reifen. Um diesen Gedanken zu untermauern, zog Weizsäcker es vor, seine Orientierung des Wissensdurstes „Pathosophie" zu nennen statt „Philosophie".

8.4 Symbol und Symptom

Als „Pathosophie" bezeichnete Weizsäcker die Quelle des verbindlichen Wissens aus dem heilsamen Umgang mit dem Kranken und Krankhaften. Nach allem, was bei diesem Umgang auf biographischem Wege in Erfahrung zu bringen ist, liegt der Kern des Problems im Verständnis der Kindschaft bzw. im Verständnis des Verhältnisses zwischen Kindschaft und Elternschaft. Es geht dabei im Grunde immer um Formen des Übergangs vom Kindsein zum Erwachsensein. Insofern stellt das mahnende Wort Jesu, auf das Weizsäcker sich in der „Krankengeschichte" bezogen hat: „Wahrlich, ich sage euch: Wenn ihr nicht umkehret und werdet wie die Kinder, so werdet ihr nicht ins Himmelreich kommen" (Matthäus 18, 3), eine ernsthafte Provokation dar: Sollte es wirklich wahr sein, dass Erwachsene wieder wie Kinder werden müssen, um zu erkennen, was es heißt, wahrhaftig erwachsen zu sein?

Der betreffende Text des Evangeliums beginnt mit den Worten: „Jesus rief ein Kind zu sich und stellte es mitten unter sie." Der Text fährt dann fort: „Wer nun sich selbst erniedrigt wie dies Kind, der ist der Größte im Himmelreich. Und wer ein solches Kind aufnimmt in meinem Namen, der nimmt mich auf" (Matthäus 18, 2–6). Wie alles in der Bibel, so ist auch diese Passage symbolisch zu verstehen. Man kann sie nur begreifen, wenn man das darin ungesagt Bleibende heraushört. Was also kann das sein? – Vergegenwärtigen wir uns, noch einmal die elementare Situation eines Kindes, soweit sie sich bis hierher aus meinen biographischen Untersuchungen zu den Krankheitsbedingungen erschließt. Wollte man alle Aspekte in einem einzigen Satz zusammenfassen, so müsste man sagen: Das Leben des Kindes steht überhaupt *paradigmatisch für den Begriff des Symbolischen*. Wenn ich die Gründe für diese Feststellung noch einmal sammle, so geschieht dies in Anbetracht ihrer prinzipiellen Bedeutung:

a) Das Kind ist Repräsentant der Liebe seiner Eltern. Im Kind gewinnt die Liebe der Eltern die Macht, dem Tod zu trotzen. Das Leben des Kindes bedeutet, dass die Kraft der Liebe der Eltern über die Endlichkeit dieser Liebe sowie über die Sterblichkeit der Eltern selbst den Sieg davonträgt, *in etwas anderem fortbesteht*.
b) Das Kind ist als Symbol die *Vergegenwärtigung* des Abwesenden: Seine Bedeutung wirkt – wie jedes Symbol – durch die *Abwesenheit* oder *Vergangenheit* dessen, was es symbolisiert. Das heißt: Es bezieht die ganze Kraft seines Bedeutens gerade aus dem Fehlen (dem Nicht) des/der Abwesenden.
c) Der Kindschaft kommt die Besonderheit zu, der Ursprung aller Symbolik zu sein. Denn ohne Kindschaft gäbe es keine weitere. Und ein jedes Kind entsteht zuallererst *analog* zu dem, was es symbolisiert. Es stellt mit seinem Leben die Liebe der Eltern bildhaft dar; so ist es das Urbild. Sein Leben legt offen dar, wie diese Liebe wirkt; so ist das Leben des Kindes primär Auslegung, ja *die* Auslegung schlechthin. Primäre Funktion des Kindes ist die Stellvertretung; durch die ihm innewohnende Funktion, seinen Eltern die von ihm vertretenen Personen zu bedeuten, ist es zu einem lebenden Symbol bestimmt: zu einer symbolhaft lebenden *Auslegung* der Liebe seiner Eltern.
d) Durch die Art und Weise, wie es lebt, versucht das Kind das Abwesende, von dem her sein Leben Bedeutung erhält, auszulegen; es richtet sich nach dem, was durch die Abwesenheit des von ihm Vertretenen verborgen bleibt, und ist dessen fortwährende, gegenwärtige Ausgestaltung. Seine Bedeutung wirkt – wie ein jegliches Symbol – durch die *Verborgenheit* dessen, was es symbolisiert. Es bezieht die Kraft des Bedeutens gerade aus der Unsichtbarkeit des Abwesenden.
e) Sowohl das *Hinzeigen* auf das Fehlende als auch das *Aufzeigen* des Verborgenen und Unterschlagenen steckt im *Be-Deuten*. Und sofern überhaupt in der Lebenswelt der Menschen Bedeutung wirkt und Bedeutsames geschieht, rührt deren/dessen Gewicht von der Zeugung des Kindes durch das Elternpaar. Die Zeu-

gung ist sozusagen eine *Abspaltung des Zeigens* von den Zeigenden.

f) Ohne den Bezug des Kindes zu seinen Eltern wäre dessen Leben bedeutungslos. Die *Bedeutung*, die dem Leben eines Kindes als Bezug zur Vergangenheit innewohnt, ist allerdings die Keimform des *Sinns*, den das Leben eines Kindes in seiner Bezogenheit auf Zukunft ausmachen kann. Die Unterscheidung zwischen Sinn und Bedeutung dient der Würdigung der unterschiedlichen Richtungen möglicher Lebensbezüge: In seinem Bezug auf Vergangenes *hat* alles im Leben Bedeutung, aber in seinem Bezug auf Zukünftiges *macht* nur manches Sinn. Bedeutsames geschieht unvermeidlich, während Sinn *gemacht* werden muss.

g) Durch die Liebe seiner Eltern wird dem Kind der Impuls zur Einnahme der ihm angewiesenen *Position eines ausgeschlossenen Dritten* mitgeteilt. Indem das Kind in seiner Rolle als Stellvertreter scheinbar die Position des ausgeschlossenen Dritten einnimmt, wird es zum Machtmittel seiner Eltern, zu deren verlängertem Organ. Das heißt, im Kind wird die Liebe der Eltern zu einer symbolischen Funktion des Ortes, an dem es sich aufhält: zum Symbolismus dieses Ortes bzw. zur *Macht dieses Ortes*.

h) Die Liebe der Eltern verwandelt die *zeitliche Endlichkeit* der Vertretenen in die *räumliche Gegenwärtigkeit* des Vertretenden. Die reale räumliche Gegenwärtigkeit des Vertretenden wirkt als eine *scheinbare zeitliche Unendlichkeit* des Vertretenen. Das wiederum heißt: Als leibhaftiges Machtmittel, als verlängertes Organ der Eltern wird das Kind zur *Funktion des Zeitpunkts*. Es wird zum Symbolismus dieses Zeitpunkts, zur *Macht des Augenblicks*. Das ist gemeint, wenn es heißt, die *räumliche Betrachtung der Lebensordnungen* in Familien sei durch eine *zeitliche Betrachtung der Lebensordnungen* zu ergänzen.

i) Da nämlich die leibliche Liebe der Eltern, aus der das Kind erwächst, nicht nach vorwärts, sondern nach rückwärts gerichtet ist, handelt es sich bei dem von den Kindern Dargestellten um Hinweise auf nicht wahrgenommene Verantwortlichkeiten im Leben der Eltern. Und da erfahrungsgemäß die nicht wahrgenommene Verantwortung kurzfristig und nachhaltig allein durch Trauer ihre nachträglich-nachtragende Wirksamkeit verliert, gilt der Satz: Das Leben eines Kindes ist, wo es symptomatisch wird, immer symbolhafter Ausdruck der ungetrauerten Trauer seiner Eltern.

j) Das Stellvertretertum des Kindes erfolgt in *örtlich* zu ermessender Entgegensetzung und *Diskontinuität* zu den Vertretenen und steht häufig in merkwürdiger *Konkurrenz* zu ihnen. Hier könnte man meinen, dem Vertretenen werde vom Vertretenden das Recht auf das Leben verwehrt. Im Gegensatz dazu erfolgt das Stellvertretertum des Kindes in zeitlich zu ermessender *Kontinuität* mit den Vertretenen und steht in einer ebenso merkwürdigen *Solidarität* zu ihnen. Hier könnte man meinen, dem Vertretenen werde vom Vertretenden das Recht auf den Tod verwehrt. Beide Urteile wären aber voreilig: Sie berücksichtigen nicht, dass es sich bei der Stellvertretungsfunktion des Kindes um Formen handelt, in denen eine kindliche Liebe sich dem Gefälle in der Welt anpasst und fließt.

k) Darin liegt der untilgbare Keim zur *Tragik* jeglicher Kindschaft – aber doch eben auch nur der *Keim* dazu. Denn die Stellvertretung der Kinder ist zunächst immer *Spiel*. Und das ist die andere, im Grunde wichtigere, jedenfalls ursprünglichere Seite von Kindschaft: Dem *Recht zu spielen* verdanken Kinder überhaupt ihr Leben. Im Spiel betätigt sich die ursprüngliche und grundlegende Lebendigkeit des Kindes. Aus dem Recht zum Spiel beziehen Kinder ihr Lebensrecht. Sie zu lieben, ihnen Lebensrecht zu verleihen, setzt die Bereitschaft voraus, ihnen ihr Spiel der Stellvertretung, den Symbolismus ihres Lebens nicht zu verderben. Wenn sie sich allzu strikt an die wahre Erkenntnis hielten, dass sie all das nicht sein können, was sie als Stellvertreter vorzustellen haben, dann müssten sie verkümmern. Sie würden nur noch ihr faktisches Versagen fühlen.

l) Kindern, die mit ihrer Liebe zu den Eltern als Versager auf die Bühne der Welt treten und auf den Brettern der Welt ihr Versagen spielen, bringen tatsächlich jenen Mangel zum Ausdruck, der entsteht, wenn ihnen von Eltern und anderen Älteren das Recht auf die *spielerische* Entfaltung ihrer kindlichen Liebe, die eine kindlich naive Darstellung der in ihnen pulsierenden Liebe ist, verwehrt wird. Durch den Stau dieser fürsorglichen Liebe verwandelt sie sich in ein Zerrbild der Liebe, das den in den Eltern wirkenden Selbstwiderspruch widerspiegelt.

m) Kindschaft ist also eine ebenso ursprünglich anmaßende wie lebensnotwendig *raumgreifende Empörung* gegen die Unerbittlichkeit der Folgen, welche die Abwesenheit der Abwesenden und die Verborgenheit der Verborgenen im Leben der Eltern nach sich zieht. Diese Empörung, die sich im Leben des Kindes bekundet, ist darum jedoch vom Wesen her nicht eine vermeidbar-autonome Empörung des *Kindes* sondern eine unvermeidbar-heteronome Empörung der *Eltern*. Dem Kind selbst verlangt sie absolute Dienstbarkeit ab.

Dies alles ist vorauszusetzen, wenn man sagt, Kindschaft sei in erster Linie Rebellion gegen den Tod. Und diese Auffassung zeitigt insbesondere darum so weittragende Konsequenzen, weil sich daraus, wie ich meine, schlechthin eine Klärung der wesentlichen Probleme alles Symbolischen ergibt.

Sigmund Freuds Bemerkung, wonach die Kinder der narzisstischen Befriedigung ihrer Eltern dienen (1914/1948, S. 157), kommt diesem Gedanken nahe: Kinder sind getragen von der – wie auch immer getrübten oder gespaltenen – Hoffnung ihrer Eltern auf das Leben, aber auch getrieben von der örtlich definierbaren *Leere*, die der Tod im Leben ihrer Eltern erzeugt. Um das Spiel der Kinder dort zu verstehen, wo ein Kind Hilfe braucht, müssen Erwachsene imstande sein, die Leere in den Blick zu nehmen, die Kinder spielerisch zu füllen trachten. Nur wer die Geduld dazu aufbringt und nur soweit er sie aufbringt, ist ein wahrhaft Erwachsener. Das heißt: Nur er ist fähig, Kindern das Leben zum *Geschenk* zu machen und die *Leere* durch *Lehre* zu würdigen. Und das ist eben der tiefere Sinn des Kinderspiels: von den Erwachsenen jene Geduld zu erbitten, aus der ihnen die Güte und die Kunst des *Lehrens* erwächst. Was nämlich mit Liebe und gütiger Geduld von Erwachsenen in den Tiefen des Kinderspiels immer nur von neuem erblickt werden kann, ist die unendliche Opferbereitschaft der Kinder. Diese Opferbereitschaft bezieht sich zumindest auf den leeren „Raum", den das Kind mit seinem Leben ausfüllt: Es ist bereit, seinen Leib jener virtuellen Bedürftigkeit zu überantworten und dort einzusetzen, wo den Eltern eine andere Person fehlt, und blindlings, mit Haut und Haaren, für das zu haften, was die Eltern genau an jener „Stelle" benötigen.

Allerdings ist zu unterscheiden zwischen Opferbereitschaft und Sühnebereitschaft. Denn die *Bereitschaft* zum Opfer geht nicht unmittelbar einher mit einem gleich hohen Maß an *Fähigkeit* zum Opfer. Wo ein Opfer gefordert wird, das die Kraft eines Kindes übersteigt, versinkt es in Sühne. Deren wesentliche Form ist freilich die Symptomatik. In der Psychoanalyse wird darum häufig die Sühnebereitschaft mit der Wirkung des „Todestriebs" gleichgesetzt (vgl. Dolto 1995).

Das *Opfer* ist die Mühe einer Arbeit, aus der Gutes entsteht. Die *Sühne* dagegen ist das Leiden an einer bloßen Fortsetzung der Machtlosigkeit und entsteht durch Übertragung von Ohnmachtserfahrungen von einer Person auf die nächste. Das Opfer kann nie durch ein „Weil", sondern nur durch ein „Obwohl" begründet werden, während die Sühne grundsätzlich durch ein „Weil" begründet wird. Der Unterschied zwischen Sühne und Opfer zeigt sich geradezu sprachlich im Gegensatz von „Weil" und „Obwohl". Er wird auch durch den Unterschied zwischen Mangel und Verzicht, zwischen *Versagung* und *Entsagung* charakterisiert. In ihm ist das Problem einer jeglichen Rechtfertigungslehre angerührt. Das Böse lässt sich nämlich nicht rechtfertigen – weder durch ein Weil noch durch ein Obwohl. Augustin hat wohl dasselbe sagen wollen, als er das Böse auf eine causa deficiens, auf das Fehlen der Ursache, d. h. auf die Abwesenheit Gottes zurückführte (vgl. Weizsäcker 1967, S. 251). Und hier liegt wohl auch der Grund dafür, dass Bert Hellinger den Verzicht zu einem notwendigen ersten Schritt erklärt, aus dem die Einsicht folgen könne (Hellinger 1999).

Um denselben Unterschied zwischen Weil und Obwohl geht es bei den Worten „Symbol" und „Symptom": Beide Worte stammen aus dem Griechischen. Während „Symbol" aber von *sym-ballein* kommt und etwas *Zusammengeworfenes* bzw. *-gelegtes* bedeutet (griech. *ballein* = „werfen", „legen"), kommt „Symptom" von *sym-ptoma* und bedeutet etwas *Zusammengefallenes* (griech. *piptein* = „fallen"). Der Unterschied betrifft den Übergang vom blinden Erleiden zum wachen Zustandebringen. Im Symbol ist der Bezug zwischen dem, was an die Stelle des Fehlenden gestellt wird, und dem Fehlenden selbst im Blick. Im Symptom dagegen ist dieser Zusammenhang ein blindlings erlittener. Er muss beim Symptom erst nachträglich erkannt werden. Das ist die Aufgabe der Diagnostik, bei der das Symptom in Hinblick auf den Mangel, den es in rätselhafter Form darstellt, durchschaut wird. Das *Symbol* entsteht, *obwohl* etwas fehlt. Das *Symptom* entsteht, *weil* etwas fehlt. Und im Umschlagen des Weil in das Obwohl liegt das Geheimnis aller Heilung.

Die symptomatische Sühne offenbart das Scheitern einer kindgemäßen Opferbereitschaft. Wo also Erwachsene als Lehrer von Kindern wirken müssen, kann dies nur gelingen, sofern sie über die Fähigkeit zur *Unterscheidung* zwischen Opfer und Sühne verfügen. Und da alle Symptomatik zwar der *Opferbereitschaft* von Kindern entstammt, aber aus Ohnmacht angesichts der Größe des geforderten Opfers oder aus Unfähigkeit angesichts der Größe eines zu leistenden Verzichts in die Verzweiflung der *Sühnebereitschaft* umgeschlagen ist, tragen Ärzte gegenüber ihren Patienten prinzipiell dieselbe Verantwortung wie Erwachsene gegenüber Kindern. Sie sind nicht nur die *Helfer*, sondern, sofern sie ihre Aufgabe bis in die Tiefen der Geschichtlichkeit begreifen, auch die *Lehrer* ihrer Patienten. Denn als Kranke sind alle Menschen in der Kindschaft Befangene und an der Güte ihrer Kindschaft Zweifelnde. Bereits den Kindern im Rahmen ihres Auffassungsvermögens den Unterschied zwischen Opfer und Sühne deutlich zu machen, beugt Krankheiten vor. Hier liegt das Zentrum, um das viele Weisheitslehren kreisen und um das sich Lehrer bemühen, die ihrer Verantwortung (als – geistige und soziale – Stellvertreter von Eltern) gerecht zu werden suchen. Das Wort „Eltern" stammt ja von dem Wort „Ältere" und bedeutet: in Hinsicht auf die Rangfolge der Verantwortlichkeiten die „Höheren" eigentlich im Sinne einer bewusst wahrzunehmenden Fürsorgepflicht von Übergeordneten. Diese „Höheren" sollen imstande sein, den ihnen anvertrauten Kindern gerecht zu werden und sie wahrhaft zu unterstützen (lat. *altus* = „hoch" und „tief"). Dies gilt umso mehr, als alle Verantwortung, die von den Autoritäten nicht wahrgenommen wird, in die Verantwortlichkeit der Kinder übergeht und Folgen zeitigt, die von den Kindern getragen werden müssen.

Aus dieser Einsicht nun ergibt sich der Anlass und die Brücke, zum Text des Matthäus-Evangeliums zurückzukehren und die Absicht des Exkurses zu erfüllen: Nichts anderes als das bedingungslose Vertrauen, das Kinder den Eltern unweigerlich entgegenbringen, ist es, was Jesus zum Vorbild für die wahrhaftige Haltung gegenüber Gott erklärt. Der Vergleich des Kindes mit den angesprochenen Erwachsenen setzt die Anerkennung der offenkundigen Unterschiede voraus. Allein darum können seine Worte als ein großartiges Gleichnis für eine darin verborgene religiöse Lehre wirken: Sie sind als Thematisierung des Problems der Menschwerdung des Menschen, wie ein Rätsel, Frage und Antwort zugleich: Die geistvolle Formulierung der Frage entspricht dem Tiefsinn der Antwort.

Das Schicksal Jesu selbst wird in den Evangelien als eine bis zum Äußersten gehende Prüfung seiner in Rätselform gegebenen Lehren dargestellt. Es gibt eine noch ältere, hochdramatische Version, in der die Frage nach dem Menschen Rätselform angenommen hat: die berühmte Frage der mythischen Sphinx an Ödipus. Freilich ist das Rätsel jener Sphinx eine Verkleidung des wirklichen Problems und führt Ödipus in die Irre. Während er glaubt, die Frage gelöst zu haben, weil sich die Sphinx in den Abgrund stürzt, statt ihn zu töten, schreitet er fort auf dem Weg seiner tragischen Verstrickungen. Die Sphinx hat ihn gefragt: „Was ist das? – Am Morgen auf vier Beinen, am Mittag auf zwei Beinen und am Abend auf drei Beinen." Und Ödipus hat geantwortet: „Der Mensch." Die Begründung: Der Mensch muss als kleines Kind auf allen Vieren krabbeln, später auf beiden Beinen zu gehen lernen und im hohen Alter den Stock zu Hilfe nehmen.

Die Irreführung der Sphinx liegt darin, dass sie die Frage nach dem Menschen in einer Weise gestellt hat, die über das Wesentliche des Menschen hinwegtäuscht. Folgte man ihr, dann müsste man annehmen, dass die Besonderheit, wodurch sich der Mensch von den anderen Kreaturen unterscheidet, in der Art und Weise besteht, wie der Mensch im Laufe des Lebens seine Arme und Beine zur Fortbewegung nutzt. Die Suggestivität des Rätsels verführt Ödipus zur Hybris. Er wähnt sich weise, ist jedoch mit seiner Schläue, die ihm zwar das *Überleben* ermöglicht, im *Zusammenleben* mit seinen Nächsten aber nichts mehr nützt, der Sphinx nur auf den Leim gegangen. Dem Verderben, das sie bringt, erliegt er mit Verzögerung. In der Karikatur ihres Rätsels und ihrer eigenen Rätselhaftigkeit verklärt sie die *oberflächlichen* Erscheinungen des leiblichen Umgangs zu einfach fasslichen Merkmalen für die *wesentliche* Unterscheidung zwischen Menschen und Tieren: als könne man, was den Menschen als Menschen ausmacht, erkennen, indem man dem Sichtbaren verhaftet bleibt. Das Verderbenbringende der Sphinx jedenfalls ist durchaus nicht an ihre leibliche Anwesenheit gebunden. Es vollzieht sich erst *nach* ihrem Todessturz. Nachdem die Sphinx untergegangen ist, hat sich ihre Rätselhaftigkeit nur verändert. Das Problem der Selbstständigkeit und Zeitlichkeit des menschlichen Lebens, das sie in ihrem Rätsel vordergründig thematisiert hat, verlagert sich nun auf die Ebene der Biographie und der biographischen Zusammenhänge.

Mit dem Drama des Ödipus führt Sophokles seinem Publikum das Rätsel des Menschenkindes endlich in einer Form vor, in der es einzig aufgeklärt werden kann: als Rätsel biographischer Gesetzmäßigkeiten. Hier hat Freud angeknüpft, ist aber an der Vordergründigkeit einer individuell missverstandenen Biographik gescheitert. Betrachtet man demgegenüber die Vorgeschichte des Ödipus bis hin zur Biographie seiner Großeltern, so ergibt sich eindeutig: Die Tragik seines Lebens entstammt der unbewussten, schicksalsträchtigen Bereitschaft, im Dienst beider Eltern die verwaiste Stellung von deren Nächsten einzunehmen. Angesichts der grundsätzlichen Bedeutung dieser Mythe werde ich hier ein wenig ausholen und sie stichpunktartig wie eine Krankengeschichte darstellen:

a) Ödipus verkörpert als erster Sohn des Laios dessen Vater Labdakos. Dieser kam im Krieg zu Tode, als Laios noch sehr klein war. Die Umkehrung, die Laios als symptomatischen Ausgleichsversuch an seinem Sohn vornahm, verlief so, dass Ödipus als kleiner Junge ausgesetzt wurde: Der Stellvertreter des Großvaters wurde *verstoßen*, „weil" der Großvater *verschwunden* war.
b) Zuvor hatte Laios als junger Mann seinem Gastgeber, dem König Pelops, dessen unehelichen Sohn Chrysippos entführt. Auch darin liegt eine symptomatische Ausgleichsbewegung: Statt seiner innersten Versuchung zu folgen und in den Tod zu gehen, den eigenen Vater also dort aufzusuchen, wo dieser sich befindet, behandelt Laios den Pelops als einen Stellvertreter für seinen Vater und *erzeugt* zwischen Pelops und Chrysippos jene Trennung, die zwischen Laios und sich selbst aufzuheben er sich nicht zubilligt, weil sie von ihm die Bereitschaft fordern würde zu sterben. Was er also selbst in seiner Beziehung zum eigenen Vater erlitten und nicht verschmerzt hat, das betreibt er aktiv: Der Sohn (Laios), dem der geliebte Vater (Labdakos) geraubt worden ist, raubt nun seinerseits einem Vater (Pelops) den geliebten Sohn (Chrysippos).
c) Die Beziehung zu Chrysippos war homosexuell – als wollte Laios damals eine erste Konsequenz aus seiner Kindschaft ziehen und selbst kein Kind zeugen, weil das Leben nur unerträgliche Verluste zur Folge hätte: ein Ausgleichsversuch des Laios in Stellvertretung seines Vaters Labdakos. Zugleich ein Ausschluss des Weiblichen, nachdem er als Kind mit der Mutter allein zurückgeblieben war und darunter gelitten hatte, dass er ihr nicht den geliebten Gatten ersetzen konnte: Nun war Laios (als liebender Stellvertreter seines Vaters) mit dem Chrysippos (als

einem geliebten Stellvertreter seiner selbst) verbunden. So komplettierte er das zerstörte Dreieck aus Vater, Mutter und Kind und wahrte zugleich die Liebe als wirkendes Bindemittel.

d) Chrysippos brachte sich als junger Mann kurz nach der Entführung um, weil er die Schande der Homosexualität nicht ertrug. Pelops verzichtete auf Rache an Laios und begründete dies damit, dass es gegen die Macht der Liebe kein Mittel gebe. Im Grunde aber hätte er durch Tötung des Laios dessen Herzenswunsch erfüllt, dem Chrysippos in den Tod zu folgen. Insofern hat die Gnade eine dunkle Kehrseite.

e) Als einziger Sohn von Laios wurde Ödipus dann zu einer bestimmten Zeit zum Stellvertreter des Pelops und tat, was jener vermieden hatte, indem er auf Rache verzichtete. Er wurde darüber hinaus zum Stellvertreter des Chrysippos und beging den Mord am Vater, um die Liebessehnsucht des Vaters über die Grenze des Todes hinaus zu stillen. Das geschah in einem Alter, in dem seinerzeit die Liebesbeziehung zwischen Laios und Chrysippos durch den Tod des Chrysippos unterbrochen worden war. Insofern ist seine Tat als ein blinder Ausgleichsversuch im Dienst des Laios zu verstehen.

f) Nach dem Tod seines Vaters erwarb Ödipus unwissentlich seine Mutter Iokaste als Gattin, indem er nach der Rätsellösung und nach der Befreiung der Stadt Theben von der Sphinx als neuer König – ebenso unwissentlich – das väterliche Erbe antrat. Die Kinder, die er mit ihr zeugte, hatte sie sich von Laios sehnlichst gewünscht. Er vollzog schicksalhaft, was sein Vater vermieden hatte. Das ist ebenfalls als ein stellvertretender Dienst zur Korrektur des Vergangenen zu begreifen, als ein Dienst nämlich, den er *sowohl für die Mutter als auch für den Vater* getan hat. Von Feindschaft kann nicht die Rede sein, nur von blinder Liebe. Diese Liebe nimmt den Weg über die Identifikation des einzigen Sohnes mit seinem Vater.

g) Iokastes Vater Menoikeus war einer der so genannten „Gesäten“, ein „Drachenmann“, der auf dem Feld aus den Schlangenzähnen gewachsen war, die Kadmos, der Gründer Thebens, nach Weisung der Athene ausgestreut hatte. Wenn Iokaste als einzige Tochter für ihren Vater die Mutterstelle einnimmt, dann hat dies darum außerordentliches Gewicht, weil ja seine Menschwerdung ein absolutes Rätsel ist. Dass sie – auch gegen den Willen ihres ersten Gatten Laios, den sie betrunken gemacht hat, damit er sich nicht mehr von ihr fern hielt – unbedingt einen Sohn bekommen und diesem menschliche Eltern bieten musste, war ihr töchterlich-leibhaftiger Beitrag zu dem unbedingt nötigen Ausgleich für die im Wortsinne un-menschliche Entstehung des Menoikeus.

Es ließen sich viele weitere Einzelheiten hinzufügen, aus denen die im Kern, nämlich in Hinsicht auf die dargestellte Gesetzmäßigkeit der Vorgänge, völlig realistische Komposition der mythischen Verstrickungen noch plastischer würde. Es ist aber auch so schon sichtbar, dass die Geschichte des Ödipus allein aus der Vorgeschichte seiner Eltern verständlich wird. Ohne den transgenerationalen Ansatz tappt man, wie seinerzeit Freud, im Dunkeln und ist verleitet, die geschilderten Gesetzesbrüche ohne Umschweife mit ahistorischen Annahmen über die menschliche Natur zu erklären. Das ist in Freuds Sexualtheorie und Triebtheorie geschehen. Aber darin liegt eine späte Analogie zu derselben Verzweiflung am Menschsein, der schon Ödipus erlegen ist. Dessen schließliche Selbstblendung stellt nur die blinde Voreingenommenheit durch die auf bloße Emotionalität gegründete Dienstbarkeit symptomatisch zur Schau: Es ist, als versuchte er in einem ersten Auflehnen gegen die unheilvolle Bindung an die Eltern, sich seiner Selbstständigkeit zu vergewissern, als müsste er die Blindheit an seinen Augen selbst herstellen, der er in seiner Unwissenheit ausgesetzt gewesen ist. Darin bestätigt er noch ein letztes Mal die verzweifelte Gewissheit, dass seine Kindschaft einen unbezahlbaren Preis gefordert hat. In dieser Form wird die Symptomatik eines Menschenkindes zum Hilfeschrei, zur Bitte um Erlösung, zum Appell an einen wahrhaft Sehenden.

Seit dem prähistorischen Zeitalter der Sphinx von Gizeh bis hin zur Moderne, in der die Frage nach dem Menschen als Frage nach dem Zusammenhang von Natur und Kultur gestellt wird, hat sich ein zwischen Mythos und Wissen schwankendes welthistorisches Ringen um die Güte der menschlichen Geschichte vollzogen. Und in der von Ödipus „besiegten" thebanischen Sphinx bildet sich eine Umbruchphase der Kulturen ab. Dieses Ringen hält gegenwärtig an. Und es scheint mir hilfreich zu sein, sich der Fruchtbarkeit der Mythen zu vergewissern: Während im biblischen Mythos Moses mit den Zehn Geboten Gottes auf den Plan tritt und im ersten und vierten dieser Gebote die Menschen dazu angehalten sind, ihre eigene Kindschaft zu preisen, d. h.

zunächst Gott und dann die Eltern zu ehren, schildert der griechische Dramatiker Sophokles (1995b) in dem Stück *Ödipus auf Kolonos* das Ergebnis eines Reifungsprozesses, den der (von seiner Tochter Antigone treu begleitete) Ödipus in der Verdunklung seiner Tage durchlaufen hat, bevor er im Tod nicht nur Frieden findet, sondern als von den Göttern Gewürdigter seine Nachwelt mit dem Leiden und der Endlichkeit des Lebens versöhnt.

Freud hatte im Wesentlichen Recht, als er die besondere Tragik des im anderen Drama von Sophokles (1995a) dargestellten „Königs Ödipus" aus den Mythen hervorhob und die darin auftauchenden Themen für vorbildlich in Bezug auf viele Dramen des menschlichen Lebens erklärte. Denn an jener schicksalhaften Gabelung, an der ein Menschenkind sich nicht mehr im leibhaftigen Dienst seiner Eltern wähnen kann und sich von dem Gefühl seiner Güte im Dienst an den Eltern nicht mehr getragen weiß, da haben die ihm offenstehenden Alternativen immer zunächst etwas Todbringendes. Die ursprüngliche Form, in der ein Kind die Ehrung seiner Eltern vollzieht, erfolgt ja im Rollenspiel. Sobald es nun aber in der Rolle der Toten, die seinen Eltern fehlen, scheitert und das Gefühl der angeborenen Güte aufgeben muss, entsteht unweigerlich die Frage, wer denn nun von der Bühne des Lebens abzutreten habe. Das Kind erlebt diese Situation als Einbruch des Todes ins Leben, häufig, als wäre es selbst für diesen Einbruch verantwortlich: als wäre es zu einem Mörder geworden, der nur nicht weiß, wen er umgebracht hat. Aber die gewöhnlichen Formen, in denen der Tod über das Leben hereinbricht, sind, wie ich anhand meiner Fallbeispiele aufzuzeigen versucht habe, die Krankheiten.

Andere vom Menschenleben selbst gemachte Eintrittspforten des Todes sind Verbrechen. Besonders auf die Verbrechen ist Freud eingegangen, als er eine paradoxe menschliche Situation in die Worte fasste: „Verbrecher aus Schuldsein" (1916/1948, S. 389 ff.): Im Unbewussten fühlt sich ein Mensch bereits schuldig, bevor er etwas Böses getan hat. Das reale Verbrechen folgt diesem Gefühl auf dem Fuße und gibt ihm jene nachträgliche Begründung, deren Fehlen zuvor quälende Unruhe und Verunsicherung erzeugt hatte. Die Wirkung des Verbrechens auf den Verbrecher ist eine merkwürdige, im Grunde unheimliche Besänftigung des Gefühlslebens. Sie lässt sich – so Freuds Tenor – erklären, wenn man dem Verbrechen eine Schutzfunktion gegenüber dem drohenden Wahnsinn zubilligt. Die durch das Verbrechen aktiv erzeugte Begründung der in ihm wirksamen Schuldgefühle beruhigt und befriedet ihn, wenn auch um den Preis der Gewalt gegen andere: Ihnen wird die reale Ohnmacht übertragen, an deren Virtualität der Verbrecher gelitten hat. Den beunruhigenden Stachel der Friedlosigkeit, den der Verbrecher zuvor nur passiv gefühlt hat, den unbewussten Zwang zur Selbstaufgabe, dem er zuvor nur schutzlos ausgeliefert gewesen ist, versucht er durch sein Verbrechen und aktiv zu erzeugen und zu kontrollieren. Es geht ihm dabei vor allem darum, seine innere Qual auf seine Nächsten zu übertragen und an ihnen gleichsam zu objektivieren. Ein innerer Zwiespalt wird durch einen äußeren Konflikt beendet, wenn der Verbrecher jene „Bosheit" in die Tat umgesetzt hat, derer er sich zuvor nur schuldig gefühlt hat. Anders gesagt: Er hat sich schuldig gefühlt, die Bosheit zu begehen, um seiner Bestimmung als Kind seiner Eltern gerecht zu werden. Durch das Verbrechen nimmt er die ihm zugefallene Rolle an und *wird* nicht etwa verrückt, sondern *verrückt sich selbst*. Das genau ist die Reise, die Ödipus antrat, als er von seinen Adoptiveltern nach Delphi aufbrach, um dort zu erfahren, wer seine Eltern seien. Er fand vorübergehend erst wieder Ruhe, nachdem er seinen Vater erschlagen und seine Mutter geheiratet hatte – wie es ihm innerlich bestimmt war.

Betrachtet man Verbrechen aus biographischer Perspektive, dann zeigt sich: Wo Schuld weder getilgt werden kann, noch anerkannt und durch Trauer verschmerzt wird, da findet eine Verschiebung statt, und zwar

- als *Progression* vom Starken auf den Schwachen (z. B. von den Eltern auf die Kinder)
- als *Hin-und-Her* zwischen zwei Menschen (z. B. Gewalt des Mannes und die List bzw. Verachtung der Frau)
- als *Regression* (die Sehnsucht oder Verbitterung des Unversöhnten und Einsamen; der Blick zurück, zuweilen bis zu Adam und Eva).

Das Thema *Schuld* hängt in der Tat so eng mit der *Zeit* zusammen, dass es berechtigt scheint zu sagen, Verzicht auf Schuldverschiebung komme einem *Bruch der Zeit* gleich (Goodman-Thau 1995). Denn die Unverbrüchlichkeit der Zeit wäre ja nichts anderes als der blinde Kontinuitätszwang leiblicher Haftung. Nur wo mit dem Automatismus dieser Haftung, dieser Unterworfenheit unter fremde Verantwortlichkeit gebrochen wird, da beginnt eine neue Zeitrechnung. Hermann

Cohen hat dies anhand des Versöhnungsproblems in den Lehren des Propheten Jecheskel (Hesekiel) aufgezeigt (Cohen 1988, S. 208 ff.). Sinnfällig wird diese Tatsache anlässlich der neuen Zeitrechnung, die die christliche Welt mit der Geburt Jesu Christi hat beginnen lassen. Wie Paulus insbesondere im zweiten Brief an die Korinther feststellt, sollte mit Jesus die Verschiebung der Schuld und die Erbsünde aufhören und ein Zeitalter ewigen Friedens durch Vergebung der Sünden beginnen. Überdeutlich aber ist auch, dass etwas an dem Verständnis der Möglichkeiten von Versöhnung gefehlt haben muss, sofern diese Lehre selbst richtig ist.

Vielleicht trägt es zu einem besseren Verständnis bei, wenn deutlich wird: Ein Bruch der Zeit ist bereits in der Räumlichkeit allen Geschehens angelegt. Dass es in der Welt *Orte* sind, an die wir als Menschen gestellt werden und von denen aus wir als Verantwortliche auf andere und anderes *bezogen* sind, unterbricht bereits innerhalb aller Gegenwart die unendliche Kontinuität und Einheit von Zeit. Dass wir uns bewegen oder bewegt werden, dass wir Ortsveränderungen vornehmen, an andere Stellen gelangen und an die Stelle anderer treten, zu Stellvertretern anderer werden, setzt unsere ursprüngliche Getrenntheit von den Anderen und von deren Orten ebenso voraus, wie es auch unsere Verbundenheit mit ihnen voraussetzt.

Die Beziehungen zwischen den großen Verbindungen und Trennungen im Leben der Menschen, von denen die Rede ist, wenn genographisch die Eckdaten der Familienbiographien erhoben werden und die in Familienkonstellationen therapeutisch zu rekonstruieren sind: Zeugung, Geburt, Eheschließung und Tod, diese Beziehungen offenbaren die Gesetze des menschlichen Lebens. Ihre Bedeutsamkeit ist immer eine Übertragung der Wirkung des ungelebten Lebens von Vorfahren. Und Biographik ist ein geistiger Akt, der den Zweck der Friedenstiftung verfolgt – den Zweck von Friedenstiftung angesichts der Gewalt, die von der ungetrauerten Trauer um jenes ungelebte Leben ausgeht.

Die Besinnung auf den wirklichen unverschmerzten Verlust, auf den wirklichen ausgeschlossenen Dritten und dessen angemessene Würdigung kann dagegen Frieden bringen. Dies anzumahnen, ist das Wesen von Symptomen. Insofern sind Symptome Hinweise auf die Mangelhaftigkeit einer von den Beteiligten jeweils erreichten Stufe des Gedächtnisses. Das Problem der Erinnerung und des Gedächtnisses, das in der Phänomenologie Husserls ein zentrales Thema ist und eine bevorzugte Stelle einnimmt, erweist sich auch als das zentrale Thema unserer Leiblichkeit bzw. des Verhältnisses zwischen unserer Leiblichkeit und Geistigkeit. Darin ist die Frage nach der Versöhnung begründet, in theologischer Sicht gleichbedeutend mit der Rechtfertigungslehre, die den Keim der Kirchenspaltung ausgemacht hat und die im Zentrum des ökumenischen Ringens steht. Dies gesamte Problemfeld lässt sich allerdings nur aus seinem Zusammenhang mit dem spezifischen Verhältnis des Kindes zur Sterblichkeit heraus verstehen. Und nur, wenn man diesen Zusammenhang in seiner Tiefe erkennt, wie Freud es sich seinerzeit zum Ziel gesetzt hat, als er die Revolution der Psychoanalyse in Gang setzte, versteht man etwas von der Zähigkeit und Widerspenstigkeit, womit Krankheitssymptome der Heilung trotzen. Nichts also wäre krasser verfehlt, als anzunehmen, dass Erwachsene sich an den Beweggründen ihrer Kindheit orientieren sollten. Die Aufforderung, zu werden „wie die Kinder", ist allein als Ermutigung gemeint, angesichts der Schwere des Lebens zu jenem Vertrauen in das Leben, in die Welt, in die anderen und in sich selbst zurückzufinden, wodurch die „Urliebe" des Kindes zu seinen Eltern (Hellinger 1994) charakterisiert ist.

8.5 Trauer und Logik

Die Tragik des Kindes verrät sich als scheinbar unbegreifliche *Sühne*. Das Wesen des *Opfers*, zu dem Erwachsene fähig sind, liegt in der Anerkennung der *absoluten Getrenntheit* angesichts der *relativen Verbundenheit* sowie in der Anerkennung der relativen Verbundenheit angesichts der absoluten Getrenntheit. Vernunft hat die Aufgabe, die konkrete Form der Getrenntheit des Verbundenen herauszuarbeiten. Das Absolute der Getrenntheit *herauszuarbeiten*, ist selbst ein Akt der *Ent-Bindung* von den Fesseln der Leiblichkeit, vergleichbar auch mit der Bildhauerkunst. Diese beginnt beim Urzustand des Gesteins, wie die Vernunft beim Urzustand des Kindes beginnt. Die Vernunft ist aber, im Unterschied zur Kunst des Bildhauers, mit Schmerz verbunden. Sie wird überhaupt erst ermöglicht durch die Bereitschaft zum versöhnlichen Vernehmen von sinnlich nicht erklärlichem, gleichwohl gefühltem Schmerz. Sich nämlich „gut" zu fühlen, heißt ursprünglich: sich als ein Gut der Eltern fühlen. Und sich „schlecht" fühlen, heißt ursprünglich: sich als eine Last der Eltern fühlen. Gemäß der Regel, dass Umlaute im

Deutschen eine Verwandlung von Passiv und Aktiv anzeigen, ist das „Schlechte" ursprünglich das „Schlächte": das nämlich, was den anderen zum Feind macht, ihn in einen Schlachter verwandelt: Der „Schl(a)echte" ist ein potenzielles Schlachtopfer; er scheint erst dadurch wieder zum „Gut" werden zu können, dass der andere ihn schlachtet und ausweidet. Dem „Bösen" wird die Macht zugestanden, „Buße" zu provozieren.

Die primäre Unversehrtheit, mit der das Kind für seine Stellvertretungsaufgaben gezeugt wird und sich bühnenreif gut fühlt, geht mit dem vorläufig unbeirrbaren Versuch einher, den Eltern seine Güte zu zeigen. Es lässt nichts unversucht, um zum Erfolg zu gelangen. Wenn der Erfolg aber ausbleibt, weil die Eltern ihm die Zufriedenheit versagen, dann verlässt das Kind die Bühne der Eltern noch nicht, sondern beginnt, im überzeugenden Spiel eines Versagers den Applaus seines kleinlichen Publikums doch noch zu provozieren. Misslingt auch dies, dann geht es zu einer dritten Variante über: Es bemüht sich, dem Publikum den Grund für das Ausbleiben des Applauses durch grobe schauspielerische Missgriffe zu liefern. Dies ist der Zeitpunkt, zu dem spätestens die Aufgabe der Heilung dringend wird. Das Kind aber verweigert die erforderliche Hilfe: Es verlangt unerfüllbare Bedingungen, die auf den ersten Blick zuweilen wie eine einzige Beschuldigung der versagenden Eltern erscheinen. Aber von der Wirkung her interpretiert, ist der Zweck dieser Bedingungen nur eine Fortsetzung seines Bemühens, die Last des Unfriedens zu tragen, solange die Eltern diese Last nicht zurücknehmen. Es setzt sich also die Bereitschaft des Kindes, für die Verantwortlichkeit der Eltern einzustehen, mit neuen Begründungen durch. Der Widerstand gegen die Heilung, dessen Erkenntnis Freud zu den Grundlagen der Psychoanalyse gezählt hat, rührt daher, dass die der Erkrankung zugrunde liegende Schuld in der Welt heimatlos würde und sich in einen unendlich weiterwandernden Fluch verwandeln würde, wenn der Kranke die Krankheit verließe und den Ausweg der Gesundung einschlüge, ohne ihr – der (sowohl in ihm wohnenden als auch ihn beherbergenden) Schuld nämlich – einen angemessenen Ort zu bieten.

Die Frage nach den Wegen der Heilung setzt sowohl das Problem der Behausung des Kranken als auch das Problem der Behausung der Schuld immer von neuem auf die Tagesordnung. Häufig genug ist es ja die Frage, ob der Kranke die Krankheit hat oder ob nicht gerade umgekehrt die Krankheit den Kranken hat. Das eben ist das Problem der

Hierarchie zwischen beiden. Habe ich die Grippe oder hat mich die Grippe? Habe ich Angst oder hat die Angst mich? Die Formulierung des Arztes: „Sie haben einen Herzinfarkt" ist ein Euphemismus. Sie suggeriert die verschwiegene Fortsetzung: „Sie werden mit meiner Hilfe damit fertig werden, dass dieser Herzinfarkt Ihnen nach dem Leben trachtet. Der Herzinfarkt ist darauf angewiesen, dass Sie am Leben bleiben und ihn beherbergen." Dasselbe gilt für die Formulierung: „Sie haben eine Zwangssymptomatik." Der Zwangskranke wird dadurch in die Position eines Hausvaters emporgehoben, der darüber zu entscheiden hat, wie lange er seinen lästigen Gast aufzunehmen gedenkt. Schamanen gehen mit Erkrankungen anders um: Sie erkennen in ihnen mächtige Geister, mit denen sie anstelle des Kranken ringen müssen, um ihnen einen Ort anzuweisen, an dem sie keinen Schaden mehr anzurichten vermögen. Sie bieten sich den sehnsüchtigen Geistern manchmal selbst als Übergangsobjekt an, nehmen mittels eines Rituals die Macht der Geister vorübergehend leibhaftig in sich bzw. in ihren Bannkreis auf, um sie dann zu besiegen und zu vertreiben. Der Prozess der Übertragung in der Psychoanalyse ist als eine Nachwirkung dieses magischen Vorgangs anzusehen. Er bewahrt die Erfahrung, dass Erkrankungen nicht zu überwinden wären, ohne dem Ursprung der Erkrankungen gerecht zu werden. Entgegengesetzte Auffassungen, wie sie die scheinbare Nüchternheit und Abgeklärtheit der naturwissenschaftlichen Abstraktionen kennzeichnen, beruhen auf schwerwiegenden Irrtümern über das Wesen der menschlichen Verantwortlichkeit. An diesen Irrtümern ist meines Erachtens unser gegenwärtiges Gesundheitswesen erkrankt.

Ich stimme der Ansicht zu, die Sigmund Freud im ersten Teil seines Werkes „Totem und Tabu" ansatzweise aufgezeigt hat (1912–13/1948, S. 79 f.): dass es die ungetrauerte Trauer sei, die in allen Krankheiten (sowie in Unfällen und Verbrechen) wirkt. Daraus folgt, dass im Gesundheitswesen alles darauf ankommt, ob es gelingt, mit den Toten Frieden zu schließen, um aus der leiblichen Haftung für die Folgen von deren Endlichkeit entlassen zu werden. Die Redeweise, dass ein Toter wirklich in Frieden ruhen könne, ist ja nur eine andere Ausdrucksweise dafür, dass die Lebenden seinen Tod nicht mehr mit Leid und Unheil sühnen müssen, jedenfalls durch diese Preisgabe ihres eigenen Glücks nicht mehr in Verzweiflung verfallen.

All dies hieße: Erst in der Überwindung der Verzweiflung an ihrer eigenen Verlusterfahrung ist der Tod eines Toten von seinen Angehörigen in Würde anerkannt. Bis dies geschieht, wird seine Rolle von Kindern übernommen. Und ob diese Kinder erwachsen werden können, hängt von der Höhe der Schwelle ab, die ihre Eltern und dann auch die Kinder selbst von der Bereitschaft zur Anerkennung des Todes der Toten trennt.

Ein Mensch, der die Rolle eines unbetrauerten Toten nicht mehr *spielen* kann, weil er in einem Alter angelangt ist, da es ernst geworden ist, da die *Identifikation* nicht mehr genügt, sondern da *Identität* gefordert wäre, da er der Tote selbst *sein* müsste, um die Arbeit der Trauer weiterhin zurückstellen zu können – ein solcher Mensch würde sich fühlen, als wäre er ein Mörder, gäbe es da nicht die – gewissermaßen normal zu nennende – Alternative: Er erlebt stattdessen die tiefste Infragestellung oder Umkehrung seines *eigenen* Lebens. Es erscheint ihm, als würde die Tatsache, dass er lebt, jemand anderem das Lebensrecht rauben, als könne er sein eigenes Leben nur auf Kosten anderer bei sich behalten. Und er ist der Versuchung ausgesetzt, das Leben stattdessen wieder zurückzugeben, sich umzubringen oder umbringen zu lassen. Die von Freud zitierte Geschichte von dem vier-jährigen Mädchen, das nach dem Tod seines Kätzchens „frischweg erklärte, es sei jetzt selbst das Kätzchen, auf allen vieren im Zimmer kroch, nicht mehr am Tisch essen wollte usw." (1921/1948, S. 120), ist ein einprägsames Beispiel, das in die Dynamik einführt, wie sie aus den „Identifikationen" mit den Toten erwächst.

Mir erzählte einmal eine Frau, dass sich ihr einziger Sohn zwischen dem dritten und sechsten Lebensjahr weigerte, seinen Geburtstag zu feiern – in auffallendem Gegensatz zu seinen älteren Schwestern. Sein Verhalten klärte sich auf durch die Information, dass sein schwerkranker, auf den Rollstuhl angewiesener und geistig nicht mehr präsenter Großvater im sechsten Lebensjahr des Jungen starb. Man könnte das Verhalten des Sohnes so übersetzen: Er stand unter dem Druck der magischen Angst, seinen Großvater durch allzu eilfertige Annahme der eigenen Lebendigkeit umzubringen, indem er damit nämlich alle Hoffnungen der Mutter auf sich vereinigt und vom Großvater abgezogen hätte. Nach dessen Tod gab es keine Schwierigkeiten mehr mit seinen eigenen Geburtstagsfeiern. Die hier auf rührende Weise symptomatisch werdende Selbstlosigkeit eines Kindes ist für den Lebenslauf von Kindern konstitutiv – wie auch immer diese Selbstlosigkeit in Erscheinung treten mag. Daher wird vielleicht der merkwürdige Doppelsinn der Formel, jemand habe „sich das Leben genommen", verständlich, das Schwanken zwischen den zwei Bedeutungen, die Offenheit der Frage, ob dadurch jemand nun begonnen oder aufgehört habe zu leben, erklärbar. Hegel spielt auf diese Problematik an, indem er ein Wortspiel einführt: Sich das Leben nehmen heiße den Tod ergreifen (Hegel 1970, S. 274). Auch sein Wortspiel ist noch doppelsinnig. Denn nach dem Tod zu greifen wie nach dem Arm eines Freundes, kann bedeuten, sich vor den Aufgaben des Lebens in den Tod zu flüchten, und es kann bedeuten, den Tod als zum Leben gehörig hinzunehmen; es kann heißen, das Leben sei eine unerträgliche Last, oder es kann heißen, das Leben sei eine Gabe, die im Umgang mit seinen Nächsten zum Geschenk für sich und für andere gemacht werden solle und könne. In dem zuvor erwähnten Märchen „Gevatter Tod" heißt es, wer den Tod zum Freund habe, dem werde es an nichts fehlen.

Zusammenfassend lässt sich sagen: Dies sind nur Ausflüchte, Umschreibungen, Beschwichtigungen, die dem wirklichen Problem ausweichen. Sobald ein Mensch nämlich sein Kinderspiel beenden, von der Bühne des elterlichen Theaters abtreten, sein Engagement durch die Eltern kündigen und erwachsen werden muss, begegnet er dem Tod durchaus nicht als einem Freund, sondern erlebt äußerste Feindschaft, hauptsächlich in Gestalt von Todesangst und/oder Wut und Hass. Zu sich selbst zu kommen, zum „Ich selbst" zu werden, mit sich selbst „identisch" zu werden, das setzt ja voraus, dass all diejenigen Menschen, deren Lebendigkeit dieser Mensch zuvor in seinem Kinderspiel über ihren Tod hinaus für seine Eltern bewahrt, jene Toten, die er im Dienst der Eltern durch seine Stellvertretung am Leben gehalten hat, tatsächlich als *andere*, als *„Nicht-Ich"* anerkannt werden. Sofern diese anderen aber tot sind, liegt in der Anerkennung ihres Andersseins auch die nachträgliche Bestätigung ihrer Sterblichkeit, gar ihres Todes. Gleichzeitig beinhaltet die Feststellung ihres Totseins die Hinnahme der eigenen Endlichkeit und Sterblichkeit.

Solange der Tod (bzw. Verlust) der Vertretenen von den Eltern aber nicht verschmerzt worden ist, bedeutet die Anerkennung ihres endgültigen Fortgangs aus dem Leben der Eltern einen beispiellosen Loyalitätsbruch. Dieser beschwört die Todesangst des betreffenden Kindes herauf und löst bei ihm Reaktionen aus, als ginge es darum, die von ihm befürchtete Bestrafung seines Loyalitätsbruchs durch die Eltern entweder aktiv zu provozieren oder aber der Bestrafung aktiv vorzugreifen und diese selbst zu inszenieren. Das Ausmaß der emotionalen Erschütterungen, die zu diesem Anlass zustande gebracht werden, entspricht der Höhe jener Schwelle, durch die die Eltern vom Gelingen ihrer Trauerarbeit getrennt sind.

Man kann derartige, in unendlich vielen Variationen auftretende Situationen zugespitzt so beschreiben: Ein jeder Mensch verhält sich an der Schwelle zum Erwachsenwerden, als stünde er vor der Entscheidung, ob er die von ihm vertretenen Toten eigenhändig *umbringen* müsste, um erwachsen werden zu können. Es ist, als föchte er in seinem Innern einen Kampf aus, bei dem es um das fünfte Gebot Mose ginge, das lautet: „Du sollst nicht töten!" Aber es ist dann ja gar nicht ersichtlich, dass *Gottvater* in der zur Entscheidung stehenden Frage über die Einhaltung dieses Gebotes wachte, sondern es ist deutlich erkennbar so, als wenn in einem Hinterhalt der Seele die *Eltern* darüber wachten. Vor allem ist es nicht so, dass es um eine reale Tötung, gar um *Mord* ginge, vielmehr geht es real um etwas gänzlich anderes: um die Beendigung einer im Dienst der Eltern mittels Stellvertretung erfolgte Leugnung des realen Todes einer dritten Person sowie um die ohne Billigung der Eltern zu vollziehende Überführung dieser Leugnung in die stellvertretende Anerkennung der Endlichkeit des Lebens jener dritten Person. Bei diesem Vorgang geht es tatsächlich um Leben und Tod. Es geht auch um Schuld und Unschuld. Aber zur Entscheidung steht nicht die Beendigung eines fremden Lebens, sondern der Beginn des eigenen Lebens. Auf der Ebene des Gefühls ist dieser existenzielle Unterschied freilich nicht zu treffen. Denn es handelt sich um ein rein geistiges Problem – genauer: um nichts Geringeres als um jenes Problem, an dem die Geistigkeit und damit die Menschwerdung, das Selbst eines Menschen zur Entscheidung steht. Die Ansprüche an die Individuation der Menschenkinder, die Provokationen, zu sich selbst zu kommen und erwachsen zu werden, sind – so zeigt sich an den Zeitpunkten, zu denen Menschen von Krisen und Krankheiten heimgesucht werden – schicksalhaft und völlig unabhängig von dem Reifegrad ihrer jeweiligen Fähigkeiten. Das Schicksal eines einzelnen Menschen verhält sich nicht pädagogisch, nicht didaktisch klug. Es bindet sich nicht an die Vorgabe, nur solche Aufgaben zu stellen, deren Lösung von dem Menschen, der es zu tragen hat, zuvor geübt worden wäre. Das ist der Grund, warum Gesellschaften, statt ausschließlich Richter zu bestallen, auch Lehrer und Ärzte ausbilden: Sie sollen den schicksalhaft überforderten Heranwachsenden beistehen.

Ich habe die Krise der Kindschaft so ausführlich kommentiert, damit unmissverständlich klar wird, dass das Ende der Kindheit einem symbolischen Tötungsakt gleichkommt. Von daher ist natürlich verständlich, welch hohen Rang Sigmund Freud der Ödipus-Mythe zugewiesen hat, auch wenn sie bei ihm noch Mythe geblieben, nicht also in ihrer gesetzhaften Irrationalität aufgeklärt worden ist: Um in die Reihe der Erwachsenen treten zu können, muss ein Mensch die Stellvertretungsfunktion beenden, mit der er Tote symbolisch in der Gegenwart am Leben hält. Mit der Beendigung des Kinderspiels aber vernichtet er gleichsam die kindgemäße Form des Andenkens an jene Toten, deren leibliche Anwesenheit er im Kinderspiel über ihren Tod hinaus für die Eltern bewahrt hat. Die Vernichtung dieser Form des Andenkens stellt eine Lebenskrise dar, deren Meisterung nur gelingt, wenn an die Stelle des unbewussten Erinnerns, an die Stelle der leibhaftigen „Gedenkkerze" (Wardi 1997) das bewusste Gedächtnis und die geistig gereifte Würdigung tritt. Andernfalls wird der bewusste Versuch, mit der *Kindheit* zu brechen, als Vergeblichkeit des ganzen Lebens, als unverstandenes Scheitern erfahren. Darin steckt dann immer nur der ebenso geheime wie übermächtige Boykott des (zumeist weniger bewussten) Versuchs, mit der *Kindschaft* zu brechen. Jeder Impuls zum Bruch mit der Kindschaft, mit der Aufkündigung der *Gefolgschaft* im Dienst an den Eltern erweist sich aber letztlich als Fortsetzung des Rollenspiels. Es zeigt sich, dass die Schwelle zur Überwindung dieser Gefangenschaft darum so hoch erscheinen muss, weil die Eltern sie mit dem lautlosen Bannspruch ihrer eigenen Bedürftigkeit belegt haben: Der Tod der Toten darf nicht anerkannt werden, weil die Eltern untröstlich sind – das ist der unausgesprochene Kernsatz dieses Bannspruchs. Ihn zu verstehen und das Leid auszuhalten, das er unterbinden soll, erfordert häufig mehr Mut, Kraft und Geduld, als ein Kind aufzubringen vermag. Dann verharrt es im Status eines Leibeigenen seiner Eltern und drückt das Scheitern seines Stellvertretungsauftrags mit seinem Unglück aus.

Der über die Kindheitsphase hinaus anhaltende leibliche Sklavenstatus, die ausbleibende Freilassung eines Menschen ist wie eine Strafe für dessen fortgesetzten vergeblichen Versuch, die Toten, die er leibhaftig zu verkörpern hat, nach deren Tod und Verlust ein zweites Mal verschwinden zu lassen oder umzubringen: als unendliche Fortsetzung und Erneuerung einer alten Schuld, die zuvor durch seine Stellvertretung außer Kraft gesetzt zu sein schien, deren untergründige Gegenwart aber zu bestimmten Zeiten zutage tritt. In symptomatischer Symbolik „tötet" zum Beispiel Ödipus seinen Vater Laios, den er bereits erschlagen hat, gemeinsam mit seiner Mutter durch den Inzest erneut. Ebenso „tötet" ein Mensch in seiner den Umbruch zum Erwachsenwerden markierenden Symptomatik noch einmal *symbolisch* all die – wie auch immer umgekommenen – Toten, für die er zuvor leibhaftig eingestanden ist und deren symbolisches Relikt seine Kindschaft bleibt. Erst als Erwachsener kann er sich selbstständig zu seinem eigenen Leben bekennen, es mit allen Konsequenzen von den Eltern nehmen und dem daran gebundenen Tod sehenden Auges mit dem Bekenntnis zum Leben begegnen.

Auf eine Formel gebracht: Die Verzweiflung eines Kindes, das unter der ungetrauerten Trauer seiner Eltern zu leiden hat, der Zwiespalt in seiner Kindschaft, entzündet sich eigentlich am fünften mosaischen Gesetz, das lautet: „Du sollst nicht töten!" Aber sie entzündet sich an einer merkwürdigen *Doppeldeutigkeit des Tötungsverbots,* deren Wurzel in der spontanen kindlichen *Verleugnung* des Todes und der Endlichkeit besteht. Sie ist bis in die Quellen der elterlichen Liebe zurück zu verfolgen. Die Doppeldeutigkeit des Tötungsverbots beruht auf einem geheimen, unausgesprochenen, rein emotional wirkenden Verbot, das von zur Trauer unfähigen Eltern ausgeht und das die Kinder ergreift, als müssten diese mit ihrem Leben dafür einstehen, über Tod und Verlust ihrer Nächsten hinwegzutäuschen. Das Tötungsverbot benennt damit zugleich die objektive Unmöglichkeit, einen Menschen „aus der Welt zu schaffen". Denn der Getötete wird durch Nächste leiblich repräsentiert, bleibt in ihnen gegenwärtig und nimmt die Lebenden über seinen Tod hinaus in Anspruch. Durch das für Kinder konstitutive „Als ob" wird ihre Liebe an die Aufgabe gekettet, die Rolle der Toten auf Gedeih und Verderb beizubehalten. Der Verzicht auf Gedächtnis und Erinnerung wird zum Garanten einer auf das Scheitern des betreffenden Kindes ausgerichteten leibhaftigen Loyalität.

Erst jene Macht des Augenblicks, die ich unter dem Gesichtspunkt der Altersrelationen untersucht habe, bringt dann die Symptomatologie des kindlichen Scheiterns, die Aushöhlung des kindlichen Rollenspiels zur Geltung. Scheinbar zufällig wird dann plötzlich spürbar, in welch elementarem Bezug das Kind zum Tod der Toten steht: dass es sein Leben im Grunde nur unter der Bedingung erhalten hat, dass es imstande ist, bei den Eltern den Verlust der Fehlenden und den Tod der Toten vergessen zu machen, ihnen bei der Leugnung der Endlichkeit des Lebens zu helfen, die Endlichkeit überhaupt aus der Welt zu schaffen.

Das *Tötungsverbot* gewinnt im Kinderspiel eine *leibhaftige Geltung* in der naiven Gestalt der Stellvertretung oder, psychoanalytisch gesprochen, der Identifikation. Indem das Kind – frei von jeglichem Bewusstsein über den tiefsten Zweck seines Tuns – die Toten symbolisch am Leben zu halten versucht, verhält es sich *antilogisch*. Es verhält sich, als sei es imstande, den *Satz vom Widerspruch*, den Grundsatz der formalen Logik außer Kraft zu setzen und zu verspotten. Dieser lautet nämlich: „A ist nicht gleich Nicht-A." Genau dieser Satz scheint in keiner Weise für das Leben eines Kindes zu gelten. Denn sein Recht zu leben ist von den Eltern unbewusst an die Repräsentanz von Toten gebunden worden: Es muss an seinem Lebensrecht verzweifeln, sobald es seiner Funktion als Stellvertreter nicht mehr gerecht zu werden vermag. Es ist also ganz ursprünglich und in seinem tiefsten Wesen *nicht es selbst*, sondern steht ausschließlich für andere. Mit jeder Faser seines Herzens demonstriert es: „Schaut her: Ich bin Nicht-Ich! Denn wäre ich doch Ich, dann wären ja diejenigen, für die ich stehe, fort oder tot. Das aber darf doch nicht sein, denn dann wären meine Eltern untröstlich."

Das scheint mir die Grundlage des Phänomens zu sein, das Viktor von Weizsäcker (Ges. Schriften Bd. 5, S. 16) mit seiner Wortschöpfung der *Antilogik* umschrieben hat, ohne freilich den Ursprung der aller Vernunft spottenden Obsessionen in der unreifen Liebe des Kindes zu den Eltern zu erkennen. Das *Antilogische* des *Kinderspiels* ist gewissermaßen das *Lebenselixier* des Kindes, durchaus also *kein Versehen*, nichts, worüber Erwachsene hinwegsehen dürften, als sei es nicht so wichtig. Die Antilogik ist die für das Kind wesentliche Art und Weise, das „Tötungsverbot" gemäß der Bedürftigkeit seiner Eltern zu befolgen: Unbewusst interpretiert es das fünfte mosaische Gesetz, als wären seine Eltern Gott selbst. Das aber heißt: Es verstößt nicht nur gegen das fünfte, sondern bereits gegen das erste Gesetz, welches lautet: „Ich bin der Herr, dein Gott. Du sollst keine anderen Götter neben mir haben!" Aber es verstößt nur aus einem einzigen Grund dagegen: Weil seine Eltern durch die Unfähigkeit zu trauern bezeugen, dass sie an Gott und der Welt verzweifeln. Sie sind verzweifelt darüber, dass der Schöpfer eine Welt geschaffen hat, in der es den unerträglichen Schmerz gibt, den Tod und Verlust von nahen Angehörigen bei ihnen ausgelöst haben. Sie verzweifeln an Gott, wissen aber nicht, dass sie dies tun; denn Ihre Verzweiflung verbirgt sich im Mangel an Erinnerung. Anders gesagt: Wo die Antilogik eines Kindes übermächtig wird, da sind dessen

Eltern nicht erwachsen geworden; sie benötigen ihr Kind über alles normale Maß hinaus zum Schutz vor den Anforderungen der Trauer.

Diese Feststellung ist, darüber darf es kein Missverständnis geben, frei von jeglichem Vorwurf. Sie bezieht sich auf alle Eltern, deren Leben geprägt ist durch die Übermacht des Schreckens, von der die Welt gefüllt ist, durch Traumatisierungen historischen Ausmaßes nämlich, wie sie im Rahmen von Naturkatastrophen und Seuchen, vor allem aber von Krieg, Völkermord, Wirtschaftszusammenbrüchen und Bürgerkrieg, durch Menschen selbst also, ausgelöst worden sind. Die gesamte Traumaforschung, die sich auf die nächste und übernächste Generation bezieht – das Buch von Dina Wardi „Siegel der Erinnerung" (1997) sei als eines von vielen genannt – behandelt dieses Thema. Nur wer sich damit befasst, kann ermessen, was es tatsächlich bedeutet, der Wirkung des ersten, vierten und fünften Gesetzes des Dekalogs ausgesetzt zu sein, geschweige denn, wie schwer es ist, bewusst mit diesen Gesetzen zu leben. Die Traumaforschung zeigt das ungeheure kulturelle Gewicht der Erkenntnis, dass erst ein wahrhaft *Erwachsener* imstande ist, das Tötungsverbot so zu verstehen, wie es im Dekalog gemeint ist. Und erst im mosaischen Verständnis steht es im Einklang mit der Logik. Das beinhaltet die Feststellung, dass das Gelingen der Trauer Voraussetzung ist für den logischen Charakter des wahrhaftigen Denkens.

Erst in der Logik des Lebensernstes findet die Anerkennung der Unsterblichkeit der Toten sowie der Sterblichkeit der Lebenden statt. Erst die volle Einsicht, dass die Toten ruhen dürfen, erst die volle Bereitschaft, die Toten ruhen zu lassen, ermöglicht die kompromisslose Hinnahme des Satzes vom Widerspruch: „A ist nur A und nicht Nicht-A." Erst der Erwachsene ist imstande, aus vollem Herzen zu sagen: „Ich bin nur Ich und kein anderer. Es wäre nicht recht, wenn ich versuchte, jemand anderen zu ersetzen und, indem ich ihn vertrete, so zu tun, als wäre er nicht tot." Die Logik, das ist aus diesem Zusammenhang festzuhalten, ist nichts Formales, sondern etwas zutiefst Inhaltliches. Sie ist die für das Erwachsensein charakteristische Haltung gegenüber dem Tod. Insofern ist die Lehre der formalen Logik nur eine der Vorbereitungen auf den Zeitpunkt, an dem sie von einem Menschen benötigt wird, den Versuchungen kindischen Wahns zu widerstehen.

Es erscheint darum häufig so, als wenn sich an der Schwelle zum Erwachsenwerden die Aufgabe einer „Umwertung aller Werte" stellte. Diese Formel von Friedrich Nietzsche (1988, S. 911) drängt sich zur

Beschreibung des Resultats auf, weil nunmehr das, was zuvor als „Mord" gegolten hätte, sich als Liebesdienst erweist, und was zuvor als „Liebesdienst" gegolten hätte, sich nun als Mord entpuppt. Die Verrückung, die hier erfolgt und die mit der mythischen These der Psychoanalyse vom Ödipuskomplex angestrebt wird, ist ein Zurechtrücken in die ursprüngliche Position, die aus der ursprünglichen Verfassung heraus vom Kind nicht eingenommen werden konnte, weil ihm sonst die Kraft zum Kindsein, besser das unmittelbar empfundene Recht zum spielerischen Einsatz des Lebens abhanden gekommen wäre. Es handelt sich um eine Schwelle, an welcher die Verrücktheit als Symptom einer in Verzweiflung mündenden kindlichen Dienstbarkeit auftaucht, wenn das Kind nicht das Recht erfährt und nicht den Mut gewinnt, sich aus dem Leibeigentum seiner Eltern zu entlassen, wenn es keinen anderen Grund und Boden für seinen Lebensweg findet als den, der ihm von der leiblichen Bedürftigkeit der Eltern zugewiesen ist und der seine leibliche Haftung beschreibt.

Das Unbewusste ist für Freud jenes Symbolische par excellence, als das ich das Kind bezeichnet habe. Im Gegensatz zwischen diesen beiden Auffassungen liegt der Kern des Unterschieds zwischen dem familienbiographischen Ansatz einer existenziellen Therapie und dem triebtheoretischen Ansatz der Psychoanalyse. Da Freud das Unbewusste auch zum Reservoir des Infantilen erklärt hat, erscheint dieser Gegensatz auf den ersten Blick gegenstandslos. Auch die Tatsache, dass Freud das „Unbewusste" als „alogisch" bezeichnet hat, während ich Weizsäckers Bezeichnung aufgreife und es „antilogisch" (Weizsäcker 1967, S. 195 ff.) nenne, wirkt, oberflächlich betrachtet, als sei beide Male dasselbe gemeint. Man mag sogar einwenden, dass Weizsäcker zwar die leidenschaftliche Gegenwehr des Antilogischen gegen die Brutalität der Logik hervor gehoben habe, dass aber mit seiner Redeweise die wirklichen Verhältnisse noch immer auf den Kopf gestellt werden: in Wirklichkeit verhalte es sich umgekehrt insofern, als es ja die Macht der *Logik* sei, die sich ihrerseits dem infantilen *Symbolismus* des Lebens *entgegen stemme*, indem sie für die Notwendigkeit einer Anerkennung des Todes einstünde. Aber solche berechtigten Einwände ändern nichts an dem einen wesentlichen Punkt, um den es bei der begrifflichen Auseinandersetzung geht: Verdienst der Logik ist es, die Voraussetzung zu schaffen, um mittels Gedächtnis und Erinnerung die *Unersetzbarkeit jedes einzelnen Menschen* gegen alle Anfechtungen infantilen Stellvertretertums zu behaupten und die Würde des menschlichen Lebens gegen die Gefahren leibhaftiger Entwürdigung zu wahren. Dass dies der eigentliche Zweck des therapeutischen Prozesses sein muss, bleibt aber in der Psychoanalyse unklar. Und diese Unklarheit findet man in der Unschärfe ihrer Begrifflichkeit.

Das Wesen klarer Begrifflichkeit besteht in der Anerkennung des Todes, wie das Wesen des Leibes darin besteht, die Grenzen, welche der Tod setzt, immer von neuem zu überschreiten. Den Tod anzuerkennen, ist eine menschliche Lebensaufgabe. Logik und Erinnerung ermöglichen es überhaupt erst, die Toten zu würdigen und damit auch die Würde der Lebenden zustandezubringen, sie aufzurichten und ihnen zum je eigenen Standpunkt zu verhelfen. Dieser Akt der Würdigung ist ein geistiger. Er geschieht durch die Anerkennung der Unersetzbarkeit eines jeden Menschen. Und die Ohnmachtsgefühle der Angst, des Schmerzes, der Scham und der Wut, die es zu überwinden gilt, um ihn zu vollbringen, macht den Kern dessen aus, was sich – metaphorisch gewendet – als Anfechtung des „Leibhaftigen" oder des „Satans" durch die Geschichte der Menschheit zieht und was auch als das Problem der Unterscheidung von Gut und Böse bezeichnet wird.

Logik und Vernunft ermöglichen Partnerschaft. Das Wesen von Partnerschaft unter Erwachsenen besteht nämlich darin, einander – trotz der unmittelbaren Ohnmacht aller Kindschaft – das zu *sein*, was ein jeder für seine Eltern nur *bedeuten* kann, einander zu verstehen, sich geschwisterlich zusammenzuschließen und die unablegbar übertragene Ohnmacht gemeinsam zu tragen, dort die Kräfte zu entfalten, wo sie ein Anderssein-als-das-Bedeutete in Güte ermöglichen, statt nur gefühlsgemäß zu *handeln*, miteinander zu *verhandeln*, einander nicht zu *tragen*, sondern sich miteinander zu *vertragen*, einander nicht zu Leibeigenen zu machen, sondern untereinander *Verträge* einzugehen und diese zu erfüllen. Das alles läuft auf die Zuversicht hinaus, dass man lernen kann, als Erwachsener *dialogisch* zu sprechen und um Frieden zwischen Ebenbürtigen zu ringen, statt *analogisch* um die Verteilung von Herrschaft und Knechtschaft zu streiten.

Die Unterordnung unter diese Aufgabe ist allem Anschein nach spezifisch für das menschliche Leben. Und da die Menschlichkeit des Lebens scheitert, wenn sie unerfüllt bleibt, hat dieses Spezifische offenbar Gesetzeskraft.

8.6 Die Macht des ausgeschlossenen Dritten

Der dem menschlichen Leben untilgbar innewohnende Drang nach Würde und die Ruhelosigkeit, die das Ausbleiben der Würdigung anzeigt, sind gemeint, wenn hier im Rahmen der Familienbiographik vom *Naturgesetz* des menschlichen Lebens die Rede ist: Ein Kind wird geboren und erhält sein Recht auf Lebendigkeit um den Preis des Triebs, den Eltern die ihnen Fehlenden zu ersetzen. Die in naturwüchsiger Triebhaftigkeit wirksam werdende Bedingung seines Lebensrechts stellt die *Urfassung des Lebensgesetzes* dar. Es ist das Gesetz des Ursprungs: das Gesetz des Geworfen- und Unterworfenseins, der *Subjektivität* (lat. *subicere/subjectum* = unterwerfen/unterworfen). Aber in dieser Urfassung liegt eine – zuweilen schmerzlich spürbare – Orientierung auf die Erfüllung einer die Unmittelbarkeit des Leiblichen übersteigende Aufgabe: der Menschwerdung.

Die angeborene, unmittelbare *Per-Sonalität* (lat. *personare* = hindurchtönen) ist in dem metaphorischen Sinne zu verstehen, als ob das Kind Masken trüge, um in spielerischer Weise seinen Auftrag zu erfüllen und seine Lebendigkeit gegenüber den Eltern zu rechtfertigen. Der Name des Kindes wird von ihm nicht als Eigenname, sondern als ein Pseudonym erfahren. Und in den Mythen entfaltet sich der Reichtum all der vielfältigen Irrwege, auf die es durch sein Pseudonym geführt wird. Das *Kinderspiel* leiblicher Mimesis (Auerbach 1946; Röhr 1985) ist der ursprüngliche *Symbolismus* des Lebens, der den *Ernst* einzuschließen beginnt, sobald er zur *Symptomatik* des Lebens wird. Der Einbruch des Ernstes ins Leben erfolgt in Gestalt der Erkrankung und Verletzung. Diese als Abmahnung an die *Kindheit* ernst zu nehmen, ist der – eines Erwachsenen würdige – geistige Akt, durch den die Symptomatik des infantilen Stellvertretertums zur Hinnahme der eigenen *Kindschaft* hinführen kann. Dabei geht es um die existenzielle Unterscheidung zwischen *Freiheit* und *Notwendigkeit*.

> Notwendig ist die durch das Menschenkind zu vollziehende spielerische Übernahme der Funktion eines Dritten für den anderen. Diese primäre Art der Notwendigkeit wird jedoch dort, wo das Spiel beendet ist und wo es ernst wird, zu nichts anderem als zur Verwandlung, Verkehrung und Fortsetzung von Not und Verzweiflung, da sie dem Irrtum unterliegt, der eine könne dem anderen ersparen, um den Verlust des Dritten zu trauern; er könne –

sozusagen *„über-haupt“*, d. h. über den Kopf des anderen hinweg – über das Leben des Dritten verfügen und dessen Lebendigkeit durch Verewigung seiner Funktionalität an sich reißen.

Die *ursprüngliche Notwendigkeit* läuft auf ein bloßes *Umwenden der Not* von einer Seite auf die andere Seite hinaus. Sie ist der Trieb, der dem Sog folgt, das ursprüngliche Wollen, das ein aussichtsloses Auffüllen der Leere und des Mangels im anderen bedeutet und selbst eine ausgebliebene Würdigung anzeigt. Es ist in diesem Zusammenhang zunächst unwichtig und von sekundärer Bedeutung, ob der andere den erlittenen Verlust zu betrauern und zu verzichten bereit ist oder nicht und ob der eine sich den Verlust des anderen lediglich zunutze zu machen sucht, indem er sich ihm mit dem falschen, irreführenden Anspruch der Erfüllung aufdrängt.

Die *ernsthafte Notwendigkeit* jeder Ersatzleistung ist etwas *Sekundäres*: Sie beschränkt sich auf diejenige Arbeit, die sich eben als die Arbeit der Stellvertretung erweisen muss – aber in aller Bescheidenheit. Der vertretene Dritte wird dabei vor der Versuchung bewahrt, ihn durch Mimesis aus seiner angestammten, vorgängigen Position zu verdrängen. Die Leere, die er hinterlassen hat, wird wahrgenommen. Das heißt: Sie wird bis zu ihrem Grund, bis hin zur Wirklichkeit des Todes durchschaut. Das erst ermöglicht die Achtung des anderen. Achtung ist in diesem Sinne die Anerkennung der *Notwendigkeit von Trauer*, welche der eine dem anderen niemals ersparen kann. Achtung ist also vor allem die Wahrnehmung der Leere, die ein Dritter im Leben des anderen hinterlassen hat, der Verzicht darauf, diese leeren *Positionen* anders als spielerisch einzunehmen, auch wenn die unerfüllten *Funktionen* im Dienst des anderen durchaus als Aufgaben übertragen und als Arbeit ernsthaft übernommen werden können.

Freiheit ist ein im Zuge der *Notwendigkeit der Arbeit* zu erwerbendes geistiges Gut, welches in der Anerkennung der Beschränktheit jeglicher Arbeit besteht. Denn durch keinerlei Arbeitsleistung ist es möglich, den Ersatz einer *Funktion* in den Ersatz einer *Person* zu überführen. Das Fehlen des Dritten macht den unabänderlichen Mangel des anderen aus, vor dem sein Nächster sich zu beugen hat. Insofern ist Freiheit nicht etwa, wie häufig zu hören ist, die Freiheit des Anders-Denkenden, sondern Freiheit ist die innere Haltung des im Angesicht der Not des anderen wahrhaft Denkenden.

Die Kraft des Freiheit stiftenden Denkens besteht darin, die Hoffnung auf Trost auch dort nicht aufzugeben, wo die Anerkennung der eigenen Hilflosigkeit angesichts der Trostlosigkeit des anderen unvermeidlich wird. Und die Freiheit wird zu einer gegenseitigen Gabe, sofern auch die Trostlosigkeit des anderen angesichts der eigenen Hilflosigkeit und Ohnmacht anerkannt wird. Der Ohnmacht im Zusammenleben Achtung zu verschaffen, heißt dann, die gegenseitige Subjektivität (d.h. die gegenseitige Unterworfenheit unter die Ohnmacht des anderen) ins Denken einzuführen. Die Fähigkeit dazu ermöglicht soziales Leben. Sie bildet die unentbehrliche Ergänzung zu dem, was einer technizistischen Medizin der Prothesenbildung immer dort fehlt, wo sie an ihre Grenzen gerät, weil sie keine Prothesen mehr anzubieten hat. Diese Grenzen sind nicht starr, sondern dehnbar. Angesichts einer bestimmten historischen Situation ähneln sie insofern einem Ballon, der aufgeblasen werden kann, bis er platzt. Und mit der formalen Logik verhält es sich dann, als müsste sie die Frage beantworten, welche Form diesem Ballon eigentlich zukomme. Das erscheint zwar zuweilen wie ein Kinderspiel, erweist sich aber als ein Wagnis, bei dem es nicht etwa um „alles oder nichts" geht, sondern um „alle".

Als Grundvoraussetzung der Familienbiographik erweist sich die Erkenntnis, dass nicht nur das Leben, sondern auch der Tod personal betrachtet werden muss. Die Ursprungsordnung des menschlichen Lebens muss also insgesamt personal dargestellt werden – nicht etwa nach dem Schema: hier die Lebenden, da der Tod, sondern: dort die Toten und hier die Lebenden. In dieser Form erhält die familienbiographisch erkennbare Ursprungsordnung den Charakter des Transzendenten: Sie bezeichnet die Struktur der Grenzen, die im Fortschreiten und Vergehen des Lebens überschritten, die Markierungen, die im Prozess des Lebens passiert werden. Es sind dies die Schranken zwischen Mann und Frau, zwischen Eltern und Kind sowie zwischen dem Reich der Lebenden und dem Reich der Toten. Die Ursprungsordnung des Lebensprozesses liefert anlässlich seiner Brüche und Übergänge die Kriterien, nach denen beständig krisenhafte *Ur-Teilungen* stattfinden und Urteile gefällt werden.

Weder die Brüche und Teilungen noch die Urteile, Krisen und Fragen der Menschen sind aber primär Akte, sondern es sind zunächst leibliche Passionen, die sich in der innigen Abhängigkeit eines jeden Menschenkindes von dem Schutz vor der Bedürftigkeit seiner Eltern ergeben. Es handelt sich um die Passionen drohenden Verzweifelns.

Und diese finden sich zugespitzt dargestellt und konzentriert in den Krankheitsphänomenen. Der Lebensprozess vollzieht sich in leiblichen Grenzüberschreitungen und leiblichen Neubegrenzungen. Indem die Logik den Leib mäßigt, seine Begrenztheit achtet, ihn bescheidet und vor der Vernichtung sichert, gerät sie in Konflikt mit der dem Leibe innewohnenden Unmäßigkeit. Es kommt dann zum Konflikt, und der Leib bewährt sich darin als eine Macht zum Bruch der Logik. Das *Antilogische* ist sozusagen das *nasse Element*, in dem der Leib zu Hause ist wie der Fisch im Wasser. Und die *Logik* ist ein – zuweilen verzweifelter, immer aber endlicher, seinerseits zum Scheitern verurteilter – Versuch, aus diesem Element eine *feste Heimstatt* zu errichten. Man könnte in einem prägnanteren Bild sagen: Logik tritt manchmal auf, als sei sie eine Rettung für die Nichtschwimmer unter den Teilnehmern am Leben. Aber sie bietet ihre Dienste vorwiegend unter winterlichen Bedingungen an, wenn die Kälte des Stroms gefahrloses Schwimmen nicht zulässt. Das Eis, das die Logik dann in fürsorglicher Absicht zu bilden bereit ist, damit eine sichere Fortbewegung gelingt, wird gewöhnlich rasch wieder schmelzen. Und so hängt diese ihre Hilfeleistung vor allem von klimatischen Gegebenheiten ab und ist zumeist von kurzer Dauer.

Die Antilogik des Leibes darf indessen nicht mit *Unlogik* des Denkens verwechselt werden, wenngleich die Unlogik des Denkens der Antilogik des Leibes verpflichtet scheint. Die wirklichen Verhältnisse sind aber folgendermaßen: Wo jemand unlogisch denkt und sich vernünftiger, logischer Argumentation verschließt, da opfert er die verfügbare Logik, um etwas in diesem Augenblick wichtiger Erscheinendes zu schützen. Was da geschützt werden soll, ist immer eine Verbundenheit, welche durch die Grenzsetzung der Logik bedroht ist. Die Unlogik des Denkens ist eine leidenschaftliche Antwort auf eine Drohung, die mit dem Mittel der Logik erfolgt: Es handelt sich immer um die Drohung des Ausschlusses. Die Unlogik ist zunächst die Macht des von der Logik „ausgeschlossenen Dritten“. Dieser Dritte ist immer eine vermisste *Person* bzw. dieses Dritte ist die lebensnotwendige *Funktion* einer vermissten Person. Und es wäre ein Kurzschluss, den „ausgeschlossenen Dritten“ mit Gott zu identifizieren – auch wenn er übermächtig zu wirken und „höher als alle Vernunft“ zu stehen scheint. Nach einer selbstironischen Redewendung jüdischer Tradition heißt es: wenn zwei Juden zusammenstehen, gibt es immer drei Meinungen – was den Verdacht nahe legen könnte, dass der Ungenannte derjenige ist, dessen Namen man im Judentum nicht nennen *darf.* Tatsächlich handelt es sich bei jenem Ungenannten um eine Person, deren Namen man nicht nennen kann, weil ihre Abwesenheit unbetrauert und darum, obwohl unbedacht, wirksam ist. Der unbetrauerte – fortwährend wortlos ebenso eingeschlossene wie ausgeschlossene – Dritte ist es, dessen „Meinung" („Meinung" hier in jenem wörtlichen Sinne eines – freilich unsichtbaren, magischen – Besitzanspruchs gemeint, der durch das Possessivpronomens „mein" etymologisch vorgegeben ist) in der Beziehung zwischen den miteinander verbundenen Zweien tendenziell zerstörerisch wirkt, weil unbetrauerte abwesende Dritte die Anwesenden aus ihrer lebendigen Wirklichkeit reißen und die Grenze zum Reich der Toten nicht gelten lassen.

Unlogik ist aber vor allem eine Opferung der Logik, wodurch unbewusst zum Ausdruck kommt, dass eine Gemeinschaft unvollständig und darum nicht recht sei. Was fehlt, ist die Würdigung eines Abwesenden. Und die in der Folge dieses Versäumnisses sich verbreitende Unlogik ist ein das Denken erfassender blindwütiger Kampf gegen den falschen Schein eines logischen Anspruchs – dort nämlich, wo die Logik missbraucht wird, um den Schein von Rechtmäßigkeit eines Ausschlusses Dritter zu erwecken. Freilich bedient sich jede unlogisch redende Person eines Mittels, das sie selbst ins Zwielicht bringt. Ihre Unlogik ist die Offenkundigkeit mangelnder Würde und erscheint darum zunächst würdelos. Es ist ein unfreiwilliges Opfer, das der Unlogische im Dienst des ausgeschlossenen Dritten bringt: Er macht sich zum Zeugen einer Schuld, welche er nicht zu benennen vermag. Seine Anklage bleibt damit auf der Stufe der *Verdächtigung* und erzeugt Ruhelosigkeit und Friedlosigkeit.

Feindschaft ist ein Symptom für das Anwachsen von unverschmerzten Verlusten. In der heute überschaubaren Geschichte der Menschheit ist dies offenbar bislang periodisch immer wieder in einem so großen Maße erfolgt, dass innerhalb der jeweiligen Gesellschaft kein Raum für Verschiebungen von Schuld auf Nächste mehr zur Verfügung stand. Im Fall einer übermäßigen Aufblähung des emotionalen Kreditwesens, der dem Zustand eines Ballons unmittelbar vor dem Platzen gleicht, findet gesetzmäßig eine Externalisierung des Bösen, d. h. dessen Projektion auf einen Dritten statt. Gegen Krieg und Bürgerkrieg hilft nur ein die Massen ergreifendes und sie zu Individuen aufrichtendes „Sicherinnern", das als Funke des Gedächtnisses ins Denken dringt. Das Gedächtnis ist als Eingedenken der Schuld die einzige Macht, die das Innehalten, den Verzicht auf Schuldweitergabe, das Innewerden eigener Verantwortung vor dem Nächsten eröffnet, indem sie den Blick auf den Tod und das Jenseits von Eden freimacht. Das Gedächtnis errichtet das geistige Dach, ohne welches das Haus der menschlichen Gemeinschaft nicht zur Heimstatt werden kann, sondern ihre Einwohner zur ewig unseligen Flucht vor dem Regen, Hagel, Schnee und Sturm ihrer ererbten Geschichte verurteilt. Das Gedächtnis ist die Arche, die gegen die Sintflut schützt und die uns auszuhalten erlaubt, bis die Taube das Zeichen des Friedens bringt.

Wenn das Kernproblem der Logik die Anerkennung der Sterblichkeit der Lebenden sowie der Unsterblichkeit der Toten ist, dann scheint das Feld der Logik darum das der Räumlichkeit, nämlich das der Getrenntheit innerhalb der Lebensordnung zu sein, während als das Feld der Antilogik die Zeitlichkeit, d. h. die Verbundenheit innerhalb der Lebensordnung zu sein scheint. Aber bei genauer Betrachtung der wirklichen Verhältnisse verweist der Tod auf die Räumlichkeit der Zeit, wie das Leben auf die Zeitlichkeit des Raumes verweist. Einerseits verbindet die Zeit die Lebenden nicht nur untereinander, sondern trennt die Lebenden auch von den Toten. Denn sie ist ja doch (als Lebenszeit) die eigentliche Scheidelinie zwischen dem Reich der Lebenden und dem Reich der Toten. Und andererseits trennt der Raum die Lebenden nicht nur voneinander, sondern verbindet sie (als Bewegungsraum) auch miteinander, indem er Nähe und Distanz ermöglicht. Abstrakt betrachtet, ist zwar *Zeit* die durch alle Bewegung hindurch gewahrte, reine Verbundenheit des Weltlichen, während *Raum* die durch alle Bewegung hindurch gewahrte, reine Getrenntheit aller Teilhaftigkeit an der Welt ist. Diese Abstraktion gilt aber allein für die *Materialität* der Welt, nicht für ihre *Historizität*.

Biographik hat wesentlich mit der Historizität der Welt zu tun. Räumlich und zeitlich gesetzte Lebensordnungen werden im Verständnis für das historische Verhältnis zwischen den Lebenden und den Toten biographisch konkret; sie wachsen in der Sterblichkeit der Lebenden mit der Unsterblichkeit der Toten zusammen und bilden unter dem Aspekt des geschichtlichen Vermächtnisses eine Einheit. In der biographisch erfolgenden Anerkennung dieses Vermächtnisses der Vergangenen für die Gegenwärtigen sowie der Gegenwärtigen für die Zukünftigen findet sich die Voraussetzung, um historisches Wissen zu entwickeln.

Gegenüber allen Bemühungen um kulturellen Fortschritt bleibt jedoch festzuhalten: Wer das Primat der *Logik* für sich anerkennen will, der kann dies gerechterweise nur unter einer noch tiefer angesiedelten Vorbedingung tun: Er muss unterdessen allen Kindern zubilligen, dass ihr Leben der *Antilogik* geweiht ist und dass sie in ihrer unweigerlichen Abhängigkeit von ihren Eltern gegen sämtliche Regeln der Logik zu leben gezwungen sind. Die Antilogik von Kindern bildet aber die Grundlage dessen, was hier als das Wesen leiblicher Haftung und damit das Wesen des „Leibhaftigen" verstanden wird. Der unveräußerliche Auftrag eines jeden Kindes ist die naive Leugnung der Macht des Todes. Für Kinder ist der Tod jener ausgeschlossene Dritte, aus dessen Ausschluss sie die unbändige Spontaneität ihrer Lebenskraft beziehen.

Wir alle bleiben als Erwachsene doch immer Kinder unserer Eltern. Als solche unterliegen wir den gesetzmäßigen Bedingungen unseres ursprünglichen Stellvertretertums. Und im Umgang miteinander können wir nicht umhin, gemeinsam ein Schicksal zu teilen, das wir diesen grundlegenden Voraussetzungen gemäß sich ereignen lassen. Bei aller Bestürzung, die dem Erwachen in diese Einsicht einer endgültigen Eingebundenheit unserer Freiheit innewohnt, ist es doch beruhigend zu wissen, dass wir imstande sind, die gleichsam naturgesetzliche Verbundenheit der Lebenden und der Toten zu erkennen. Hilfreich ist dieses Wissen insbesondere in jenen verdunkelten Situationen, in denen es scheinen mag, als sei der Lebensprozess etwas anderes als ein Fortschreiten von Liebe. Dann nämlich benötigen wir gleichsam Nachtsichtgeräte, die uns über die Quellen unserer Liebe und über die Ordnungen unseres Lebens orientieren. Zur Entwicklung solcher therapeutischer Hilfsmittel beizutragen, ist die Absicht meines Buches.

Literatur

Adamaszek, M. (1996): Leibliches Befinden in Familienkontexten. Genogramme in der Gesundheitsbildung. Oldenburg (BIS).

Adamaszek, R. (1985): Trieb und Subjekt. Das Fatale an der Wissenschaftlichkeit der Psychoanalyse. Bern/Frankfurt am Main/New York (Peter Lang).

Adamaszek, R. (1987): Psychoanalyse. In: H. Zygowski (Hrsg.): Psychotherapie und Gesellschaft. Reinbek bei Hamburg (Rowohlt).

Adamaszek, R. (1999): Individualität. Das Verlassen oder das Wiederfinden von Kindheitserfahrungen? *Anthropologica.* Bulletin der Rheinischen Arbeitsgemeinschaft für Anthropologie und Psychosomatik 5 (1): 19–33.

Antonovsky, A. (1985): Gesundheitsforschung versus Krankheitsforschung. In: A. Franke u. M. Broda (Hrsg.): Psychosomatische Gesundheit. Tübingen (DGTV).

Auerbach, E. (1946): Mimesis. Dargestellte Wirklichkeit in der abendländischen Kultur. Tübingen und Basel (Francke).

Bateson, G. (1981): Ökologie des Geistes. Frankfurt am Main (Suhrkamp).

Bauman, Z. (1994): Tod, Unsterblichkeit und andere Lebensstrategien. Frankfurt am Main (Fischer).

Bauval, R. u. A. Gilbert (1994): Das Geheimnis des Orion. München (List).

Bertalanffy, L. von (1968): General systems theory. New York. (Braziller) [dt. (1972): Systemtheorie. Berlin (Colloquium).]

Boszormenyi-Nagy, I. u. G. Spark (1983): Unsichtbare Bindungen. Stuttgart (Klett-Cotta).

Bowen, M. (1976): Family therapy. Theory and practice. New York (Aronson).

Buber, M. u. F. Rosenzweig (1976): Die fünf Bücher der Weisung. Gerlingen (Lambert Schneider).

Cohen, H. (1988): Religion der Vernunft aus den Quellen des Judentums. Wiesbaden (Fourier).

Dolto, F. (1995): Das Unbewußte und das Schicksal des Kindes. Stuttgart (Klett-Cotta).

Franke, U. (1997): Systemische Familienaufstellung. München.

Freud, S. (1900): Die Traumdeutung. In: Ges. Werke Bd. II/III. Frankfurt am Main (Fischer), 1948.

Freud, S. (1901): Psychopathologie des Alltagslebens. In: Ges. Werke Bd. IV. Frankfurt am Main (Fischer), 1948.

Freud, S. (1905): Drei Abhandlungen zur Sexualtheorie. In: Ges. Werke Bd. V. Frankfurt am Main (Fischer), 1948.
Freud, S. (1910): Vorlesungen zur Einführung in die Psychoanalyse. In: Ges. Werke Bd. XI. Frankfurt am Main (Fischer), 1948.
Freud, S. (1912–1913): Totem und Tabu. In: Ges. Werke Bd. IX. Frankfurt am Main (Fischer), 1948.
Freud, S. (1914): Zur Einführung des Narzißmus. In: Ges. Werke Bd. X. Frankfurt am Main (Fischer), 1948.
Freud, S. (1915): Triebe und Triebschicksale. In: Ges. Werke Bd. X. Frankfurt am Main (Fischer), 1948.
Freud, S. (1916): Einige Charaktertypen aus der psychoanalytischen Arbeit. In: Ges. Werke Bd. X. Frankfurt am Main (Fischer), 1948.
Freud, S. (1920): Jenseits des Lustprinzips. In: Ges. Werke Bd. XIII. Frankfurt am Main (Fischer), 1948.
Freud, S. (1921): Massenpsychologie und Ich-Analyse. In: Ges. Werke Bd. XIII. Frankfurt am Main (Fischer), 1948.
Freud, S. (1923): Das Ich und das Es. In: Ges. Werke Bd. XIII. Frankfurt am Main (Fischer), 1948.
Freud, S. (1927): Die Zukunft einer Illusion. In: Ges. Werke Bd. XIV. Frankfurt am Main (Fischer), 1948.
Freud, S. (1937): Die endliche und die unendliche Analyse. In: Ges. Werke Bd. XVI. Frankfurt am Main (Fischer), 1948.
Genz, H. (1999): Die Entdeckung des Nichts. Leere und Fülle im Universum. Reinbek b. Hamburg (Rowohlt).
Goodman-Thau, E. (1995): Zeitbruch. Berlin (Akademie).
Grochowiak, K. u. J. Castella (2001): Systemdynamische Organisationsberatung. Heidelberg (Carl-Auer-Systeme).
Grof, S. (1991): Geburt, Tod und Transzendenz. Reinbek b. Hamburg (Rowohlt).
Groys, B. (1996): Kierkegaard. München (Diedrichs).
Hegel, G. W. F. (1807): Phänomenologie des Geistes. In: Werke Bd. 3, Frankfurt am Main (Suhrkamp), 1970.
Hellinger, B. (1994): Ordnungen der Liebe. Heidelberg (Carl-Auer-Systeme).
Hellinger, B. (1999): Einsicht durch Verzicht. Vortrag, gehalten in Wiesloch, April 1999 [MC]. Heidelberg (Carl-Auer-Systeme).
Hellinger, B. u. N. Linz (2000): Blick in die Werkstatt. *Praxis der Systemaufstellung* 3 (2): 11–18.
Hilgard, J. u. M. Newman (1961): Evidence for Functional Genesis in Mental Illness: Schizophrenia, Depressive Psychoses and Psychoneurosis. *Journal of Nervous and Mental Disease* 132: 3–6.
Jones, E. (1978): Die Theorie der Symbolik und andere Aufsätze. Frankfurt/Berlin/Wien (Ullstein).
Jung, C. G. (1991): Die Psychologie der Übertragung. München (dtv).
Kafka, F. (1970): Sämtliche Erzählungen. Frankfurt am Main (Fischer).
Kafka, F. (1960): Der Prozeß. Frankfurt am Main (Fischer).

Kant, I. (1783): Beantwortung der Frage: Was ist Aufklärung? In: Werke. Studienausgabe Bd. 9, Wiesbaden (Insel) 1964 .
Kant, I. (1787): Kritik der reinen Vernunft. In: Werke. Studienausgabe Bd. 3, Wiesbaden (Insel), 1964.
Kant, I. (1800): Anthropologie in pragmatischer Hinsicht abgefasst. In: Werke. Studienausgabe Bd. 10, Wiesbaden (Insel), 1964.
Kant, I. (1803): Über Pädagogik. In: Werke. Studienausgabe Bd. 10, Wiesbaden (Insel), 1964.
Kierkegaard, S. (1844): Der Begriff der Angst. In: Werke I. Reinbek (Rowohlt), 1960.
Kierkegaard, S. (1849): Die Krankheit zum Tode. In: Werke IV. Reinbek (Rowohlt), 1962.
Kogan, I. (2000): Die Suche nach Gewißheit. Enactments traumatischer Vergangenheit. In: U. Streek (Hrsg.): Erinnern, Agieren und Inszenieren. Göttingen (Vandenhoeck & Ruprecht).
Lévinas, E. (1987): Totalität und Unendlichkeit. Freiburg/München (Alber).
Lévinas, E. (1992a): Jenseits des Seins oder Anders, als Sein geschieht. Freiburg/München (Alber).
Lévinas, E. (1992b): Die Spur des Anderen. Freiburg/München (Alber).
Massing, A., G. Reich u. E. Sperling (1992): Die Mehrgenerationen-Familientherapie. Göttingen (Vandenhoeck & Ruprecht), 2. Aufl.
McGoldrick, M. u. R. Gerson (1990): Genogramme in der Familienberatung. Bern/Stuttgart/Toronto (Huber).
Merleau-Ponty, M. (1966): Phänomenologie der Wahrnehmung. Berlin (De Gruyter).
Merleau-Ponty, M. (1986): Das Sichtbare und das Unsichtbare. München (Fink).
Michaels, A. (1997): Fluchtstücke. Berlin (Berlin Verlag).
Mitscherlich, A. u. M. (1967): Die Unfähigkeit zu trauern. München (Piper).
Moreno, J. L. (1967): Die Grundlagen der Soziometrie. Köln/Opladen (Westdeutscher Verlag).
Nietzsche, F. (1888): Götzendämmerung. In: Werke in zwei Bänden (Bd. 2). Salzburg (Das Bergland Buch).
Pirandello, L. (1995): Sechs Personen suchen einen Autor. Stuttgart (Reclam).
Platon: Das Gastmahl. In: Sämtliche Dialoge (Bd. III). Hamburg (Felix Meiner), 1993.
Revenstorf, D. u. R. Zeyer (1999): Hypnose lernen. Heidelberg (Carl-Auer-Systeme).
Röhr, S. (1995): Hubert Fichte. Poetische Erkenntnis, Montage, Synkretismus, Mimesis. Göttingen (Edition Herodot).
Rossi, E. L. (Hrsg.) (1998): Gesammelte Schriften von Milton H. Erickson (Bd. 5). Heidelberg (Carl-Auer-Systeme).
Satir, V. (1977): Selbstwert und Kommunikation. München (Pfeiffer).
Schott, H. (1985): Zauberspiegel der Seele. Göttingen (Vandenhoeck).
Schutzenberger, A. A. (1993): Aie, mes aieux. Paris.
Sheldrake, R. (1988): Das Gedächtnis der Natur. München (Scherz).

Sheldrake, R. (1999): The morphic field of social systems. Vortrag geh. auf der Zweiten Arbeitstagung Systemische Lösungen nach Bert Hellinger, 16.4.1999, Wiesloch.
Sophokles: König Ödipus. Stuttgart (Reclam), 1995a.
Sophokles: Ödipus auf Kolonos. Stuttgart (Reclam), 1995b.
Steiner, C. (1989): Wie man Lebenspläne verändert. Die Arbeit mit Skripts in der Transaktionsanalyse. Paderborn (Junfermann).
Stierlin, H. (1978): Delegation und Familie. Frankfurt am Main (Suhrkamp).
Sturm, E. (2000): Patienteneigene Ressourcen, Gesundheitshilfe und Gesundheitsförderung im Alltag. *Der Mensch*. Forum der Arbeitsgemeinschaft Anthropologische Medizin / Medizinische Anthropologie e. V. 20 (3).
Waldenfels, B. (1987): Ordnung im Zwielicht. Frankfurt am Main (Suhrkamp).
Wardi, D. (1997): Siegel der Erinnerung. Stuttgart (Klett-Cotta).
Weber, G. (Hrsg.) (1993): Zweierlei Glück. Die systemische Psychotherapie Bert Hellingers. Heidelberg (Carl-Auer-Systeme).
Weber, G. (Hrsg.) (2000): Praxis der Organisationsaufstellungen. Heidelberg (Carl-Auer-Systeme).
Weizsäcker, V. v. (1926): Der Arzt und der Kranke. In: Gesammelte Schriften Bd. 5. Frankfurt am Main (Suhrkamp), 1987.
Weizsäcker, V. v. (1928): Krankengeschichte. In: Gesammelte Schriften Bd. 5. Frankfurt am Main (Suhrkamp), 1987.
Weizsäcker, V. v. (1935): Studien zur Pathogenese. In: Gesammelte Schriften Bd. 6. Frankfurt am Main (Suhrkamp), 1986.
Weizsäcker, V. v. (1939): Individualität und Subjektivität. In: Gesammelte Schriften Bd. 6. Frankfurt am Main (Suhrkamp), 1986.
Weizsäcker, V. v. (1947): Von den seelischen Ursachen der Krankheit. In: Gesammelte Schriften Bd. 6. Frankfurt am Main (Suhrkamp), 1986.
Weizsäcker, V. v. (1950): Der Gestaltkreis. Theorie der Einheit von Wahrnehmen und Bewegen. Stuttgart (Thieme).
Weizsäcker, V. v. (1953): Das Problem des Menschen in der Medizin. „Versuch einer neuen Medizin". In: Gesammelte Schriften Bd. 7. Frankfurt am Main (Suhrkamp), 1987.
Weizsäcker, V. v. (1954a): Am Anfang schuf Gott Himmel und Erde. In: Gesammelte Schriften Bd. 2. Frankfurt am Main (Suhrkamp), 1998.
Weizsäcker, V. v. (1954b): Natur und Geist. Göttingen (Vandenhoek & Ruprecht), 1954.
Weizsäcker, V. v. (1955): Meines Lebens hauptsächliches Bemühen. In: Gesammelte Schriften Bd. 7. Frankfurt am Main (Suhrkamp), 1987.
Weizsäcker, V. v. (1967): Pathosophie. Göttingen (Vandenhoek & Ruprecht).
Wittgenstein, L. (1918): Tractatus logico-philosophicus. In: Werkausgabe Bd. 1. Frankfurt (Suhrkamp), 1989.
Wyss, D. (1997): Kain. Eine Phänomenologie und Psychopathologie des Bösen. Würzburg (Konigshausen & Neumann).
Yalom, I. D. (1989): Existentielle Psychotherapie. Köln (Edition Humanistische Psychologie).

Über den Autor

Dr. med. Rainer Adamaszek, Studium der Medizin, Philosophie und Soziologie; Weiterbildung zum Facharzt für Kinderheilkunde, Innere Medizin, Allgemeinmedizin und Psychotherapie; seit 1979 in Erwachsenenbildung, Elternberatung und therapeutischer Fortbildung tätig, seit 1986 eigene ärztlich-psychotherapeutische Praxis. Zahlreiche Publikationen über Krankheitslehre, Grundbegriffe der Naturwissenschaften und Theorie der Psychoanalyse sowie über praktische und theoretische Fragen der Psychotherapie.